Werner Schneider
Streitende Liebe

Werner Schneider

Streitende Liebe

Zur Soziologie
familialer Konflikte

Leske + Budrich, Opladen 1994

ISBN: 3-8100-1238-6

© 1994 by Leske + Budrich, Opladen

Druck und Verarbeitung: Druck Partner Rübelmann, Hemsbach

Printed in Germany

Inhalt

Seite

Prolog: Die 'diffuse Ordnung' familialer Konflikte 9

1. Einleitung: Familienkonflikte in der modernen Gesellschaft - Eine
familiensoziologische Themenskizze 11

2. Familienglück - Familienleid oder: Über einige Aporien zum
familialen Alltag in der Moderne - Ein kursorischer Überblick
des aktuellen Diskussionsstandes zum 'Wandel der Familie' 19

  2.1 Familie heute - Zwischen Klischee, Krisensymptomen und
wachsenden Konflikten? oder: Die Schwierigkeit einer
empirischen Standortbestimmung 20

  2.2 Familialer Wandel und Familienkonflikte - Familiensoziologische Thesen und Forschungsstand 34

  2.3 Resümee aus dem aktuellen Diskussionsstand 46

3. Theoretische Grundlagen für eine soziologische Analyse
familialer Konflikte 53

  3.1 Identität - Rolle - Leitbild: Ein mehrebenenanalytisches
Modell von Familie 55

  3.2 Zum Begriff 'Konflikt' - 'Das Gesellschaftliche' im Streit und
die spezifische Ambivalenz familialer Konflikte 60

    3.2.1 Familienkonflikte und Konfliktsoziologie - Zur Kritik
einer reduktionistischen Sichtweise 60

    3.2.2 Familienkonflikte als 'Streitform sui generis' 65

    3.2.3 Zum Begriffskonzept 'Familienkonflikt': Sieben Thesen
zur Übersicht 70

  3.3 'Perspektive' und 'Diskurs' - Ein wissenssoziologischer
Begriffsrahmen 71

  3.4 Resümee: Dimensionen des angestrebten 'Tableaus' familialer
Konflikte 78

4. Streit in der Familie - Zur Rekonstruktion familialer Konflikte
im familiensoziologischen Diskurs 83

4.1 Theoretische Reflexionen zu Familienkonflikten in der
Familiensoziologie: Einige zentrale Bausteine einer
noch zu schreibenden 'Theoriegeschichte'...............................84

   4.1.1 Das Verhältnis von Familie und Gesellschaft und die
   psychosoziale Organisation der Familie:
   Zwei 'klassische' Konzepte..85

   4.1.2 Strukturelle und interaktionale Bedingungen
   familialer Konflikte..91

   4.1.3 Familiale Konflikte als Beziehungspathologien - der
   familiensoziologische Blick auf die
   Familienpsychiatrie/-therapie.....................................105

   4.1.4 Zusammenfassung: Familienkonflikte in der
   Familiensoziologie - Ein ungeklärter Forschungsgegenstand
   zwischen Mikro- und Makroperspektive...........................114

4.2 Der Konfliktdiskurs in der Familiensoziologie -
aktuelle Thesen und empirische Befunde...............................117

   4.2.1 Konflikte in der Partnerbeziehung...............................118

      4.2.1.1 Gesellschaftlicher Wandel und subjektive
      Erwartungen an die Beziehung: Partnerkonflikte
      und Scheidungsforschung.......................................121

      4.2.1.2 Der 'Geschlechterkampf' und 'die Liebe' - Teil I:
      Geschlechtsrollenwandel, Machtstrukturen und
      Autoritätsverhältnisse...131

      4.2.1.3 Der 'Geschlechterkampf' und 'die Liebe' - Teil II:
      Liebesideal und Liebeskonflikte...............................139

      4.2.1.4 Partnerkonflikte zwischen gelingender
      Konfliktaustragung und Konsensfiktionen...................146

      4.2.1.5 Zusammenfassung: Partnerkonflikte - Widersprüche
      zwischen subjektiven Erwartungen, Leitbildern und
      Alltagspraxis?..153

   4.2.2 Konflikte in der Eltern-Kind-Beziehung.........................156

      4.2.2.1 Erziehungskonflikte, geteilte Elternschaft und
      das 'Duell um Intimität'..157

      4.2.2.2 Jugendliche und ihre Eltern: Generationenkonflikt
      oder Ablösungskonflikte?.......................................169

      4.2.2.3 Zusammenfassung: Konflikte zwischen Eltern
      und ihren Kindern und die Frage der 'Perspektive'........179

4.3 Resümee: Ein 'Tableau' familialer Konflikte.........................182

5. Familiale Konflikte zwischen familialem Wandel und
gesellschaftlicher Erfahrung - Möglichkeiten und
Grenzen einer familiensoziologischen Analyse familialer
Konflikte in der modernen Gesellschaft 191

5.1 Zum Wandel von Familie - Teil I: Aufhebung der
Trennung zwischen Familie und öffentlichem Bereich?..............192

5.2 Zum Wandel der Familie - Teil II: Subjekt, Familie und
Gesellschaft oder: Zur Zukunft familialer Konflikte als
Vergesellschaftungsform der (Post)Moderne? 198

Exkurs: Zum Begriff des 'sozialen Problems' 206

5.3 Theoretische und forschungspraktische Konsequenzen.............208

6. Abschließende Bemerkung..215

Literaturverzeichnis...217

> "Allein die Tatsache, wie man einen Begriff definiert
> und in welcher Bedeutungsnuance man ihn verwer-
> tet, enthält bereits bis zu einem bestimmten Grade
> eine Vorentscheidung über den Ausgang des auf ihn
> aufgebauten Gedankenganges."
>
> Karl Mannheim: Ideologie und Utopie, 3. Aufl.,
> Frankfurt/Main 1952, S.173

Prolog: Die 'diffuse Ordnung' familialer Konflikte

Im Vorwort von Michel Foucaults wissenschaftshistorischer Studie zur
'Ordnung der Dinge' findet man einen Auszug aus einem Text von Jorge
Luis Borges, der, aus einer 'gewissen chinesischen Enzyklopädie' zitierend,
folgende Klassifikation von Tieren schildert:

Tiere gruppieren sich wie folgt:
a) Tiere, die dem Kaiser gehören, b) einbalsamierte Tiere, c) gezähmte, d) Milchschweine, e)
Sirenen, f) Fabeltiere, g) herrenlose Hunde, h) in diese Gruppierung gehörige, i) die sich wie
Tolle gebärden, k) die mit einem ganz feinen Pinsel aus Kamelhaar gezeichnet sind, l) und so
weiter, m) die den Wasserkrug zerbrochen haben, n) die von weitem wie Fliegen aussehen.[1]

Ein Buch zur 'aktuellen Familienkrise' - geschrieben von einem Seelsorger
im Rahmen einer Ratgeber-Reihe - präsentiert dem Leser zu Beginn (dort allerdings graphisch sternförmig aufbereitet) folgende Übersicht zu Familienproblemen:

Familienprobleme - eine Übersicht:
a) Aggression, b) Geschwisterrivalität, c) Pubertätskonflikte, d) Bettnässen, e) Prüfungsängste, f)
Angst & Befürchtungen, g) Alkohol, Drogen, h) Minderwertigkeitsgefühle, i) Sexuelle Störungen, j) Partnerwahl, k) Kriminalität, l) Kontaktstörungen, m) Psychosomatische Störungen, n)
Stottern, o) Selbstmordabsichten.[2]

Während man beim Lesen der ersten Übersicht zur Klassifikation von
Tieren - so Foucault - im erstaunten Lachen darüber mit einem Sprung die
uns selbstverständlichen Grenzen unseres Denkens erreicht in der schieren
Unmöglichkeit, *das* zu denken, könnte die zweite Übersicht beim Leser den
genau gegenteiligen Eindruck hervorrufen: Das erstaunte Lachen verwandelt
sich vielleicht in eine verblüffte Ernsthaftigkeit, die nicht in einem gesicherten Unverständnis zu den klärenden Grenzen zwischen Denkbarem und

---

1   cit. nach Foucault, Michel: Die Ordnung der Dinge. Eine Archäologie der Humanwissen-
    schaften, 7. Aufl., Frankfurt/Main: Suhrkamp 1988, S.17
2   Ruthe, Reinhold: Familie - Oase oder Chaos. Wege aus der Familienkrise, Moers: Brendow
    1991, S.11

Unsinnigem führt, sondern umgekehrt in ein unsicheres Verstehen mündet, das den Leser tief eintaucht in die Selbstverständlichkeiten seines Denkens - seines Denkens über Familie und den damit verbundenen Problemen.

Ob genau das die Absicht des Autors war, braucht hier nicht weiter zu interessieren, wichtiger erscheint mir der 'Effekt' selbst insofern, als zwar - ähnlich der ersten Tier-Klassifikation - die verblüffende Wirkung der 'Übersicht' aus der augenscheinlichen Unübersichtlichkeit, Unsystematik und fehlenden Trennschärfe resultiert, indem eher willkürlich eine Reihe von 'Familienproblemen' genannt werden, die - einzeln betrachtet - z.B. auf verschiedenen Ebenen liegen oder unterschiedliche 'Problemqualitäten' aufweisen. Im Zusammenhang aber wird damit jene Unsicherheit verursacht, die der Gewißheit, wie man etwa sinnvollerweise Tiere klassifiziert, diametral gegenübersteht: Wie hängen z.B. individuelle Angstgefühle und Befürchtungen mit Minderwertigkeitsgefühlen und die wiederum mit Familie zusammen? Sicher haben Pubertätskonflikte was mit Familie zu tun, aber sind sie nicht auch und vor allem - worauf der Begriff ja scheinbar hinweist - gekoppelt an eine spezielle bio-physische Entwicklungsphase? Und Selbstmordabsichten, Kriminalität? - Ja, wenn einen der Lebenspartner verläßt, wenn man in 'schlechten Verhältnissen' aufwächst, aber da gäbe es doch noch viele weitere Aspekte zu bedenken …

Diese 'Übersicht' zu Familienproblemen aktiviert beim Leser also jenes individuelle (und dabei sozio-kulturell spezifische) Wissen um Familie und den damit verbundenen Problemen, Schwierigkeiten und Konflikten, welches sich in seiner Diffusität irgendwo manifestiert zwischen unhinterfragbaren Selbstverständlichkeiten, persönlicher Lebenserfahrung, von 'außen' vermittelten, mehr oder weniger gesicherten Wissensbeständen oder mitunter derzeit noch kontrovers diskutierten Hypothesen über Bedingungs- und Wirkungszusammenhänge von Familienkonflikten.

Kurzum: Hier ist es also nicht das Fremde, welches uns die Prinzipien unseres eigenen Denkens offenbart, sondern das Vertraute, das uns in der Diffusität seiner Anordnung an die dahinter liegende - zum Teil verborgene - Ordnung erinnert.

1. Einleitung: Familienkonflikte in der modernen Gesellschaft - Eine familiensoziologische Themenskizze

Wer mit interessiertem Ohr und offenem Auge für alles, was 'Familie' betrifft, die bundesdeutsche Medienlandschaft durchwandert, kann seit längerem ein anhaltendes öffentliches Interesse an Familienthemen allgemein und insbesondere an 'problematischen Familienthemen' bzw. an 'familialen Konfliktthemen' im weitesten Sinne beobachten. Endlose, weil offenbar nie zu einem befriedigenden Ergebnis kommende TV-Experten- und Laiendiskussionen korrespondieren mit immer gleichen, banal-reißerisch aufgemachten Artikeln und Beiträgen in Zeitungen und (nicht nur Frauen-)Zeitschriften sowie mit einer Flut von Ratgeber- und Aufklärungspublikationen auf dem populärwissenschaftlichen und wissenschaftlichen Literaturmarkt. Die einzelnen Themen unterliegen zwar oft kurzlebigen und in ihren Variationen sich immer weiter beschleunigenden Modezyklen, umkreisen aber letztlich ständig die gleichen, scheinbar ins Wanken geratenen oder schon zerfallenden Grundmauern familialen Lebens in der Moderne: die Qual der Wahl zwischen verschiedenen privaten Lebensformen, das Aufbrechen herkömmlicher Männer- und Frauenrollen bzw. Männlichkeits- und Weiblichkeitsbilder oder konkreter z.B. die schwierige Vereinbarkeit von Berufs- und Familienarbeit, die ambivalente Bedeutung des Kindes unter den herrschenden, problematischen gesellschaftlich-familialen Bedingungen usw. - die Liste ließe sich noch weiter verlängern.

Schon anhand einiger gängiger Titel des Familien-Literaturmarktes läßt sich ein Szenario diskursiv präsentierter und medial vermittelter Familienwirklichkeiten skizzieren, das mit dem Staccato griffiger Wortkombinationen auf die derzeit offenbar besondere Problematik des Lebensbereichs 'Familie' verweist. Dazu ein kleines - wegen der rücksichtslosen Vermengung zwar fragwürdiges, aber vielleicht illustratives - Experiment: Der folgende Absatz besteht aus einer Aneinanderreihung von einigen, mehr oder weniger bekannten Titeln bzw. Untertiteln verschiedener Publikationen aus soziologischer, psychologischer, psychotherapeutischer oder auch journalistischer Perspektive, die exemplarisch den aktuellen diskursiven Raum um 'Familie' kennzeichnen können:

Vom Bedeutungswandel von Ehe und Familie (Nave-Herz 1989) bis hin zum Chaos der Liebe (Beck & Beck-Gernsheim 1990), in dem Männer sich von Frauen lieben lassen, die selbst zu sehr lieben (Wieck 1987; Norwood 1986) - es besteht kein Zweifel: Die Familie ist (immer noch oder immer wieder) in der Krise (Menne & Alter 1988). Wenn durch die Fallstricke der Liebe (Lazarus 1989) aus Ehen Akten werden (Fabricius-Brand 1989) und schließlich sogar die Kinder unter Liebe leiden (Love & Robinson 1991), stellt sich fast von selbst die Frage: Wie normal ist eigentlich die Normalfamilie? (Cierpka & Nordmann 1988) Und dabei ist schon seit längerem erwiesen, daß eine ganz alltägliche Familie (Brunner 1983) schnell zum 'Patienten Familie' (Richter 1979) werden kann, doch schlimmer noch: Auch oder gerade wenn mancher weiterhin denkt, der Frieden beginnt in der Familie (Dorn 1986), so ist doch, wenn die Liebe einmal zuschlägt (Büttner, Nicklas et al. 1988), der Familienkrieg (Moser 1982) nicht weit, in dem der 'Tatort Familie' (Jäckel 1988) dann schnell zum permanenten Ort der Gewalt (Dröge-Modelmog & Mergner 1987) wird. Alles zusammen führt unweigerlich zur Frage: Ist die Familie noch zu retten? (Fuchs 1981) Ob die Antwort im schon öfters beschworenen bzw. erhofften Tod der Familie (Cooper 1972) oder in einer 'neuen Familie' (Kloehn 1987) liegen wird bzw. liegen soll, bleibt ungewiß. Welches Gesicht letztlich die Familie aber auch annehmen mag, eines scheint für manchen jedenfalls sicher zu sein: Wir selbst haben die Wahl zwischen Familie als Oase oder Chaos (Ruthe 1991).

Wer dann innerhalb dieses unübersichtlichen Feldes zwischen Liebe und Geborgenheit, psychischer Krankheit, Konflikten und Gewalt über die Titel hinaus einen vielleicht auch nur kurzen Streifzug durch die Inhalte dieser Literatur unternimmt, wird eine Vielzahl von mehr oder minder interessanten Aspekten aus dem oder für das Zusammen-, Auseinander- und Nebeneinanderleben der Geschlechter und Generationen finden, einfach erzählt oder fundiert analysiert aus verschiedensten Blickwinkeln und belegt anhand unterschiedlichstem Material. Die Palette des Angebots reicht von der Subjektperspektive des einzelnen Betroffenen bis hin zum distanziert-analytischen Wissenschaftsblick des Familienforschers, von der nicht hinterfragbaren Authentizität persönlicher Schicksalserfahrung bis hin zu den anhand ausgeklügelter Testverfahren überprüfbaren und überprüften Hypothesen aus kritisch-rationaler empirischer Forschung.

Die Botschaft von der zunehmenden Reflexivität individueller Existenz im Privaten

Alles zusammen bildet ein schier undurchdringliches Gestrüpp von nie auszuschöpfenden Themen, welche die unterschiedlichsten Bereiche privaten und/oder semi-privaten Lebens sowie deren Zusammenhang mit dem öffentlichen Bereich problematisieren und - das ist der Ausgangspunkt der vorliegenden Untersuchung - dabei letztlich eine gemeinsame 'Botschaft' verkünden: die Botschaft von der *zunehmenden Reflexivität individueller Existenz* gerade auch im Privaten, in der familialen Lebenswelt im Übergang zur 'postmodernen Gesellschaft' - bzw. in dieser Facette des alles- und nichtssagenden Postmoderne-Etiketts dann präziser benennbar als 'Reflexionsgesellschaft' (Schülein 1990: 8). Diese gemeinsame Botschaft mit ihrem Verweis auf eine fundamentale gesellschaftliche Entwicklungslinie in Zuge fortschreitender Wandlungsprozesse moderner Industriegesellschaften (Beck 1986: 259 ff) - so die hier zugrunde gelegte zentrale These - enthält in ihren Konkretisierungen im Bereich 'Familie', trotz der unterschiedlichen Themenstellungen und Perspektiven, einen zum Teil eindeutigen, zum Teil verdeckten, übergreifenden und elementaren begrifflichen Baustein: In den oben skizzierten Diskussionsfeldern zum Thema 'Familie' kommt offensichtlich dem *Begriff des Konflikts*, wenn auch in unterschiedlichen Abstraktionsgraden und auf verschiedenen theoretischen Reflexionsniveaus, eine zentrale Rolle zu. Präziser noch: Der Konfliktbegriff scheint in der aktuellen Diskussion um Familie vor dem Hintergrund eines in seiner konkreten Gestalt noch ungewissen gesellschaftlichen Wandels als zentrales Vehikel zu wirken, dessen theoretische und praktische Grundlagen sowie Konsequenzen zwar selbst nicht immer deutlich werden oder manchmal ganz im Dunkeln bleiben, aber das genau jene konstatierte zunehmende Reflexivität im Privaten transportiert.

Der diskursive Raum um familiale Konflikte

Um zu dieser Hypothese eine adäquate Fragestellung zu entwickeln, ist es erforderlich, die Problematik kurz entlang einer analytischen Trennung dabei zu unterscheidender Betrachtungsebenen bzw. Bereiche auszuleuchten. Nimmt man zunächst das Phänomen 'familiale Konflikte' selbst - also die *Ebene subjektiver Erfahrung* als Erleben und Handeln - ins Blickfeld, so gilt als selbstverständlich, daß Konflikte in der Partnerbeziehung/Ehe, in der Familie für jeden konkret erfahrbar, gleichsam 'gegenständlich', alltäglich im herkömmlichen Wortsinn sind. Über Konflikte in diesem personalen Nahbereich existiert ein breites und unbestimmtes Alltagswissen mit den dazu gehörenden Alltagstheorien zu Ursachen und Wirkungen dieser Konflikte sowie zu Umgangsweisen, Handlungsalternativen und möglichen Lösungsstrategien. Damit in enger Wechselwirkung steht der oben schon kurz skizzierte *Bereich der öffentlichen Diskussion* um Familie, dabei insbesondere die Diskussion von familialen Konfliktthemen. In einem ersten oberflächlichen Blick zeigen sich familiale Konflikte dort dem Beobachter - ähnlich der Ebene subjektiver Erfahrung - als unbestimmt, vielschichtig, komplex und doch konkret benennbar, als problematisch und zugleich alltäglich, als völlig normal und gleichzeitig als etwas, was besondere Aufmerksamkeit erfordert. Kurz: Konflikte sind dieser öffentlichen Diskussion folgend heute in besonderer Art der Familie zu eigen und erfordern (deshalb) außergewöhnliche, nicht nur individuell-private, sondern auch kollektiv-öffentliche Aufmerksamkeit und intensive Bearbeitung.[1] Und schließlich muß in diesem Zusammenhang noch ein dritter - der *wissenschaftliche Bereich* beachtet werden. Die Frage hierzu lautet: Korrelieren die ambivalente und unklare Bedeutung des Konfliktbegriffs in der öffentlichen Diskussion zu und um Familie sowie die möglicherweise komplexen, widersprüchlichen privaten Konflikterfahrungen von und mit Familie mit dem wissenschaftlichen und insbesondere auch familiensoziologischen Gebrauch des Konfliktbegriffs?

Diese Frage liegt schon deshalb nahe, weil es offenkundig ist, daß Wechselwirkungen zwischen privatem Erleben von und öffentlicher Auseinandersetzung um Familienkonflikte nicht losgelöst von jenen wissenschaftlichen Fachdisziplinen betrachtet werden können, die sich infolge ihres Forschungsgegenstandes 'Familie' mit dieser Thematik beschäftigen. Ja man könnte die genannten drei Bereiche sogar als die Eckpunkte eines Dreiecks denken (vgl. Abb. 1), das mit seinen wechselseitigen Verbindungslinien einen dynamischen, sich ständig in Bewegung befindlichen Raum aufspannt, in welchem sich jene im Prolog angesprochene 'diffuse Ordnung' familialer Konflikte erst formiert.

Abb. 1:

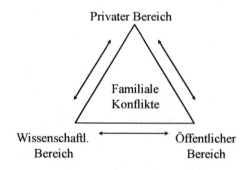

Wichtig dabei ist aber, ob und inwieweit in der wissenschaftlichen Diskussion der Konfliktbegriff *als theoretisch abgesichertes und empirisch*

---

1 Diesem stetigen Prozeß der Veröffentlichung bei gleichzeitiger Veralltäglichung familialer Konflikte stehen 'Entdeckungen' verschiedener spezifischer 'familialer Konfliktthemen' zur Seite - nur zwei Beispiele: Galt seit den fünfziger Jahren die öffentliche Aufmerksamkeit lange Zeit den, insbesondere bei Kindern, psychisch krankmachenden Wirkungen bestimmter familialer Beziehungskonstellationen (Marc & Picard 1991), die heute zum Teil schon in das allgemein verfügbare Erziehungswissen überführt sind, so kann man in jüngster Zeit eine fortschreitende "Enttabuierung" (Honig 1986: 37) von anderen spektakulären Themen wie z.B. Gewalt gegen Frauen in der Ehe/Partnerbeziehung oder sexueller Mißbrauch von Kindern in der Familie mitverfolgen.

überprüfbares begriffliches Konstrukt (im Sinne eines 'hypothesis generating model') Verwendung findet. Oder ob der Konfliktbegriff dem privaten und öffentlichen Gebrauch ähnelt, ja vielleicht sogar folgt und ihn damit einfach nur reproduziert, indem analog etwa der populärwissenschaftlichen Konfliktliteratur zur Familie auch im wissenschaftlichen Bereich die theoretischen Implikationen und empirischen Hintergründe undeutlich, verdeckt bleiben.

Genau bei dieser Problematik, also am Eckpunkt der wissenschaftlichen Diskussion in jenem imaginären Dreieck, soll die hier vorliegende Untersuchung zu familialen Konflikten ansetzen, indem der Versuch einer systematischen Begriffsarbeit entlang folgender Fragestellung unternommen wird: *Welche begrifflich-theoretische Qualität und welchen empirischen Bezug zeigt der Konfliktbegriff in seiner aktuellen familiensoziologischen Verwendung?* Man kann die gleiche Frage auch provokanter und damit vielleicht sogar überpointiert formulieren: Spielen in so manchen vergangenen und gegenwärtigen familiensoziologischen Analyse- und Prognose-Dramen zur Situation der Familie familiale Konflikte eine Hauptdarstellerrolle, ohne ihrer Bedeutung entsprechend in der Besetzungsliste aufgeführt zu sein?

Zielsetzung und Vorgehensweise

Daraus ergibt sich folgende - allerdings eher bescheidene - *Zielsetzung*: In einer zusammenfassenden Skizze der familiensoziologischen Diskussion zu Konflikten in der Familie soll eine systematische Bestandsaufnahme der verschiedenen, darin enthaltenen zentralen Aspekte und Argumentationen erarbeitet werden, um damit jene Ordnung familialer Konflikte, zumindest in einem Ausschnitt des wissenschaftlichen Bereichs, in einigen wichtigen Ansätzen aufzuzeigen und diskutieren zu können. Als Grundlage liefert eine mehrebenenanalytische Verknüpfung von Subjektebene, Gruppenebene und gesellschaftlicher Ebene ein theoretisches Raster, das es ermöglicht, neben einer schlüssigen Einordnung der expliziten Inhalte und theoretischen Perspektiven in der aktuellen 'Konfliktdiskussion' um Familie auch die impliziten Standorte und daraus resultierende theoretische und (forschungs)praktische Konsequenzen zu identifizieren. Darüber hinaus soll diese 'Bestandsaufnahme' aber nicht nur Hinweise für die weitere theoretische Fundierung und empirische Forschung zum konkreten Phänomen 'Familienkonflikte' selbst liefern, sondern auch Ansatzpunkte möglicher weiterer Fragestellungen für eine tiefergehende Analyse der komplexen Wechselwirkungen zwischen den verschiedenen Eckpunkten des skizzierten Dreiecks freilegen.

Eine solche Zielsetzung birgt jedoch folgende wesentliche Schwierigkeit in sich, die es gleich zu Beginn zu bedenken gilt: Zum einen ist die wissenschaftliche Diskussion über Familienkonflikte mittlerweile sehr komplex, in mehrere Disziplinen und Forschungsbereiche aufgegliedert und dem 'phänomenalen Gegenstand' der Diskussion somit sicher angemessen, zum anderen darf bei der Analyse der *Diskussion* das eigentliche *Phänomen* - familiale Konflikte - nicht aus den Augen verloren werden. Das heißt: Die hier angestrebte Analyse familialer Konflikte muß beide Ebenen, also sowohl die Gegenstandsebene als auch die Ebene der 'Diskursivierung' - zwar analytisch getrennt, aber theoretisch verknüpft - berücksichtigen, ohne sich dabei im Netz interdisziplinärer Verweisungszusammenhänge und phänomenaler Komplexitätsanforderungen zu verfangen.

Diese Überlegung hat Konsequenzen für die sinnvollerweise zu wählende generelle Strategie und deren Umsetzung in eine konkrete Vorgehensweise: Zunächst erfordert die hier implizierte *wissenssoziologisch orientierte Strategie* eine grundsätzliche perspektivische Umkehrung der herkömmlichen Arbeiten zu Familienkonflikten, indem nicht auf verschiedenes Untersuchungsmaterial zurückgegriffen wird, um die derzeitige Konflikthaftigkeit von Familie zu demonstrieren oder zu widerlegen. Vielmehr soll im methodischen Zugriff einer 'diskursanalytisch' ausgerichteten Auswertung theoretischer Ansätze, empirischer Befunde, damit korrespondierender Analysen und Diagnosen zur Konflikthaftigkeit von Familie der Gegenstand selbst - familiale Konflikte - in seiner aktuellen 'Diskursivierung' erst greifbar und damit auch in seiner Bedeutung für die jeweilige Analyse hinterfragbar gemacht werden.

Der damit beabsichtigte, also sowohl theoretisch wie auch empirisch ausgerichtete Zugriff legt für die konkrete *Vorgehensweise* dieser Untersuchungen nahe, den Leser - bildhaft formuliert - auf eine Wanderung mitzunehmen, die gleichsam einen halbkreisförmigen Bogen zwischen Empirie und Theorie beschreibt: Dieser Bogen spannt sich ausgehend von zentralen empirischen Aspekten und damit korrespondierenden theoretischen Fundamenten der aktuellen Diskussion zum Wandel der Familie über die Entwicklung eines eigenen theoretischen Instrumentariums zu theoretischen Konzepten und empirisch begründeten Argumentationen zu familialen Konflikten in der Familiensoziologie, um schließlich zu einer diskursanalytischen Zusammenschau des Zusammenhangs zwischen Familienkonflikten und gesellschaftlichem wie familialem Wandel zu gelangen. Im einzelnen sind damit folgende Schritte verbunden:

In einem ersten Schritt ermöglicht ein einführender Überblick zum Thema *'familialer Wandel und Familienkonflikte'*, sich dem Forschungsgegenstand 'familiale Konflikte' mit den darin enthaltenen Themen im Grenzgebiet zwischen öffentlicher und wissenschaftlicher Diskussion aufmerksam anzunähern. Gezeigt werden soll, wie gesellschaftlicher Wandel, familialer

Wandel und die Annahme zunehmender Familienkonflikte in der derzeitigen Diskussion um Familie zusammenhängen (Kapitel 2).

Da in manchen dieser Argumentationen verschiedene Ebenen vermengt werden und das begriffliche Fundament zu 'Familienkonflikt' weitgehend unklar bleibt, soll im zweiten Schritt ein theoretischer Teil sowohl das *begriffliche Instrumentarium* als auch in Verbindung mit dem ersten Schritt die erkenntnisleitenden *Hypothesen* für die Analyse familialer Konflikte im Hauptteil bereitstellen (Kapitel 3). Der hierbei vorgestellte theoretische Ansatz bietet nicht zuletzt insofern einen neuen Zugang zur Problematik um Familienkonflikte, als er auf der Basis der Verbindung einer mikro- und makrosoziologische Perspektive das Erkenntnisfeld einer familiensoziologischen Analyse um eine wissenssoziologische Dimension erweitert.

Als dritter Schritt soll im Hauptteil eine kritische Zusammenschau der aktuellen familiensoziologischen Diskussion um die Konflikthaftigkeit der Familie durchgeführt werden. Das Ziel ist, am Ende zu einem *'Konflikttableau'* zu gelangen, das für die Partner- wie für die Eltern-Kind-Beziehung aufzeigen kann, wie in dieser Diskussion der Gegenstand 'familiale Konflikte' konstruiert wird und was sich hinter den jeweiligen Konstruktionen verbirgt (Kapitel 4).

Die *Diskussion der gewonnenen Ergebnisse* im vierten und letzten Schritt (Kapitel 5) wird schließlich zeigen, daß der familiensoziologische Diskurs nicht nur von einem konflikthaften Wandel der Familie kündet, sondern unter seiner Oberfläche auf eine komplexe Verschiebung im Sinne einer 'Neuordnung' des Privatbereichs 'Familie' mit jeweils spezifischen gesellschaftlichen wie individuellen Konsequenzen verweist. Eine kurze Skizze daraus resultierender theoretischer und forschungspraktischer Konsequenzen für weiterführende Analysen zu Familienkonflikten in der Familiensoziologie schließt die Ausführungen ab.

Zur gewählten Vorgehensweise muß jedoch angemerkt werden, daß sie folgenden Beschränkungen und Grenzen unterliegt: Zum einen führt der hier gewählte, wissenssoziologisch orientierte Rahmen nicht auf direktem Weg zu einer Konflikttypologie, die, soweit sie sorgfältig erstellt wäre, z.B. Konflikttyp A von Typ B und C etc. entlang soziologisch untermauerten Ursachenbündeln oder Risikofaktoren differenzieren könnte. Zum anderen soll auch nicht versucht werden, einen weiteren, wie auch immer konzipierten 'Konfliktratgeber' zu entwerfen, der für verschiedene Konflikttypen entsprechende Handlungsalternativen und Bearbeitungsstrategien zur Verfügung stellt. Sondern es soll der Versuch unternommen werden, erst einmal das Fundament freizulegen, auf dem eine solche Typologie oder dieser Ratgeber stehen würden, um somit einen Beitrag zu den begrifflichen und theoretischen Grundlagen der Diskussion um die Konflikthaftigkeit der Familie zu leisten. Damit reduziert sich vielleicht die Gefahr wenigstens im Bereich der Familiensoziologie, den Begriff 'Konflikt' mit einem eher unbestimmten Charakter als eine schließlich für ideologische Zwecke leicht zu mißbrauchende, weil verschleiernde Metapher für alles zu verwenden, was - glaubt man der aktuellen Diskussion - in der Familie 'nicht (mehr) läuft'.

Es wäre selbstverständlich naiv, in dieser Untersuchung den Anspruch zu erheben, auf die Frage nach dem Zusammenhang zwischen sozialem Wandel und Konflikten in der Familie eine umfassende Antwort liefern zu wollen. Aber vielleicht gelingt es, zumindest einige wichtige begriffliche Fundamente möglicher Antworten zu orten, so daß unser grundlegendes Verständnis dieses Zusammenhangs jenseits modisch-aktueller Schlagwörter und Themen einen Schritt vorangetrieben wird. Aus Ludwig Wittgensteins 'Philosophischen Untersuchungen' stammt der Hinweis: "Begriffe leiten uns zu Untersuchungen. Sind der Ausdruck unseres Interesses, und lenken unser Interesse." (Wittgenstein 1971: 239) Und damit scheint die hier angestrebte 'Begriffsarbeit' an der 'diffusen Ordnung' der aktuellen Konfliktdiskussion von Familie auf jeden Fall notwendig, vielleicht sogar lohnenswert.

2. Familienglück - Familienleid oder: Über einige Aporien zum familialen Alltag in der Moderne - Ein kursorischer Überblick des aktuellen Diskussionsstandes zum 'Wandel der Familie'

'Wie geht es der Familie?' - Eine Frage, die sich wohl deshalb als Schlagzeile oder als Publikationstitel trefflich eignet, weil sie in der darin formulierten Sorge der Nachfrage gleichzeitig die ganze Bandbreite möglicher Antworten zwischen zwei Polen ausdrückt: Familie als unbedingt zu bewahrender "Idealzustand menschlichen Zusammenlebens oder [als] krisengeschütteltes Ensemble",[1] das langsam aber sicher verschwindet. Von einer - nicht nur für die Familiensoziologie - mittlerweile traditionellen Krisenstimmung getragen, wird vielerorts vom fundamentalen 'Wandel der Familie' gesprochen oder gar schon ihr Zerfall postuliert, nach außen hin festgemacht an den hinlänglich bekannten sozialstatistischen Datenkolonnen. Gesunkene Eheschließungs- und gestiegene Ehescheidungsziffern, nach wie vor auf niedrigem Niveau stagnierende Geburtenziffern, sich weiter diversifizierende Haushaltsformen etc. bilden die Plattform, von der aus die Bereiche um Ehe und Familie, Partnerbeziehung, Sexualität und Kinder aus unterschiedlichsten Perspektiven analysiert, diskutiert und interpretiert werden.

Nun wird in diesen 'Familien-Diskussionen' nicht immer klar, wovon in dem Dickicht aus bürgerlicher Kleinfamilie, nichtehelichen Lebensgemeinschaften, alleinerziehenden Eltern und weiteren alternativen privaten Lebensformen eigentlich die Rede ist. Und hinzu kommt, daß der damit angesprochene Aspekt des gesellschaftlichen und familialen Wandels augenscheinlich eng mit Konflikten in Ehe und Familie zusammenhängt,[2] so daß zunächst - als Zielvorgabe für Kapitel 2 - eine kurze Übersicht dieser aktuellen Debatten mit einer kritischen Standortklärung von Familie unerläßlich erscheint, die folgende Frage zum Ausgangspunkt nimmt: Was sind die Themen und Inhalte der Kontroversen, die sich mit dem (krisenhaften) *Wandel struktureller Rahmenbedingungen der Familie* oder/und mit den *Transformationen* des (damit zumeist konfliktreichen) *familialen Alltags in*

---

1   Quelle: Maria Frisé in Frankfurter Allgemeine Zeitung, Nr. 231 vom 5. Oktober 1991;

2   Als kurzes Beispiel für die teilweise recht undurchsichtige Kombinatorik von 'Wandel' und 'Konflikt' kann auf das einschlägige Studienbuch zur Sozialstruktur der Bundesrepublik Deutschland von Bernhard Schäfers verwiesen werden, der unter der Überschrift 'Konfliktfelder von Ehe und Familie' vor dem Hintergrund der Beck'schen These einer 'paradoxen Vergesellschaftung' (Beck 1986: 200) kurze Einführungen zu den Themen 'Ehescheidung', 'Erwerbstätigkeit von Müttern' und 'Alleinerziehende' liefert (Schäfers 1990: 130 ff).

den subjektiven Erfahrungen in der modernen Gesellschaft auseinandersetzen?

Im folgenden soll also ein einführender Überblick der verschiedenen Positionen und Diagnosen zur heutigen Situation der Familie präsentiert werden, der sich an der Leitfrage orientiert, welche *Bedeutung* explizit oder implizit dem *Konfliktbegriff* im Rahmen jener Argumentationen jeweils zukommt. Dazu wird zunächst eine skizzenhafte Beschreibung der modernen Familiensituation mit den spezifischen Indizien ihrer Konflikthaftigkeit anhand einiger ausgewählter empirischer Daten sowie damit verbundener geläufiger Deutungen geliefert (Kapitel 2.1), denen sich eine kritische Zusammenschau damit korrespondierender familiensoziologischer Thesen und Interpretationen zum Zusammenhang zwischen gesellschaftlichem bzw. familialem Wandel und Familienkonflikten anschließt (Kapitel 2.2). Diese erste 'konfliktkritische' Übersicht des Diskussionsstandes zur Familie soll die für die weitere Untersuchung erkenntnisleitenden Thesen sowie Anhaltspunkte für das dabei benötigte theoretische Instrumentarium liefern (Kapitel 2.3).

2.1 Familie heute - Zwischen Klischee, Krisensymptomen und wachsenden Konflikten? oder: Die Schwierigkeit einer empirischen Standortbestimmung

Im Jahr 1882 schreibt eine Kommission des Verbandes 'Arbeiterwohl' in einem an Arbeiterfrauen gerichteten Haushaltungs- und Kochbuch:

> "Wenn also in diesem Buche vom 'häuslichen' Glücke die Rede ist, dann ist damit nicht gemeint: reicher Besitz und viel Geld, auch nicht große Vergnügungen und Freudenrausch; denn die allein können keinen Menschen zufrieden machen, sondern - das Walten eines schönen Friedens im Hause. Das wahre 'häusliche Glück' besteht darin, daß Alle, die zum Hause gehören, Vater, Mutter und Kinder mit ihren häuslichen Verhältnissen zufrieden sind, ihr Wohlbehagen im Hause finden und am häuslichen Leben ihre Freude haben."[3]

Auch wenn sich in den über hundert Jahren seit der Veröffentlichung jenes Buches in vielen gesellschaftlichen Bereichen massive Wandlungen vollzogen haben, so scheint doch dem Leser dieses Zitates ein vertrautes Bild von Familie entgegenzutreten: Das glückliche und zufriedene Zusammenleben von Mann und Frau mit ihren Kindern unter einem Dach. Und wer glaubt, sie heute nicht zur genüge z.B. aus Werbung, Film und Fernsehen zu kennen: die sogenannte *'Normalfamilie'* mit dem fleißigen und kameradschaftlichen Vater, der fürsorglichen und adretten Mutter, den wohlgewachsenen Kindern, deren aus dem Leben gegriffene Alltagsprobleme und -

---

3 Aus: Das häusliche Glück. Vollständiger Haushaltungsunterricht nebst Anleitung zum Kochen für Arbeiterfrauen. Herausgegeben von einer Kommission des Verbandes 'Arbeiterwohl', 11. verbesserte Auflage, Mönchengladbach und Leipzig 1882, (cit. nach Blank 1975: 3).

konflikte jederzeit (und vor allem mit Hilfe des beworbenen Produkts) erfolgreich gemeistert werden? - Jeder erkennt sofort: *ein Klischee*! (Rerrich 1986: 69 f)

Nun könnte man, an diesem Punkt angelangt, eigentlich das Zitat schnell wieder vergessen. Aber vielleicht lohnt es sich, über solcherart Klischee-Bewertungen kurz näher nachzudenken, denn soziologisch gewendet sind Klischees besonderer Ausdruck gemeinsam geteilter Vorstellungen und Erfahrungen - 'soziale Typisierungen' eines Sachverhalts -, die ihren ursprünglichen Inhalt, ihren einstigen Sinn weitgehend verloren haben (Zijderveld 1979: 10 ff und 59 ff). Ihre soziale Relevanz besteht darin, daß sie eben diese ursprüngliche Bedeutung, den verlorengegangen Sinn durch 'Funktion' ersetzen und in ihrer leichten 'Konsumierbarkeit' damit vor allem vom 'Mühsal der Reflexion' befreien. Eine zentrale Funktion von deswegen nicht bedeutungsleeren Klischees liegt in der besonderen Form von Komplexitätsreduktion, indem sie 'unsichere' Realität nach eindeutig festgelegtem, also *'garantiertem Sinn'* definieren und ordnen. Was uns im obigen 'Klischee der Normalfamilie' also gegenübertritt, ist - zugegeben überzeichnet - die Hintergrundfolie, vor der die Rede von der Krise der Familie immer schon Sinn gewinnt, noch bevor der Bezug zum konkreten Alltagserleben von Familie geklärt ist. Deshalb: Was beinhalten konkret die dem krisenhaften Wandel zugrundegelegten sozialstatistischen Trends? Wovon künden und was verdecken die unwiderlegbaren und offensichtlich für sich selbst sprechenden Daten im Hinblick auf eine Diagnose der gegenwärtigen Familie?

Zur Pluralisierung privater Lebensformen

In der Familienforschung generell und besonders in der Familiensoziologie herrscht heute Einigkeit darüber, daß neben der herkömmlichen modernen Kleinfamilie mittlerweile eine Reihe weiterer Formen privater Lebensverhältnisse empirisch nachweisbar sind: "Insgesamt betrachtet nimmt der Typus der neuzeitlichen westlichen Normalfamilie im Sinne eines kernfamilialen Haushalts von zwei Erwachsenen mit ihren unmündigen Kindern seit 1965 zahlenmäßig und anteilsmäßig ab und wird zunehmend ergänzt durch eine Vielzahl anderer familialer und nichtfamilialer Lebensformen." (Peuckert 1991: 30) Im Überblick können, basierend auf empirischen Beobachtungen und umschrieben mit der These von der *'Pluralisierung privater Lebensformen'*, vier Entwicklungstrends in den Veränderungen der Formen familialen und außerfamilialen Zusammenlebens identifiziert werden (ebd.: 23 und 191): Erstens das Aufkommen neuer Lebensstile und Beziehungsformen; zweitens eine zunehmende Diversifizierung der Lebensformen auf

Kosten des quantitativen Anteils der modernen Kleinfamilie; drittens eine fortschreitende Verweiblichung der Haushaltsvorstände (insbesondere durch alleinerziehende Mütter und weibliche Einpersonenhaushalte); und viertens ein häufigerer Wechsel zwischen verschiedenen Lebensformen aus der Perspektive der Individualbiographie.

Freilich darf die 'Pluralisierungsrhetorik' nicht vorschnell übertrieben werden - z.B. weist Bernhard Nauck (1991: 399) darauf hin, daß sich die Situation aus Sicht der Kinder durchaus anders darstellt, denn "(…) mehr als 85% aller minderjährigen Kinder in Deutschland [stehen] in einem Kindschaftsverhältnis, das dem Normalitätsentwurf entspricht". Über 90% werden als Kinder verheirateter, zusammenlebender Eltern geboren, und dieser Anteil reduziert sich mit steigendem Alter des Kindes dann auf 80%. Dennoch, um das vorläufige Fazit zu dieser Entwicklung gleich voranzustellen: Die moderne Kleinfamilie gehört zwar keinesfalls der Vergangenheit an und wird voraussichtlich in naher Zukunft neben all der Vielfalt auch nicht zur exotischen Randerscheinung, jedoch ist sie "heute nur noch eine - wenn auch noch die häufigste - aller möglichen Lebensformen" (Peuckert 1991: 10). Und mit der beobachtbaren "Ausdifferenzierung der Formen der privaten Lebensführung" (Rerrich 1988: 17) befindet sich die moderne Kleinfamilie insofern in einer historisch neuen Situation, als zum einen ihr Familienumfeld nicht mehr zum größten Teil ebenfalls aus Familien besteht, denn inzwischen ist also nicht mal mehr jeder zweite Haushalt überhaupt durch das Zusammenleben von Erwachsenen und Kindern gekennzeichnet. Zum anderen auch deshalb, weil die neben ihr existierenden Variationen nicht mehr generell als Abweichungen wahrgenommen und entsprechend sanktioniert werden, sondern teilweise sozial toleriert, legitimiert sind oder gar schon als positiv, als erwünscht gelten.[4]

Die Vielfalt privater Lebenssettings entstand (und entsteht weiter) - so die gängige Argumentation - auf der Grundlage fundamentaler gesellschaftlicher Entwicklungsprozesse und Wandlungstendenzen, welche verstärkt nach dem 'Goldenen Zeitalter der Familie' in den fünfziger und frühen sechziger Jahren (Lupri 1991: 196 ff; Peuckert 1991: 13; Sieder 1987: 243 ff) die Bedeutung der bürgerlichen Kleinfamilie als familialen Normaltypus der Moderne zur Disposition gestellt haben.[5] Als Indikatoren für diesen Wandel der

---

4 Z.B. zeigen Daten zu nichtehelichen Lebensgemeinschaften, daß trotz aller regionaler und milieuspezifischer Differenzierungen hinsichtlich der individuellen und auch von außen zugeschriebenen Bedeutung dieser Lebensform (als Alternative zur Ehe, als Vorstufe zur Ehe, als 'Ehe-Ersatz' etc.) parallel zur quantitativen Verbreitung im großen und ganzen auch eine allgemeine Akzeptanz einhergegangen ist (vgl. z.B. Burkart 1991: 26 ff; Burkart, Fietze & Kohli 1989: 46 f und 155 ff; Heller 1989: 46 ff; Peuckert 1991: 55 f; Trost 1989: 363 ff).

5 Auch wenn dieser im folgenden kurz skizzierte Prozeß familialen Wandels in seinen grundlegenden Aspekten - bis auf wenige Ausnahmen wie z.B. Irland - in allen westlichen Indu-

Familie gelten in der aktuellen Diskussion Trends und Entwicklungen, die zwar zum Teil historisch weiter zurückreichen als lediglich vierzig oder fünfzig Jahre, aber eigentümlicherweise ihre besondere Prägnanz erst in der Erinnerung dieses historischen Kurzzeitgedächtnisses gewinnen. Insgesamt werden hierzu insbesondere eine Reihe demographischer, sozio-kultureller und sozio-ökonomischer Aspekte genannt, hinter denen gleichsam als Motor ein langfristiger und fundamentaler Umwälzungsprozeß steht, der in verschiedenen Theorien und Modellen zum sozialen Wandel mehr oder weniger diffus mit dem Begriff *'Modernisierung'*[6] umschrieben wird und der Europa bzw. den westlich-abendländischen Kulturkreis seit der frühen Neuzeit in Bewegung hält.

Konkret umfassen die in diesem Zusammenhang immer wieder als markante Krisensymptome genannten *demographischen Wandlungsprozesse* vor allem rückläufige Eheschließungsziffern infolge sinkender Heiratsneigung sowie gestiegene Ehescheidungsziffern (mit ebenfalls zurückgehender Wiederverheiratungsquote), außerdem das bekannte Geburtendefizit in Verbindung mit einer Zunahme nichtehelicher Geburten vor allem bei älteren Frauen (zusammenfassend z.B. Burkart, Fietze & Kohli 1989: 13 ff). Hinzu kommen noch damit korrespondierende allgemeine Veränderungen in der

---

strienationen nachgewiesen werden kann (z.B. Popenoe 1988 für Schweden, Schweiz, Neuseeland und USA oder Lupri 1991: 191 ff für Kanada), so müssen dabei für eine differenzierte Betrachtungsweise verschiedene nationale bzw. regionale Besonderheiten, resultierend aus jeweils eigenen historisch-kulturellen Entwicklungsaspekten, berücksichtigt werden (exemplarisch z.B. Sgritta 1991: 135 ff für Italien).

Außerdem: Ob man dieses 'Goldene Zeitalter der Familie' nach dem Zweiten Weltkrieg lediglich als bemerkenswertes, aber kurzes Intermezzo im schon früher einsetzenden Verfall der bürgerlichen Kleinfamilie (z.B. Popenoe 1988: 73 ff) oder erst als den eigentlichen Höhepunkt der Durchsetzung dieses Familienmodells betrachtet (z.B. Peuckert 1991: 14 ff), hängt sicher sowohl von der gewählten zeitlichen wie auch regionalen Perspektive ab. Für die Bundesrepublik Deutschland jedenfalls kann rückblickend für den historisch relativ kurzen Zeitraum bis zum Ende des Zweiten Weltkrieges festgehalten werden, daß bis in die 60er Jahre die Mehrheit der Bevölkerung die privatisierte Kleinfamilie als Leitbild akzeptiert und als Lebensform auf der Verhaltensebene verwirklicht hat (Peuckert 1991: 16 f).

6 Was mit dem Begriff 'Modernisierung' genau bezeichnet wird, variiert nach Erkenntnisinteresse, theoretischem Hintergrund und damit zusammenhängend auch nach jeweiliger Analyseebene. Meist wird 'Modernisierung' als ein bestimmter Typ sozialen Wandels, der die zum Teil planmäßig beschleunigte Entwicklung von der traditionalen Agrargesellschaft zur hochentwickelten, demokratisch-pluralistischen Industriegesellschaft bezeichnet, lediglich durch weitere, mitunter ebenso nebulöse Begriffe umschrieben und damit nur bedingt präzisiert: Rationalisierung, Säkularisierung, Individualisierung, Pluralisierung der Lebensformen und Lebensstile, wirtschaftliches Wachstum, Urbanisierung, Verstädterung, soziale Mobilität, Massenwohlstand, Steigerung der gesellschaftlichen Anpassungsfähigkeit etc. (Hartfiel & Hillmann (1982): 510 f; zu den Grundlagen des Modernisierungsbegriffs vgl. Strasser & Randall (1979): 84 ff; Wiswede & Kutsch (1978): 70 ff und Zapf (1969): 22 ff; zur aktuellen Diskussion verschiedener Theoriekonzepte zu 'Modernisierung' vgl. Glatzer (1991): 362 ff).

Haushaltsstruktur mit dem gemeinsamen Nenner eines Anstiegs der Gesamtzahl der Privathaushalte, bedingt durch das Auftreten von neuen sowie die Zunahme von früher nur wenig verbreiteten Haushaltstypen wie z.B. das Alleinleben in einem Haushalt (dabei insbesondere auch von jüngeren Männern und Frauen) oder das Zusammenleben nicht verheirateter Paare (Peuckert 1991: 23, vgl. zusammenfassend Meyer 1992: 67 ff).

Diese Trends trafen und treffen freilich auf ein bürgerliches Ehe- und Familienmuster, das selbst über den historischen Zeitverlauf nicht konstant blieb, sondern ebenfalls erheblichen Wandlungstendenzen unterworfen war. Hierzu sind vor allem zwei Entwicklungslinien zu beachten (Schuster 1991: 30 f): Zum einen ist eine tendenzielle Verringerung der zu einer Familie gehörenden Personen festzustellen, indem sowohl eine Reduktion auf die Eltern-Kind-Dimension aufgrund der Ausgliederung vor allem von früher im 'Ganzen Haus' wohnenden, nicht verwandten Personen erfolgte, wie auch durch den Rückgang der Kinderzahlen pro Familie diese Eltern-Kind-Dimension selbst einen zahlenmäßigen Schrumpfungsprozeß erfahren hat. Zum anderen hat sich die zeitliche Dauer des ehelichen Zusammenlebens infolge der gestiegenen Lebenserwartung erheblich verlängert, während die eigentliche 'Familienphase' durch die Reduktion der Kinderzahl insgesamt verkürzt wurde. Überträgt man diese Veränderungen in der Struktur der Familie und im Familienzyklus sowie die oben genannten generellen demographischen Entwicklungstrends auf die einzelne Biographie, so bedeutet dies, daß im Durchschnitt betrachtet die Anteile an Lebenszeit, die in einer bestimmten Lebensform verbracht werden, zunehmend kleiner und insgesamt heterogener werden.

Jene im wesentlichen durch sozialdemographische Statistiken belegten Veränderungen in der Struktur und Verteilung privaten Zusammenlebens sollen also - der 'Pluralisierungsthese' zufolge - die damit verbundene *faktische (weil quantitative!) Relativierung der Normalfamilie* als allgemein vorherrschender Lebensform verdeutlichen. Und dies umso mehr, da durch die Grobrastigkeit der in den Statistiken verwendeten Kategorien viele der oben skizzierten privaten Lebensformen gar nicht erfaßt werden können und somit das Ausmaß des 'tatsächlich stattfindenden Wandels' noch beträchtlich größer sein dürfte, als die 'amtlichen Daten' widerspiegeln (Peuckert 1991: 24 ff).

Wenn auch in keinem unmittelbaren Ursache-Wirkungs-Verhältnis zu den genannten demographischen 'Oberflächen-Symptomen' zum Wandel privater Lebensformen, so doch in engem Zusammenhang dazu stehen *sozio-kulturelle und sozio-ökonomische Entwicklungsprozesse*, welche die gesellschaftlichen Rahmenbedingungen, in denen sich private Lebensführung formt, verändert haben: Eine seit 1950 zu verzeichnende allgemeine Wohlstandssteigerung, flexiblere Zeitbudgets mit mehr individuell frei bestimmbaren Spielräumen, der Wandel der Wohnumwelt infolge quantitativer und qualitativer Verbesserungen des Wohnraums, die Ausweitung der Bildungschancen, allgemeiner Medienzugang und ein Anstieg der Berufstätigkeit von verheirateten Frauen bzw. vor allem von Müttern sind einige der wichtigsten, in der Literatur hierzu angeführten Aspekte (Rerrich 1988: 83 ff; Schuster 1990: 43 ff).

Doch bis hierher handelt es sich lediglich um eine Aufzählung einer Reihe von unterschiedlichen Daten und 'Fakten', die relativ unverbunden makrosoziologische Aspekte und Verhaltens- bzw. Motivationsänderungen auf individueller Ebene nebeneinander stellt. Am Beispiel von zwei der vielleicht bekanntesten und auch in der öffentlichen Diskussion geläufigen 'Modernisierungsgewinnen' - dem Wandel der weiblichen Geschlechtsrolle und dem gestiegenen allgemeinen Wohlstandsniveau, die wiederum selbstevident genug leicht mit 'harten' empirischen Daten belegt werden können,[7] - soll kurz nachgezeichnet werden, wie die *argumentative Verknüpfung* dieser *verschiedenen, auf unterschiedlichen Ebenen liegenden und in sich komplexen Entwicklungsprozesse und Wandlungstendenzen* erfolgt: Insgesamt können sich immer mehr, vor allem auch schon junge Menschen eine flexiblere Lebensgestaltung leisten, die nicht mehr ausschließlich durch den ganzen Alltag umfassende, materielle Reproduktionszwänge bestimmt ist. Dabei wird insbesondere durch die gestiegene lohnabhängige Berufsarbeit vorwiegend verheirateter sowie das den Männern mittlerweile angeglichene Bildungsniveau vor allem jüngerer Frauen für viele Frauen überhaupt erst möglich und zunehmend auch attraktiver, eigenständige, vom Mann ökonomisch unabhängige Lebensentwürfe zu realisieren, die nicht mehr zwangsläufig in die bürgerliche Kleinfamilie mit ihrer Festschreibung der Frau auf den häuslichen Bereich einmünden bzw. darauf beschränkt bleiben (Beck-Gernsheim 1983: 307 ff; Peuckert 1991: 194 ff).

Von der 'quantitativen' zur 'qualitativen' Krise der Familie

Wichtig an dieser Argumentationsfigur scheint mir - und man könnte dies in ähnlicher Art und Weise auch für andere Argumentationen aufzeigen -, daß in der darin enthaltenen Verknüpfung zwischen gesamtgesellschaftlichen Veränderungsprozessen, Geschlechterverhältnis, kulturell vorgegebenem

---

7   Für einen kurzen Überblick zur Entwicklung des Wohlstandsniveaus seit Ende des Zweiten Weltkrieges vgl. z.B. Rerrich (1988: 86 ff); für eine differenzierte Analyse empirischer Daten zur Entwicklung des Bildungsniveaus und der Erwerbstätigkeit von Frauen - beides oft als die wichtigsten Indikatoren für den Wandel der weiblichen Geschlechtsrolle angeführt - vgl. z.B. Bertram & Borrmann-Müller (1989: 68 ff); Deutsches Jugendinstitut (1989: 27 ff).

Familienbild sowie subjektiven Motivationsstrukturen eine besondere *Perspektivenerweiterung* angelegt ist.

Zu jener 'Pluralisierungsthese' in der Thematik um den 'Wandel der Familie' gesellt sich jetzt ein weiterer zentraler Aspekt hinzu, der auch mit Maria S. Rerrich in folgendem Zitat anschaulich illustriert werden kann:

"Einmal heißt es, die Frauen sind schuld, die mit ihren übertriebenen Emanzipationsansprüchen die Familie zerstören; ein anderes Mal sind es die Männer, die vor nichts mehr Angst hätten als vor verbindlichen Beziehungen und vor Verantwortlichkeit; ein drittes Mal sind es die hedonistischen Bestrebungen der heutigen jungen Menschen insgesamt, denen das schicke Auto wichtiger ist als das Glück mit Kindern. Politiker der gerade regierenden Parteien machen die fehlgeleitete Politik ihrer Vorgänger für die 'Krise der Familie' verantwortlich, und die Politiker der Oppositionsparteien sehen natürlich die aktuelle Politik der Regierungsparteien als Ursache dieser Entwicklung. Therapeuten sprechen von der 'Angst vor Nähe' und der 'Scheu vor tieferer Bindung', die es den heutigen Menschen erschwert, sich auf andere einzulassen." (Rerrich 1988: 17 f)

Neben den bislang, aus der Außenperspektive distanzierter empirischer Beobachtung identifizierten strukturellen Veränderungen in den privaten Lebensformen mit ihren unvermittelt makrosoziologisch generalisierten Ursachen, enthält diese Perspektivenerweiterung einen Aspekt, der - gleichsam eine familiale Innenansicht implizierend - die Diagnose nahelegt: Irgend etwas stimmt nicht nur nicht mehr *'mit der Familie'*, sondern auch nicht mehr *'in den Familien'*! Anders formuliert: Die Krise der Familie besteht nicht nur aus Erschütterungen, die infolge gesellschaftlicher Veränderungsprozesse von außen auf die Familie einwirken, sondern parallel dazu wird die Familie von innen her 'gesprengt'. Hierin verbindet sich *gesellschaftlicher Wandel* und damit einhergehender *familialer Wandel* mit *familialen Konflikten* und ihren wiederum unvermittelt, diesmal ins Individuelle gewendeten Ursachen und Konsequenzen. An diesem Punkt erreicht man eine für die 'Krise der Familie' wesentliche, weil einseitige *Quantität* statistischer Zahlenreihen z.B. von verschiedenen Haushaltsformen in *qualitative* Dimensionen subjektiver 'Beziehungserfahrungen' transformierende Frage: Korrespondieren die als Beleg für die derzeitige Krisensituation - im Sinne einer quantitativen Relativierung der bürgerlichen Familie - angeführten Struktur-Daten auch mit einem *steigenden Konfliktpotential* - hier also im Sinne einer qualitativen Krise - in den Beziehungen zwischen den Familienmitgliedern?

Repräsentative Umfragen zu Krisen und Konflikten in Ehe und Familie weisen insgesamt eine Tendenz zu einer erhöhten Konflikthaftigkeit und/oder zu einer erhöhten Wahrnehmung von Konflikten nach, und zwar besonders bei Frauen (Institut für Demoskopie Allensbach 1989: 38 ff und 50 ff; Institut für Demoskopie Allensbach 1985: 56 ff und 134 ff; Meyer & Schulze 1989: 61 ff; Schumacher & Vollmer 1982: 336 ff). Konkret präsentieren solche Untersuchungen z.B. Hobbys, Sport, Fernsehen, Hausarbeit und Weiterbildung als die häufigsten Konfliktfelder zwischen den Partnern, während bei jungen Paaren noch Interessenkollisionen bei Verwandtschaftskontakten, bei der Abend- und Freizeitgestaltung sowie bei beruflichen Plänen hinzukommen, vor allem wahrgenommen von jüngeren Frauen im Alter von 30 Jahren und weniger.[8] Je größer dabei die Familie, desto schwieriger wird es, die divergierenden Interessen ohne Reibereien in Einklang zu bringen: Bei einer Generation im Haushalt oder bei kleinen Kindern halten sich die Probleme noch in Grenzen. Aber mit dem Heranwachsen der Kinder nehmen auch die Konflikte zu, die dann nach Auskunft der Befragten meistens dadurch gelöst werden, daß jeder in den Bereichen, die die Interessenkollisionen in sich bergen, seine eigenen Wege geht. Ist dies nicht so einfach möglich, gibt bei knapp der Hälfte der Bevölkerung mal der eine, mal der andere nach, 23% diskutieren so lange, bis eine Lösung gefunden ist und 20% gehen dann doch getrennte Wege. Nur bei einer Minderheit herrscht eine feste Rollenverteilung bei der Konfliktlösung, wobei dann meistens die älteren Frauen diejenigen sind, die nachgeben, während bei der jungen Generation der unter 30-jährigen diese Unterschiede praktisch aufgehoben sind (Institut für Demoskopie Allensbach 1989: 50 ff).

Sicher sind solche Daten in ihrer Interpretation aus vielerlei Gründen skeptisch einzuschätzen und letztlich bleibt unklar, inwieweit der darin konstatierte Anstieg nicht auch durch eine Sensibilitätssteigerung in der Wahrnehmung von Konflikten im privaten Nahraum von Partnerbeziehung und Familie durch die 'Betroffenen' einschließlich dem Wegfall eventuell früher vorhandener Thematisierungsschranken verursacht worden ist (z.B. bei den in der erwähnten Allensbach-Untersuchung gar nicht angesprochenen Konflikten im sexuellen Bereich) (Meyer & Schulze 1989: 61 ff). Vernachlässigt man jedoch dieses Problem, so zeichnet sich vor allem für den Bereich 'Ehe' - und hier scheint zwischen Demoskopie und soziologischer Forschung Einigkeit zu bestehen - "ein klares Ansteigen der Bedeutung persönlicher und Partnerkonflikte im Zeitablauf ab, was einerseits ein Zeichen für anders gesetzte Schwerpunkte innerhalb der Ehe ist, andererseits aber auch für zunehmende Krisenanfälligkeit der Ehe gewertet werden kann" (Schumacher & Vollmer 1982: 339).

---

8 Auch hier trifft man wieder auf die oben schon ausgeführte Argumentation zu den 'Modernisierungsgewinnen' vor allem von Frauen - diesmal allerdings explizit auf ihre konfliktfördernde Wirkung hin formuliert: "Die Konfliktbereitschaft nimmt zu; insbesondere Frauen sind heute weitaus weniger als früher bereit, eigene Lebensziele und Interessen grundsätzlich zugunsten der Familie zurückzustecken." Das Zitat stammt aus einem Präsentationsmanuskript von Renate Köcher zur Familien-Studie von 1989 (Institut für Demoskopie Allensbach 1989) mit dem Titel 'Familie 1989 - eine demoskopische Bestandsaufnahme'.

Diese Krisenanfälligkeit, welche tieferen Ursachen sie auch haben mag, spiegelt sich nicht zuletzt in den Indikatoren für die konsequenteste Form des 'eigene-Wege-gehens' - den Scheidungszahlen - wider,[9] die für sich allein genommen aber das gesamte Konfliktausmaß in den Partnerbeziehungen und Familien sogar noch unterbelichten, denn: "Das Ausmaß der emotionalen Trennungen muß (...) höher eingeschätzt werden, als die offiziellen Scheidungsstatistiken anzeigen" (Schulz & Norden 1990: 529), weil nicht jede von den Partnern emotional bereits aufgekündigte Beziehung auch offiziell geschieden wird. Oder anders: Allein das Weiterbestehen einer Ehe oder generell einer Partnerbeziehung sagt zweifellos nichts über ihre Qualität aus.

Wie konfliktreich Partnerbeziehung und Familie noch vor dem letzten Schritt einer Auflösung durch Ehescheidung im historischen Zeitverlauf anscheinend geworden sind, läßt sich auch anhand des nach dem 'Goldenen Zeitalter der Familie' sich entwickelnden Angebots institutionalisierter Hilfe-Einrichtungen der Paar-, Sexual-, Erziehungs-, Familienberatung und Familientherapie und dessen Inanspruchnahme illustrieren. Trotz verschiedener Definitions- und damit verbundener Zählungsprobleme weist das 1993 vom Bundesministerium für Familie und Senioren herausgegebene Gutachten 'Familie und Beratung' des Wissenschaftlichen Beirats für Familienfragen für den Zeitraum von 1945 bis 1987 insgesamt einen beachtlichen Zuwachs an Beratungsstellen aus (Bundesminister für Familie und Senioren 1993: 41 ff).[10] Hinzu kommen noch eine kaum abzuschätzende, aber auf jeden Fall im Steigen begriffene Zahl von freien Praxen, die familienorientierte Beratung und Therapie anbieten (Schneewind 1989: 684 f). Korrespondierend mit dem Angebot hat die Nachfrage nach 'Familienberatung' im Zeitverlauf seit den 50er und 60er Jahren ebenfalls zugenommen. Als Gründe für eine Beratung stehen Partnerschafts- und Familienprobleme - emotionelle Spannungen zwischen Partnern bzw. Eltern und Kindern, Rollen- und Dominanzkonflikte - eindeutig im Vordergrund, etwa im Vergleich zu Fragen der Familienplanung, juristischen Fragen etc. (Ewert 1988: 263 ff

---

9 Seit Mitte der 50er Jahre hat sich die Zahl der Ehescheidungen in der Bundesrepublik Deutschland, abgesehen von der Unterbrechung durch die Neuregelung des Familienrechts im Jahr 1977, bis zum Jahr 1984 ständig erhöht. Im Jahr 1984 war mit insgesamt 130.744 geschiedenen Ehen die höchste Zahl von Scheidungsfällen seit 1950 registriert worden. In den Jahren 1985 und 1986 zeigte sich dann eine Stagnation bzw. ein leichter Rückgang der Zahl der Ehescheidungen, noch immer kann aber davon ausgegangen werden, daß fast 30% der geschlossenen Ehen wieder geschieden werden (Lengsfeld & Linke 1988: 351 ff).

10 So stehen z.B. insgesamt 17 Neugründungen von Erziehungs- und Familienberatungsstellen im Zeitraum von 1950 bis 1954 150 für den Zeitraum 1975 bis 1979 gegenüber. Nicht verschwiegen werden soll aber auch die Stagnation des Ausbaus von Beratungsstellen in den 80er Jahren: z.B. erfolgten ab 1985 nur noch 10 Neugründungen (Bundesminister für Familie und Senioren 1993: 43).

und 266 ff; Klann & Hallweg 1988; Presting 1991: 12 ff und 19 ff; Reiter & Maderthaner 1990: 450 ff; Steiner, Reiter, Reiter-Theil & Much 1986: 29 ff).

Überblickt man jene drei hier kurz genannten Indikatoren - Demoskopie, Scheidungsproblematik und institutionelle Familienhilfen - und folgt man der in der Frage nach dem Konfliktpotential in den Familienbeziehungen enthaltenen Problemverlagerung auf die Subjektebene, indem man 'subjektive Erfahrungen' der Betroffenen zum Ausgangspunkt nimmt, scheint es durchaus angemessen, von einer 'qualitativen Krise der Familie' zu sprechen (so z.B. Rerrich 1988: 18). Und dies umso mehr, als ergänzend zu dieser steigenden generellen Konflikthaftigkeit noch seit den letzten ca. zwanzig Jahren hier in der Bundesrepublik Deutschland ein spezifisches 'Konfliktthema' hinzukommt, das seitdem zunehmend an Bedeutung gewonnen hat und wahrscheinlich noch weiter gewinnen wird: die Diskussion um *familiale Gewalt*. Damit erreicht die 'Krise der Familie' vor allem aus der Subjektperspektive eine weitere Steigerung, denn wo Familien- und Beziehungskonflikte zu Gewalt führen, werden Krisen zu Katastrophen - werden subjektive Konflikterfahrungen in der Familie insbesonders zu individuellen Katastrophen, die den Einzelnen in seiner gesamten Existenz betreffen, gerade weil sie in der Familie gemacht werden.

Familiale Gewalt als 'neues Krisenindiz'?

Versucht man zunächst auch hier die Diskussion um familiale Gewalt, wie sie seit der (Wieder-)'Entdeckung' des Themas - oder besser: der 'aktuellen Durchsetzung des Themas als soziales Problem' (Honig 1986: 21 ff und 289 ff) in der Öffentlichkeit geführt wird, an der Oberfläche zu skizzieren, sind neben den darin enthaltenen Themen[11] vor allem zwei Aspekte zu beachten, die themen- und interessenübergreifend eine zentrale Rolle spielen: Erstens wird die Diskussion um familiale Gewalt - gemäß der oben schon angedeuteten Krisen-Logik - im wesentlichen wiederum mit dem *quantitativen Ausmaß* des Phänomens, also mit statistischen Daten eingeleitet, deren besondere Signifikanz in dem mit diesen Daten immer fest verbundenen Hinweis auf die dahinter stehende, jeweils um ein vielfaches höhere Dunkelziffer besteht. Unabhängig von den tatsächlichen Ausmaßen - unabhängig also da-

---

11   Als Themen, von verschiedenen Seiten mit unterschiedlichen Interessen initiiert, sind zu nennen: Gewalt gegen Kinder, Gewalt gegen Frauen, Vergewaltigung in der Ehe und gegenwärtig insbesondere sexueller Mißbrauch von Kindern. In der Bundesrepublik bislang noch weniger Beachtung finden Themen wie Gewalt gegen Ältere in der Familie, Gewalt unter Geschwistern, Gewalt von Kindern gegen ihre Eltern sowie von Frauen gegen ihre männlichen Partner (Honig 1986: 289).

von, wie groß der 'Eisberg familialer Gewalt' in den verschiedensten Formen und Ausprägungen mit all seinen damit jeweils verbundenen Definitions- und Präzisierungsproblematiken unter der berüchtigten Spitze wirklich ist,[12] besitzt dieser Dunkelzifferverweis neben der in Zahlen implizit enthaltenen Seriosität der neutralen Informationsvermittlung offensichtlich eine besondere soziale Funktion: Er soll das (kaum abschätzbare, aber auf jeden Fall große) Ausmaß des Phänomens verdeutlichen und damit dessen Relevanz als soziales Problem immer wieder aktualisieren und neu legitimieren (Broszat 1984: 59 ff; Honig 1986: 33 ff).

Der zweite, damit eng verbundene Aspekt, liegt in der *Darstellungsform* des Phänomens 'familiale Gewalt' (hier sowohl gegen Kinder als auch gegen Frauen) - in Anlehnung an Tilman Broszat (1984: 44 ff) idealtypisch unterscheidbar in einerseits Skandalberichte, andererseits Aufklärungsberichte: In der vorherrschenden medialen Aufarbeitung und Präsentation familialer Gewalt (z.B. in Presseberichten, Fernsehsendungen etc.) wird zum einen auf das Spektakuläre, Empörende, Bestürzende, Betroffen-machende im einzelnen berichteten Fall des Gewalterleidens abgestellt, zum anderen dabei auch das Primat der Aufklärung im Sinne von Veröffentlichung, Enttabuierung, Bewußtmachen und Sensibilisieren postuliert, um in und durch ein breites 'Problembewußtsein' die Notwendigkeit des - im weitesten Sinne - Helfenmüssens fest zu verankern. Damit wird nicht nur im Anschluß an den Dunkelzifferverweis, mit dem vornehmlich in den Aufklärungsberichten operiert wird, die Plausibilisierung eines notwendig zu 'behandelnden' Problems erreicht, d.h. die Frage nach Intervention, deren Formen und Zielsetzung je nach Perspektive ('neuer' Kinderschutz, Frauenbewegung etc.) variieren, aufgeworfen und gleichzeitig beantwortet. Sondern dies ermöglicht auch wiederum die Transformation des Phänomens 'familiale Gewalt' in die qualitative Sphäre der Subjekt-Ebene, diesmal als kollektivierte moralische Betroffenheit aufgrund der allseits in den uns umgebenden Familien und Partnerbeziehungen gemachten Gewalt-Erfahrungen der Anderen, die letztlich für den Einzelnen in eine allzeitige Wachsamkeit gegenüber 'Gewalt' in der

---

[12] Ein kurzes Beispiel dazu: Zum Thema 'sexueller Mißbrauch von Kindern' findet man in Medien und Literatur Dunkelziffern bis zu 90% - geschätzt von 'Praktikern' wie beispielsweise Staatsanwälten etc.; das Bundeskriminalamt vermutet, daß bis zu 25% der Mädchen in der Bundesrepublik sexuell mißbraucht werden, und zwar zu 80% von den eigenen Vätern oder sonstigen nahen Familienangehörigen (Quelle: Donau Kurier, Nr. 268 vom 20./21. November 1991); ähnliche Zahlen finden sich auch in entsprechender Literatur wie z.B. bei Henschel (1988: 88); Kavemann & Lohstöter (1984).
Exemplarisch für die grundsätzliche Problematik dieser Dunkelziffer-Operationen sei hier lediglich auf die in der Literatur ebenfalls immer wieder angeführte Kritik bzw. Widerlegung der bei schweren Körperverletzungen von Kindern durch ihre Eltern genannten 95% verwiesen, die im Verhältnis zu den bekannt gewordenen Fällen angeblich unentdeckt blieben (Honig: 1986: 33 ff; insbesondere Heinsen 1982: 95 ff).

eigenen Familie, aber insbesondere in den Familien der Anderen münden soll. Demnach lehnt sich die Diskussion um 'familiale Gewalt' oberflächlich betrachtet an die Diskussion um familiale Konflikte an, ja treibt sie mit ihrer neuen Aufklärungs- und Wachsamkeits-Qualität gleichsam voran, und fügt sich als Kontrafaktum zum bürgerlichen Familienbild - mit dem dort enthaltenen Fundament von Liebe, Glück, Geborgenheit und Vertrauen in privater Abgeschirmtheit - nahtlos in die 'Krise der Familie' ein.

Fassen wir kurz zusammen: Nach den bisherigen Ausführungen können in der derzeitigen Diskussion um den Wandel von Ehe und Familie also *drei Bereiche* identifiziert werden, die gleichsam die drei Säulen der Krisendiskussion bilden und die in eigentümlicher Weise das 'Klischee' von der 'glücklichen Normalfamilie' kontrastieren: erstens der *Strukturwandel privater Lebensformen* (als Zerfall der bürgerlichen Familie); zweitens damit in enger Verbindung stehend, weil die Brücke zwischen strukturellem Wandel und subjektiver Erfahrung herstellend, die *zunehmende Konflikthaftigkeit im Privaten*; und drittens - dabei eine besondere 'Konflikt-Qualität' einführend - das 'Entdecken' der *Gewaltförmigkeit des Privaten* in der Familie.

Zurück zur Familie! - alte und neue Renaissancehoffnungen

Aber wer glaubt, daß diese drei 'Themenbereiche' lediglich einer sowieso schon überkommenen Vorstellung von der glücklichen Familie gegenüberstehen, daß also das eingangs dieses Kapitels zitierte, vor der Jahrhundertwende gezeichnete Bild des 'häuslichen Glücks' heute keine Relevanz mehr besitzt, muß feststellen: In der Diskussion zur heutigen Situation der Familie ist auch eine Rede von der *Renaissance der Familie* zu finden, die sich ebenfalls auf empirische Daten stützt und eine hohe oder sogar steigende Bedeutung der Familie formuliert. Danach verweisen Ergebnisse aus repräsentativen Umfragen auf den hohen Stellenwert, den Ehe und Familie, intime Partnerbeziehung und Kinder in der Bevölkerung genießen, wichtiger z.B. als Freunde, Freizeit oder Beruf, wobei von einem erheblichen Teil der Befragten (auch oder gerade jüngerer Altersgruppen), ganz dem eingangs genannten Zitat entsprechend, 'Familie' als die Glücksquelle schlechthin betrachtet wird: Lebensglück ist demzufolge weniger z.B. in materiellem Wohlstand, in beruflichem Erfolg etc. zu finden, sondern *Lebensglück ist Familienglück* - Glück in der Partnerschaft, Glück mit Kindern (Deutsches Jugendinstitut 1989: 42 ff; Institut für Demoskopie Allensbach 1989: 5 ff; Institut für Demoskopie Allensbach 1985: 4 ff; Schumacher & Vollmer 1982: 305 ff; Wilk & Goldberg 1990: 314 ff). Die Ansprüche, die in dieser Glückserwartung der Familie entgegengebracht werden, formuliert die ehemalige Familienministerin Ursula Lehr als schlagzeilengerechte Verheißungen: "Familie läßt Alltag vergessen - Spaß, Geborgenheit und Harmonie im kleinen Kreis"![13] Und wer dagegen nun die Binsenweisheit einwenden möchte, daß Familie auch oder eher meistens Alltag ist, Alltag mit Arbeit, schlechter Laune, mitunter fehlender Geborgenheit und immer auch mit Konflikten, der wird sofort beruhigt: Die Wissenschaft hat das Geheimnis glücklicher Ehen (und auch Familien) längst gelüftet - nämlich: Konflikte in Achtung voreinander bewältigen, und das läßt sich sogar trainieren![14]

'Renaissance' meint also an der Oberfläche einen Trend, der ein vielseitiges *Zurück zur Familie* umfaßt, wobei der Begriff 'Familie' dabei nicht nur auf der ideellen Ebene als Gegenentwurf zum, als Fluchtweg aus dem durchrationalisierten, 'entmenschlichten' modernen Arbeitsalltag steht. Außerdem läßt sich dieser Trend ebenfalls nicht auf der konkreten Verhaltensebene auf ein lediglich am Anfang der neunziger Jahre aufblitzendes modisches Revival der traditionellen Ehe und Familie reduzieren (nach dem Motto: Heiraten ist wieder in - vor allem in Weiß und am besten gleich im Fernsehen!). Vielmehr handelt es sich bei dieser 'Renaissance' offensichtlich um einen komplexen, vielgestaltigen, ambivalenten Prozeß, resultierend aus einem diffusen, verschwommenen neuen-alten *Wunsch nach familialgemeinschaftlicher Privatheit*, dessen konkrete Formen der Verwirklichung aber nur noch schwer vorhersehbar zu sein scheinen.

Vielleicht läßt sich dieser ambivalente Prozeß am besten anhand von zwei eher 'exotischen' Beispielen aufzeigen. Als erstes Beispiel kann der seit den achtziger Jahren im linksintellektuellen Lager anfangs recht kontrovers diskutierte 'Rückzug ins Private' gelten: Die in der Protestbewegung der 68er-Generation wurzelnden, von der frühen antifamilialen Links-Alternativ-Bewegung konzeptualisierten und ideologisch begründeten Gegenentwürfe zur bürgerlichen Familie erfuhren im Zeitverlauf eine alltagspraktische Profanisierung und ideologische Entzauberung. Die alternative Szene ist älter geworden und der Alltag grau - so könnte man schlagwortartig formulieren, und mittlerweile wurde der Impetus der revolutionären Gesellschaftsveränderung ersetzt durch den Wunsch nach 'selbstbestimmter' Alltagspraxis (Mevius 1988: 439 ff). Diese, von manchen Aktivisten bedauerte, 'Flucht ins Private' ist zwar nicht gleichzusetzen mit einem Rückzug zur bürgerlichen Kleinfamilie, aber letztlich zeigt sich darin die gleiche, oben schon angeklungene Suche nach Glück in der privaten Gemeinschaft:

---

13 Quelle: Frankfurter Allgemeine Zeitung, Nr. 55 vom 6. März 1990, S.B2;

14 Psychologisch fundierte Partnerschaftstrainings in Ehevorbereitungsseminaren vermitteln den heiratswilligen Paaren dazu z.B. richtiges Sprechen, das Ausdrücken von Gefühlen und eigenen Wünschen, das richtige Streiten und das Vermeiden von seelischen Verletzungen (Quelle: Donau Kurier, Nr.91 vom 19. April 1991).

"Die Entwicklung der alternativen Lebensformen ist sicher nicht abgeschlossen, aber die derzeitige Richtung heißt eindeutig: zurück zur Familie; nicht zur isolierten Kleinfamilie, wohl aber zu familienähnlichen Strukturen. (...)
Diese 'Alternativ-Familie' und die herkömmliche Kleinfamilie werden langfristig immer mehr Mischformen bilden. Die selbstbestimmten Lebensformen haben nicht mehr die Ausstrahlung als 'Gegengesellschaft', für viele Menschen sind sie einfach eine angenehme Art, in unserer Welt zu 'überleben'." (ebd.: 444)

Ein völlig anders gelagertes, jedoch den gleichen Prozeß des ambivalenten 'Zurück zur Familie' - aber eben nicht zur bürgerlichen Kleinfamilie - skizzierendes Beispiel schildert eine ethnographische Studie zum Wandel familialer Lebensformen im kalifornischen Silicon-Valley (Stacey 1990; Stacey 1991: 300 ff): Galten in den USA bis heute die Arbeiter- und Angestelltenfamilien der weißen Unter- und unteren Mittelschicht als 'verläßliche Bastionen' der bürgerlichen Familie, so liefert diese Studie Hinweise darauf, daß sich gerade dort nach dem 'Goldenen Zeitalter der Familie' in den vierziger/fünfziger Jahren massive familiale Umbrüche vollzogen haben. Obwohl das alltagspraktische 'Wie' in den zukünftigen familialen Lebensformen noch unklar scheint, formuliert diese Studie ein Fazit, welches der gängigen Argumentation, daß zunehmend insbesondere Frauen der Familie entfliehen, widerspricht: Es werden nämlich vor allem die Frauen sein, die über Berufstätigkeit und Mutterschaft, Scheidung und Wiederverheiratung hinweg durch ihre Anstrengungen und Aktivitäten, z.B. im Aufrechterhalten und Intensivieren der aus biographischen sowie familialen Brüchen und Umbrüchen resultierenden erweiterten Verwandtschaftsbeziehungen, jene 'brave new families' der Postmoderne (re)konstituieren und am Leben erhalten (Stacey 1990: 268 ff).

Zusammengefaßt bietet dieser kurze, empirisch orientierte Überblick zur aktuellen Diskussion um Familie ein *widersprüchliches Bild*: Begriffe wie 'Krise und Zerfall', 'Konflikte und Gewalt' stehen auf der einen Seite einer 'Renaissance der Familie' auf der anderen Seite gegenüber, in der 'Familie', synonym gesetzt zu Lebenssinn und Lebensglück, formloser, konturloser und die Suche danach anscheinend immer schwieriger und unbestimmter wird. Aus dieser Widersprüchlichkeit ergibt sich meines Erachtens erstens die banale, und trotzdem wichtige Konsequenz, daß die hierbei zentralen Bestandteile - also 'empirische Daten' im weiteren Sinn - entgegen ihrer tendenziellen Selbstverständlichkeit der Interpretation zwischen 'Familienglück und Familienleid' dahingehend zu problematisieren sind, daß sie soziologisch betrachtet letztlich kaum Antworten liefern, sondern vielmehr entscheidende Fragestellungen eher verdeckt in sich bergen.[15] Zwar wird

---

15 Daß dabei empirische Daten generell nicht gleichsam 'harmlos' ihre eigenen Fragestellungen in sich tragen, sondern Zahlen als strategisches Mittel forschungsinitiierenden bzw. for-

die Frage nach dem Zustand bzw. dem 'Wandel' der Familie sowohl in der Dimension des 'Warum' als auch in der Dimension des 'Wie' hauptsächlich 'oberflächlich', makroperspektivisch abstrakt thematisiert, deren 'subjektive' Entsprechung auf der Ebene 'alltäglicher Familienerfahrungen' erfolgt aber entlang einer bestimmten thematischen Konstellation, die es - als zweite wichtige Konsequenz - im weiteren zu verfolgen gilt: Durch die Verknüpfung der 'Krise der Familie' mit familialen Konflikten und familialer Gewalt vor dem Hintergrund einer wie auch immer gearteten Renaissance der Familie vollzieht sich eine *spezifische Transformation der 'Familie'*, die darin besteht, jenen vor allem auf struktureller Ebene konstatierten Wandel *von* Familie auch auf der Ebene subjektiver Erfahrungen *in* den Familien in und durch seinen besonderen *Problemcharakter* zu verdeutlichen.

Möchte man diese Transformation an der Nahtstelle zwischen öffentlichem und wissenschaftlichen Diskurs weiter verfolgen und konkreter fassen, müssen als nächstes die zentralen Bausteine zur Erklärung und Interpretation der aktuellen Situation von Familie, wie sie die genuin wissenschaftlich-theoretische Diskussion in der Familiensoziologie liefert, nachgezeichnet und zugeordnet werden.

2.2 Familialer Wandel und Familienkonflikte - Familiensoziologische Thesen und Forschungsstand

Ganz so eindeutig in seiner Widersprüchlichkeit wie die soeben grob skizzierte, empirisch orientierte Diskussion um Familie zwischen Krise und Renaissance läßt sich ein Überblick zur derzeitigen, theoretisch orientierten Diskussion in der Familiensoziologie nicht zeichnen. Salopp formuliert: In der Einschätzung und Erklärung dessen, was in den letzten Jahrzehnten mit der Familie geschehen ist und wie es weitergehen wird, tut sich die Familiensoziologie schwer. Im folgenden soll untersucht werden, welche Erklärungen die Familiensoziologie für die widersprüchliche Diagnose zum 'Zustand der Familie' liefert bzw. präziser formuliert: Welche Interpretationen und Bewertungen sind in der Familiensoziologie zum 'Wandel der Familie' identifizierbar? Und vor allem: Welchen Stellenwert besitzen dabei familiale Konflikte?

Theoretische Ansätze zum familialen Wandel stehen in der Regel in enger Verbindung zu allgemeinen Theorien gesellschaftlichen Wandels, wobei derzeit - trotz vieler gegenseitiger Überschneidungen und bisweilen wenig eindeutiger Grenzziehungen - im wesentlichen zwei Hauptströmungen unter-

---

schungskanalisierenden und darüber auch hinaus gehenden Zwecken dienen, wird spätestens bei der erwähnten Dunkelziffer-Rhetorik offenkundig.

schieden werden können, die diesen Bezug explizit herstellen: zum einen innerhalb einer funktionalistisch-systemtheoretischen Perspektive die *'Theorie der gesellschaftlichen Differenzierung'* (teilweise verknüpft mit dem Institutionen-Begriff), zum anderen innerhalb eines vielschichtigen modernisierungstheoretischen Paradigmas vor allem das *'Individualisierungstheorem'* (zusammenfassend Peuckert 1991: 191 ff).[16]

Fortschreitende Deinstitutionalisierung von Ehe und Familie?

Betrachtet man familialen Wandel im Rahmen einer funktionalistisch-systemtheoretischen Perspektive, so kann gesellschaftlicher Wandel generell als zunehmende funktional-strukturelle Differenzierung begriffen werden, die im Zuge der Durchsetzung der Moderne im Bereich der privaten Lebensformen zur Institutionalisierung der bürgerlichen Familie 'als familialer Normaltypus der Moderne' geführt hat (Meyer 1992: 19 ff).[17] Die spezifische Bedeutung der Familie im Vergleich zu anderen gesellschaftlichen Teilsystemen (politisches System, ökonomisches System, kulturelles System) liegt in ihrer besonderen Spezialisierung auf emotional-affektive Funktionen, die sie schließlich zum letzten verbliebenen Erfüllungsort für die in einer zunehmend durchrationalisierten Gesellschaft wachsenden emotionalen Bedürfnisse ihrer Mitglieder werden läßt:

"Der Verlust von 'soziologisch soliden Interessen' [an der Familie, Anm.d.Verf.] hat offenbar im Bezug auf emotionale Ansprüche eher eine Entwicklung von 'rising expectations' in Gang gesetzt. Die gesamtgesellschaftliche Produktion von 'Glück' wird, wie es scheint, in einem problematischen Ausmaß dem Familiensystem zugemutet, was zumindest erhebliche Spannungen zur Folge hat." (Schumacher & Vollmer 1982: 346)

Infolge der eigentümlichen gesellschaftlichen Stellung der (bürgerlichen) Familie sind die mit steigenden Glückserwartungen auftretenden Spannungen und Konflikte im Binnenmilieu des Familiensystems vergleichsweise schwieriger zu lösen: Es fehlen übergeordnete Entscheidungsinstanzen sowie von außen kontrollierte und gesicherte Konfliktlösungsmechanismen,

---

16 Die Auswahl der im folgenden skizzierten Positionen beruht nicht auf einem systematischen, theoriegeleiteten Selektionsverfahren. Sondern sie orientiert sich an der Überlegung, daß diese verschiedenen Positionen einerseits in der Diskussion zum Wandel von Ehe und Familie eine mehr oder weniger breite Rezeption erfahren, andererseits selbst versuchen, die dieser Diskussion zugrunde liegenden Aspekte möglichst umfassend zu integrieren bzw. zu kommentieren.

17 Als zentrale Aspekte dieses Differenzierungsprozesses hin zur bürgerlichen Familie nennt Hartmann Tyrell relative Autonomie als Abschirmung gegen direkte externe Kontrolle in der geschützten Privatsphäre, Spezialisierung auf Intimitäts- und Sozialisationsfunktionen sowie thematische Reinigung von ökonomischen, politisch-herrschaftlichen und religiösen Sinnkomponenten zugunsten eines säkularisierten Verhaltens- und Motivkomplexes, in dem Emotionalität und Affektivität ins Zentrum rücken (Tyrell 1979: 17 ff).

aber auch z.B. die Möglichkeit der Administration von Konflikten. Hinzu kommt, daß bei einer Enttäuschung der Glücksansprüche gerade die emotionale Verbundenheit der Mitglieder konfliktverstärkend wirkt, die dann sehr schnell in eine wechselseitige Abwehr umschlagen kann (ebd.: 347).

Interpretiert man vor diesem Hintergrund die aktuellen Veränderungen der bürgerlichen Ehe und Familie im Rahmen sich stetig weiter entwickelnder Differenzierungs- und Spezialisierungsprozesse als fortschreitende *Deinstitutionalisierung* (Tyrell 1988: 148 ff), hat dies Konsequenzen für die Einschätzung der Konflikthaftigkeit von Ehe und Familie. Denn Deinstitutionalisierung meint hier nicht das Verschwinden, die Auflösung von Ehe und Familie als solche, sondern die Reduktion ihrer institutionellen Qualität. Diese Reduktion bedeutet nach Tyrell konkret z.b. massive Legitimitätseinbußen des bürgerlichen Familienmusters infolge der offensiven Familienkritik seit den späten sechziger Jahren. Vor allem in Bezug auf die Ehe kann heute schon von einer Legitimitätskrise gesprochen werden, da es der behördlich-förmlichen Eheschließung mit der Norm lebenslanger Monogamie an dezidierter Sinngebung und höherer Plausibilität fehlt. Deinstitutionalisierung beinhaltet aber auch den Verlust der exklusiven Monopolstellung von Ehe und Familie und Rückläufigkeit der Inklusion im Sinne einer quer durch die Bevölkerung hindurch vorhandenen Gebundenheit an die Institutionen Ehe und Familie. Hinzu kommen noch die zurückgehende motivationale Fundierung der Institutionen in den Subjekten, der Rückgang der formellen und insbesondere informellen sozialen Kontrolle institutionenadäquaten Handelns sowie die Auflösung und Entkoppelung des kohärenten Sinn- und Verweisungszusammenhanges von Liebe, Ehe, Zusammenleben, Sexualität und Familienbildung, der die Einheit der Institutionen Ehe und Familie abgesichert hat. Die Konsequenzen aus dem konstatierten Deinstitutionalisierungsprozeß können für das Individuum zunächst durchaus ambivalent formuliert werden:

"Eindeutige normative Regieanweisungen für das Handeln, wie sie ehedem galten, sind entfallen. Dies läßt sich als Freiheitsgewinn reklamieren und auch so erleben. Andererseits entfallen institutionsgestützte Verhaltenssicherheiten und damit nehmen im privaten Bereich Entscheidungslasten und Qualen der Wahl in kaum je gekanntem Maße zu." (ebd.: 156)

Insgesamt betrachtet folgt aus den institutionentheoretisch fundierten Überlegungen, daß infolge dieser Wandlungsprozesse die Hypothese einer noch weiter *steigenden Konfliktwahrscheinlichkeit* im Familiensystem nahe liegt (Schumacher & Vollmer 1982: 348). Denn verdeutlicht man sich nochmal die hier zugrunde gelegte Argumentation, so kann formuliert werden: Die durch die allgemeine gesellschaftliche Differenzierung verursachte Spezialisierung der Familie, zugerichtet vor allem auf die Funktion von 'Intimität/Emotionalität', bewirkt als Konsequenz infolge ihrer wenig 'soliden' Grundlagen ein erhöhtes familiales Konfliktpotential. Dieses Konfliktpotential steigt weiter aufgrund der in den letzten Jahrzehnten beobachtbaren Deinstitutionalisierung von Ehe und Familie, die vormals durch den Institutionencharakter gewährleistete Handlungssicherheit (nicht Glückssicherheit!) in individuell verantwortbare Handlungsoffenheit und -unsicherheit 'zurückverwandelt' und damit die Instabilität des Familiensystems noch zusätzlich erhöht.[18] Die Argumentationsfigur auf den Punkt gebracht lautet demnach: Fortschreitende gesellschaftliche Differenzierung als generelle Erklärung für gesellschaftlichen Wandel führt seit den letzten Jahrzehnten in den Bereichen Ehe und Familie zu einem Deinstitutionalisierungsprozeß, in dem familiale Konflikte - gleichzeitig als Resultat und Verstärker - fast zwangsläufig stetig zunehmen.

Zunehmende Individualisierung und der 'Webfehler' der modernen Industriegesellschaft

Wenngleich inhaltlich anders eingeordnet, nehmen familiale Konflikte im Rahmen der zweiten Theorie-Perspektive zum Wandel von Ehe und Familie einen ähnlichen wichtigen Stellenwert ein. Faßt man den im letzten Kapitel schon eingeführten, vieldeutigen und sehr komplexen Begriff *'Modernisierung'* auf gesellschaftlicher Ebene etwas enger als Zunahme "von Wahlmöglichkeiten (Optionen) in Bezug auf Lebensstile durch Befreiung von bisher gegebenen greifbaren Zwängen und Begrenzungen dieser Wahlmöglichkeiten" (Scheuch & Sussman 1970: 242) und wendet man diesen auf Familie an, so könnte sich "familienintern Modernität als zunehmender Freiraum einzelner Individuen auswirken" (Meyer & Schulze 1989: 11). Es wäre aber genauso denkbar, daß verschiedene Lebensbereiche (wie z.B. die Familie) 'traditionalistisch' bleiben, also der gesellschaftlichen Modernisierung hinterherhinken bzw. diese nicht mitvollziehen (Scheuch & Sussman 1970: 243 f) oder - als theoretische Möglichkeit meistens vernachlässigt - gar vorauseilen.

Dieser dynamische und offene Konnex zwischen familialer und gesellschaftlicher Modernisierung wird in der aktuellen modernisierungstheoretischen Diskussion bezogen auf die Familie präzisiert bzw. in der Präzisierung schon wieder aufgehoben, denn: "Wenn sich in den Familien heute

---

18 Auch wenn Tyrell ausdrücklich darauf verweist, daß er die in der institutionentheoretischen Tradition von Durkheim bis Gehlen vorhandenen Assoziationen des Begriffs 'Deinstitutionalisierung' mit 'Pathologie', 'Anomie' und 'Verfall' (und der damit verbundenen Wertungsprobleme) zumindest kontrollierend im Blick behalten möchte, so legt die Begriffswahl vor allem auch in der Perspektive von Berger und Luckmann - auf die Tyrell (1988: 148) explizit Bezug nimmt - diese theoretisch ableitbaren Konsequenzen nahe.

vieles wandelt, dann ist die Familie nur der Ort, nicht die Ursache dieses Geschehens." (Rerrich 1988: 18) Ursache ist vielmehr ein 'fundamentaler Webfehler der bürgerlichen Gesellschaft', der - nicht das Resultat eines 'cultural lag' im Modernisierungsprozeß, sondern ihr von Anfang an inhärent - in eine historisch spezifische, konflikthafte Konstellation der Geschlechterbeziehungen mündete. Somit ist nicht verwunderlich, daß sich - wie im vorhergehenden Kapitel illustriert - jener Wandel von 'Familie' am Ort des Geschehens, also in den einzelnen Ehen und Familien, nicht reibungslos vollzieht:

"Ohne behaupten zu wollen, frühere Ehen und Familien seien subjektiv glücklicher gewesen, kann zumindest festgehalten werden, daß sich derzeit Konflikte in einem Umfang in den Ehen und Familien abspielen, die kaum mehr als 'Privatsache' zu bewerten sind." (ebd.: 18)

Worin besteht nun dieser 'Webfehler' genau und was sind seine Konsequenzen für das damit verbundene konfliktreiche Erleben von Ehe und Familie? Ähnlich zu den oben formulierten 'rising expectations' identifiziert Ulrich Beck als Kehrseite der massiven Individualisierungsschübe vor allem nach dem Zweiten Weltkrieg einen verstärkten Wunsch nach "geteilter Innerlichkeit" (Beck 1986: 175). Dieser Wunsches kann jedoch gerade nicht in der (bürgerlichen) Familie in Erfüllung gehen, denn mit den sich dort immer deutlicher zeigenden 'Jahrhundertkonflikten' zwischen Männern und Frauen, führt ins private Gegeneinander, was in der modernen Gesellschaft an strukturellen Widersprüchen enthalten ist - zerbricht also im Privaten eine gesellschaftliche Struktur: Was in der Familie als "Beziehungskonflikt erscheint, hat eine allgemeine, gesellschaftstheoretische Seite" (ebd.: 174). Diese Aussage entwickelt Beck anhand von drei Thesen: dem 'ständischen' Charakter der Industriegesellschaft, den Individualisierungstendenzen im männlichen und weiblichen Lebenszusammenhang sowie den anhand von Wahlchancen und Wahlzwängen bewußt werdenden Konfliktlagen (ebd.: 176 ff; Beck & Beck-Gernsheim 1990: 36 ff).

Erstens ist die Zuweisung zu den Geschlechtscharakteren die Basis der Industriegesellschaft: "Ohne Trennung von Frauen- und Männerrolle keine traditionelle Kleinfamilie. Ohne Kleinfamilie keine Industriegesellschaft in ihrer Schematik von Arbeit und Leben." (ebd.: 174) Die moderne Industriegesellschaft basiert also auf der halbierten Vermarktung menschlichen Arbeitsvermögens und ist "insofern auf die ungleiche Lage von Männern und Frauen angewiesen" (ebd.). Aber mit der Durchsetzung der Marktgesellschaft und den Modernisierungsprozessen nach dem Zweiten Weltkrieg - vor allem in ihrer Freisetzung der Frau aus ihrem 'Ständeschicksal', also über die Grenzen der geschlechtsspezifischen Halbierung hinweg - entsteht der 'Jahrhundertkonflikt' zwischen Männern und Frauen.

Zweitens treibt das Auflösen der traditionellen Rollenzuweisung die Individualisierungsdynamik weiter voran, wobei auch dieser Prozeß sowohl bei der Frau als auch beim Mann trotz unterschiedlicher Bedingungen weitgehend von Widersprüchen bestimmt bleibt, welche sich dann an 'Katalysator-Themen' wie z.B. 'Kinder' oder 'ökonomische Sicherung' zu Konflikten entzünden. Die Problematik der Individualisierungstendenzen besteht neben dieser Freisetzung aus traditionellen Lebenszusammenhängen und der Suche nach dem 'eigenen Leben' auf der anderen Seite in der Suche nach Zweisamkeit und Partnerglück: "Das Bedürfnis nach geteilter Innerlichkeit, wie es im Ideal der Ehe und Zweisamkeit ausgesprochen wird, ist kein Urbedürfnis. Es wächst mit den Verlusten, die die Individualisierung als Kehrseite ihrer Möglichkeiten beschert." (ebd.: 175)

Und drittens: Mit zunehmender Modernisierung brechen nun in allen Dimensionen der individuellen Biographie Wahlmöglichkeiten und Wahlzwänge auf, deren Entscheidung zu Bewußtmachern der Ungleichheiten und sich daran entzündender Konflikte werden. Beck verdeutlicht dies so:

"Mit fortschreitender Modernisierung vermehren sich in allen gesellschaftlichen Handlungsfeldern die Entscheidungen und Entscheidungszwänge. Mit leichter Übertreibung kann man sagen: 'anything goes'. Wer wann den Abwasch macht, die Schreihälse wickelt, den Einkauf besorgt und den Staubsauger herumschiebt wird ebenso unklar, wie wer die Brötchen verdient, die Mobilität bestimmt, und warum eigentlich die schönen Nachtseiten des Bettes immer mit den qua Standesamt hierfür vorgesehenen, angetrauten Alltagsgegenüber genossen werden sollen dürfen. Ehe läßt sich von Sexualität trennen und die noch einmal von Elternschaft, die Elternschaft läßt sich durch Scheidung multiplizieren und das Ganze durch das Zusammen oder Getrenntleben dividieren und mit mehreren Wohnsitzmöglichkeiten und der immer vorhandenen Revidierbarkeit potenzieren." (ebd.: 190)

Die voranschreitenden Modernisierungs- und Individualisierungstendenzen zu Ende gedacht, könnte als letzte Konsequenz das, den ökonomischen Tauschprinzipien gemäß, stromlinienförmig zugerichtete Marktsubjekt der Moderne als alleinstehendes, nicht partnerschafts-, ehe- oder familien'behinderte' Individuum stehen (ebd.: 191).[19]

---

19 Der für diese Argumentation zentrale, vieldeutige, mißverständliche und oft mißverstandene Begriff 'Individualisierung' bezeichnet einen universalistisch ausgerichteten Prozeß im Zuge der Durchsetzung der modernen Industriegesellschaft, der die "Herausbildung von Fähigkeit, Freiheit und Notwendigkeit zur eigenen Entscheidung für alle Individuen" (Burkart & Kohli 1989: 407) beinhaltet. Individualisierung meint aber dabei nicht das völlige Loslösen des Individuums von jeglichen sozialen Verhältnissen und gesellschaftlichen Bezügen, sondern muß vielmehr als komplexe Neuformung des Verhältnisses von 'Individuum' und 'Gesellschaft' gedacht werden, in der neben einer Freisetzungs- auch eine Entzauberungs- sowie eine Kontroll- bzw. Reintegrationsdimension enthalten ist (Beck 1986: 206 ff). Damit verweist der Begriff zwar auf der einen Seite auf die Lösung von traditionellen Bindungen und Beschränkungen mit der Zunahme von frei wählbaren Handlungsoptionen. Auf der anderen Seite geht jener Prozeß - gleichsam als Zwang zur selbstverantwortlichen Lebensführung entlang neuer institutioneller Abhängigkeiten - auch einher mit Handlungsunsicherheit durch die Relativierung von

Für die Familie und deren Konflikthaftigkeit kann damit insgesamt festgehalten werden:

"In den heute aufbrechenden Konflikten zwischen Männern und Frauen müssen so die ins
Persönliche gewendeten Widersprüche einer Industriegesellschaft ausgetragen werden, die in der
Durchmodernisierung und Durchindividualisierung die zugleich modernen und ständischen
Grundlagen ihres Zusammenlebens aufhebt." (ebd.: 175)

In dieser Perspektive führt also gesellschaftlicher Wandel als Modernisierung und zunehmende Individualisierung zu den für Ehe und Familie konstatierten Veränderungen, wobei das Spezifische in diesem familialen Wandel
die dabei aufbrechenden *Konflikte vor allem im Geschlechterverhältnis* sind.
Allgemeiner gewendet: Familiale Konflikte sind die an der Oberfläche
stattfindenden Eruptionen, hervorgerufen von den darunter liegenden Um-
wälzungen eines tiefgreifenden gesellschaftlichen Wandels der modernen Industriegesellschaft, die ihre eigenen, widersprüchlichen Grundlagen auflöst.
Der eigentliche Unterschied zur vorherigen differenzierungstheoretischen
Argumentation liegt darin, daß keine 'innere Argumentationslogik' eine ste-
tige Steigerung der Konflikthaftigkeit im Privatbereich von Ehe und Familie
erzwingt. Sondern - und das wäre die hier enthaltene logische Konsequenz -
bei einer Auflösung des 'Webfehlers' im Geschlechterverhältnis im Zuge
fortschreitender Modernisierung potentiell auch die derzeit vorhandenen
'Konfliktsymptome' im Bereich von Ehe/Partnerbeziehung und Familie wieder verschwinden könnten.

Neben oder vielmehr zwischen diesen beiden, in der familiensoziologischen Diskussion um den derzeitigen Wandel von Ehe und Familie recht po-
pulären und weit verbreiteten differenzierungs- bzw. modernisierungstheoretischen Argumentationen finden sich noch weitere Diskussionsbeiträge,
die an die eine und/oder andere skizzierte Position anschließen, sie konkretisieren, relativieren, kritisieren oder auch erweitern. Über die zum Teil unterschiedlichen Inhalte und Argumentationsrichtungen hinweg ähneln sie
sich jedoch insbesondere in ihrem gemeinsamen Verweis auf zunehmende
Konflikte in Ehe und Familie.

Lebensentwürfen entlang bislang vorgegebener 'Normalbiographien', mit Sinnverlusten durch
Beliebigkeit der vorhandenen Optionen und mit Identitätsproblemen durch biographische
Diskontinuitäten und Brüche (Beck & Beck-Gernsheim 1990:105 ff; Beck-Gernsheim 1988:
105 ff; Brose & Hildenbrand 1988: 18 ff).

Familie in der (Post)Moderne: Steigende Anforderungen und Überforderungen

Während z.B. Franz-Xaver Kaufmann die gegenwärtige Entwicklung noch als das Wirksamwerden des kulturellen Komplexes 'Moderne' bis in die Bereiche Ehe und Familie hinein interpretiert, verortet Kurt Lüscher den konstatierten Wandel schon in einer 'Kultur der Postmoderne'. Damit korreliert auf der Handlungsebene eine 'subjektive Multiperspektivität', die dem einzelnen Individuum "eine Vielzahl von Orientierungen des Handelns denkbar und möglich [erscheinen läßt], wobei jede auf plausible Weise den anstehenden Aufgaben zu genügen und das Handeln zu legitimieren vermag" (Lüscher 1988: 33). Das bedeutet also: Optionsvielfalt und mannigfaltige Entscheidungszwänge statt festgefügter Normalitätsvorstellungen, Widerrufbarkeit von Entscheidungen und Verbindlichkeitsverluste statt institutionalisierter Vorgaben und - über allem stehend - das Gebot, in diesem Rahmen und jenseits aller herkömmlichen Vorstellungen von Familie als 'heiler Welt' Identität zu gewinnen.[20] Nach Lüscher steht das postmoderne Subjekt somit einem *konfliktreichen Dauerprojekt 'familialer Alltag'* gegenüber mit all seinen Anforderungen an, Chancen und Risiken für die daran beteiligten Individuen.

Für Kaufmann hingegen ergeben sich, trotz noch weitgehend intakter institutioneller Grundlagen insbesondere der Familie, eine Reihe von *strukturellen und individuellen Überforderungen* mit all den damit verbundenen Konflikten, die es dem Einzelnen immer schwerer machen, den traditionellen Vorstellungen von Familie zu folgen und sie zu verwirklichen: Normenkonflikte, Schwierigkeiten der Ressourcenverteilung, Identitäts- und Entscheidungszumutungen in ungewissen und unübersehbaren Situationen usw. führen schließlich dazu, daß Ehe und Familie aus Sicht des Subjekts nicht mehr 'sicher', sondern nur noch als zu erringende Leistung der eben damit oftmals überlasteten Individuen zu haben sind (Kaufmann 1990: 84 f; Kaufmann 1988: 407 ff).

Rosemarie Nave-Herz schließlich sieht in wachsenden Konflikten gar die Bestätigung für ihre These eines Bedeutungswandels - und nicht Bedeutungsverlustes - von Ehe und Familie.[21] Denn der ihrer Meinung nach nur

---

20 Lüscher verwendet in seiner Argumentation hierfür den Begriff der 'gesellschaftlichen Aleatorik'. Er meint damit die gesellschaftlich bedingte Notwendigkeit einer subjektiven Realisierung von Individualität, welche sich nicht in der Freiheit, in der Chance zur Lebensgestaltung erschöpft, sondern auch den strukturellen Zwang zur Konstitution von Identität unter Bedingungen schwer durchschaubarer sozialer Komplexität enthält (Lüscher 1988: 34).

21 'Bedeutung' meint nach Nave-Herz dabei erstens, wie Ehepartner ihre eigene Ehe und Familie bewerten bzw. welche persönliche Wichtigkeit sie ihnen in ihrem Leben zumessen; und

scheinbare Widerspruch zwischen hoher Wertpräferenz und steigender ehelicher Konfliktwahrnehmung der Ehepartner, wie er auch im vorhergehenden Kapitel skizziert wurde, stützt letztlich nach Nave-Herz die - in der familiensoziologischen Literatur schon länger bekannte - These,

"daß die Instabilität der Ehe gerade wegen ihrer hohen subjektiven Bedeutung für den Einzelnen zugenommen und dadurch die Belastbarkeit für unharmonische Partnerbeziehungen abgenommen hat. (...) Die hohen Scheidungsraten können also auch als Folge einer Erhöhung der Leistungsanforderungen - zuweilen sogar zu einer überhöhten - und zwar im Hinblick auf die 'psychischen Nutzenerwartungen' an die Ehe gewertet werden. (...) Die Akzeptanz von Ehe und Familie ist in der Bundesrepublik weiterhin hoch. Die psychische Bedeutung von Ehe und Familie ist sogar zeitgeschichtlich gestiegen, und die Kind- und Familienzentrierung hat zugenommen. Damit ist auch die Chance gestiegen, daß die nunmehr erhöhten Leistungsanforderungen an die Ehe und Familie zu Leistungsüberforderungen werden. Neben anderen Faktoren können diese mitverursachend für die gesunkene Attraktivität von weiteren Kindern und für die gestiegene Instabilität der Ehe sein." (Nave-Herz 1989: 218)

Somit verwandelt sich letztendlich das vorab konstatierte Krisenindiz der *Konflikthaftigkeit* von Ehe und Familie zum geradezu *exemplarischen Beleg* für die derzeit hohe bzw. *steigende Bedeutung von Ehe und Familie*. Überspitzt zu Ende gedacht legt diese Überlegung als Konsequenz nahe: Je mehr Konflikte in Ehe und Familie in Zukunft festzustellen sind, umso höher könnte also deren Bedeutung sein. Was in dieser Argumentation jedoch im Dunkeln bleibt, ist die einfache Frage nach den Gründen der 'steigenden Anforderungen', woher sie kommen und vor allem, wie sich deren konkrete alltagspraktische Vermittlung in der Partnerbeziehung/Eltern-Kind-Beziehung vollzieht.

Versucht man jetzt, alle hier kurz skizzierten, theoretisch orientierten Argumentationen und Positionen zur derzeitigen Situation von Ehe und Familie im Überblick zu betrachten, so scheint es, daß dabei von Spannungen, Beziehungskonflikten, Überforderungen usw. die Rede ist, die in einem großen Bogen recht schnell, gleichsam in einer Art 'Außenperspektive' von einem erhöhten Beobachterstandpunkt aus, mit allgemeinen gesellschaftlichen und kulturellen Entwicklungs- und Wandlungstendenzen in Beziehung gesetzt werden. Genauer noch: *Konflikte sind in allen Argumentationen engstens mit familialem und gesellschaftlichem Wandel 'verzahnt'*, wobei übereinstimmend jenseits aller theoretischen und inhaltlichen Differenzen in Ursachen, Analyse und Konsequenzen die 'Richtung' überall gleich verläuft - nämlich im Sinne einer *zunehmenden Konflikthaftigkeit* von Ehe und Familie.

---

zweitens, welchen subjektiven Sinn sie mit ihrer eigenen sowie überhaupt mit der Ehe und Familie verbinden (Nave-Herz 1989: 213).

Die dazu obligatorisch formulierbare theoretische Warnung wäre schnell formuliert: Gerade die komplexen Wechselwirkungen von Familie als spezifischem lebensweltlichen Bereich mit dem umgebenden 'Außen' in den alltäglichen Interaktionen der Subjekte, in denen sich Familie als eigene Realität erst konstituiert, stehen somit in der Gefahr einer vorschnellen makrosoziologischen Verkürzung. Aber - dieser Warnung entgegnend - eine vorwiegend makrosoziologische Perspektive mag vor dem Hintergrund der dort jeweils formulierten Fragestellungen durchaus legitim sein, denn es geht eben nicht primär um Familienkonflikte als solche, sondern um den Zusammenhang von gesellschaftlichem und familialem Wandel. Doch - und das ist meines Erachtens das entscheidende Argument - unproblematisch wäre die 'Vernachlässigung' einer mikrosoziologischen 'Nachfrage' an die aus dem diskutierten 'Wandel' resultierenden Konflikte allerdings erst dann, wenn jene Argumentationen - mit ihrem einhelligen Rekurs auf eine steigende Konflikthaftigkeit in Ehe und Familie - zugleich auf einem gesicherten *soziologischen* 'Erkenntnisboden' zum Thema 'Konflikte in der Familie' stünden.

Wenn aber auch heute noch z.B. Winfried Picard darin zugestimmt werden kann, daß "wir als Soziologen relativ wenig über einen Bereich familialen Lebens [wissen], den wir mit Begriffen wie 'Konflikt', 'Beziehungsstörungen', 'abweichendes Verhalten', 'psychische Störung', usw. nur plakativ abdecken" (Picard 1977: 10), wären die Konsequenzen für eine Familiensoziologie, die diese Begriffe unreflektiert verwendet, nicht unbedeutsam. Der Verweis auf die der modernen Industriegesellschaft immanenten Ständestruktur oder auf kulturelle Wandlungsprozesse bis hin zur Postmoderne kann zwar makrosoziologisch für die Kontroverse um den Wandel von Ehe und Familie recht fruchtbar sein und wichtige Hinweise auf Hintergründe familialer Konflikte liefern, näheren Aufschluß über die konkreten Ursachen und Charakteristika, über Verlauf und Konsequenzen, über Bewältigung oder Nicht-Bewältigung konflikthaften familialen Alltags kann er jedoch kaum bieten. Umgekehrt gedacht: Die allgemeinen Thesen zum Wandel von Ehe und Familie bleiben durch ihre enge Verbundenheit, ihre 'Angewiesenheit' auf das diffuse Konstrukt 'familiale Konflikte' zumindest heikel. Und die wissenschaftlich-theoretische Diskussion in der Familiensoziologie zu Familienkonflikten läuft damit Gefahr, vermengend zu produzieren bzw. zu reproduzieren, was in der öffentlichen Diskussion - wie in Kapitel 2.1 gezeigt - als obligatorische und selbstredende Gegenüberstellung von familialem Glück versus familialem Leid enthalten ist.

Familienkonflikte als psychologisch-therapeutisches Problem

Sofern es zutreffend ist, daß speziell die Familiensoziologie über keine breite und vor allem systematisierte Wissensbasis zu familialen Konflikten verfügt, bleibt an dieser Stelle kurz zu klären, aus welcher Perspektive das Thema 'Familienkonflikte' bisher hauptsächlich bearbeitet und analysiert wurde? Schon ein flüchtiger Blick in Schlagwortkataloge zeigt, daß diese Problematik in der Vergangenheit und in der Gegenwart systematisch überwiegend aus einer *familienpsychiatrisch, bzw. familientherapeutisch* orientierten Perspektive erschlossen wurde (und wird). Der mit den Begriffen 'Familienpsychiatrie' und 'Familientherapie' bezeichnete Weg, dessen Ausgangspunkt die Analyse psychischer Störungen einzelner Individuen war, läuft trotz aller theoretischen Vielfältigkeit der verschiedenen Konzepte einheitlich von einem, in der klassischen Psychologie begründeten, individuumzentrierten Ansatz hin zur Beziehungsanalyse des gesamten Gruppenzusammenhangs der Familie (Schied 1976: 149 ff). Die allen familientherapeutischen Richtungen zugrundeliegende Annahme, daß die Ursachen von Störungen in der Persönlichkeit einzelner Familienmitglieder oder von Störungen des familialen Beziehungssystems weniger in der Persönlichkeit dieser einzelnen Mitglieder als vielmehr in der Gesamtkonstellation der Familie zu suchen sind, verstärkte schon bald die Forderung nach Einbeziehung soziologischer Erkenntnisse, die die Verschränkungen zwischen der innerfamilialen Interaktionsebene und der gesellschaftlichen Bezugsebene einbringen sollten (z.B. Schubert & Scheulen-Schubert 1981: 281 ff; Textor 1990: 65 ff; Textor 1985: 35 ff). Einige Versuche, aus verschiedenen theoretischen Positionen heraus dieser Forderung aus einer genuin familiensoziologischen Perspektive nachzukommen, finden sich in wenigen Veröffentlichungen (z.B. Picard 1977; Rupp 1981), eine umfassende und systematische theoretische sowie empirische Bearbeitung steht jedoch bis heute noch aus.

Familienkonflikte und familiale Gewaltforschung

Und schaut man auf der Suche nach einer systematischen 'soziologischen Aufarbeitung' zu Familienkonflikten als nächstes auf die in der öffentlichen Diskussion auch enthaltene Thematik *'familiale Gewalt'*, die dort ja geradezu exemplarisch auf den 'konflikthaften' Zustand der Familie verweist, so bleibt das Ergebnis auch hier unbefriedigend. Ein erster Blick in die einschlägige Literatur bestätigt zwar die Vermutung, daß familiale Konflikte für die Gewaltproblematik eine - neben anderen Faktoren - bedeutsame Funktion haben: Man findet dort - zum großen Teil unter Bezugnahme auf anglo-amerikanische Studien - z.B. Konflikte zwischen Ehepartnern als Indikatoren für Kindesmißhandlung (Markefka & Billen-Klingbeil 1989: 349) und Streitigkeiten über Haushaltsangelegenheiten, Konflikte über Sexualität oder Geld als die häufigsten 'Ursachen' (!) für Mißhandlungen der Ehefrauen (ebd.: 353). Jedoch können eine 'hohe Streß- und Konfliktrate' nicht nur als Auslöser für familiale Gewalt gelten, sondern vielmehr bilden gewaltsam agierte Konflikte keinen eigenständigen, von nicht gewaltsam agierten Konflikten prinzipiell differenzierbaren Typus von Familienproblemen (Honig 1988: 198; Markefka & Billen-Klingbeil 1989: 355). Mit anderen Worten: Familiale Konflikte und familiale Gewalt sind zum einen Ursache und Wirkung, zum anderen aber auch auf das engste miteinander verwoben, ja letztlich gar nicht mehr klar voneinander trennbare unterschiedliche Zustands-Qualitäten ein- und desselben familialen Alltags, die lediglich in Häufigkeit und Zusammensetzung verschiedener auslösender Faktoren variieren. In dieser geradezu paradoxen Aussage wird zumindest deutlich, daß auf der Phänomen-Ebene die Verbindung zwischen Familienkonflikten und familialer Gewalt weitaus komplexer zu sein scheint als allgemein vermutet. Eine befriedigende 'Klärung' des Verhältnisses zwischen familialer Gewalt und Konflikten und somit einen soziologisch fundierten Zugang zu familialen Konflikten bietet deshalb aber auch dieser Forschungsbereich nicht.

Das Klischee des Familienkonflikts

Schließt man aus diesen wenigen Hinweisen, daß sich im familiensoziologischen Bereich 'familiale Konflikte' derzeit zwischen den beiden Strängen 'Familienpsychiatrie/-therapie' und 'familiale Gewaltforschung' eher undeutlich und kaum deutlich abgrenzbar manifestieren, führt dies zu folgendem *Fazit*: In der familiensoziologischen Diskussion zum 'Wandel von Ehe und Familie' herrscht zwar anscheinend Uneinigkeit darüber, welches Ausmaß - oder besser: welche Qualität den konstatierten Veränderungen in den Bereichen Ehe und Familie zukommt, wie sie zu erklären und zu interpretieren sind und welche Konsequenzen sich daraus ergeben: Erleben wir tatsächlich einen strukturellen Wandel der Familie, der uns in naher Zukunft ein völlig neues Bild des Privaten bescheren wird? Oder handelt es sich bei den beobachtbaren Entwicklungen nur um Anpassungsprozesse an gesellschaftliche Veränderungen, die an den Fundamenten der herrschenden Struktur des Privaten nichts ändern?

Die Abfrage des darin enthaltenen Stellenwertes familialer Konflikte liefert aber ein einheitliches Ergebnis: Die verschiedenen Erklärungen und Interpretationen rekurrieren in jedem Fall auf eine *zunehmende Konflikthaftigkeit* von Partnerbeziehung/Ehe und Familie. Und mehr noch: Trotz der unterschiedlichen Positionen und Kontexte gleichen sich dabei insgesamt die charakteristischen Merkmale der Verwendung des Konfliktbegriffs. Als zumeist unverzichtbarer Bestandteil der jeweiligen Argumentation zu 'familialem Wandel' zielt der Konfliktbegriff auf eine eher *selbstverständliche 'Erfahrungsebene'*, ohne dabei eine gesicherte theoretische wie inhaltliche Fundierung mit einer Klärung der jeweils enthaltenen Dimensionen 'im Rükken zu haben'.

Allgemeiner formuliert: In der aktuellen familiensoziologischen Diskussion um Familie spielen familiale Konflikte und generell die Konflikthaftigkeit im Privaten eine bedeutende Rolle, allerdings in unterschiedlichen Themenbereichen, Bedeutungszusammenhängen und Dimensionen, ohne daß diese aufeinander bezogen und damit durchschaubar wären. Nochmal an das eingangs skizzierte Klischee von der 'glücklichen Normalfamilie' anknüpfend, könnte als provokante Hypothese formuliert werden: Die momentan vorfindbare familiensoziologische Diskussion arbeitet an der Entlarvung dieses Klischees, argumentiert dabei aber selbst mit einem anderen Klischee - dem *Klischee des 'Familienkonflikts'*. Demnach wären Familienkonflikte also im wissenschaftlichen Kontext eine 'Typisierung' eines spezifischen Bereichs familialen Handelns, die für die jeweils eigene Position 'garantierten' Sinn stiftet, ohne noch näher reflektiert werden zu müssen.

2.3 Resümee aus dem aktuellen Diskussionsstand

Nachdem das Feld, auf dem sich eine Untersuchung 'familialer Konflikte' bewegt, grob skizziert wurde, soll der nächste Schritt das theoretische Instrumentarium bereit legen, mit dem dann begonnen werden kann, dieses Feld auf der Suche nach dem 'umzugraben', was eigentlich 'unter der Oberfläche' der Rede von zunehmenden familialen Konflikten liegt. Aber wie soll dabei vorgegangen werden und welche Werkzeuge sollten sinnvollerweise dabei Verwendung finden? Hierzu ein *kurzes Resümee*: Hinter der banalen Frage 'Wie geht's der Familie?' findet sich in einem ersten Blick ein unübersichtliches Gewirr von Antworten, das scheinbar die verschiedensten Problematiken und Themen in Schlagworten griffig und bunt gemischt präsentiert: von einer medial verbreiteten Aufgeregtheits-Dramaturgie zeitgeistgemäßer Beziehungsstücke bis zu soziologisch reflektierten makrostrukturellen Veränderungen, die familiales Leben von Grund auf umkrempeln; von der Sehnsucht nach Lebensglück in vertrauter Familienumgebung bis zu quasi-neuen (post)modernen Lebens- und Liebesformen, deren jeweiliges modisches Appeal mit ihrem nebulösen Charakter zu steigen scheint; vom alltäglichen Kleinkrieg zwischen Männern und Frauen oder traditionellen Erziehungsschwierigkeiten bei Kindern bis zu den in Medien breitgetretenen Gewaltexzessen in der Familie und den spätestens dann in Erscheinung tretenden, jeweils zuständigen Hilfe-Institutionen.

Ordnet man in einem zweiten Blick diese Themen und prüft man ihren inhaltlichen Bezug zueinander, so ergibt sich folgende Skizze, deren Ausgangspunkt empirisch feststellbare Trends mit der Frage nach dem Wandel im Bereich von Ehe und Familie bilden: In der 'öffentlichen', empirisch orientierten Diskussion herrscht eine merkwürdige *Ambivalenz zwischen 'Krise' und 'Renaissance' von Familie*, wobei die Rede von der Krise vor allem auf den Zerfall der 'Normalfamilie', der konstatierten steigenden Konflikthaftigkeit und der entdeckten Gewalttätigkeit in der Familie gründet. Das 'Renaissance'-Argument hingegen fußt auf der hohen Bedeutung von Familie, die von vielen mit Lebensglück schlechthin gleichgesetzt wird, sowie auf der empirischen Beobachtung, daß viele sogenannte alternative Lebensformen wieder in 'irgend eine Form von Familie' münden. Die damit korrespondierende, theoretisch orientierte Diskussion in der Familiensoziologie problematisiert aus verschiedenen Perspektiven mehr oder weniger kontrovers die Veränderungen in Ehe und Familie, wobei auch hier deren *zunehmende Konflikthaftigkeit* eine bedeutsame Rolle spielt - allerdings meist eher im Sinne einer empirisch-gegenständlichen Selbstverständlichkeit, denn als theoretisch gesichertes und empirisch überprüftes begriffliches Konstrukt. Auf jeden Fall ergibt sich in der derzeitigen Diskussion als durchgehende - und in ihrer einfachen Prägnanz so bestechende wie verdächtige - argumentative Kette: *Gesellschaftlicher Wandel hängt eng zusammen mit familialem Wandel, der wiederum zu steigenden Konflikten in der Familie führt*. Familiale Konflikte selbst befinden sich dabei - bildhaft gesprochen - in einem begrifflich-theoretisch sehr dünnen und diffusen Feld, das sich zwischen einer traditionell mit (pathologisch wirkenden) Beziehungskonflikten beschäftigten 'Familienpsychologie' und neuerdings einer speziellen Konfliktforschung, der Familien-Gewaltforschung, aufspannt.

Wenn diese Zustandsbeschreibung zur derzeitigen Diskussion um den Wandel von Ehe und Familie mit ihrer darin enthaltenen Verortung des Konfliktbegriffs zutrifft, so resultieren daraus für die weitere *inhaltliche Vorgehensweise* sowie für das dabei erforderliche *theoretische Instrumentarium* folgende Überlegungen: Als weitere Vorgehensweise erfordert der Vorwurf, die Familiensoziologie operiere in der aktuellen Diskussion um den 'Wandel der Familie' mit dem Klischee 'familialer Konflikt', als ersten Schritt eine genauere Nachfrage nach genuin familiensoziologischen Theorie-Fundamenten zu familialen Konflikten, die gleichsam zwischen jenen kurz angesprochenen Bereichen einer 'Familienpsychologie' und 'Familien-Gewaltforschung' liegen (Kapitel 4.1). Der nächste Schritt besteht darin, die aktuelle familiensoziologische Diskussion nach den verschiedenen, dort enthaltenen Argumentationen zu Familienkonflikten zu untersuchen und zu präzisieren, um herauszufinden, welche Thesen und Positionen konkret hinter jener konstatierten 'steigenden Konflikthaftigkeit' stehen und wie deren jeweiliger empirischer Bezug hergestellt wird (Kapitel 4.2). Der letzte Schritt schließlich führt zu einer kritischen Auseinandersetzung mit dem hier an der Oberfläche der derzeitigen Diskussion skizzierten Zusammenhang von gesellschaftlichem und familialem Wandel mit Familienkonflikten (Kapitel 5).

Doch um das dazu benötigte theoretische Instrumentarium zu erschließen, ist es hilfreich, nochmal kurz den eigentlichen Gegenstand der bis hierher skizzierten Diskussion um 'Familie' zu hinterfragen.

Phänomen und Diskursivierung

Jene in der gängigen Diskussion identifizierte Ambivalenz, Widersprüchlichkeit läßt sich in folgende Fragen umformulieren: Manifestiert sich im vermeintlichen oder tatsächlichen Wandel von Ehe und Familie lediglich die Diskrepanz zwischen dem Klischee, der Vorstellung einer Idealfamilie als heiler Welt versus einer von den Subjekten erlebten alltäglichen familialen Wirklichkeit? Oder zeigt sich darin vielleicht die Diskrepanz verschiedener soziologischer Beschreibungen und Bewertungen des damit eben nicht gleichen Sachverhaltes? Wahrscheinlich weder ausschließlich das eine noch das andere, sondern eher beides: Denn den Gegenstand der aktuellen Diskussion um Familie bilden als zentrale Komponenten nicht nur gleichsam neutrale Daten zum Wandel der Familie auf *'phänomenaler Ebene'*, sondern eben auch widersprüchliche, ambivalente Vorstellungen von *'Familie' als kulturellem Konzept* - und zwar entlang damit eng verbundener anderer kultureller Konzepte wie 'Lebensglück', 'Liebe' oder eben 'Leid'. In eine poetische Metaphorik gekleidet bedeutet dies: In dem in der Familien-Diskussion enthaltenen Januskopf, der auf der einen Seite das liebliche Gesicht der glücklichen Familie zeigt, während er auf der anderen Seite die durch Streit und Gewalt abbröckelnde Fratze familialen Zerfalls präsentiert,[22] konfligiert nicht nur das Klischee von der 'glücklichen Normalfamilie' mit der Rede von der 'Krise der Familie'. Hier stehen sich auch nicht nur empirische Re-

---

22 Dieses in seiner Semantik sicherlich überzeichnete Bild lehnt sich bewußt an eine - nach meiner Meinung für den ganzen Themenbereich trotz oder gerade in seiner journalistischen Sensations-Rhetorik - typische Form der Präsentation von familialer Gewalt an, wie sie exemplarisch z.B. in der Vorankündigung einer Diskussionssendung zum 'Tatort Familie' im ORF 2 vom 23. Oktober 1991 als Videotext demonstriert wurde: "Für Sprengstoff ist in dieser Sendung gesorgt. Es geht um die Familie, von vielen als Tabu-Zone betrachtet. Hinter der Fassade passiert oft Schreckliches. Familientherapeuten und Psychologen schlagen Alarm. Ist die Familie bereits der gefährlichste Ort unserer Gesellschaft? Eine Brutstätte der Gewalt? Mitglieder von Frauenhäusern, Kinderschutzzentren, Polizei, Justiz und Experten sind zu Gast."

alität und Wunschvorstellungen gegenüber als Resultat aus einem Erkenntnisdefizit, das einfach durch weitere Meinungsumfragen und verbesserte sozialstatistische Erhebungs- und Analysemethoden etc. aufzuholen wäre. Sondern der mit diesem Januskopf symbolisierte Widerspruch ist der Diskussion selbst *inhärent*, d.h. der Widerspruch ist selbst *fundamentaler Baustein* dieser Diskussion um Familie und muß als solcher reflektiert werden.

Es kann also nicht mehr nur darum gehen, die hinter diesem Widerspruch stehende Frage nach dem Wandel von Ehe und Familie letztendlich durch weitere Sammlung 'objektiver' Daten beantworten zu wollen. Vielmehr rückt damit die Frage ins Zentrum, ob dieser Widerspruch nicht auch als Ausdruck eines Wandels in den Denkmodellen von Familie zu verstehen ist (Kaufmann 1988: 392)? Aber welche Bedeutung haben dann familiale Konflikte in diesem Wandel der Denkmodelle, der kulturellen Konzepte von Familie? Die Hypothese hierzu lautet: Der obligatorische Verweis auf und die damit verbundene besondere Stellung von familialen Konflikten in der aktuellen Diskussion um Familie gewährleistet die *Aufrechterhaltung dieses Widerspruchs und somit die Sicherung der 'Transformation' von 'Familie'* in der 'Botschaft': Die Familie wandelt sich, und man muß nur diesen Wandel mit seinem besonderen Problemcharakter erkennen, um die daraus folgenden Konflikte erklären (und vermeiden?) zu können.

Damit wird deutlich, daß einen 'vollständigen' Aufschluß zu dieser Diskussion um Familie keine methodisch noch so ausgeklügelten 'empirischen' Verfahren liefern können, denn sie lassen die hinter einem objektivierenden Empirismus stehende Problematik außer Acht, *warum* etwas von wem in welcher historischen Situation als Krise der Familie oder konkreter als Familienkonflikt bewertet wird. Es gilt also eine Problemebene zu beachten - die *Ebene der 'Diskursivierung'* eines Phänomens, die nicht allein durch weitere 'empirische' (hier im verkürzten Sinne von sozialstatistische, demoskopische etc.) Forschung zum Wandel, zur Krise oder zur Konflikthaftigkeit von Familie gelöst werden kann, die aber selbst konstitutiv für das Phänomen ist und deshalb bei einer Analyse miteinbezogen werden muß.

Doch bei einer einseitigen Konzentration auf diese Ebene gerät man leicht in Gefahr, dabei den anderen wichtigen Aspekt aus den Augen zu verlieren, der bei familialen Konflikten insofern von entscheidender Bedeutung ist, als Familienkonflikte als spezifische Interaktionsformen nicht von der *Ebene einer konkret erlebbaren und erfahrbaren familialen Wirklichkeit der Subjekte* abstrahierbar sind und beide Ebenen in enger Wechselwirkung zueinander stehen.

"Eine Krise läßt sich nicht allein durch ihre objektiven Merkmale kennzeichnen; sie ist immer auch gedeutete Krise. Die Veränderung einer Situation kann als Fortschritt gesehen (und begrüßt werden), kann als belanglos abgetan oder eben als Krise gedeutet werden. Dabei ist eine solche

Deutung nicht nur eine andere kognitive Schematisierung, sondern erfaßt den Deutenden selbst: die interpretierte Veränderung wird als Krise erlebt." (Menne & Alter 1988: 7)

Wenn also ein Wandel der Denkmodelle das Subjekt in seinem Erleben und Handeln erfaßt, so ist demnach insgesamt für die Analyse familialer Konflikte ein Zugang sinnvoll, der sowohl die Diskurs-Ebene als auch die Phänomen-Ebene mit den Definitionen und Bedeutungszuschreibungen der handelnden Subjekte berücksichtigt und aufeinander bezieht. Mit anderen Worten: Erforderlich ist ein theoretischer Zugang, der in eine *Diskursanalyse des Konfliktbegriffs* die verschiedenen *Abstraktionsebenen* integriert, in denen *familiale Konflikte als konkretes, erlebbares und gedeutetes Phänomen* verortet werden können: die Subjektebene des einzelnen Individuums, die Gruppenebene der jeweiligen Familie und die gesellschaftliche Ebene mit ihren Normen und Werten, Leitbildern und institutionellen Vorgaben. Dieser Zugang muß aber - auch das zeigt der Überblick zum gegenwärtigen Diskussionsstand - eine dynamische Qualität besitzen, d.h. er muß eine *Zeitdimension* enthalten, um einer statischen Einseitigkeit zu entgehen, welche die Prozessualität familialer Konflikte als Handlungs- und Interaktionszusammenhänge sowie die Veränderbarkeit der diskursiven Formationen von Familienkonflikten ausblendet.

Und schließlich als letzter Hinweis aus dem aktuellen Diskussionsstand zur Familie kann die besondere Aufmerksamkeit gelten, die einem für diese Untersuchung sinnvollem Begriffsverständnis von 'Familienkonflikt' geschenkt werden sollte, das zwar einerseits 'thematisch offen' sein muß, andererseits aber den analytischen Gehalt von 'Familienkonflikt' als begrifflich-theoretischem Konzept präzise anzugeben hat. Thematisch offen muß die begriffliche Konzeptualisierung deshalb gehalten werden, weil Familienkonflikte nicht in einer einfachen Reihe neben anderen 'Gegenstandsbereichen' der Familiensoziologie stehen (z.B. Geschlechtsrolle, Sozialisation etc.), sondern vielmehr auf vielen gleichsam 'aufsitzen' und somit sich einer engen Nominaldefinition widersetzen (Rupp 1981: 12). Gewichtiger noch kommt hinzu, daß eine vorschnell eingegrenzte Begriffsbestimmung als Vorab-Definition im Stil von 'Familienkonflikte sind...' weder Platz für die Deutungen und Bewertungen der handelnden Subjekte noch für die dynamische Analyse der begrifflichen Konzepte auf der Diskurs-Ebene läßt.

Insgesamt ergeben sich also aus diesen Überlegungen zum aktuellen Diskussionsstand um den 'Wandel von Ehe und Familie' und der damit verbundenen Konflikthaftigkeit für die *theoretische Fundierung einer Analyse familialer Konflikte* folgende Konsequenzen, die im nächsten Kapitel ausgearbeitet werden sollen: erstens muß der phänomenalen Ebene der 'empirischen Selbstverständlichkeit' von Familienkonflikten eine Diskurs-Perspektive zur Seite gestellt werden, die die verschiedenen Transformationen und jeweili-

gen Funktionen des Konfliktbegriffs in der Diskursivierung von Familie erfassen kann. Zweitens muß das Phänomen 'Familienkonflikt' theoretisch auf
mehreren Ebenen analysierbar gemacht werden, um selbst einer 'verding-
lichenden' empirischen Selbstevidenz zu entkommen. Drittens muß ein
solcher mehrebenenanalytischer Zugang entlang einer Zeitachse dynamisiert
werden, und viertens ist eine zwar 'thematisch offene' Konzeptualisierung
von Familienkonflikten erforderlich, die gleichwohl deren begrifflich-theoretisches Gehalt präzisiert.

3. Theoretische Grundlagen für eine soziologische Analyse familialer Konflikte

Wenn, wie im vorigen Kapitel gezeigt, Konflikte und Wandel inhaltlich eng miteinander verknüpft sind, so befindet man sich in der Soziologie bekanntlich nicht auf theoretischem Neuland, sondern im Gegenteil auf einem aus einer konflikttheoretischen Perspektive intensiv bearbeiteten Boden, deren Tradition von Karl Marx bis hin zu den prominenten Arbeiten von Ralf Dahrendorf und Lewis A. Coser oder aktueller von Randall Collins reicht. Für einen adäquaten theoretischen Zugang zu 'Familienkonflikt' erscheint als *Vorgehensweise* sinnvoll, erst nach der Entwicklung eines mehrebenen-analytischen Modells[1] von Familie (Kapitel 3.1) auf dessen Grundlage eine kurze Durchsicht einiger allgemeiner konflikttheoretischer Überlegungen zu unternehmen, um damit ihre jeweilige Aussagekraft und Verwertbarkeit für die hier verfolgte Fragestellung prüfen zu können (Kapitel 3.2). Im Anschluß daran erfolgt eine Konkretisierung des wissenssoziologischen Rahmens anhand des Diskursbegriffs und vor dem Hintergrund der besonderen Stellung von Familie zwischen Privatheit und Öffentlichkeit (Kapitel 3.3). Die Zusammenschau des theoretischen Instrumentariums mündet schließlich in eine Skizze mit den konstitutiven Dimensionen eines 'Tableaus' familialer Konflikte (Kapitel 3.4), das dann im Hauptteil inhaltlich gefüllt werden soll. In einem Satz: Das folgende Theorie-Kapitel soll also einen geeigneten 'Begriffs-Werkzeugkasten' liefern, mit dem die im nächsten Abschnitt beabsichtigte Rekonstruktionsarbeit geleistet werden kann.

Da die vielleicht auf den ersten Blick naheliegende Möglichkeit, folgende theoretische Überlegungen a priori auf eine konflikttheoretische Perspektive aufzubauen, nicht gewählt wurde, sind vorab einige grundsätzliche Anmerkungen zur Erläuterung der hier bevorzugten Theorieperspektive notwendig: Wie im letzten Kapitel ausgeführt, wird derzeit in der gängigen wissenschaftlichen Diskussion um Familie der Begriff 'Familienkonflikt' eher diffus verwendet, wobei darin all das Aufnahme findet, was heute in der Familie 'problematisch' zu sein scheint, ohne dabei die theoretischen Grundlagen zu klären. Möchte man genau diese Art der Begriffsverwendung mit in die

---

1   Laut Kaufmann stammt der Begriff 'Mehrebenen-Analyse' ursprünglich aus der Methodologie der empirischen Sozialforschung und wird zunehmend "auch in einem allgemeineren Sinn als Aufgabe der Relationierung unterschiedlicher Analyseebenen verwendet" (Kaufmann 1988: 412, Fußnote 4). Eine exemplarische Anwendung im Bereich der Familiensoziologie findet sich z.B. bei Erwin K. Scheuch und Marvin B. Sussman zum Zusammenhang von gesellschaftlicher und familialer Modernisierung (Scheuch & Sussmann 1970: 250 ff); eine modelltheoretische Diskussion zum Thema 'Mehrebenen-Analyse' liefert z.B. Huinink (1989).

Analyse einbeziehen (also nicht nur die Frage stellen: Was sind Familienkonflikte konkret?; sondern auch: Warum werden Familienkonflikte in der aktuellen Diskussion so und nicht anders verwendet?), bietet sich entgegen einer genuin konfliktsoziologischen Ausrichtung eine *generelle theoretische Orientierung* an, die mit folgenden Schlagworten vorab kurz skizziert werden kann:

Das theoretische Instrumentarium ist eingeordnet in den Rahmen einer *kultursoziologisch orientierten Familiensoziologie*, die mit einem verstehenden bzw. interpretativen Ansatz auf der Handlungsebene und dessen Rückbindung an eine gesellschaftlich-kulturelle Ebene die *Vermittlung einer mikro- und makrosoziologischen Perspektive von Familie* herzustellen sucht. Erweitert und präzisiert wird dieser Rahmen um eine *wissenssoziologische Dimension*, mit der die Konsequenzen aus dem reflexiven Wissen der Sozialwissenschaften bzw. hier der Familiensoziologie in ihren Wechselwirkungen zwischen wissenschaftlicher Erkenntnisgewinnung und alltagspraktischer Handlungsrelevanz (und umgekehrt: zwischen sich wandelnden alltagspraktischen Interpretations- und Deutungsmustern und wissenschaftlichen Forschungs- und Verwertungszusammenhängen) ins Blickfeld rücken.[2]

Methodisch kann in Anlehnung an das von Clifford Geertz für die Ethnologie skizzierte Verfahren einer '*dichten Beschreibung*' in abgewandelter und vereinfachter Form angeknüpft werden: Geht man dabei vom Bedeutung erzeugenden Menschen, vom Barthes'schen 'homo significans' aus (Assmann 1991: 17), so meint 'dichte Beschreibung' im Rahmen eines semiotischen Kulturbegriffs[3] das Herausarbeiten von Bedeutungsstrukturen im Ablauf eines sozialen Diskurses und das Bestimmen seiner gesellschaftlichen Grundlage und Tragweite (Geertz 1983: 15 ff und 30 ff). Gerade aber eine so verstandene 'dichte Beschreibung', auf die durch plurale Wirklichkeiten und - damit korrespondierend - durch miteinander konkurrierende Diskurse gekennzeichnete moderne Gesellschaft (Wahl, Honig & Gravenhorst 1985: 391 ff) angewendet, kann nicht naiv auf ein objektivierendes *erkenntnistheo-*

---

2   Ähnlich formuliert Kurt Lüscher aus einer erweiterten 'ökologischen' Perspektive, die verstärkt familiale Aufgaben und Leistungen ins Zentrum stellt, die Forderung nach einer 'pragmatistisch-konstruktiven Familienforschung': "Im Kern geht es um eine Analyse der sozialen Bedeutung von Familie, mithin um den tatsächlich feststellbaren Anteil von Familie bzw. einzelner familialer Lebensformen für die Entwicklung des Individuums und der Gesellschaft unter Einbezug des sich wandelnden, Fakten und Normen einschließenden Wissens über familiale Lebensweisen." (Lüscher 1989: 95)

3   Kultur ist für Geertz - dabei Symbole und Zeichen synonym setzend - als "ineinandergreifende Systeme auslegbarer Zeichen (...) keine Instanz, der gesellschaftliche Ereignisse, Verhaltensweisen, Institutionen oder Prozesse kausal zugeordnet werden könnten" (Geertz 1983: 21). Vielmehr ist sie ein Kontext, ein Rahmen, in dem diese Zeichen- bzw. Symbolsysteme verständlich - nämlich dicht - beschrieben werden können (vgl. in diesem Zusammenhang auch Posner 1991: 37 ff).

retisches Selbstverständnis rekurrieren, das sowohl die Bedeutung der handelnden Subjekte für das Erkennen von gesellschaftlicher Wirklichkeit (Helle 1992: 82 ff) als auch die Bedeutung von soziologischer Erkenntnis als "gesellschaftliche Selbstthematisierung" (Bonß & Hartmann 1985: 12) außer Acht läßt. Dieser soweit nur schlagwortartig gezeichnete theoretische 'Werkzeugkasten' soll im folgenden präzise entwickelt werden.

3.1 Identität - Rolle - Leitbild: Ein mehrebenenanalytisches Modell von Familie

Da die grundsätzliche theoretische Ausrichtung dieser Arbeit in einem verstehenden Ansatz besteht, der gleichzeitig die Verbindung einer mikro- und makrosoziologischen Perspektive auf Familie anstrebt, ist der Ausgangspunkt der theoretischen Überlegungen zur Familie vorgegeben: Gesellschaftliche und damit auch *familiale Wirklichkeit konstituiert sich in den Interaktionen der handelnden Subjekte.*

"A family is an organization that creates meaning among its members. A family is begun by two adults who bring with them certain meanings derived from the culture and from their individual life histories. But they do not simply enact their culture and re-enact their individual histories. They create meaning through their interaction." (Handel 1985: xii f)

Dieses Zitat enthält für eine theoretische Konzeptualisierung von Familie neben dem Verweis auf die konkrete *Handlungsebene*, auf der sich Familie als spezifischer sozialer Zusammenhang über symbolische Interaktion konstituiert, auch den Hinweis auf zwei weitere Ebenen, in die die konkreten Interaktionssituationen eingebettet sind: zum einen die *Subjektebene* - hier in Bezug auf die Lebensgeschichte, die Biographie der Interaktionspartner -, zum anderen eine *aggregierte kulturelle Ebene* mit ihren Wertesystemen und Sinnwelten. Aber welche zentralen Dimensionen enthält dieser interaktive Konstruktionsprozeß in der Ehe/Partnerbeziehung bzw. in der Familie, die den Wirklichkeitskonstruktionen in diesem Bereich eine spezifische Qualität geben, und wie lassen sich diese drei, analytisch getrennten Ebenen zueinander in Beziehung setzen?

Die nomosbildende Funktion der Ehe

Bleibt man zunächst bei der Paarbeziehung, so liefern einen ersten Aufschluß zu diesen Fragen die schon Anfang der sechziger Jahre von Peter L. Berger und Hansfried Kellner veröffentlichten Ausführungen zur Ehe, in denen sie deren besondere nomosbildende Funktion untersuchen:

"Die Plausibilität und Stabilität der als gesellschaftlich verstandenen Welt hängen von der Stärke und Kontinuität signifikanter Beziehungen ab, die fortwährend ein Gespräch über diese Welt ermöglichen. Oder anders ausgedrückt: Die Realität der Welt wird erhalten durch das Gespräch mit den 'signifikanten anderen'. (...) Wir behaupten, daß in unserer Gesellschaft die Ehe einen im Vergleich zu anderen signifikanten Beziehungen privilegierten Status einnimmt." (Berger & Kellner 1965: 222)

In der Argumentation von Berger und Kellner spielen für diesen 'privilegierten Status' der Ehe vor allem drei Aspekte eine zentrale Rolle (ebd.: 222 ff): Erstens, die *prometheische Kraft*, die in diesem Gespräch bzw. in den alltäglichen Interaktionen zwischen den 'signifikanten Anderen' liegt, auch wenn diese Kraft zumeist so nicht wahrgenommen wird, produziert potentiell eine eigene, 'neue' Wirklichkeit, die sich nicht allein in der einfachen Reproduktion gesellschaftlich-kulturell vorgegebener Muster von Liebe, Partnerschaft, Ehe mit den dazu gehörenden Rollenvorgaben erschöpft. Zweitens erfolgt dieses fortwährende 'Gespräch' in der sogenannten *privaten Sphäre*, die sich nach Berger und Kellner mehr und mehr der direkten Kontrolle durch die öffentlichen Institutionen entzieht: "In unserer Gegenwartsgesellschaft hingegen konstituiert jede Familie ihre eigene segregierte Teilwelt, mit ihren eigenen Kontrollen und ihrem eigenen, geschlossenen Gespräch." (ebd.: 225) Und Entwurf, ständige Vergewisserung und Weiterentwicklung der eigenen Welt in dieser signifikanten Beziehung bedeuten schließlich drittens - in der Tradition von George H. Mead - auch eine gegenseitige *Definition* und ständige *Redefinition* der *Identität* der in ihr handelnden Subjekte - also z.B. Definition, Umdefinition, Entwicklung, Stabilisierung der Partner-Identität.

In dieser Argumentation koppeln Berger und Kellner somit die Ebene der konkreten Interaktionsbeziehungen, in denen beide Partner gegenseitig jeweils zum 'signifikanten Anderen' werden, über einen soziologischen Identitätsbegriff mit der Subjektebene, während die Verbindung zur makrosoziologischen Ebene zweifach zu finden ist: zum einen durch die grundsätzliche Eingebundenheit dieses 'Gesprächs' in einen gesellschaftlich-kulturellen Kontext, der aber zum anderen gerade durch das Fehlen direkter Einflußnahmen, direkter Kontrollen der privaten Sphäre von außen z.B. durch öffentliche Institutionen gekennzeichnet ist. Mit dieser historisch sich entwickelnden zunehmenden Autonomie der privaten Sphäre wird deren prinzipielle Offenheit und deshalb Wandelbarkeit postuliert, ihre historisch spezifischen Bedingtheiten und Begrenzungen bleiben jedoch weitgehend unklar.

Ein Mehrebenen-Modell von Familie

Versucht man diese Überlegungen vermittels allgemeiner soziologischer Konzepte zu erweitern und dabei die Zusammenhänge zwischen den genannten drei Ebenen - der *Individual-*, der *Gruppen-* und der *gesellschaftlichen*

Ebene - zu schematisieren, ergeben sich folgende Ansatzpunkte: Erstens kann der Handlungs-/Interaktionsebene ein *'zweigleisiger' Rollenbegriff* zugeordnet werden, der sowohl die normative Bestimmtheit der an spezifische soziale Positionen gekoppelten Verhaltenserwartungen als auch den dynamischen Charakter des Rollenhandelns in konkreten Situationen mit den damit verbundenen Interpretations- und Verständigungsleistungen der Subjekte berücksichtigt. Eine solche Konzeptualisierung der Handlungsebene hat den Vorteil, daß sie - zweitens - die Verbindung zur Subjektebene herstellt, indem ein interaktionstheoretisches Rollenverständnis einen *prozessualen Identitätsbegriff* als Zusammenspiel von sozialer und personaler Identität zu einer balancierten Ich-Identität soziologisch fassen kann (Goffman 1980b: 10 und 74; Krappmann 1975: 70 ff und 132 ff). Drittens stellt dieses zweigleisige Rollenverständnis die Verbindung zur Makro-Ebene dadurch her, daß zum einen die zu den jeweiligen Rollen vorhandenen *Leitbilder* als kollektive Idealvorstellungen (Durkheim 1967: 70 ff) mit den jeweils im Hintergrund stehenden allgemeinen *Wertesystemen* und *Sinnwelten* einbezogen werden können, zum anderen aber deren subjektive und familiale Vermitteltheit über ein *Bezugsgruppenkonzept* auch auf der Gruppen- und Individualebene einholbar macht. 'Bezugsgruppen' sind dabei nicht nur als verschiedene, für eine Rolle spezifische Verhaltenserwartungen definierende und vermittelnde Instanzen zu verstehen, sondern vielmehr als Ursprung unterschiedlicher *'Perspektiven'*[4], die dem Subjekt oder der Familie als Interpretations- und Handlungsrahmen dienen (Shibutani 1975: 158; Shibutani 1955: 562 ff).[5]

Dieses Denkmodell enthält aber noch ein entscheidendes Defizit, das gerade durch ein interaktionstheoretisches Verständnis von 'sozialer Rolle' offenkundig wird und in den Berger und Kellner'schen Ausführungen mehr oder weniger deutlich gelöst ist: Dem Modell insgesamt fehlt in seiner Statik die Integration einer Zeitachse, welche über die grundsätzliche Prozessualität (konflikthaften oder konfliktfreien) sozialen Handelns hinaus auch dessen Zeitlichkeit und die damit verbundene Dynamik von Identitätstransformationen auf der Individualebene sowie den historischen Zeitverlauf auf gesell-

---

4 'Perspektive' definiert Shibutani dabei als "die organisierte Weltsicht einer Person über das, was sie hinsichtlich der Eigenschaften von Objekten, Ereignissen und von der menschlichen Natur als selbstverständlich annimmt" (Shibutani 1975: 155).

5 Ein solches Modell von Familie könnte vielleicht ein Stück weit die Kluft zwischen den in der Familiensoziologie traditionell vorherrschenden zwei Perspektiven - die Familie als Primärgruppe eigener Art und die Familie als Institution (König 1976: 27 ff; vgl. auch den Exkurs in Kapitel 2) - überwinden und dem gerecht werden, was Lüscher et al. in Anlehnung an Anthony Giddens als 'Dualität der Struktur' von Familie bezeichnen und durch eine Trennung zwischen 'individueller Familie' und 'Familientyp' konzeptuell fassen möchten (Lüscher, Wehrspaun & Lange 1989: 63).

schaftlicher Ebene zueinander in Bezug setzt. Eine Einbeziehung der *Zeit-dimension*, auf der gesellschaftlichen Ebene als *sozialer/kultureller Wandel*, auf der familialen Gruppenebene als *Familienzyklus* und auf der Subjekte-bene als *biographische Entwicklung* konzeptualisiert, ermöglicht dann eine *dynamische* Reflexion der Beziehungen zwischen den einzelnen Ebenen.

Das in diesen kurzen Ausführungen skizzierte Mehrebenen-Modell von Familie kann - unter Einbeziehung der Begriffe, welche die Verbindung zwischen den einzelnen Ebenen herstellen - schematisch folgendermaßen dargestellt werden:

Abb. 2:

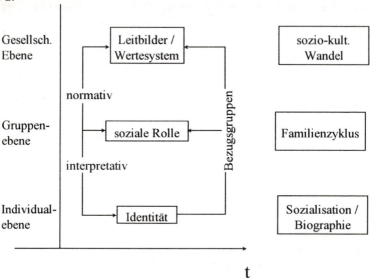

Das Modell enthält soweit aber nur zunächst 'leere' soziologische Kate-gorien wie 'soziale Rolle', 'Identität' und 'Wertesystem', die einer inhaltli-chen Ausfüllung bedürfen.

Für die aggregierte *gesellschaftliche Ebene* kann auf eine idealtypische Gegenüberstellung von verschiedenen Kulturtypen zurückgegriffen werden. Hier zeigt Horst Jürgen Helle anhand dreier Kulturtypen, der matrilinealen, patrilinealen und bilateralen Kultur, wie mit den unterschiedlichen Abstam-mungsordnungen auch jeweils entsprechende Wertesysteme - auf der Basis fraulicher oder männlicher Kreativität oder als Synthese aus beidem - ver-bunden sind (ausgedrückt z.B. in permissiven oder restriktiven Sexualnor-men), die wiederum auf der *Gruppenebene* mit verschiedenen Familientypen korrespondieren (Helle 1985: 100 ff; Helle 1981: 434 ff).

Bedenkt man dazu zunächst Georg Simmels Überlegungen zur 'quantitativen Bestimmtheit der Gruppe' (Simmel 1908b: 47 ff), wird bei der Erweiterung einer Zweierbeziehung durch das Hinzutreten eines Kindes (und analog auch durch mehrere Kinder) die bilaterale signifikante Partnerbeziehung durch die neue Beziehungsdimension der gemeinsamen Beziehung zum Dritten ergänzt - konkret also durch die Eltern-Kind-Beziehung. Bei einem Elternpaar mit einem Kind treten also formal zur ursprünglichen Partnerbeziehung drei weitere Beziehungsmuster hinzu: die Mutter-Kind-Beziehung, die Vater-Kind-Beziehung und die Eltern-Kind-Beziehung. Entlang dieser Differenzierung der 'Beziehungsdimensionen' können auf der Gruppenebene entsprechend dem jeweiligen Kulturtyp verschiedene Familientypen nach der jeweils zentralen 'Paarbeziehung' in der Familie unterschieden werden: für die matrilineale Kultur das Mutter-Tochter-Paar, für die patrilineale Kultur das Vater-Sohn-Paar oder für die bilaterale Kultur das Paar 'Ehefrau-Ehemann' (Helle 1981: 434). Damit wird deutlich, wie die notwendige fundamentale Neudefinition der 'familialen Welt' im Übergang von der Partnerbeziehung zur Familie - auf der Basis einer kategorial differenten 'Wir'-Definition der Dreiergruppe im Vergleich zum 'Wir' der Zweierbeziehung - in ihrer inhaltlichen Ausgestaltung in den jeweiligen kulturellen Kontext eingebettet ist, da die gesamten familialen Interaktions- und Beziehungsmuster sich um eine jedesmal andere, kulturspezifisch vorgegebene zentrale 'Beziehungsachse' formen.

Auf der *Individualebene* schließlich ist die mit der Erweiterung der Paarbeziehung zur Familie einhergehende grundsätzliche Komplexitätssteigerung der im Interaktionsgefüge vorfindbaren Rollen- und Beziehungsmuster verbunden mit massiven Identitätsveränderungen der in diesen Rollen handelnden 'signifikanten Anderen' (Vater-, Mutteridentität). Und deren 'konkrete Qualität' als 'verantwortliche' Identifikation des Subjekts mit der Vater- bzw. Mutterrolle variiert wiederum kulturspezifisch durch Interpretation kulturell vorgegebener Leitbilder sowie in Auseinandersetzung mit den direkten Verhaltenserwartungen der 'signifikanten Anderen'.[6]

---

6 Wie vor diesem Hintergrund das familiale Interaktionsfeld mit seiner komplexen Beziehungsstruktur einer aus Vater, Mutter, Tochter und Sohn bestehenden Kernfamilie noch weiter differenziert werden kann, hat z.B. schon Dieter Claessens in seiner bekannten Arbeit zur Problematik der Wertetradierung in der Familie demonstriert (Claessens 1979: 65 ff). Darin unterscheidet er sieben logisch mögliche Beziehungskombinationen 'primärer Mischrollen' (Vater, Mutter, Tochter, Sohn), eine Reihe weiterer sekundärer Rollen (z.B. Angehöriger der autoritätsschwächeren Kindergruppe) sowie insgesamt vierzehn Sphären mit jeweils zentralen 'Dimensionen' (z.B. Mutter-Kind-Sphäre mit der Pflege des Säuglings, die Ehesphäre als intime Dauerbeziehung). Alles zusammen führt schließlich zu dem, was Claessens - in Anlehnung an James H.S. Bossard - mit der 'Kernfamilie als vibrierende Einheit' bezeichnet und eindrucksvoll mit dem Beispiel einer alltäglichen Situation am gemeinsamen Essenstisch demonstriert, bei der der Bruder einen unerlaubten Griff in die Portion seiner Schwester wagt (der Leser mag in

Bis hierher kann festgehalten werden: Der Komplexität familialer Interaktionen und dabei möglicher Konflikte entsprechend wurde ein theoretisches Gerüst als heuristisches Konstrukt entwickelt, das eine systematische Einbeziehung der Subjekt-Ebene, der Gruppen-Ebene und der gesellschaftlichen Ebene in ihren jeweils relevanten Dimensionen erlaubt: Ein solches Modell von Familie ermöglicht die Überprüfung und Verortung von Identitätsproblemen auf Subjekt-Ebene, von konflikthaften Rollenmustern auf familialer Gruppenebene sowie damit verbundenem Wandel von Wertesystemen und korrespondierender Leitbilder auf der gesellschaftlichen Bezugsebene. Da darin aber der Konfliktbegriff selbst noch unbestimmt bleibt, ist im nächsten Schritt eine Klärung und Präzisierung von 'Familienkonflikt' als begrifflich-theoretischem Konzept notwendig.

3.2 Zum Begriff 'Konflikt' - 'Das Gesellschaftliche' im Streit und die spezifische Ambivalenz familialer Konflikte

Beim Versuch, jenes in Kapitel 2.3 geforderte 'thematisch offene Begriffskonzept' von 'Familienkonflikt' dem soeben skizzierten theoretischen Verständnis von Familie angemessen umzusetzen, erscheint eine generelle Bezugnahme auf traditionelle und neuere konfliktsoziologische Begriffskategorien wenig sinnvoll. Zur Begründung dieser Aussage folgt eine kurze kritische Auseinandersetzung mit einem Konfliktverständnis, wie es aus einer allgemeinen konfliktsoziologischen Perspektive resultiert, in der gleichzeitig Ansatzpunkte für einen alternativen begrifflich-theoretischen Zugang zu 'Familienkonflikt' herausgearbeitet werden sollen.

3.2.1 Familienkonflikte und Konfliktsoziologie - Zur Kritik einer reduktionistischen Sichtweise

Überblickt man den derzeitigen Stand der Konfliktsoziologie, so zeigt sich zunächst zwar eine beachtliche Vielfalt von Hypothesen, Theorie- und Untersuchungsansätzen (insofern ist die Rede von '*der* Konfliktsoziologie' irreführend), die mitunter ganz unterschiedliche Aspekte von z.B. individuellem Konfliktverhalten, Gruppenkonflikten oder nationalen und internationalen Konflikten thematisieren (z.B. Weede 1986; Väyrynen 1991). Aber in der Zusammenschau dieser Vielfalt sind insgesamt im wesentlichen *drei zentrale Kritikpunkte* zu nennen (Turner 1986: 177 ff), die von einer einfachen konflikttheoretischen Festlegung von 'Familienkonflikt' abraten und dabei

---

Anlehnung an Claessens selbst versuchen, mögliche 'Aktionsgeflechte' von primären und sekundären Rollen sowie dabei involvierten Sphären durchzuspielen).

wichtige Hinweise für eine jenseits herkömmlicher konflikttheoretischer Kategorien angestrebte Begriffsannäherung liefern.

Erstens besteht in der gesamten Konfliktsoziologie nach wie vor Uneinigkeit darüber, was konkret unter einem Konflikt zu verstehen ist und was nicht:

"A quick review of the conflict theory literature will produce a surprisingly diverse array of terms denoting different aspects of conflict: hostilities, war, competition, antagonism, tension, contradiction, quarrels, disagreements, inconsistencies, controversy, violence, opposition, revolution, dispute, and many other terms." (ebd.: 177 f)

So verwundert es auch nicht, daß die in soziologischen Lexika und Handbüchern vorfindbaren Begriffsbestimmungen von Konflikt diese Variationsbreite in entsprechender Unbestimmtheit widerspiegeln: Dort bezeichnet 'Konflikt' ganz allgemein alle Auseinandersetzungen, Spannungen, Gegnerschaften, Gegensätzlichkeiten, Streitereien und Kämpfe verschiedener Intensität und Gewaltsamkeit zwischen einzelnen Personen, Personen und Gruppen oder Gruppen, Organisationen, Verbänden, Gesellschaften und Staaten, deren Gegenstand z.B. Werte, Lebensziele, Status-, Macht- und Herrschafts- oder Verteilungsverhältnisse knapper Güter sind (z.B. Hartfiel & Hillmann 1982: 395; vgl. dazu auch Krysmanski 1971: insbes. 7 ff und 232 ff). Eine solcherart weit gefaßte Begriffsbestimmung ohne tieferen analytischen Gehalt bleibt aber zweifellos für familiale Konflikte unbrauchbar.

Damit ist auch schon das zweite wesentliche Problem vieler konfliktsoziologischer Ansätze angesprochen, denen gemäß dem unbestimmten, weitgefassten und der jeweiligen theoretischen Perspektive angepaßten Begriffsverständnis von Konflikt oftmals eine ganze Bandbreite von unterschiedlichen 'sozialen Einheiten' (Individuen, Gruppen, Verbände, Nationen etc.) zugrundeliegt, in oder zwischen denen dann Konflikte aufbrechen und zum Gegenstand konfliktsoziologischer Analysen werden. Offensichtlich aber ist Jonathan H. Turner zuzustimmen, wenn er schreibt: "(...) I see it as likely that the type of the unit does influence the nature of conflict." (Turner 1986: 180) Die einfache Konsequenz daraus lautet: Eine begriffliche Konzeptualisierung von 'Familienkonflikt' kann nicht ohne Berücksichtigung der *spezifischen Charakteristika der zugrunde gelegten sozialen Einheit 'Familie'* auskommen, sondern muß diese vielmehr zu ihrem Ausgangspunkt nehmen.[7]

---

7   Die damit angesprochene Problematik, daß und wie konfliktsoziologische Ansätze infolge ihres Abstraktions- und Allgemeinheitsgrades bei konkreten Phänomenen wie z.B. Familienkonflikten unscharf werden oder einseitig verkürzen, soll hier ein kurzer Blick zu zwei bekannten Konflikttheoretikern - Dahrendorf und Coser - andeuten:
Für Dahrendorf bezeichnen Konflikte allgemein alle strukturell erzeugten Gegensatzbeziehungen von Normen und Erwartungen, Institutionen und Gruppen, die in latenter oder manifester Form auftreten können (Dahrendorf 1961: 197 ff). Auf der Basis der von ihm erstellten Konfliktmatrix - Konflikte differenziert nach dem Umfang der involvierten sozialen Einheiten

In engem Zusammenhang mit diesen beiden Aspekten muß drittens darauf geachtet werden - und hierzu besteht in der aktuellen Konfliktsoziologie ebenso wenig Klarheit -, daß zwischen Konfliktursachen und -konsequenzen genau unterschieden wird sowie die Konfliktaustragung selbst genügend Beachtung findet. Was bedeutet das konkret? In vielen konfliktsoziologischen Ansätzen fehlt neben einer ausreichenden Aufmerksamkeit für die eigentliche Konfliktaustragung eine präzise Differenzierung zwischen Konflikten als unabhängige oder abhängige Variable, was letztendlich leicht zur kurzschlüssigen, eindimensionalen bzw. *zirkulären Verortung von Konflikten zwischen Wandel als Ursache wie auch Konsequenz* führt: Zum einen bedingen Konflikte sozialen Wandel bzw. den Wandel der betrachteten sozialen Einheiten, während zum anderen dieser Wandel infolge der damit einhergehenden Umbrüche Konflikte auch selbst hervorruft. Die Ursache für die Konflikte wiederum - folgt man auch hierin Turner (1986: 182) - liegen vor

---

(Rolle, Gruppe, Sektoren etc.) und nach ihrem Rangverhältnis zueinander - bleiben Familienkonflikte im wesentlichen lediglich über den Rollenbegriff, wie ihn Dahrendorf im 'Homo Sociologicus' entwickelt (Dahrendorf 1972: 23 ff; Dahrendorf 1977: 20 ff; kritisch zusammenfassend vgl. z.B. auch Niedenzu 1989: 160 ff), als Intra- bzw. Inter-Rollenkonflikte oder Intra-Gruppenkonflikte bearbeitbar. Mit dem jeweiligen Rangverhältnis, in dem die sozialen Einheiten - also Rollen, Personen, Gruppen etc. - zueinander stehen, gewinnt zwar oberflächlich betrachtet die Beziehung der Konfliktparteien unter Aspekten wie Macht und Herrschaft für eine Konfliktanalyse an Bedeutung. Deren Feststellung als anthropologische Universalien und ihre lediglich strukturelle Vermitteltheit verstellt aber den Zugang zu Familie als prozessualem Interaktionszusammenhang, zumal der damit verbundene Rollenbegriff auf der Basis einer grundsätzlichen Unvereinbarkeit von Individuum und Gesellschaft die Handlungsebene in letzter Konsequenz in der Strukturebene auflöst.

Coser hingegen unterscheidet echte von unechten Konflikten, wobei echte Konflikte zwischen Personen in einer Gruppe oder zwischen Gruppen jene sind, in denen es um die Zuteilung von Status, Macht, Einkommen, um die Zugehörigkeit zu und Geltung von Wertesysteme oder direkt um die Struktur der Interaktionsbeziehungen geht. Das Kriterium für deren 'Echtheit' ist die Offenheit und Realisierbarkeit der Zielsetzungen - also ihre 'Sachrationalität' (Kiss 1977: 230). Unechte Konflikte hingegen, wie sie vor allem auch in der Familie infolge der engen Verbundenheit ihrer Mitglieder untereinander vorkommen, werden verursacht z.B. durch emotionale Reaktionen wie aggressive Affekte oder durch nicht realisierbare, also 'irrationale' Wünsche. Da unechte Konflikte nicht die eigentlichen Konfliktursachen thematisieren, die hier ja im 'Persönlichkeitssystem' selbst liegen (persönliches Versagen, Frustrationen, Aggressionen etc.), sondern diese auf Ersatzobjekte verschieben, sind sie auch nicht in der Lage, die Konfliktursachen zu beseitigen und damit in eine (funktionale) Konfliktlösung zu münden (Coser 1965: 57 ff). Als Konsequenz folgt daraus: Dort, wo die Gefahr intensiver, heftiger und vor allem unechter Konflikte relativ groß ist, kann deren potentielle Dysfunktionalität nur durch ihre offene Thematisierung und rationale Transformation abgewendet werden (vgl. zusammenfassend Coser 1965: 180 ff). Gerade aber diese Unterscheidung in echte (funktionale) und unechte (dysfunktionale) Konflikte vernachlässigt durch die darin enthaltene Rationalitätsdifferenzierung letztlich die komplexe Dynamik, die familiales (Konflikt-)Handeln in seiner immer auch emotiv-affektualen Personbezogenheit besitzt, ohne daß damit schon vorab die 'Wirkung' (funktional oder dysfunktional) abgeleitet werden kann.

allem in aufbrechenden 'Ungleichheiten' zwischen den jeweiligen sozialen Einheiten bzw. zwischen ihren Elementen, wobei 'Ungleichheit', wie immer sie je nach theoretischem Hintergrund konzeptualisiert werden mag, in konfliktsoziologischer Perspektive letztlich jedem sozialen Gefüge inhärent ist. Außerdem wäre noch denkbar - und von beidem wohl kaum empirisch eindeutig zu trennen -, Konflikte weder eindeutig als Ursache noch als Folge von Wandel, sondern als intervenierende Variable im Rahmen von Wandlungsprozessen zu identifizieren, wobei dann insbesondere unterschiedliche Typen der 'Intervention' herausgearbeitet werden müßten.[8]

Alle Möglichkeiten zusammengedacht gerät man leicht in ein konflikttheoretisches Argumentationskarussell, das schematisch in folgender Weise skizziert werden kann (vgl. Abb. 3), und in dem infolge seiner Zirkularität die verschiedenen Interpretationen z.B. für den Zusammenhang von familialen Konflikten und gesellschaftlichem wie auch familialem Wandel gewissermaßen an beliebigen Stellen ansetzen könnten:

---

[8] Auch zu diesem Problem der Verknüpfung von 'Konflikt' und 'Wandel' nochmal kurz zu beiden schon erwähnten Konflikttheoretiker:

Als radikale Kritik am 'utopischen' Gesellschaftsverständnis des Struktur-Funktionalismus postuliert Dahrendorf die Universalität von Konflikten als soziale Grundtatsachen, die in ihrer Allgegenwärtigkeit jedem menschlichen Zusammenleben zu eigen sind und hinter denen als ebensolche Universalien Zwang bzw. Herrschaft als strukturbildende Faktoren stehen. Sinn und Konsequenz von Konflikten liegt zu guter letzt darin, "den Wandel globaler Gesellschaften und ihrer Teile aufrechtzuerhalten und zu fördern" (Dahrendorf 1986: 272).

Nach Coser können Konflikte zu Anpassung, Aktualisierung und Neuschaffung von Normen und Regeln unter veränderten Bedingungen und damit auch zum Wandel von sozialen Strukturen führen: Dadurch, daß sich die Beteiligten im Konflikthandeln der Normen und Regeln bewußt werden, besitzen Konflikte eine sozialisatorische bzw. integrative Funktion, die sozusagen über den von Konflikten selbst verursachten und vermittelten Systemwandel 'hinweghilft' - Konflikte gewährleisten daher Kontinuität in der Veränderung. Die darin angesprochene Funktionalität (oder Dysfunktionalität) von Konflikten (Coser 1965: 86 ff) hängt, wie soeben bereits angedeutet, einerseits von ihrem Typ ab - echt oder unecht -, andererseits aber auch von der Fähigkeit oder Unfähigkeit des sozialen Systems zur Tolerierung oder Institutionalisierung von Konflikten. Konfliktfähigkeit gerät somit zum Kennzeichen der Flexibilität sozialer Strukturen.

Während also bei Dahrendorf der konkrete Zusammenhang zwischen familialem Wandel und Familienkonflikten in seiner makroskopischen Perspektive letztlich verloren geht, wird für Coser die 'Transformationskapazität' von Familie zur entscheidenden Variablen: Konfliktfähigkeit bedeutet für die Familie insbesondere die Fähigkeit zur Transformation von unechten in echte Konflikte.

Abb. 3:

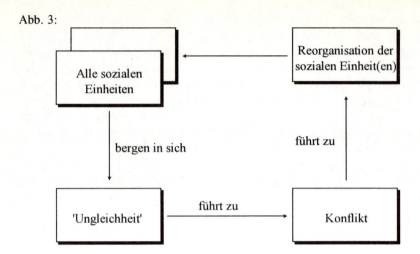

Anm.: Grafik in Anlehnung an Turner (1986): 182

Diese drei Kritikpunkte - die unklare Definition von Konflikt, die problematische Verallgemeinerung der zugrunde gelegten sozialen Einheiten und die fehlende Eindeutigkeit in der Unterscheidung von Ursachen, Austragung und Konsequenzen von Konflikten - deuten in ihrer Gesamtheit auf ein dahinter liegendes, eher *'reduktionistisches' Konfliktmodell* hin, das auf folgenden Grundannahmen beruht (Bühl 1972: 16 ff): Die unterstellte Eindimensionalität in den Ursachen von Konflikten, indem es vorwiegend um 'Ungleichheit' geht (konkretisiert z.B. als materielle oder Herrschaftsansprüche etc.), steht in direktem Zusammenhang mit einer angenommenen Bipolarität des Konflikts, in der jeder Konflikt sich auf die Beziehung von zwei Elementen bzw. sozialen Einheiten reduzieren läßt, die noch dazu über den Zeitverlauf hinweg in ihrer Zusammensetzung weitgehend homogen bleiben. Die verallgemeinernde Zirkularität in den Konsequenzen von Konflikten basiert im Grunde genommen auf der Annahme von 'Nullsummen-Konflikten', die aber der Dynamik von Konflikten generell und von familialen Konflikten im besonderen nicht gerecht werden kann. Die Schlußfolgerung aus dieser allgemeinen Kritik an einer konfliktsoziologischen Perspektive führt zur Forderung nach einer anderen, einer *prozessualen Sicht von Konflikten*, wie sie Walter L. Bühl schon 1972 formuliert hat:

"Wenn wir uns zu einer prozessualen Sicht verstehen könnten - eine Anstrengung, die die neuere Soziologie etwa seit Simmel unternommen hat -, dann müßten wir anerkennen, daß an der gleichen Zeit- und Raumstelle gleichzeitig mehrere 'Einflüsse', 'Wirkungen', 'Funktionen', 'Beziehungen', 'Bedürfnisse', 'Rollenerwartungen' usw. wirksam werden können. Das soziale Handeln - auf allen Ebenen - ist dann gleichzeitig von bestimmten Werten und Normen, von bestimmten Machtverhältnissen und von bestimmten materiellen Produktions- und Reproduktionsbedingungen bestimmt; und diese verschiedenen Komponenten können durchaus im Widerspruch zueinander stehen; sie können teils funktional integriert, teils dysfunktional und teilweise einfach afunktional sein; oder die Komponenten können, in anderer Terminologie, teils in einem antagonistischen, teils in einem nicht-antagonistischen Widerspruch zueinander stehen, sie können einen Haupt- oder einen Nebenwiderspruch bilden usw. Das heißt, die 'Gesellschaft' (alle gesellschaftlichen Beziehungen und Prozesse) ist als mehrdimensional und mehrzeitig zu begreifen." (ebd.: 21)

Als *Ergebnis* aus dieser kurzen konfliktsoziologischen Diskussion kann bis hierher festgehalten werden: Familienkonflikte als begrifflich-theoretisches Konstrukt müssen in ihrer *Prozeßhaftigkeit* so konzipiert sein, daß eine *Differenzierung zwischen Ursachen, konkreten Formen ihrer Austragung und Konsequenzen* möglich ist. Die Grundlage eines solchen Konzepts muß eine *mehrdimensionale, mehrzeitige und an der besonderen Qualität der betrachteten sozialen Einheit 'Familie' ausgerichtete Orientierung* bilden. Mit anderen Worten: Versteht man familiale Konflikte einem interaktionstheoretischen Verständnis entsprechend als spezifische Interaktion zwischen Familienmitgliedern, deren konkrete Formen und Inhalte durch die besondere soziale Einheit 'Familie' charakterisiert sind, so muß als Zielvorgabe am Ende einer begrifflichen Konzeptualisierung ein Begriffsprofil stehen, welches dieses Spezifische, Charakteristische an konflikthaften Interaktionen in der Familie in Ursachen, Austragung und Konsequenzen offenlegt.

3.2.2 Familienkonflikte als 'Streitform sui generis'

Während bei der angemahnten Mehrdimensionalität und Mehrzeitigkeit auf das in Kapitel 3.1 präsentierte Modell von Familie verwiesen werden kann, soll der Forderung nach einem prozessualen Verständnis von Konflikt im folgenden insbesondere unter Rückgriff auf Georg Simmels klassische Überlegungen zum Streit (Simmel 1908a) noch genauer nachgegangen werden, weil für ihn familiale Konflikte von anderen Konflikten klar unterscheidbar sind: Er nennt den *Familienkonflikt* eine *Streitform sui generis*, resultierend aus der eigentümlichen Verfaßtheit von Familie, also ihrer Enge des Miteinanderlebens, der besonderen - mitunter erzwungenen - sozialen und ökonomischen Verbundenheit ihrer Mitglieder untereinander:

"Seine Ursache, seine Zuspitzung, seine Ausbreitung auf die Unbeteiligten, die Form des Kampfes wie die der Versöhnung ist durch seinen Verlauf auf der Basis einer organischen, durch tausend innere und äußere Bindungen erwachsenen Einheit völlig eigenartig, mit keinem sonstigen Konflikt vergleichbar." (ebd.: 292)

Die Ambivalenz von Konflikten

Bevor man sich Familienkonflikten im eigentlichen Sinn zuwendet, gilt es zwei zentrale Aspekte zu klären, mit denen Simmel auf die *grundsätzliche Ambivalenz von Konflikten* verweist und damit jene bis in die soziologische Theorie reichende, verbreitete Gegenüberstellung von Konsens *versus* Konflikt überwindet, die einen soziologisch fruchtbaren Blick auf Konflikte behindert. Gleich zu Beginn seiner Überlegungen wendet sich Simmel gegen ein Alltagsverständnis von Streit, nach dem dieser als 'Gegeneinander' zwischen und in sozialen Einheiten gleichsam 'asozial' das an 'Gesellschaft' wieder aufhebt, zerstört, was ein 'soziales Füreinander' vorher geschaffen hat. Entgegen dieser gängigen Dichotomisierung versteht Simmel - als ersten zentralen Aspekt - den Streit grundsätzlich genauso als eine *Form von Vergesellschaftung*, die nicht per se das Ende von Einheit, von Zusammenhang quasi nachträglich markiert, sondern beide Kategorien - das Füreinander wie das Gegeneinander - sind in ihrer Gleichzeitigkeit und Aufeinander-Bezogenheit charakteristisch für jede soziale Einheit:

"(...) [es dürfte] keine soziale Einheit geben, in der die konvergierenden Richtungen der Elemente nicht von divergierenden unablöslich durchzogen wären. Eine Gruppe, die schlechthin zentripetal und harmonisch bloß 'Vereinigung' wäre, ist nicht nur empirisch unwirklich, sondern sie würde auch keinen eigentlichen Lebensprozeß aufweisen; (...) die Gesellschaft, wie sie gegeben ist, ist das Resultat beider Kategorien von Wechselwirkungen, die insofern beide völlig positiv auftreten." (ebd.: 248 f)

Demnach ist der Konflikt eine Kategorie von Vergesellschaftung, also eine spezifische Form von Wechselwirkung zwischen Individuen, die sowohl 'Gesellschaft' erzeugt als auch gleichzeitig selbst schon immer eingebunden in Soziales ist, d.h. in Ursachen, konkreten Austragungsformen und Wirkungen immer sozial vermittelt ist. Mit seinem im Zitat enthaltenen Hinweis auf den 'Lebensprozeß' von sozialen Einheiten verdeutlicht Simmel die im Konzept der 'Wechselwirkung' enthaltene dynamische Qualität dieser sozialen Vermitteltheit bzw. auch die Prozessualität, die Entwicklungsdimension von Konflikten. 'Positiv' meint, daß Konflikte entgegen dem 'asozialen Apriori' aus soziologischer Sicht in ihrer Konsequenz als spezifische Form von Vergesellschaftung für eine soziale Einheit, für 'Gesellschaft' sozusagen 'neutral' in dem Sinne untersucht werden sollten, als a priori von ihrer grundsätzlichen Ambivalenz ausgegangen werden sollte.

Die Ursache des Mißverständnisses der gemeinhin als 'asozial' angenommenen Wirkung von Konflikten gründet nach Simmel nicht zuletzt in der Doppelsinnigkeit des Verständnisses von Streit - oder wie er es hier nennt: von Entzweiung bzw. Opposition:

"Indem diese zwischen den einzelnen Elementen ihren verneinenden oder zerstörerischen Sinn entfaltet, wird daraus unbefangen geschlossen, daß sie in ebenderselben Weise auf das Gesamtverhältnis wirken müsse. In Wirklichkeit aber braucht, was zwischen Individuen, in bestimmter Richtung laufend und isoliert betrachtet, etwas Negatives, Abträgliches ist, innerhalb der Totalität der Beziehung keineswegs ebenso zu wirken;" (ebd.: 250)

Der zweite zentrale Aspekt der grundsätzlichen Ambivalenz von Konflikten wird deutlich, wenn man dieses Zitat als Fingerzeig auf eine *notwendige Differenzierung* bei der Thematisierung und Einschätzung von Konflikten interpretiert, die je *nach zu betrachtender Analyse-Ebene* (Individuum - soziale Einheit) unterschiedlich ausfallen kann. Nimmt man als Beispiel die Ehe, die besonders dadurch gekennzeichnet ist, daß sie beide Partner in ihrer Gesamtheit aufeinander bezieht, so sind 'verunglückte' Ehen nicht weniger Ehen als glückliche, sondern eben Ehen, die als spezifische Form erst in und durch die Konflikte zwischen den Partnern existieren. Das Individuum in einer solchen konfliktreichen Beziehung kann vielleicht gerade erst im (offenen) Streit (oder auch nur in stiller Opposition) soviel an 'innerer Genugtuung, Ablenkung, Erleichterung' - letztlich also an Eigenständigkeit bewahren (oder soziologisch moderner formuliert: an Ich-Identität balancieren), daß es in der Lage ist, die Beziehung aufrecht zu erhalten, während sie im anderen Fall schon, in welcher Form auch immer, beendet worden wäre (ebd.: 251).

Zur besonderen Konfliktgefährdung und -resistenz von Familie

Kommt man nach diesen allgemeinen Überlegungen zur Ambivalenz von Konflikten auf *Familienkonflikte* als 'Streitform sui generis' zurück, so bleibt zu klären, was dabei *'Familie' als spezifische 'soziale Einheit'* kennzeichnet. Hierzu ist nach Simmel zunächst festzuhalten, daß eine Feindschaft zwischen den Elementen einer Gruppe umso mehr ganz entgegengesetzte Bedeutungen haben kann, je enger diese Gruppe vereinheitlicht ist: Einerseits kann gerade wegen der engen inneren Einheit die Toleranz gegenüber inneren Widersprüchen groß genug sein, um ein Auseinanderbrechen zu verhindern. Andererseits ist die Bedrohung für eine Gruppe, die auf innerer Einheitlichkeit und Zusammengehörigkeit beruht, gerade durch innere Widersprüche besonders groß: "Eben dieselbe Zentripetalität der Gruppe macht sie gegen die Gefahren aus Gegnerschaften ihrer Mitglieder, je nach den sonstigen Umständen, entweder widerstandsfähiger oder widerstandsloser." (ebd.: 289 f)

Neben dieser also in Ehe und Familie in ihrer Gegensätzlichkeit geradezu exemplarisch vorhandenen Problematik des Widerspruchs zwischen ausnehmender *'Konfliktgefährdung'* und außerordentlicher *'Konfliktresistenz'* bleibt die Frage, was mit sonstigen Umständen konkret gemeint ist. Simmel selbst nennt dazu die Möglichkeit für Gruppen, zwischen zwei grundsätzlichen Strategien der *'Konfliktbehandlung'* wählen bzw. beide unterschiedlich kombinieren zu können: zum einen zwischen einer Partialisierung und, damit aus Sicht der Gruppe, Isolierung von Konflikten sowie zum anderen einer Universalisierung von Konflikten, womit diese dann jeweils die gesamte soziale Einheit betreffen (ebd.: 290 f). Da beide Möglichkeiten der Behandlung von Konflikten innerhalb sozialer Einheiten nicht zuletzt von ihrer Größe und von der Grundlage ihres inneren Zusammenhangs abhängen (Simmel operiert hier mit den Durkheim'schen Begriffen der mechanischen und organischen Solidarität), wird klar, daß für die Familie die Wahl- und Kombinationsmöglichkeiten zumeist auf die zweite Alternative beschränkt bleiben: Konflikte zwischen Familienmitgliedern betreffen in der Regel immer die Mitglieder 'als ganzes' (im Sinne einer 'Gesamt-Personbezogenheit') sowie die Familie als ganzes (in all ihren Interaktions- und Beziehungsmustern) - sind demnach also *potentiell 'total' und 'universell'*. Deshalb bedeuten Konflikte sogar so etwas wie 'Weichensteller' für die innere Struktur von Gruppen und im besonderen für die Familie, da im Streit die Solidarität, der Zusammenhang der Gruppe auf eine entscheidende Probe gestellt wird:

"Enthält eine Familie Individualitäten von starker, aber latenter Diskrepanz, so wird der Augenblick, wo eine Gefahr oder ein Angriff sie zu möglichster Geschlossenheit drängt, gerade derjenige sein, der ihre Einheit auf lange sichert oder sie dauernd zerstört, an dem sich haarscharf entscheidet, wie weit eine Kooperation solcher Persönlichkeiten möglich ist." (ebd.: 310)

Differenziert man weiter auf der Grundlage dieser grundsätzlichen Strategie der Konfliktbehandlung das eigentliche *Konfliktgeschehen*, also den Prozeß der Konfliktaustragung selbst, so sind folgende Dimensionen zu berücksichtigen (vgl. auch Bühl 1972: 25 ff): In Bezug auf konkrete *Formen der Konfliktaustragung* kann man davon ausgehen, daß soziale und damit auch familiale Konflikte in aller Regel als 'Meta-Konflikte' ausgetragen werden. Damit ist gemeint, daß das, was sich als Konflikt zeigt, nicht unbedingt identisch sein muß mit dem, was ursprünglicher Ausgangspunkt für beide Konfliktparteien war. Mit anderen Worten: Konflikte bleiben während ihrer Austragung nicht notwendig konstant, sondern verändern sich selbst im Zeitverlauf. Eng damit verbunden ist die Beachtung des *sozialen Kontextes*, der sich im Konfliktverlauf ebenfalls verändern, ausdifferenzieren oder reduzieren kann: Z.B. können die Konfliktparteien Kontakte untereinander nach Möglichkeit vermeiden ohne die Beziehung ganz abzubrechen (z.B. Vater und Sohn, die zerstritten sich nach Möglichkeit aus dem Weg gehen), oder die Konfliktparteien verändern sich im Konfliktverlauf durch Transformation oder Institutionalisierung des Konflikts selbst, indem z.B. die Einbeziehung dritter Personen auch außerhalb der Familie wie Pfarrer,

Berater etc. erfolgt. Und schließlich sind noch verschiedene *Mittel der Konfliktaustragung* in ihrer jeweiligen familialen Bedeutung zu bedenken wie z.b. Gewalt, Einfluß als ein Mittel der Überredung, Normbindung, materieller Anreiz oder der Einsatz von Macht.

Alle drei Komponenten der Konfliktaustragung zusammen betrachtet - die Form, der soziale Kontext und die Mittel, ergeben den Schluß, daß Konfliktaustragung immer auch *Konflikttransformation* bedeutet.[9] Oder anders formuliert: In der Konfliktaustragung findet in der Regel eine sowohl in sozialer als auch in inhaltlicher Sicht multiple Transformation des Ausgangskonflikts statt, so daß je nach unterschiedlichen sozialen Bezügen in diesen drei Komponenten das Verhältnis von Ausgangskonflikt und 'Meta-Konflikt(en)' differiert.

Aber diese Differenzierung des eigentlichen Konfliktgeschehens ist noch nicht ausreichend, da ein letzter wichtiger Aspekt der 'Konfliktaustragung' fehlt: Insbesondere bei Familienkonflikten muß die Forderung von Simmel beachtet werden, daß jede Analyse von Konflikten auch ein Mitbedenken der Formen beinhalten sollte, "in denen ein Kampf sich beendet, und die einige besondere, unter keinen anderen Umständen beobachtbare Wechselwirkungen darbieten" (Simmel 1908a: 325). Gerade für ein theoretisches Verständnis von Partner- und Familienkonflikten, welches dem eigentlichen Prozeß der Konfliktaustragung und seinen ambivalenten Konsequenzen Beachtung schenkt, liefern die verschiedenen, von Simmel angedeuteten Formen der *Konfliktbeendigung* hilfreiche Einsichten (ebd.: 325 ff): Während der plötzliche Wegfall des Streitobjekts nicht identisch sein muß mit einem sofortigen Verschwinden des Konflikts, ist der Sieg seine radikalste Form der Beendigung. Und wenn zum Sieg auf der Gegenseite ein Eingestehen der Niederlage gehört, so kann diese - zumal wenn sie vorschnell und mit großer Leichtigkeit gegeben wird, nichts anderes als eine subtile Form der Konfliktvermeidung darstellen, die den eigentlichen Sieg durch seine Entwertung in Frage stellt. Im Gegensatz zum Sieg steht der Kompromiß, der

---

9   Wie sich Konflikte selbst in ihrer Austragung ändern können und dabei Form, sozialer Kontext sowie Mittel variieren, illustriert schon ein einfaches Beispiel eines Ehekonflikts - Untreue eines Partners mit darauf folgendem handgreiflichem Streit: Zunächst kann dieser Konflikt direkt zwischen beiden Partnern ausgetragen werden, wobei hier möglicherweise insbesondere die gemeinsame Frage nach dem Fortbestand der gegenseitigen Liebe im Zentrum steht; durch Einbeziehung von Freunden, Bekannten, Zeitungsratgebern etc. erfolgt nun eine indirekte Konfliktaustragung, in der der Konflikt selbst schon eine erste Transformation erfährt und vielleicht Aspekte wie 'Geschlechterverhältnis', 'Männlichkeits- und Weiblichkeitsbilder' usw. an Bedeutung gewinnen; durch die Inanspruchnahme von Gerichten bei einer Scheidung wird der Konflikt dann formalisiert und als Konfliktgegenstand gelten jetzt rechtlich-objektive Tatbestände (Ehebruch, Mißhandlung etc.); schließlich wäre noch die Anrufung einer transzendenten Instanz denkbar (z.B. religiöse Gebote, Horoskop etc.), die am Ende möglicherweise eine vom Konfliktgegenstand völlig unabhängige Konfliktaustragung zuläßt.

als kulturelle Errungenschaft seine besondere Sozialität durch die Transformation subjektiven Begehrens in den objektivierten Charakter eines auf gemeinsamen Werten beruhenden Interessenausgleichs gewinnt. Dem wiederum entgegenstehend kann die Versöhnung, mit ihrem rein subjektiven Modus einer eigentümlichen Verbindung von Wille und Gefühl, der damit weitergeführten sozialen Verbindung gänzlich neue Qualitäten verleihen.

Aus diesen kurzen Anmerkungen wird deutlich, daß sich Konfliktlösungen im besonderen (wie auch familiale Konflikte generell) in einem komplexen, aufeinander bezogenen *Deutungs- und Bewertungsprozeß durch die Beteiligten* manifestieren und formen, den es für die Analyse des Konfliktgeschehens jeweils zu *'verstehen'* gilt.

Als *Fazit* aus diesen Überlegungen können vor einer begrifflichen Präzisierung von 'Familienkonflikt' *drei allgemeine Grundsätze* formuliert werden, welche eine soziologische Analyse von Konflikten berücksichtigen sollte, um die oben diskutierten konfliktsoziologischen Verkürzungen zu vermeiden: erstens das Beachten der sozialen Kontextbezogenheit des Konflikts, zweitens seine Mehrdimensionalität zu erkennen und drittens seine grundsätzliche Ambivalenz zu berücksichtigen (Bühl 1972: 10 ff).

Zum ersten Punkt: Soziale Kontextbezogenheit meint eine Rückbindung von Konflikten an die ihnen zugrunde liegenden sozialen Einheiten unter besonderer Berücksichtigung ihrer konkreten historisch-kulturellen Ausprägung und Veränderbarkeit. Zum zweiten Punkt: Konflikte als mehrdimensionales Geschehen zu begreifen bedeutet, die verschiedenen Ebenen und Dimensionen von Konflikten nicht notwendig in Kausalketten zu verknüpfen und z.B. irgend einen 'Basiskonflikt' als 'Ursprung' anzunehmen, sondern die Verwobenheit und möglicherweise gegenseitigen Wechselwirkungen verschiedener Ebenen und Dimensionen in Konflikten anzuerkennen. Und zum dritten Punkt: Die von Simmel deutlich gezeigte Ambivalenz von Konflikten verbietet eine a priori festgelegte positive oder negative Bewertung, sondern diese Ambivalenz muß vielmehr als Grundlage zur Analyse der Austragung von Konflikten sowie ihrer jeweiligen Konsequenzen gelten.

3.2.3 Zum Begriffskonzept 'Familienkonflikt': Sieben Thesen zur Übersicht

Ziel der mit diesen Ausführungen angestrebten begrifflichen Konzeptualisierung von 'Familienkonflikt' ist keine enge Nominaldefinition, sondern der Versuch, den analytischen Gehalt von 'Familienkonflikt' der hier verfolgten Fragestellung gemäß zu präzisieren. Aus der in diesem Kapitel entwickelten Sammlung verschiedener Aspekte für eine soziologische Analyse von familialen Konflikten kann jetzt jene geforderte, 'thematisch offene' Begriffsannäherung an Familienkonflikte erfolgen, - in einer Übersicht skizziert mit folgenden Thesen:

1. Konflikte gehören zur alltäglichen 'Lebenswirklichkeit' von sozialen Einheiten und damit auch zu Ehe und Familie, aber familiale Konflikte stellen infolge der spezifischen Verfaßtheit von Familie einen 'Konflikttyp sui generis' dar.

2. Familiale Konflikte können ebenso wie Konflikte allgemein als eine 'Form von Vergesellschaftung' betrachtet werden, sind damit also immer schon sozial vermittelt und in ihrer Wirkung grundsätzlich ambivalent.

3. In ihrer - je nach Typus der betrachteten sozialen Einheit - spezifischen Ambivalenz haben sie für die Familie jedoch insofern eine besondere Qualität, als die Familie durch eine gleichzeitig sowohl hohe Konfliktgefährdung als auch hohe Konfliktresistenz charakterisiert ist.

4. Da familialen Konflikten neben ihrer 'Mehrdimensionalität' ein potentieller Universalitäts- und Totalitätsanspruch eignet, indem sie grundsätzlich sowohl die Familie als auch deren Mitglieder 'als ganzes' betreffen, muß eine soziologische Analyse immer die Subjekt-, Gruppen- und aggregierte Ebene berücksichtigen.

5. Dem prozessualen Charakter familialer Konflikte kann nur ein dynamisches Einbeziehen der Konfliktbeziehungen zwischen den involvierten Parteien gerecht werden, das die Perspektive der 'im-Konflikt-handelnden' Subjekte zum Ausgangspunkt nimmt.

6. Konkret müssen hierzu die im Verlauf des Konfliktgeschehens wahrscheinlichen Transformationen nach den verschiedenen Formen der Konfliktaustragung, ihrer jeweiligen sozialen Kontextbezogenheit und den dabei gewählten Mitteln bis hin zur Konfliktbeendigung betrachtet werden.

7. Familiale Konflikte können schließlich in einem engen Zusammenhang mit gesellschaftlichem und/oder familialem Wandel stehen, den es jedoch vor einer Verortung als Ursache oder Konsequenz jeweils empirisch näher zu bestimmen gilt.

3.3 'Perspektive' und 'Diskurs' - Ein wissenssoziologischer Begriffsrahmen

Nach der bis hierher erfolgten theoretischen Annäherung an die 'Phänomenebene' - also an 'Familie' und 'familiale Konflikte' - fehlen noch eine 'theoriegeleitete' Auseinandersetzung mit der 'Diskursebene' im Rahmen der eingangs zum Theorieteil schon angesprochenen wissenssoziologischen Perspektive sowie darauf aufbauend einige grundsätzliche Klärungen zum besonderen Problemcharakter von Familienkonflikten in Bezug auf das Verhältnis von Phänomen und dessen Diskursivierung.

Ein *interpretatives Wissenschaftsverständnis* bringt konsequenterweise mit sich den Abschied von der Annahme einer festen, feststehenden, dem wissenschaftlichen Erkenntnisprozeß außenliegenden Realität und auch den Abschied von 'eindeutigen' Verfahren, die diese Realität 'ent-decken' könnten. Anstelle jenes objektivierenden Wirklichkeitsverständnisses treten perspektivisch vervielfältigte Wirklichkeiten, die Klaus Wahl et al. mit dem Bild eines 'Basars von Wirklichkeiten' für die moderne Gesellschaft skizzieren, der nur noch durch einen durchwandernden Beobachter erfahrbar ist, der

"einmal hierher und einmal dorthin schaut, skeptisch prüft, analysiert, Verbindungen erspäht, Mutmaßungen hat, sich einen Reim macht. Der Wanderer, Philosoph oder Soziologe, begegnet auf seinen Exkursionen aber nicht nur anderen Wirklichkeiten, allenthalben sieht er auch in Bruchstücken von Spiegeln sich selbst: Seine Erkenntnis, seine Produkte, seine Waren der Wirklichkeitsdeutung werden von anderen weiterverkauft und in ihnen spiegeln sich die Wirklichkeiten gegenseitig - Paradoxie der Versozialwissenschaftlichung der Gesellschaft und ihrer Wirklichkeit." (Wahl, Honig & Gravenhorst 1985: 396)

Wenn also 'soziale Realität' in unterschiedliche Wirklichkeiten zerfällt und sich damit perspektivisch vervielfältigt, bedeutet das vor allem auch für soziologische Arbeiten die Konsequenz der *Selbstreflexivität.* Bonß und Hartmann illustrieren dies mit der von Goffman (1980a: 10) präsentierten - und ursprünglich von William James gestellten - Frage, die damit nicht nur an die in sozialen Situationen handelnden Subjekte, sondern ebenso für die als 'wissenschaftlich' ausgewiesenen Wirklichkeitskonstruktion gestellt werden muß: 'Unter welchen Bedingungen halten wir überhaupt etwas für wirklich?' (Bonß & Hartmann 1985: 40) Wissenschaftsintern konkretisiert sich diese Frage in Bezug auf die vorhandenen, relativ spezialisierten Rechtfertigungskriterien, denen 'fertiges' wissenschaftliches Wissen genügen muß. Eine wissenssoziologische Analyse, die nach dem Zusammenhang von Phänomen und dessen Diskursivierung fragt, muß aber diese Frage nicht nur wissenschaftsimmanent, sondern auch während der obigen Wanderung durch den Basar reflektieren, um zu verstehen, warum der Basar dieses und jenes bietet, anderes jedoch fehlt (ebd.: 31). Wie das Zustandekommen eines solchen 'Angebots' zu Familie und familialen Konflikten zu denken bzw. wie jene Frage nach den *Bedingungen von 'Wirklichkeit familialer Konflikte'* theoretisch zu fundieren ist, soll ansatzweise in drei Schritten entwickelt werden.

Wissen und Handeln

Vorausgesetzt, vorhandenes kollektives Wissens über Familie wirkt reflexiv direkt und indirekt wiederum auf das Alltagsverständnis und damit auf das alltägliche Erleben und Handeln in Familien, bedarf es in einem ersten

Schritt einer *theoretischen Verknüpfung von Wissen und Handeln*, die oben mit dem Konzept 'Bezugsgruppe als Perspektive' schon angedeutet wurde. Dieses Konzept kann - in Anlehnung an Mead und Shibutani - mit Kurt Lüscher noch weiter verfeinert werden (Lüscher 1989: 104 ff): Erstens bezeichnen 'Orientierungen' gedankliche Konstrukte, in denen vom Subjekt die Verknüpfung von Aufgabe, Ziel, Mittel und Normen in konkreten Handlungssituationen hergestellt wird. Für die Organisation mehrerer solcher Orientierungen unter übergeordneten Gesichtspunkten verwendet Lüscher zweitens den Begriff der *'Perspektive'*, wobei diese Organisation einen kommunikativen Kontext benötigt, für den eine Person (als Gespräch mit sich selbst) oder auch mehrere Personen, Gruppen, Verbände in Frage kommen können (vgl. dazu auch Shibutani 1975: 162). Damit ist es möglich, analytisch getrennt individuelle, gruppenspezifische (z.B. familiale) und gesellschaftliche Perspektiven zu unterscheiden, die Handeln auf den unterschiedlichen Ebenen orientieren und formen. Was also letztlich als 'Familie' erfahren wird, kann nicht unabhängig davon betrachtet werden, welche 'Perspektiven', welches 'Wissen' über Familie vorhanden ist - sei es im Bereich persönlicher, privater Erfahrung der konkreten Familie, sei es z.B. in den beruflichen Erfahrungen professioneller Praktiker oder z.B. auch durch die zielgerichtete Sammlung von 'Wissensvorräten' durch wissenschaftliche Disziplinen. Anders ausgedrückt: Alle diese Wissensformen stehen in einem gegenseitigen Wechselwirkungsverhältnis zueinander und wirken über die Handlungsebene auf das, was als Familie in konkreten Interaktionsprozessen der handelnden Subjekte Gestalt erhält.

Wenn nun die Prozesse der gesellschaftlichen Anerkennung von Familie auf der Herausbildung und der Akkumulation von Wissen über familiale Verhaltensweisen beruhen, gewinnt *das 'Reden über Familie'* für die familiensoziologische Analyse an Bedeutung und die *'Rhetorik von Familie'* wird Forschungsgegenstand, denn gerade für die Sozialwissenschaften gilt: "Ihre 'Gegenstände' werden durch die sie betreffende Rhetorik mitkonstituiert." (Lüscher, Wehrspaun & Lange 1989: 65) 'Familien-Rhetorik' meint dabei den Ausdruck all jener Bemühungen, "eine bestimmte Auffassung von Familie so vorzutragen, daß die in der jeweiligen Perspektive enthaltenen Schemata in subjektive Orientierungen anderer Menschen eingehen." (ebd.: 75) Übertragen auf Familienkonflikte heißt dies: Wenn 'Konflikt-Rhetorik' in der Herausbildung subjektiver Orientierungen sowie individueller, familialer und öffentlicher Perspektiven eine wichtige Rolle spielt, muß in einer soziologischen Analyse familialer Konflikte auch diese Rhetorik eine entscheidende Fragestellung bilden. Es kann also nicht mehr darum gehen, die 'wahren' Sachverhalte hinter oder unter den subjektiven, privaten und institutionellen Repräsentationen familialer Konflikte zutage fördern zu wollen, sondern deren "Konstruktionsprinzipien, Vorannahmen und Implikationen auf methodisch ausgewiesene Weise" (ebd.) zu rekonstruieren.

Soweit mag die von Lüscher et al. vorgetragene wissenssoziologische Akzentuierung theoretisch einleuchten, jedoch die im vorherigen Zitat enthaltene Formulierung '... *so vorzutragen* ...' deutet auf die ungeklärte Problematik hin, daß sich jene Rhetorik ja nicht gleichsam im luftleeren Raum manifestiert. Ist es nicht vielmehr so, daß, wie oben schon angedeutet, in jenem Basar mit seiner Vielzahl von angebotenen Rhetoriken zur Familie manche mehr, manche weniger Gehör finden und andere eben gar nicht im Angebot zu finden sind? Anders formuliert: Wird die darin angesprochene Dimension einer 'machtvollen Ordnung der Rede von Familie' - bzw. der damit einhergehenden 'Ordnung der Familie' (Donzelot 1980) - und deren Transformationen und Veränderungen mit dem Konzept 'Rhetorik' hinreichend erfaßt?

Die formende Macht der Diskurse

Bei der Beantwortung dieser Frage rückt im zweiten Schritt der hier schon öfters verwendete Begriff des '*Diskurses*' in den Vordergrund - allerdings nicht im prominenten Rahmen der Habermas'schen Theorie des kommunikativen Handelns mit der darin enthaltenen, allein kommunikativer Rationalität folgenden herrschafts- und normfreien Verständigung, in der das Verhältnis zwischen (idealer) Sprechsituation und (faktischer) Rede letztendlich weitgehend unklar bleibt. Vielmehr umfaßt der Begriff des 'Diskurses' im Kontext dieser Frage das Problem, wer zu welchem Zweck welche Rhetorik produziert und warum sich diese durchsetzt und jene nicht. Dadurch gründet der hier angestrebte Diskursbegriff zwar auf dem Konzept der 'Familien-Rhetorik' mit ihrer Bedeutung für die soziale Konstruktion von Familie, geht aber gleichzeitig darüber hinaus, indem er auf die Voraussetzungen, Grundlagen und Konsequenzen verschiedener Rhetoriken verweist. Die darin implizierte Frage nach der 'formenden, regelnden Macht' in Diskursen führt zu einem Diskursbegriff, der pointiert von Michel Foucault ausgeführt wurde: Diskursformationen werden nicht durch ihre Gegenstände, Objekte differenziert, sondern produzieren, formen die Objekte, über die sie sprechen, indem sie über sie sprechen. Was aber in welchem Diskurs gesprochen wird, was als wahr anerkannt und was als falsch verworfen wird, ist eine Funktion der Macht.[10] Diskurse als jene Menge von Aussagen, die zur

---

10 Auch wenn hier der Platz für eine eingehendere Diskussion des Foucault'schen Machtbegriffs fehlt, sei lediglich auf eine 'Definition' von Macht verwiesen, die zeigt, daß es Foucault weniger um eine objektivierende Theorie der Macht geht, sondern um eine Analyse der Machtbeziehungen, der konkreten Bedingungen und Ausübung von Macht in ihrem Verhältnis zum

gleichen diskursiven Formation im Sinne eines allgemeinen Aussagesystems gehören (Marti 1988: 42), gehorchen somit bestimmten, 'machtvollen' Regeln:

"Die Wahrheit ist von dieser Welt; in dieser wird sie aufgrund vielfältiger Zwänge produziert, verfügt sie über geregelte Machtwirkungen. Jede Gesellschaft hat ihre eigene Ordnung der Wahrheit, ihre 'allgemeine Politik' der Wahrheit: d.h. sie akzeptiert bestimmte Diskurse, die sie als wahre Diskurse funktionieren läßt; es gibt Mechanismen und Instanzen, die eine Unterscheidung von wahren und falschen Aussagen ermöglichen und den Modus festlegen, in dem die einen oder anderen sanktioniert werden; es gibt einen Status für jene, die darüber zu befinden haben, was wahr ist und was nicht." (Foucault 1978: 51)

Die Aufgabe besteht nach Foucault also darin, "nicht - nicht mehr - die Diskurse als Gesamtheiten von Zeichen (von bedeutungstragenden Elementen, die auf Inhalte oder Repräsentationen verweisen), sondern als Praktiken zu behandeln, die systematisch die Gegenstände bilden, von denen sie sprechen" (Foucault 1988a: 74).

Resümiert man bis hierher kurz die in diesen beiden Schritten enthaltenen Überlegungen, so können analytisch grundsätzlich zwei, aufeinander verweisende Dimensionen bzw. 'Ebenen' unterschieden werden (vgl. Abb. 4): zum einen die *'Ebene der Diskursivierung'* von familialen Konflikten - die wissenschaftlichen Diskurse verschiedener Disziplinen, die öffentlichen Diskurse in Medien, in Institutionen, Organisationen der Verwaltung, Bürokratie, Verbänden etc. sowie der private Alltagsdiskurs der Familien selbst; zum anderen die *'Phänomenebene'* als die Ebene der Wirklichkeitskonstruktion im (konflikthaften) Handeln und Erleben der Subjekte innerhalb der Familien (vgl. auch Wahl, Honig & Gravenhorst 1985: 397).

Eine solche Differenzierung läßt sich aber nicht nur horizontal, sondern auch vertikal vornehmen, was zu folgender, 'diskursorientierter' Trennung zwischen der 'Privatsphäre Familie' einerseits und der öffentlichen Sphäre andererseits führt:

1. das 'Phänomen' als Erleben und Handeln und dessen Diskursivierung durch die Subjekte in der 'Privatsphäre Familie' mit den dort vorfindbaren Beschreibungen, Deutungen und Bewertungen familialer Konflikte, wie sie von den Familienmitgliedern selbst geliefert werden;

2. die 'öffentliche bzw. veröffentlichte' Diskursivierung mit ihren Konzeptualisierungen, Thematisierungen und Analysen von Familienkonflikten -

---

Wissen: "Die Macht ist nicht eine Institution, ist nicht eine Struktur, ist nicht eine Mächtigkeit einiger Mächtiger. Die Macht ist der Name, den man einer komplexen strategischen Situation in einer Gesellschaft gibt." (Foucault 1988b: 114; vgl. dazu auch Ewald 1978: 10 ff) Als Kennzeichnung für diese 'machtstrategische Situation' gelten für Foucault die jeweils spezifischen Verknüpfungen von Diskursen, Praktiken und Wissen, die er mit dem Begriff des 'Dispositivs' umfaßt (Deleuze 1991: 153 ff; Fink-Eitel 1989: 79 ff).

bestehend vor allem aus einem wissenschaftlichen Forschungskontext auf der Grundlage theoretischer Vorstellungen und empirischer Kenntnisse, deren Umsetzung im Praxisbereich der helfenden Institutionen sowie der medialen Repräsentation des Phänomens.

Abb.4:

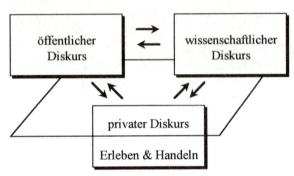

Diskursebene

Phänomenebene

Die öffentliche Kontrolle des Privatraums 'Familie'

In dieser Differenzierung gelangt man schließlich zum dritten Schritt, der (wie in Kapitel 3.1 schon kurz angedeutet) die Frage nach dem *theoretischen Verhältnis* zwischen beiden Sphären, also dem *besonderen Privatbereich 'Familie'*[11] und dem *öffentlichem Bereich* aufwirft. Verkürzende Fragen in der Art 'wie verändern sich Belastungen in der Familie durch Wandlungstendenzen im Berufsbereich?' oder 'welche Probleme ergeben sich für die Familie durch Veränderungen im Bereich öffentlicher Kinderbetreuung?' helfen theoretisch nicht weiter. Denn entgegen der darin zumeist unterstellten 'einspurigen Bedingtheit' von Familie deutet das hier skizzierte theoretische Modell von Familie sowie seine wissenssoziologische Ergänzung mit der darin enthaltenen Verknüpfung einer Makro- und Mikroperspektive eher in Richtung eines wechselseitigen Beziehungsverhältnisses zwischen öffentlichem Bereich und dem privaten Bereich 'Familie'.

---

11 Als die zwei markantesten Merkmale für diese 'Besonderheit' des Privatbereichs 'Familie' können meines Erachtens zum einen die außerordentliche identitätsstiftende und -stabilisierende Bedeutung (mit der dafür grundlegenden spezifischen Beziehungsqualität in einer Familie im Sinne einer 'Gesamt-Personbezogenheit') sowie zum anderen die gesellschaftliche Angewiesenheit auf die sozialisatorische Funktion der Familie gelten.

Aber wie kann dieses Verhältnis vor dem Hintergrund familialer Konflikte näher bestimmt werden? Verbindet man dazu die von Berger und Kellner erörterte institutionelle Kontrolldimension (vgl. Kapitel 3.1, S.56) mit den diskursanalytischen Überlegungen, ergibt sich als Schlußfolgerung: Das von Berger und Kellner analysierte eigene, geschlossene Gespräch der signifikanten Anderen strukturiert sich zwar im historischen Verlauf zunehmend ohne direkte Kontrolle durch öffentliche Institutionen, dafür aber entlang vorgegebener *diskursiver Formationen*, deren Kontrollfunktion nun nicht in der direkten Ausübung von Zwang zu sehen ist, sondern indirekt als *'praktische Kommunikation'* in der modernen Massengesellschaft über die *Formung und Bereitstellung von 'Perspektiven'* wirkt (Shibutani 1975: 159 ff). Die Analyse solcher Diskursformationen liefert dann Aufschluß über 'familiale Wirklichkeit' und damit über die spezifischen Vergesellschaftungsprozesse in jeweils unterschiedlichen historischen Situationen (Farge & Foucault 1989: 271 ff), wenn die verschiedenen Reden im allgemeinen Diskurs über familiale Konflikte als verschlüsselte Daten, als komplexe Chiffren im Sinne von 'Perspektiven', von Erwartungen von Subjekten sowohl an ihre eigene Familie als auch an 'die Familie' als kulturellem Konzept dechiffriert werden - seien es dabei die Äußerungen der direkt betroffenen Subjekte in den Familien oder die analytisch reflektierende Rhetorik professioneller Beobachter und Kommentatoren.

Daraus folgt in Anlehnung an Simmels Konfliktverständnis und unter Einbeziehung des hier skizzierten wissenssoziologischen Rahmens: Familiale Konflikte können als wichtige 'Nahtstellen' betrachtet werden, die das Verhältnis zwischen beiden Sphären, der privaten Sphäre 'Familie' und der öffentlichen Sphäre, beleuchten und somit Aufschluß über die *jeweilige historisch-kulturell spezifische Form von Vergesellschaftung* liefern. Mit anderen Worten: Familiale Konflikte als konkrete Phänomene beinhalten für eine soziologische Perspektive noch mehr als lediglich Hinweise auf einen problematischen familialen Alltag, denn sie sind herausragende Indikatoren für die spezifische Form von Vergesellschaftung in der Moderne zwischen Privatraum und öffentlichem Bereich.

Das diese Ausführungen *abschließende Fazit* lautet: Das hier entwickelte begriffliche Instrumentarium (Perspektive und Diskurs) soll in einer Analyse von Familienkonflikten die Verkürzungen eines objektivierenden Wissenschaftsverständnisses vermeiden helfen und dafür einen wissenssoziologischen Brückenschlag ermöglichen, der die Produktion und Formung von Wissen über Familie und Familienkonflikte auf aggregierter Ebene und seine praktische Vermittlung auf der Gruppen- und Subjektebene ins Blickfeld nimmt. Dies erscheint dann als notwendig weil konstitutiv für das Phänomen selbst, wenn man die Reflexivität vor allem der Sozialwissenschaften anerkennt und in der Konsequenz eine unerläßliche Aufgabe der Familiensoziologie auch darin sieht, "Beiträge zur Analyse des Diskurses über Familie zu leisten" (Lüscher, Wehrspaun & Lange 1989: 61).

3.4 Resümee: Dimensionen des angestrebten 'Tableaus' familialer Konflikte

Der Ausgangspunkt für den theoretischen Teil bestand in der Frage: Was benötigt eine familiensoziologische Analyse im hier gewählten interaktionstheoretischen und diskursanalytischen Theorierahmen an begrifflichem Instrumentarium, um dem spezifischen Phänomen 'familiale Konflikte' gerecht zu werden? Legt man dazu einen verstehenden bzw. interpretativen Ansatz zugrunde, so kann als generelle Aufgabe formuliert werden:

"If we wish to understand families, we need to delineate how families create the meanings that govern their interactions and relationships. We need to understand how family members give meaning to each other and interweave these meanings; how they define the goals of family life; how they selectively endow activities with meaning that justifies particular kinds of effort and excludes other kinds." (Handel 1985: xiii)

'Familialer Konflikt' als theoretisches Konzept

Übertragen auf familiale Konflikte heißt dies: *Familienkonflikte* erschließen sich als *Phänomen* einerseits aus *Sicht der handelnden Subjekte*, die in ihren wechselseitigen Deutungen, Sinnsetzungen konkrete Handlungssituationen erst als konflikthaft definieren. Darüber hinaus ist andererseits davon analytisch getrennt die *Ebene der Diskursivierung* von familialen Konflikten zu untersuchen, auf welcher die den jeweiligen Definitionsprozessen unterliegenden, verfügbaren, plausiblen, legitimen Deutungsmuster und Sinnwelten geformt und transformiert werden. Um den Sachverhalt in eine von Goffman entlehnte Metaphorik zu kleiden: Notwendig ist demnach ein Zugang, der sowohl eine Analyse der auf der 'Konflikt-Bühne' präsentierten Darstellungen und Deutungen der Akteure ermöglicht (Phänomen-Ebene) als auch deren vorab denkbare 'Spielpläne' und hinterher präsentierte 'Theaterkritiken' in den Blick nimmt (Diskurs-Ebene).

Diese beiden Ebenen zusammengedacht ergeben ein grundsätzlich anderes Verständnis von Familienkonflikten, das mehr beinhaltet als nur deren Einordnung als 'einfache Daten', als 'schlichte Indizien' für einen zunehmend 'problematischen' Familienalltag im Zuge gesellschaftlicher Wandlungsprozesse (wie dies in Kapitel 2 gezeigt wurde). Denn als symbolische Interaktionen sind sie relativ komplexe 'Aussagen' von in einer spezifischen Welt interagierenden Subjekten, in denen so unterschiedliche Aspekte wie

Persönlichkeitsmerkmale, biographische Momente, Erwartungen an die Interaktionspartner, gesellschaftliche Normen und Wertvorstellungen usw. - bildlich formuliert - zentripetal zu einer imaginären Drehscheibe gerinnen, um die herum sich 'Familie' (re)konstituiert.[12] Familiale Konflikte als Phänomene im Alltag von Familien können somit in ihrer Genese, in den spezifischen Aktualisierungen und den damit verbundenen erfolgreichen oder pathologisch wirkenden Konfliktaustragungen und -beendigungen einerseits als zentrale *'Bezugspunkte' in der Konstruktion und Rekonstruktion familialer Wirklichkeit* durch die interagierenden Familienmitglieder betrachtet werden. Andererseits können familiale Konflikte aber auch in ihrer 'öffentlichen Diskursivierung' - wiederum bildhaft formuliert - als *'Chiffren' für die spezifischen Vergesellschaftungsprozesse* in einer konkreten gesellschaftlich-historischen Situation dienen, die es für eine Familiensoziologie zu entschlüsseln gilt.

Dimensionen des 'Konflikttableaus'

Eine Zusammenschau des auf diesem Verständnis von familialen Konflikten beruhenden begrifflich-theoretischen Instrumentariums liefert für ein - als heuristisches Konstrukt zu einer solchen 'Entschlüsselung' möglicherweise verwendbares - 'Konflikttableau'[13] folgende konstitutive Dimensionen: Um sowohl den Anforderungen einer mikro- wie makrosoziologisch orientierten Sichtweise zu entsprechen, muß in der *ersten Dimension* 'Familie' zunächst theoretisch aufgegliedert werden in drei verschiedene, aufeinander bezogene Ebenen: erstens die aggregierte Ebene gesellschaftlicher Leitbilder als kollektive Idealvorstellungen auf der Basis entsprechender Wertesysteme (*Werteaspekt*); zweitens die Gruppenebene mit den konkreten Interaktionen entlang vorgegebener Rollenmuster, in denen sich familiale Wirklichkeit erst konstituiert (*Interaktionsaspekt*); und drittens die Individualebene, welche die permanente Darstellung, Definition, Redefinition von Identität der ein-

---

12 Die ungenügende Beachtung eines solchen Verständnisses von Familienkonflikten zeigt sich deutlich in einer sich als 'empirisch' verstehenden Sozialforschung, bei der z.B. nach 'Störungen des Familienlebens' gefragt und ein Katalog verschiedener Antwortmöglichkeiten gleich mitgeliefert wird. Die Begrenztheit der daraus präsentierten Interpretationen, soweit sie nicht in einen adäquaten Theorierahmen integriert sind, liegt meines Erachtens auf der Hand (vgl. für einen kurzen Überblick zu einigen derartigen Untersuchungen z.B. Schumacher & Vollmer 1982: 336 ff).

13 In Abwandlung seiner eher strukturalen Verwendung - z.B. in Foucaults Analyse des 'ärztlichen Blicks', in der das historisch sich verändernde klassifikatorische Regelwerk gemeint ist, dessen sich der Arzt bedient, um die intelligible Anordnung der Krankheit zu entziffern (Foucault 1988c) - meint der Begriff des 'Tableaus' hier im Kontext einer Analyse des 'familiensoziologischen Blicks' auf familiale Konflikte eine systematische Zusammenstellung der vorfindbaren Interpretationsmuster und 'Regeln' der Bedeutungszuschreibung.

zelnen Familienmitglieder fokussiert (*Identitätsaspekt*). Der dynamische Zusammenhang dieser drei Ebenen erfordert *zweitens* eine Ergänzung durch eine *Zeitdimension* als biographische Komponente, als Familienzyklus und als sozialer Wandel, und schließlich muß dieses Modell in Bezug auf die Spezifität familialer Konflikte in eine *dritte Dimension* erweitert werden, die die besondere *Ambivalenz von Konflikten* in der Familie eröffnet.

Zur besseren Verdeutlichung könnte man sich als Bild ein dreidimensionales Koordinatenkreuz vorstellen, an dem nach oben begrenzt die drei Ebenen abgetragen werden, nach rechts unbegrenzt die Zeitachse verläuft und in der dritten Dimension nach beiden Seiten die Ambivalenz familialer Konflikte symbolisiert wird (vgl. Abb. 5). In diese grafische Darstellung wären dann - wiederum bildlich gedacht - familiale Konflikte je nach thematisierten Inhalten und Ebenen, berücksichtigtem Zeithorizont und Komplexität der vorhandenen Konfliktdeutungen als Punkte, Linien, Flächen oder Räume einzuzeichnen.

Abb. 5:

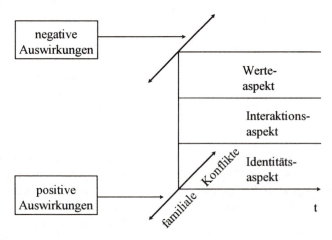

Die bis hierher in Kapitel 2 und 3 entwickelte, empirisch wie theoretisch orientierte Argumentation sollte deutlich gemacht haben, daß das phänomenale Konflikt-Erleben der Subjekte vielschichtig und komplex mit dem Diskurs über familiale Konflikte verbunden ist und es immer beide Seiten zu berücksichtigen gilt. Daraus ergibt sich im Hinblick auf die weitere *Vorgehensweise*: Mit dem hier skizzierten Modell soll im nächsten Schritt (Kapitel 4) versucht werden, die zentralen Grundlagen, Themen und Inhalte zu familialen Konflikten in ihren theoretischen und empirischen Aspekten, wie sie in der Diskussion um Familie derzeit zu finden sind, einzuordnen und zu diskutieren, um dann (in Kapitel 5) aus dem dort zur Verfügung gestellten

Erklärungs- und Deutungswissen zumindest andeutungsweise Rückschlüsse über den Zusammenhang beider Seiten ziehen zu können. Das generelle *Erkenntnisziel* besteht also im folgenden darin, in den wesentlichen Grundzügen aufzuzeigen, wie der *Forschungsgegenstand 'familialer Konflikt' im wissenschaftlichen Bereich* - genauer: im *familiensoziologischen Diskurs* - auf unterschiedlichen Ebenen und aus verschiedenen 'Perspektiven' *in seinen jeweiligen kognitiven und evaluativen Dimensionen konstruiert wird*.

Dazu können als Resultat aus den theoretischen Überlegungen folgende zentrale *Leitfragen* formuliert werden:

1. Was sind die konkreten Themen und Inhalte im familiensoziologischen Diskurs über familiale Konflikte und auf welche Ebenen dieses Modells beziehen sich explizit oder implizit die dazu präsentierten Argumentationen?

2. Wie werden darin jeweils familiale Konflikte theoretisch-begrifflich konzeptualisiert?

3. Wie und warum verändern, transformieren sich familiale Konflikte diesem Diskurs zufolge im Zeitverlauf oder bleiben im Gegensatz dazu konstant?

Die inhaltliche Konkretisierung dieser 'formal-theoretischen' Leitfragen durch den aus dem Überblick zum aktuellen Diskussionsstand (Kapitel 2) gewonnenen, sowohl empirisch wie auch theoretisch mehr oder weniger als selbstevident präsentierten Zusammenhang von familialen Konflikten und 'Wandel' ergibt schließlich als zu überprüfende Hypothese: *Analog des skizzierten konfliktsoziologischen Argumentationskarussells ist von einer steigenden Konflikthaftigkeit im Zuge familialer Wandlungsprozesse auszugehen, deren Ursache letztlich in einer fortschreitenden Individualisierung und Modernisierung zu sehen ist.*

Gliedert man diese Hypothese entsprechend dem hier entwickelten theoretischen Verständnis nach den darin enthaltenen Fundamenten auf, erhält man folgende, bei der Überprüfung der Hypothese im nächsten Schritt jeweils zu untersuchende Fragen:

1. Auf gesellschaftlicher Ebene:
   Was sind die konkreten Zusammenhänge zwischen familialen Konflikten und kulturellen Wandlungsprozessen von familialen Leitbildern und dahinter stehenden Wertesystemen?

2. Auf der Gruppenebene:
   Wie verändert sich das familiale Interaktionsfeld mit den dortigen Partner- und Familienrollen und wie wirkt sich dies auf die Konflikthaftigkeit alltäglicher Interaktionssituationen in der Partnerbeziehung und Eltern-Kind-Beziehung aus?

3. Auf der Individualebene:
   Welcher Zusammenhang existiert zwischen Konflikten in der Familie und Identitätsproblemen in der Moderne?

4. Streit in der Familie - Zur Rekonstruktion familialer Konflikte im familiensoziologischen Diskurs

Hinter einer einfachen 'Phänomenologie' mehr oder weniger alltäglicher Familienkonflikte wie z.b. Auseinandersetzungen über die Aufteilung der Hausarbeit, des Haushaltsgeldes, Freizeitgestaltung, Verwandtschaftskontakten, Sexualität, Kindererziehung usw. bis hin zu Kindesmißhandlung stehen, entsprechend der hier entwickelten theoretischen Perspektive, auf verschiedenen Abstraktionsebenen sich auftürmend folgende Aspekte: Was in Familien als konflikthaft und als nicht konflikthaft wahrgenommen, interpretiert und bewertet wird, kann zwischen Familienmitgliedern differieren und muß über den Konfliktverlauf hinweg nicht konstant bleiben, kann außerdem von Familie zu Familie je nach Interaktionsstil unterschiedlich sein, möglicherweise entlang verschiedener sozio-kultureller Milieus und Lebenslagen, und ist letztlich an spezifisch historisch-gesellschaftliche Entwicklungsprozesse gebunden: vom Wandel des Geschlechter- und Generationenverhältnisses über Veränderungen der kulturellen Deutungsmuster zu 'Familie' (Männlichkeit, Weiblichkeit, Kindheit, Glück und Liebe versus Unglück und Leid etc.) bis hin zum Verhältnis von familialem und öffentlichem Bereich, zwischen denen Familienkonflikte z.B. in ihren anerkannten Ursachenzuschreibungen, in ihrer normativen Bewertung als Privatangelegenheit oder dem öffentlichen Anspruch auf Ordnung und 'funktionierende' Gesellschaftsmitglieder in eigentümlicher Weise oszillieren.

Um den solchermaßen unübersichtlichen Themenberg zu ordnen, wird für diesen Teil der Arbeit folgende *Vorgehensweise* gewählt: Zunächst sollen in einem ersten Schritt einige der wenigen, in der bundesdeutschen Familiensoziologie vorhandenen theoretischen Konzepte von Familienkonflikten dahingehend untersucht werden, inwieweit sie die verschiedenen Dimensionen des angestrebten 'Konflikttableaus' ins Blickfeld nehmen (Kapitel 4.1) - konkret also: Welches theoretisch-begriffliche Konzept familialer Konflikte wird jeweils entwickelt, und auf welcher Ebene kann es entlang welcher Zeitdimension verortet werden? Im nächsten Schritt schließt sich - getrennt nach Partner- und Eltern-Kind-Beziehung - eine Zusammenschau der verschiedenen Themen und Inhalte im aktuellen empirisch orientierten familiensoziologischen Konfliktdiskurs an, wiederum mit dem Ziel, eine Präzisierung der Konflikt-Rhetorik entlang der entwickelten Dimensionen zu leisten (Kapitel 4.2). Am Ende dieses Abschnitts schließlich soll das im theoretischen Teil in seinen konstitutiven Dimension skizzierte 'Konflikttableau' - dann inhaltlich gefüllt - die 'diffuse Ordnung' familialer Konflikte im familiensoziologischen Diskurs in den wesentlichen Grundzügen freilegen (Kapitel 4.3).

4.1 Theoretische Reflexionen zu Familienkonflikten in der Familiensoziologie: Einige zentrale Bausteine einer noch zu schreibenden 'Theoriegeschichte'

Ausgangspunkt der folgenden, theoretisch orientierten Rekonstruktion familialer Konflikte ist die in Kapitel 2.2 formulierte provokante These vom *'Familienkonflikt als Klischee'*, die ein begrifflich-theoretisches Defizit zu familialen Konflikten in der aktuellen familiensoziologischen Diskussion um den Wandel der Familie behauptet.

Vor einer Überprüfung dieser Behauptung ist jedoch einschränkend vorauszuschicken: Der ins Blickfeld genommene Zeitraum reicht nur bis zum Ende des Zweiten Weltkrieges, und außerdem bleiben folgende Ausführungen weitgehend auf Literatur der bundesdeutschen Familiensoziologie beschränkt. Die zum Teil beträchtliche anglo-amerikanische Literatur zu verschiedenen, hier diskutierten Aspekten wurde nicht systematisch miteinbezogen (als einige 'klassische' Untersuchungen vgl. z.B. Hansen & Hill 1964; Hill 1949; Hill & Hansen 1962; LaRossa 1977).[1] Der Grund hierfür liegt nicht nur im begrenzten Umfang der Arbeit, sondern für die hier verfolgte Themenstellung mag es genügen, dem gleichen historischen Kurzzeitgedächtnis zu folgen, wie weite Teile in der derzeitigen Krisendiskussion (vgl. Kapitel 2). Für eine fundiertere Analyse wäre hingegen auf jeden Fall notwendig, den betrachteten Zeitraum bis in die Mitte des letzten Jahrhunderts auszudehnen, da seit den Anfängen einer Familiensoziologie bei Wilhelm H. Riehl und Frédéric Le Play der Zusammenhang von sozialem und familialem Wandel vor allem in seinen krisenhaften Aspekten aufmerksam, wenngleich aus historisch sich im Zeitverlauf verändernden Perspektiven beobachtet wurde. Inwiefern in den verschiedenen Krisendiskussionen seit damals aber Familienkonflikte eine Rolle gespielt haben, müßte eine systematische Analyse des 'Karriere-Weges' familialer Konflikte nicht nur an der Oberfläche expliziter Konfliktliteratur untersuchen, sondern auch in den Tie-

---

1 Die folgende Literaturauswahl erhebt keinesfalls den Anspruch, auf einer vollständigen Sichtung aller familiensoziologischer Publikationen zum Thema zu beruhen - infolge der unüberschaubaren Zahl wäre dieser Anspruch wohl auch kaum realistisch. Vielmehr bleibt sie pragmatisch auf jene zentralen Veröffentlichungen beschränkt, die verschiedene Konzeptualisierungen familialer Konflikte beinhalten, an denen die hier unterlegte Fragestellung exemplarisch verfolgt werden kann.

fenstrukturen familiensoziologischer Argumentationen zur Krise der Familie und deren öffentlicher Diskursivierung rekonstruieren.[2]

4.1.1 Das Verhältnis von Familie und Gesellschaft und die psychosoziale Organisation der Familie: Zwei 'klassische' Konzepte

Zu Beginn der bundesdeutschen familiensoziologischen Forschung nach dem Zweiten Weltkrieg standen wohl zunächst aus der Not der Situation und dem daraus resultierenden, an Handlungsanleitungen ausgerichteten Informationsbedürfnis heraus keine theoretischen Grundsatzdiskussionen im Vordergrund, sondern konkrete empirische Untersuchungen, deren Ziel es vor allem war, die Auswirkungen des Krieges auf die Familien jenseits der offensichtlichen Tragödien, Brüche und Belastungen näher zu bestimmen. Thematisch waren dabei z.B. neben der Struktur und dem Wandel des innerfamilialen Geschlechterverhältnisses, worin auch mehr oder weniger ausdrücklich Partner- bzw. familiale Konflikte (mit)erfaßt wurden, insbesondere auch Fragen nach Stabilität bzw. Instabilität der Familien von Interesse.[3]

Desintegration, Desorganisation und Überorganisation

Noch vor jenen klassischen Untersuchungen existierte eben für diesen *Zusammenhang von familialer Stabilität bzw. Instabilität und gesellschaftlichem Wandel* schon die von René König in den vierziger Jahren formulierten Konzepte der 'Desintegration' und 'Desorganisation' - später dann noch ergänzt durch den Begriff 'Überorganisation'. Damit unternahm er den Versuch einer begrifflich-theoretischen Verknüpfung zwischen 'Familienstörungen', dem sich wandelnden Verhältnis von Familie und Gesellschaft so-

---

2 Ansatzweise deutet z.B. Popenoe (1988: 28 ff) diese Problematik an. Er schreibt, daß noch nicht systematisch geklärt sei, inwieweit die familiensoziologische Rede vom Zerfall der Familie in den letzten 150 Jahren auf einen Wandel des Gegenstandsbereiches - also der Familie -, auf einen Wandel theoretischer Modelle auf der Grundlage wissenschaftsinterner Erkenntnis- und Theoriefortschritte oder auf Perspektivenverschiebungen infolge 'ideologischer' (d.h. kultureller) Veränderungen zurückgeführt werden kann. Aus der hier gewählten Theorieperspektive wäre das indes nicht eine Frage nach dem 'oder' zwischen diesen verschiedenen Aspekten, sondern im Gegenteil müßten dabei deren systematischer Zusammenhang, ihre Wechselwirkungen untereinander untersucht werden.

3 Einen kurzen Überblick zu verschiedenen empirischen Untersuchungen aus den vierziger, fünfziger bis zu Beginn der sechziger Jahren liefern z.B. Meyer und Schulze (1989: 69 ff und 73 ff) oder auch Klees (1992: 15 ff); als bekannte Beispiele sind zu nennen: die Studie zu Berliner Familien von Hilde Thurnwald aus den Jahren 1946/47, 1949/50 die breit angelegte Familienuntersuchung von Helmut Schelsky und Gerhard Wurzbacher sowie die als Teilstudie der ersten deutschen Gemeindestudie zwischen 1949 und 1954 an Darmstädter Familien durchgeführte Untersuchung von Gerhardt Baumert und Edith Hünniger.

wie des jeweils charakteristischen innerfamilialen Beziehungsgefüges (König 1974; König 1976). *Desintegration* bezeichnet die Herauslösung der Familie aus umfassenderen gesellschaftlichen Zusammenhängen wie z.B. Produktionsbereich, Bildungsbereich, politischer Bereich usw., kennzeichnet also ein spezifisches Verhältnis zwischen Gesellschaft und Familie. *Desorganisation* als Zerfall der Funktionsfähigkeit einer Familie hingegen meint einen defizitären, anomischen Zustand der familialen Binnenorganisation, "der durch abnehmende Kontakte der Gruppenmitglieder und einen entsprechenden Mangel an sozialer Kontrolle bedingt ist" (König 1976: 130). Diese Desorganisation kann einerseits formal durch 'Ausfälle im personalen Inventar' der Familie (Verwitwung, Desertion, Trennung, Unehelichkeit) und damit verursachter Beziehungsdefizite bestimmt werden, inhaltlich dagegen können Familienstörungen andererseits auch bei nach außen hin vollständigen Familien auftreten, und zwar dann, wenn die emotionale Struktur der Familie, ihr Charakter als Intimgruppe gefährdet bzw. gestört ist (z.B. in einer äußerlich noch scheinbar intakten, innerlich aber schon abgebrochenen Beziehung zwischen Ehepartnern). Eine besondere Form von Störungen besteht darin, daß die vorhandenen Bindungen übermäßig stark sind, die Familie 'überorganisiert' ist: *Überorganisation* bedeutet dabei, "daß sich etwas der 'naturgemäßen' Auflösung oder Lockerung der Familienbande in den Weg stellt und die Familienorganisation auch dann noch aufrechterhält, wenn die 'natürlichen' Voraussetzungen dafür nicht mehr gegeben sind" (ebd.: 150).[4]

Im ganzen betrachtet findet sich schon bei König genau jene bis heute geläufige Argumentationsfigur ausformuliert, die einen *eindimensionalen Zusammenhang zwischen gesellschaftlichem Wandel und seinen konfliktreichen* und gleichzeitig damit auf jeden Fall *'dysfunktionalen' familialen Konsequenzen* postuliert. Aber dieser soziologisch scheinbar so plausible Zusammenhang ist erstens in sich selbst schon widersprüchlich (vgl. dazu auch Metzmacher 1983: 52 ff; Rupp 1981: 58 und 130 f): Denn gesellschaftlicher Wandel mit seiner Desintegration der Familie führt in der König'schen Sicht

---

4 König erläutert z.B. den Typus der 'väterlichen Überorganisation', wo strenge, festgelegte patriarchalische Verhältnisse herrschen, deren gesellschaftliche Entsprechungen infolge des überlebten Patriarchalismus jedoch nicht mehr vorhanden sind; ein anderes Beispiel ist der Typus der 'mütterlichen Überorganisation', der in der modernen Gesellschaft zumeist strukturell bedingt und durch die übermäßige Sorge der Mutter um das Kind gekennzeichnet ist, womit dessen Ablösung von der Mutter verhindert wird; außerdem nennt er die 'elterliche Überorganisation', wo zwischen den Ehepartnern eine starke emotionale Abhängigkeit voneinander vorherrscht und diese Partnerbeziehung insgesamt auf das Kind hin fixiert ist; und schließlich ist die besondere Form der 'ehelichen Überorganisation' möglich, in der trotz schärfster Spannungen eine Trennung nicht vollzogen wird und nach innen sowie nach außen hin Konflikte zwanghaft negiert werden (König 1976: 151 ff).

zunächst dazu, daß die Familienorganisation zu ihrem eigentlichen Kernpunkt gelangt, da "sie sich rein und ausschließlich auf Regelung des Verhaltens innerhalb der Familie beschränkt" (König 1974: 111), und damit die Familie als Primärgruppe ihrem besonderen Intimcharakter erst gerecht wird. Auf der anderen Seite setzt König Desintegration mit zunehmender Desorganisation insofern in direkte Beziehung, als gerade von außen wirkende 'gesellschaftliche Faktoren' (Funktionsauslagerung aus der Familie, soziale Mobilitätsanforderungen, eine allgemeine 'Entwertung der Familie' etc.) sowie die personale Verkleinerung der Familie desorganisierend auf das innerfamiliale Beziehungsgefüge 'ausstrahlen' (König 1969: 256) - auch das in der Krisendiskussion zur Familie wohl schon seit Riehl und Le Play jenseits der König'schen Begrifflichkeit eine übliche Sichtweise. Und vor allem familiale Überorganisation, in verschiedenen Formen und je nach Phase des Familienzyklus - wie kurz angemerkt - beschreibbar, geht nach König einher mit der gesellschaftlichen Desintegration der Familie, die gleichsam die Isolation, die Auf-sich-selbst-Verwiesenheit der Familie als Grundlage für diese Form von Familienstörung erst produziert (König 1976: 131).

Neben dieser Widersprüchlichkeit bleibt zweitens infolge der gesamten theoretischen Ausrichtung der Erklärungswert der von König vorgeschlagenen Begriffskonzepte für familiale Konflikte begrenzt: Zum einen gehen diese Konzepte zusammengedacht gemäß einer funktionalistischen Denktradition von einem Optimum einer internen familialen Organisation aus - der 'wohlorganisierten, funktionierenden (konflikt- bzw. störungsfreien) Normalfamilie' -, welches empirisch näher zu bestimmen kaum möglich ist, aber als nicht näher zu hinterfragender Bezugspunkt für die davon abweichende 'Störung' fungiert. Zum anderen enthält ein solches Verständnis 'familialer Beziehungsstörungen' zwar eine grundsätzliche, wenn auch widersprüchliche Verbindung familialer Konflikte mit familialem sowie gesellschaftlichem Wandel. Deren konkrete Vermitteltheit zwischen aggregierter gesellschaftlicher Ebene und familialer Gruppenebene bleibt jedoch theoretisch völlig ungeklärt bzw. wird lediglich deskriptiv durch die Metapher des 'Ausstrahlens' illustriert. Darüber hinaus reduziert dieses Verständnis familiale Konflikte in einem 'Außenblick' auf 'formalisierte' quantitative wie auch qualitative 'Beziehungsstörungen' zwischen den Partnern bzw. zwischen Eltern und Kindern. Deren prozessualer, interaktiver Charakter mit ihrer Subjektbezogenheit bis hin zu Möglichkeiten der 'Störungsbeseitigung' bleibt aber trotz der von König eingenommenen 'Gruppenperspektive' ausgeblendet. Konkreter noch: Jene angedeutete dynamische Perspektive schließlich gelingt mit diesen Begriffskonzepten letztlich nicht einmal halbherzig, da die von König präzisierten Störungen selbst wiederum nur statisch, deskriptiv erfaßbar sind und deren grundsätzliche Ambivalenz völlig außer Acht gelassen wird: Was König z.B. als 'Überorganisation' bezeichnet, kann gerade in bestimmten Phasen im Familienzyklus für den Erhalt einer nomischen Binnenorganisation notwendig sein.

Insgesamt betrachtet müßte also dieser makrosoziologischen Konzeptualisierung von 'familialen Beziehungsstörungen', die trotz ihrer mikrosoziologischen Ergänzung durch die Gruppenperspektive wenig oder nichts über die dynamische Innenverfaßtheit von 'Familie als komplexem Interaktionsfeld' aussagt, eine detailliertere mikrosoziologische Perspektive gegenüber gestellt werden.

Die 'fünf Grundprobleme' von Familie

Einen auf einer solchen Perspektive aufbauenden Beitrag zum Verständnis von Familienkonflikten bot das im englischen Original 1959 und in der deutschen Übersetzung erst 1975 erschienene Buch 'Familienwelten' von Robert D. Hess und Gerald Handel. Es vermittelt jene Einsichten in die Innenverfaßtheit der 'normalen' Familie mit ihren alltäglichen Problemen, möglichen Konflikten und Störungen, die in René Königs Ausführungen eher unklar bleiben bzw. in einem semantischen Rahmen der Dysfunktionalität stehen. - Und das, obwohl es nicht explizit 'familiale Störungen' zum Thema macht, sondern vielmehr einen Ansatz zum "Verständnis und [zur] Beschreibung der Komplexitäten normaler familialer Interaktionen in nicht-pathologischen Termini" (Hess & Handel 1975: 17) vorstellt.

In ihrer mikrosoziologisch orientierten Untersuchung der *psychosozialen Organisation'* der Familie formulieren Hess und Handel *fünf Konzepte*, die einen eigentümlichen begrifflich-theoretischen Doppelstatus einnehmen und in verschiedenen Interpretationen dann auch in späteren Publikationen immer wieder aufgegriffen wurden:[5] Zum einen können sie 'empirisch' als 'konstitutive Anforderungen' verstanden werden, denen sich jede Familie ausgesetzt sieht und einer adäquaten Lösung zuführen muß. Zum anderen bezeichnen diese fünf Konzepte aber gleichermaßen das theoretische Instrumentarium für eine Familienforschung, die familiale Wirklichkeit in ihren grundlegenden Konstruktionsprozessen beschreiben und verstehen will.

Die von Hess und Handel vorgeschlagenen fünf Konzepte lauten kurz skizziert (ebd.: 19 ff): Erstens strebt jede Familie danach, ein ausgewogenes *Verhältnis für Getrenntheit und Verbundenheit* zwischen ihren Mitgliedern

---

5   Als ein Beispiel wäre hierzu die Diskussion und Einarbeitung des Hess und Handel'schen Ansatzes im Rahmen einer am Lebenswelt-Begriff orientierten interpretativen Familiensoziologie bzw. Sozialpsychologie der Familie zu nennen (z.B. Bösel 1980: 70 ff; Buchholz 1984: 120 ff; vgl. zusammenfassend auch Markefka 1989: 69 ff).

zu erreichen, um der Bedingung einer dynamischen Vermittlung zwischen "unvermeidlicher Individualität und unausweichlicher psychosozialer Verbundenheit" (ebd.: 19) gerecht zu werden. Zweitens unterscheiden sich Familien im Umgang mit Kongruenz bzw. Inkongruenzen der in der Familie vorhandenen *Fremd- und Selbstbilder*. Diese Bilder entwickeln die einzelnen Familienmitglieder von sich selbst, von den anderen Familienmitgliedern und von ihrer Familie als ganzes entlang konkreter Erfahrungen in Interaktionssituationen und der dadurch stattfindenden wechselseitigen Interpretations- und Reinterpretationsprozesse. Drittens bestimmt das jeweilige *Thema der Familie* sowohl viele Handlungsweisen ihrer Mitglieder als auch deren Persönlichkeiten insofern, als es eine in und durch die Familie vermittelte und immer wieder neu bestätigte Grundauffassung von Wirklichkeit repräsentiert (zusammengesetzt als typisches familiales Muster aus Gefühlen, Motivationen, Erwartungen und Wertorientierungen). Damit dient es als Ausgangs- und Orientierungspunkt für das Verhalten der Mitglieder untereinander und nach außen hin. Im darin schon angedeuteten Verhältnis der Familie zu der sie umgebenden Außenwelt steckt viertens das Problem der *Festsetzung der Familiengrenzen*, womit insgesamt die Reichweite möglicher Erfahrungen ihrer Mitglieder und deren individuelle wie auch familiale Verarbeitung definiert wird. Fünftens schließlich steht jede Familie vor einer spezifischen *Definition des Geschlechter- und Generationenverhältnisses*, in der Fragen nach den innerfamilialen Macht- und Autoritätsverhältnissen oder auch das Problem der Wertevermittlung beantwortet werden müssen.

Ohne grundsätzlich diskutieren zu wollen, inwieweit diese fünf Konzepte hinreichend 'familiale Wirklichkeit' abdecken, kann der Hess und Handel'sche Ansatz verstanden werden als allgemeines 'Anforderungsprofil' für Familien in der konkreten Situation moderner Industriegesellschaft. Das *Mißlingen einer adäquaten Lösung* dieser fünf Grundprobleme führt dann zu einer Vielzahl von möglichen Konflikten, die sich theoretisch wie empirisch auf jene grundlegenden Problemkontexte bzw. 'Basis-Konfliktdimensionen' zurückführen lassen:

Konflikte können auf einem Gegensatz zwischen individuellen Bedürfnissen und familial geforderter Sozialität basieren, so daß z.B. familiale Solidarität vermittels Zwang über Unterdrückung von Individualität durchgesetzt wird. Oder der Wunsch nach familialer Solidarität ist im Kontrast dazu sogar übergroß, aber die Angst vor einer gefühlsmäßigen Bindung bewirkt lediglich eine ritualisierte Gemeinsamkeit.[6] Konflikte resultieren womöglich

---

6 Vgl. dazu in einem therapeutischen Kontext z.B. auch den Begriff der 'Pseudo-Gemeinschaft' (Wynne, Ryckoff, Day & Hirsch 1972: 44 ff).

aus gegensätzlichen Fremd- und Selbstbildern bzw. sind die Folge fehlender Toleranz im Umgang mit solchen gegensätzlichen Fremd- und Selbstdefinitionen, die sich sowohl biographisch wie familienzyklisch als auch im historischen Wandel ändern (können oder müssen). Schließlich gründen Konflikte möglicherweise auf zu engen, zu weiten oder generell unklaren Familiengrenzen, oder sie stehen im Zusammenhang mit konflikthaften Konstellationen im familialen Geschlechter- und Generationenverhältnis und manifestieren sich dann als Werte-, Normen- und Rollenkonflikte in besonders problematischen Beziehungskonstellationen.[7]

Die hier nur kurz angedeuteten Anknüpfungspunkten für eine konkrete Analyse familialer Konflikte verdeutlichen aber gleichzeitig das entscheidende Manko der Hess und Handel'schen Konzepte: Das implizit enthaltene theoretische Konzept von 'Konflikt' mündet infolge des eigentümlichen Doppelstatus jener fünf Grundprobleme über den Vorteil einer *empirischen Offenheit* in den Nachteil einer *theoretischen Unbestimmtheit*.

Denn erstens integriert zwar dieser Ansatz formal sowohl die Individualebene mit dem Identitätsaspekt als auch die aggregierte Ebene über Leitbilder zu Alters- und Geschlechtsrollen sowie in der Familie vermittelten Wertvorstellungen, aber mit jenen fünf Konzepten werden nur die 'unter' familialen Konflikten liegenden Grundprobleme offengelegt. Das eigentliche, 'darüber' liegende Phänomen 'familialer Konflikt' als spezifischer Interaktionsprozeß kann zwar interaktionstheoretisch in seiner empirischen Vielfalt beschrieben werden, um sie allerdings einordnen zu können, wäre eine stringente *theoretische* Bestimmung des Zusammenhangs von typischen Konfliktgeschehen mit jenen fünf Grundproblemen erforderlich. Ein Beispiel: Durch den interaktionstheoretischen Zugang ergeben sich zwar möglicherweise in der konkreten empirischen Analyse von 'Familienwelten' Hinweise auf verschiedene Lösungsstrategien wie z.B. Routinisierung, Ritualisierung, Verhandeln, Ausweichen, Verdrängen, organisatorische Regelungen oder Einschalten von Bündnispartnern etc. (z.B. Bösel 1980: 78 ff), aber wie sind solche Handlungsstrategien dann theoretisch zu verorten, einzuschätzen? Was bedeuten sie für die beteiligten Subjekte, für den familialen Interaktionszusammenhang als ganzem und welche kulturellen Interpretations- und Deutungsmuster stehen dabei zur Verfügung?

Das solcherart theoretisch unbestimmte Konfliktkonzept deutet somit zweitens auf das Problem der letztlich *unbefriedigenden Verbindung der Mikro- und Makroebene* hin, weil Hess und Handel die hier entscheidende so-

---

7   Einen großen Fundus an Beispielen zu solchen problematischen bis hin zu pathologisch wirkenden Beziehungskonstellationen hält die familientherapeutische Literatur bereit - eines der mittlerweile vielleicht prominentesten 'Schulbeispiele': das Kind in der Rolle als Sündenbock (Vogel & Bell 1985: 401 ff).

ziologische Frage theoretisch gar nicht ins Blickfeld nehmen: Existieren soziologisch relevante familiale und kulturelle Faktoren, die typische gelungene Lösungen dieser Grundprobleme nahelegen? Oder anders herum: Gibt es solche typischen Faktoren, die tendenziell eher auf ein Mißlingen hindeuten? Und vor allem welche Veränderungen im Zeitverlauf sind dabei festzustellen?

Bemerkenswert an dem Beitrag von Hess und Handel ist ihre durchaus 'konfliktbewußte' Konzentration auf die psychosoziale Verfaßtheit der Familie, in der diese Verfaßtheit und die innerpsychische Organisation der Familienmitglieder vermittels ihrer Wünsche und Erfahrungen miteinander verschränkt werden, ohne dabei in der Thematisierung von familialen Konflikten in einem genuin pathologischen Kontext zu verharren. Trotzdem bleibt mindestens zweierlei unklar: Betrachtet man diese fünf Konzepte als begriffliches Instrumentarium zur Analyse von (konflikthaften) familialen Wirklichkeiten, so fehlt nicht zuletzt infolge eines nicht vorhandenen Konfliktkonzepts ein systematischer Bezug zur Makroebene, der gerade soziologisch relevante Fragestellungen zum 'Wandel' zugänglich macht (z.B. der Zusammenhang zwischen divergierenden Familienleitbildern, sich widersprechender Geschlechtsrollenbilder als kollektive Idealvorstellungen und deren familialer Vermittlung). Versteht man diese Konzepte 'empirisch' als zu lösende fünf Grundprobleme jeder Familie, bleiben die 'internen' sowie 'externen' Bedingungen der Konstruktion unterschiedlicher, von den Subjekten einmal als konfliktarm oder ein andermal als konfliktreich wahrgenommener familialer Wirklichkeiten ungeklärt.

4.1.2 Strukturelle und interaktionale Bedingungen familialer Konflikte

Überblickt man grob den historischen Zeitraum zwischen Königs Begriffskonzepten und der deutschen Veröffentlichung der Hess und Handel'schen 'Family Worlds', zentrierte sich neben diesen beiden, aus heutiger Sicht 'klassischen' Sichtweisen der Kontext familialer Konflikte im Verlauf der sechziger Jahre vor allem auf psychopathogene Interaktions- und Kommunikationsstrukturen. Der Grund hierfür lag nicht zuletzt in der auch in der Bundesrepublik Deutschland intensiveren Rezeption von Veröffentlichungen aus dem familienpsychiatrischen bzw. -therapeutischen Bereich. Aufgegriffen und verarbeitet von der allgemeinen Familienkritik im Vor- und Umfeld der 68er-Generation bis hin zum Feminismus und der Antipsychiatrie-Bewegung zeigten dann die siebziger Jahre eine Kontextualisierung familialer Konflikte im Rahmen einer Auseinandersetzung mit der Traditionalität von Familie, ihrer Abgeschottetheit und ihren krankmachenden, 'Individualität' unterdrückenden Wirkungen. Solche - hier nur angedeuteten - Transformationen im wissenschaftlichen und öffentlichen Diskurs um Familienkonflikte, deren genauere Rekonstruktion sicher fruchtbar wäre, lassen sich indirekt auch in der Familiensoziologie identifizieren: So können auf der einen Seite für den Zeitraum von der zweiten Hälfte der siebziger bis Mitte der achtziger Jahre drei familiensoziologische Veröffentlichungen vorgestellt werden, die Familienkonflikte ausdrücklich im Zusammenhang mit familienpsychiatrischen/-therapeutischen Überlegungen thematisieren. Auf der anderen Seite finden sich vor allem vier, noch im Laufe der siebziger Jahre publizierte familiensoziologische Entwürfe zu familialen Konflikten, die zum Teil direkt oder indirekt auch auf einen therapeutischen Kontext Bezug nehmen, dabei aber familiale Konflikte aus völlig verschiedenen theoretischen Perspektiven heraus konzeptualisieren und gemeinsam in ihren Argumentationen im weitesten Sinne auf familiale Rollen rekurrieren.

Latente und dominante Interaktionsmodelle

Im Rahmen eines interaktionstheoretischen Ansatzes entwirft Horst Jürgen Helle ein Modell zur Diagnose und Analyse von Konflikten in engen personalen Beziehungen wie in Ehe und Familie. Er differenziert idealtypisch in einer vierköpfigen Familie und im Anschluß an eine 'Typologie der Liebe' mit verschiedenen Typen familialer Liebe (Gattenliebe, Mutter-Tochter-Liebe, Mutter-Sohn-Liebe, Vater-Tochter-Liebe, Vater-Sohn-Liebe, Geschwisterliebe) sechs *Interaktionsmodelle* als deren empirische Manifestationen, die jeweils *manifest* oder *latent* in konkreten Interaktionssituationen auftreten können: So kann z.B. eine manifest vorhandene Gatten-Gatten-Beziehung latent eine Mutter-Sohn- oder Vater-Tochter-Beziehung enthalten. Eine sinnvolle Kombination dieser sechs Interaktionsmodelle untereinander, unterschieden nach dem 'Bewußtheitsgrad', ergibt schematisch folgende Übersicht:

latent manifest	GaGa	MuTo	MuSo	VaTo	VaSo	GeGe
GaGa	X	nein	ja	ja	nein	ja
MuTo	nein	X	ja	ja	nein	ja
MuSo	ja	ja	X	ja	ja	ja
VaTo	ja	ja	ja	X	ja	ja
VaSo	nein	nein	ja	ja	X	ja
GeGe	ja	ja	ja	ja	ja	X

entnommen aus: Helle (1974: 77)

Geht man davon aus, daß zwar generell "die verschiedenen Typen von Paarbeziehungen, die innerhalb einer Familie auftreten, nebeneinander manifeste und latente Kommunikationsmuster enthalten" und "ein zunächst verdeckter, im Laufe des Zusammenlebens schließlich aber offen werdender Dissens über die vorherrschende Qualität der Interaktion entstehen kann" (Helle 1974: 84 f), so scheint als Annahme plausibel: Probleme und Konflikte entstehen in der jeweiligen Paarbeziehung dann, wenn in der Beziehung *das latent vorhandene Interaktionsmodell dominant wird*. Die aus dieser Annahme folgende These lautet demnach in einem ersten Schritt für die Partnerbeziehung: Wenn in Gattenbeziehungen latente Interaktionsmodelle dominant werden, die an das Inzesttabu gebunden sind, folgen aus der dann unbewußt in der Gattenbeziehung auftretenden Inzestsperre Konflikte und Störungen im Bereich der *Sexualität* (ebd.: 87).

Bei der daran anschließenden Frage nach den *Bedingungen*, die das Dominantwerden und Aufrechterhalten latenter Interaktionsmodelle begünstigen, müssen zwei Aspekte berücksichtigt werden: Zum einen die Frage nach der *'Symmetrie' bzw. 'Asymmetrie' der Gatten-Beziehung*, die auf eine jeweils gelungene oder nicht erfolgreiche Ablösung der Ehegatten von ihren eigenen jeweiligen Eltern verweist. D.h. eine problematische Ablösung vom Elternhaus verhindert die Fähigkeit zur Transformation der ehemals asymmetrischen Eltern-Kind-Beziehung (insbesondere zu dem jeweils gegengeschlechtlichen Elternteil) in eine symmetrische Beziehung zwischen Mann und Frau.[8] Zum anderen - und damit gelangt die Argumentation in einem zweiten Schritt zur Eltern-Kind-Beziehung - gilt es das *Alter der in der Familie vorhandenen Kinder* zu beachten, da damit der jeweilige Stellenwert der Sexualität in den Familienbeziehungen in enger Verbindung steht: Vor allem durch den Eintritt der Geschlechtsreife, dem beginnenden Ablösungsprozeß des Jugendlichen und der damit häufig einhergehenden Krise in der Eltern-Kind-Beziehung steigt die Gefahr des Dominantwerdens vormals nur latent vorhandener Interaktionsmodelle - und zwar vor allem bei asymmetrisch-instabilen Gattenbeziehungen. Die möglichen Konsequenzen daraus könnten ein Festhalten am asymmetrischen Beziehungsmuster der Eltern-Kind-Beziehung seitens der Eltern, ein einfaches Ignorieren des Entwicklungsstands des Jugendlichen oder eine systematische Diffamierung von Sexualität durch die Eltern mit dem Ziel einer 'sicheren Entsexualisierung' der Eltern-Kind-Beziehung sein, die letztlich alle ein Bremsen oder gar Verhindern des erfolgreichen Ablösungsprozesses des Jugendlichen zur Folge haben können.

Die in dieser Argumentation enthaltene *biographische Dimension* bedeutet, daß in einer Partnerbeziehung, manifest organisiert nach dem symmetrischen Gatten-Gatten-Modell und mit eindeutigen Elternrollen, infolge der

---

8   Auf die in dieser Argumentation enthaltene besondere Bedeutung einer gelungenen Ablösung des Individuums von seinen Eltern verweist ebenfalls im gleichen theoretischen Kontext und unter Bezugnahme auf familientherapeutische Überlegungen z.B. Dieter Wenko (1977: 26 ff).

gelungenen Ablösung der Partner von ihren eigenen Eltern für die in diesem familialen Zusammenhang sozialisierten Kinder die Chancen für eine ebenfalls gelingende Ablösung und damit für erfolgreiche Intimbeziehungen im Erwachsenenalter steigen:[9]

"Bei einer intakten Liebes- und Ehebeziehung zwischen den Eltern des erwachsen gewordenen jungen Menschen tauchen alle diese Probleme entweder gar nicht oder nur mit geringer Schärfe auf. Das liegt daran, daß der Schutz vor dem Einschießen von Sexualität in die Beziehung zwischen Mutter und erwachsenem Sohn oder Vater und erwachsener Tochter normalerweise durch das Inzesttabu gewährleistet ist. Das Inzesttabu ist gekoppelt an die manifeste Elternrolle. Wenn eine Mutter ihrem Sohn gegenüber eindeutig als Mutter und ein Vater seiner Tochter gegenüber eindeutig als Vater auftritt, dann ist an dieses Auftreten in der Rolle des Elternteils das Inzesttabu zuverlässig gekoppelt." (ebd.: 93)

Insgesamt bleibt dieser Ansatz zu familialen Konflikten - konkret: zu Partnerkonflikten im Bereich der Sexualität und familialen Ablösungskonflikten bei Jugendlichen - lediglich auf deren Ursachen konzentriert, die im Dominantwerden von latenten Interaktionsmodellen gesehen werden. Daraus resultierende Folgerungen für eine Vermeidung von Konflikten bestehen in einem gelungenen Ablösungsprozeß von den eigenen Eltern, einer Eindeutigkeit von männlichen (väterlichen) und weiblichen (mütterlichen) Rollenmustern in der Familie sowie einer strikten Trennung von Erotik und Elternschaft, was alltagspraktisch über eine unumstrittene Gültigkeit des Inzesttabus sogar noch hinausgeht. Hinweise auf mögliche Konsequenzen auf der Gruppen- wie Subjektebene verbleiben in einem negativen bzw. pathologischen Kontext und ebenso fehlen inhaltliche Konkretisierungen über das eigentliche Konfliktgeschehen, d.h. über die Prozesse des Dominantwerdens, der Durchsetzung latenter Interaktionsmodelle, mitunter eben sogar entgegen dem Willen des Interaktionspartners.

Der Vorteil des Ansatzes besteht demgegenüber darin, daß hier 'Sexualität' - in Bezug zu den beiden für Ehe und Familie konstitutiven Dimensionen 'Erotik' und 'Elternschaft' - als zentrales Konfliktthema über den Rollenbegriff soziologisch eingeführt wird und in seiner biographischen wie familienzyklischen Relevanz ins Blickfeld rückt. Konkretisiert man z.B. die hier vorgeschlagenen Interaktionsmodelle inhaltlich, indem sie mit verschiedenen Rollenmodellen zu 'Vaterschaft', 'Mutterschaft', 'Elternschaft' sowie dem innerfamilialen Generationenverhältnis mit den auf aggregierter Ebene dazu gehörenden Leitbildern, Wertvorstellungen, gesellschaftlich thematisierten Generationskonflikten und 'Liebeskonzepten' empirisch 'ausgefüllt' werden, eröffnet sich hier ein breites Feld für Hypothesen zum Zusammen-

---

9 Aktualisiert und präzisiert wird die hier enthaltene Forderung nach einer Trennung von 'Erotik' und 'Elternschaft' als zweier unterschiedlicher Beziehungsqualitäten, die nach dieser Argumentation sowohl für eine gelingende Partnerbeziehung wie auch für eine sozialisatorisch erfolgreiche Eltern-Kind-Beziehung entscheidend ist, in Helle & Schumann (1989: 75 ff).

94

hang von familialen Konflikten und familialem wie gesellschaftlichem Wandel.

Familiäre Erwartungskonflikte und strukturelle Überforderungen

Aus einer ganz anderen Perspektive, die die Subjektebene bewußt vernachlässigt, formuliert Franz-Xaver Kaufmann die Frage nach familialen Konflikten: Er stellt sie als Frage nach den *strukturellen Zwängen*, denen die moderne Familie ausgesetzt ist. Dann zeige sich,

"daß die Konflikthaftigkeit der modernen Familie in gewissem Sinne für ihre gesellschaftliche Existenz konstitutiv ist oder aber daß gerade in solcher Konflikthaftigkeit Familie in der modernen Gesellschaft sich zu bewähren imstande ist" (Kaufmann 1975: 173).

Ausgehend von der differenzierungstheoretisch fundierten Annahme einer im Zuge gesamtgesellschaftlicher Entwicklung erfolgten *Ausdifferenzierung der 'Gattenfamilie'*[10] mit der für sie konstitutiven Trennung von Privatsphäre und öffentlichem Bereich analysiert Kaufmann verschiedene, daraus resultierende Folgeprobleme anhand von fünf Thesen:

Erstens - wie in Kapitel 2.2 schon ausgeführt - wird die Familie im Zuge gesellschaftlicher Modernisierung zu einem besonderen Lebenszusammenhang, der nicht durch einen umfassenden Funktionsverlust, sondern durch die Spezialisierung auf Reproduktion, Sozialisation, Regeneration und emotionale Stabilisierung charakterisiert ist. Dabei haben sich - zweitens - erst im Zuge dieser Ausdifferenzierung die für die moderne Kernfamilie typischen familialen Rollen herausgebildet, wobei diese Rollenspezialisierung (beispielhaft bei der Nur-Hausfrau) zu *familiären Erwartungskonflikten* und damit zur *Überforderung* des familiären Zusammenhangs führen kann:

"Auch (und gerade) in vollständigen Familien sind somit familiäre Konflikte oft durch fehlende Übereinstimmung in den gegenseitigen Erwartungen im Hinblick auf Ehe und Familie bestimmt. Diese Konflikte resultieren teilweise aus kulturellen Deutungsmustern (etwa der Geschlechtsrolle) und ihrem Wandel. Kulturelle Spannungen schlagen sich in familiären Konflikten nieder." (ebd.: 177)

Darüber hinaus ist die moderne Familie - drittens - nicht nur solchen 'kulturellen Spannungen' gegenüber störanfällig, sondern auch gegenüber konkreten, gleichsam außenliegenden Gegebenheiten wie wirtschaftlichen Problemen, politischen Problemen (häufig als Generationenkonflikte ausgetragen), die gesellschaftliche Spannungen in die Familie hinein transportieren. Anders betrachtet: Weil in der modernen Gesellschaft die Mitglieder einer Familie zunehmend an unterschiedlichen Lebensbereichen partizipie-

---

10 Kaufmann ersetzt den nach seiner Meinung mißverständlichen König'schen Begriff der Desintegration durch den Begriff der 'Ausdifferenzierung' zur Kennzeichnung des Verhältnisses von Familie und Gesellschaft (Kaufmann 1975: 174 f).

ren, verschiedenen Bezugsgruppen angehören etc., können entsprechende *konflikthafte Veränderungen in diesen außerfamiliären Bereichen* auch das *familiäre Konfliktpotential erhöhen.* Viertens scheint die moderne Kleinfamilie dadurch, daß sie eines größeren verwandtschaftlichen und generationalen Kontextes beraubt und somit zu einer sich selbst auflösenden Gruppe geworden ist, gerade an den phasenspezifischen Nahtstellen des *Familienzyklus* für Konflikte und Desorganisationszeichen anfällig zu sein. Und dies zumal sie - fünftens - nur noch auf der *prekären Stabilität der Paarbeziehung* als Grundlage für den familialen Zusammenhalt beruht. Daraus zieht Kaufmann folgenden Schluß: Die moderne Familie ist zwar gesellschaftlich weitgehend fest institutionalisiert, stellt aber gleichzeitig ein recht verletzliches Gebilde dar, so daß die Familie heute tendenziell als ein "überlastetes gesellschaftliches Teilsystem" (ebd.: 182) erscheint.

Insgesamt gesehen verwundert es nicht, daß dieses eingängige Konfliktkonzept von gegenseitigen Erwartungskonflikten als Resultat aus sich widersprechenden kulturellen Deutungsmustern plausibel und wohl auch empirisch leicht belegbar erscheint, noch dazu in Zeiten eines allseits konstatierten kulturellen und gesellschaftlichen Wandels, sagt es doch letztlich nicht recht viel mehr aus als: Die von Interaktionspartnern gegenseitig gestellten Erwartungen müssen nicht übereinstimmen, zumal dann nicht, wenn 'gesellschaftlicher Konsens' über solche Erwartungen nicht mehr vorhanden zu sein scheint. Hier spiegelt sich die in der Familiensoziologie in verschiedenen Variationen gängige Argumentation einer Austragung von eigentlich gesellschaftlichen Widersprüchen und Konflikten als privatisierte Konflikte in der Familie wider, die dann noch durch Hinweise auf familienzyklische Risiken und fehlende 'interne' Stabilität Ergänzung findet. Der darin implizierte Zusammenhang zwischen 'gesellschaftlichem Außen' und 'familialem Innen' bleibt vor allem theoretisch unbefriedigend: Indem Kaufmann das Verhältnis zwischen Familie und Gesellschaft differenzierungstheoretisch faßt, entgeht er zwar der bei König gezeigten Widersprüchlichkeit, wenn er auf - zu den Erwartungskonflikten hinzukommende und diese ergänzende - 'strukturelle Gefährdungen' hinweist. Aber gleichzeitig reduziert sich 'Familie' auf ein soziales Gebilde, das nur reaktiv auf gesellschaftliche, kulturelle Veränderungen und Umbrüche mit Instabilität antwortet und in dem die Ambivalenz und Prozeßhaftigkeit von familialen Konflikten im wesentlichen auf einfache, statisch bleibende Erwartungsdifferenzen in den gegenseitigen Rollenzumutungen der beiden Ehepartnern erstarrt.

Strukturbedingungen familialer Konflikte

Neben diesen beiden, in ihrer Reichweite doch recht speziell angelegten Konzepten ist als umfassenderer Entwurf, der auch eine soziologische Einarbeitung von insbesondere anglo-amerikanischer Literatur zum Thema versucht, Michael T. Siegerts Arbeit zu den *Strukturbedingungen familialer Konflikte* zu nennen. In zum Teil kritischer, systemtheoretisch orientierter Rezeption und Diskussion struktur-funktionalistischer Begrifflichkeit sowie des Hess und Handel'schen Ansatzes, konstatiert er zu Beginn:

"Das prekäre Gleichgewicht von Intimbeziehungen beruht auf dem allgemeinen Handlungsproblem, dem Entwurf der personalen Identität gegenüber konkurrierenden Identitätsentwürfen des Partners zur Geltung zu verhelfen, ohne die Beziehung selbst zu gefährden." (Siegert 1977: 9 f)

Damit sind für Siegert die beiden für ihn wichtigen 'Systemreferenzen' *Individuum* und *familiales Gesamtsystem* formuliert: In einer Analyse der strukturell bedingten Konflikthaftigkeit der Ehebeziehung und des Familiensystems mit den jeweiligen Konfliktlösungsstrategien als spezielle Interaktionsmuster wird jeweils untersucht, inwieweit diese Strategien einerseits zur Bestandssicherung des familialen Systems beitragen, und andererseits für die biographische Entwicklung der Systemmitglieder 'funktional' sind. Besondere Beachtung schenkt Siegert dabei, infolge der spezifischen sozialisatorischen Situation in der Familie mit ihrem vorgegebenen Machtgefälle zwischen Eltern und Kinder, den Konsequenzen, die verschiedene Konfliktlösungsstrategien für die Entwicklung des Kindes haben.

Der erste zentrale Aspekt strukturell bedingter Konflikthaftigkeit ist die These, daß die Konfliktanfälligkeit des Familiensystems sich zwingend aus der Beschaffenheit der die Familie kennzeichnenden *rollendiffusen Sozialbeziehungen* ergibt, in denen nicht auf externe Normierungen und verbindliche Verhaltensvorschriften zurückgegriffen werden kann. Anhand eines (an den Parsons'schen 'pattern variables' orientierten) rollen- und kommunikationstheoretischen Bezugsrahmens ergibt sich nach Siegert die für "Intimbeziehungen charakteristische Notwendigkeit einer wechselseitigen Versicherung der Partner in Bezug auf die Einzigartigkeit ihrer personalen Identität" (ebd.: 12). Gerade diese Notwendigkeit bzw. die Erfüllung dieses Anspruchs rollendiffuser Beziehungen unterliegt jedoch einer permanenten Gefährdung infolge fehlender eindeutiger Rollendefinitionen und Handlungsvorschriften. Die somit strukturell verankerte Konfliktanfälligkeit von Intimbeziehungen (im Gegensatz z.B. zur Berufswelt) wird tendenziell noch verschärft durch kaum vorhandene Möglichkeiten zur institutionalisierten Konfliktabfuhr, wo etwa auf beziehungsexterne Stützen zurückgegriffen werden kann, sowie durch das für mindestens einen Partner in der Intimbeziehung notwendige 'Umschalten' ('switchen') zwischen den spezifischen Rollenbeziehungen der Berufswelt und den diffus strukturierten Kontexten der Familienwelt.

Diesem Paradoxon diffuser Rollenbeziehungen stellt Siegert als zweiten zentralen Aspekt aus kommunikationstheoretischer Perspektive das Paradoxon der strukturell *unbegrenzten Thematisierung des Beziehungsaspekts* zur Seite. Zwischen Inhalts- und Beziehungsaspekt von Kommunikation unterscheidend, verweist er darauf, daß auf der einen Seite ein Konsens über die Definition der Beziehung für ihre Stabilität über inhaltlichen Dissens hinweg unerläßlich ist. Gerade aber durch die für Intimbeziehungen charakteristische und konstitutive unbegrenzte Thematisierungsmöglichkeit der Beziehung selbst, unterliegt dieser notwendige fundamentale Konsens einer permanenten Gefährdung:

"Einerseits gefährdet die thematische Variationsbreite des Beziehungsaspekts die Stabilität von Beziehungsdefinitionen durch Erzeugen von Dissens, andererseits ist gerade eine unlimitierte Thematisierung von Beziehungselementen die unabdingbare Voraussetzung für die Erzeugung und die Abstützung des affektiven Gleichgewichts." (ebd.: 17)

Über solche, als rollen- und kommunikationstheoretischen Paradoxa formulierbaren strukturell vorgegebenen Konfliktzonen hinaus wird die Konfliktanfälligkeit des Ehepartnersubsystems noch durch seine grundsätzlich 'antagonistische' Rollenstruktur, durch fehlende eheexterne Grundlagen sowie durch innere und äußere Belastungen und Krisen im Rahmen der Ehe- und Familienbiographie weiter begünstigt. Und insgesamt treffen diese Konfliktzonen lediglich auf einen sehr fragilen Mechanismus, der sie entschärfen bzw. die Konflikte lösen kann: der *affektiven Solidarität*, mit ihren 'unsicheren', weil nicht dauerhaft festzulegenden, nicht einklagbaren Grundlagen von libidinöser Reziprozität und nur 'quasigewissen' Vertrauen (ebd.: 21 ff).

Während die strukturell vorgegebenen Konfliktzonen unabhängig von den beteiligten 'Persönlichkeitssystemen' formulierbar und in ihrer Gesamtheit auf die Spezifika rollendiffuser Beziehung zurückführbar sind, resultieren konkrete *'Systemprobleme der Familie'* aus "der Interaktion von Variablen der beteiligten Persönlichkeitsstrukturen" und "aus dem Verhältnis eines Familiensystems zur erweiterten Sozialstruktur" (ebd.: 31). Auf diese, von Siegert in Anlehnung an Hess und Handel diskutierten Probleme von Nähe und Distanz, der Kompatibilität von Bildern, von Familienthemen und Familienmythen sowie das Problem der Familiengrenzen, die gleichsam die Rahmenbedingungen familialer Interaktionen und damit auch familialer Konfliktlösungen bilden, braucht hier nicht mehr näher eingegangen zu werden. Aufschlußreicher für eine Einschätzung dieses Ansatzes scheint die Frage nach den Strategien zu sein, die zur Lösung von Konflikten eingesetzt werden können und in der Siegert'schen Perspektive über deren Funktionalität bzw. Dysfunktionalität Auskunft geben.

Betrachtet man dabei - unter Rückgriff auf familientherapeutische Konzepte - vor allem *familieninterne Konfliktlösungsstrategien*, auf die insbesondere Mittelschichtfamilien wegen ihrer stärkeren sozialen Segregation angewiesen sind, so können Strategien der *Rolleninduktion* von denen der *Rollenmodifizierung* unterschieden werden. Strategien der Rolleninduktion sind solche, in denen - zum Teil unbewußt - die Lösung aufgrund einer einseitigen 'Entscheidung' von Ego induziert wird, die Alter dazu veranlaßt, die komplementäre Rolle zu übernehmen, ohne daß Ego selbst eine Veränderung seiner Rolle vollziehen muß. Diese, im weiteren Sinne als 'manipulativ' zu kennzeichnenden Konfliktlösungen können konkret Zwangs- oder Gratifikationsstrategien sein, Techniken der Identitätszuweisung oder Maskierungs- und Umdeutungsstrategien. Strategien der Rollenmodifikation hingegen erzeugen ein neues Gleichgewicht durch die bewußte, simultane Veränderung der Rollen beider Interaktionspartner, vermittelt durch kommunikative Prozesse zwischen den Beteiligten.

Spätestens bei der Analyse der aus diesen induktiven Strategien resultierenden Konsequenzen offenbart sich die spezifische Schwäche des Siegert'schen Ansatzes, da zwar auf der Ebene des 'Persönlichkeitssystems' 'Identitätsbeschädigungen' auftreten können, auf der Systemebene 'Familie' dies aber nichts daran ändert, daß die Stabilität durch die 'Konfliktlösung' erhalten bleibt. Durch die darin enthaltene völlige Abstraktion von den beteiligten Individuen geraten etwa Umdeutungsstrategien, in denen z.B. Beziehungskonflikte lediglich vertagt werden, in die gleiche 'Funktionalitätsbewertung' wie z.B. Gewalt als Zwangsstrategie, wobei hier Systemstabilität erst dann langfristig gesichert ist, wenn schon deren Androhung den Interaktionspartner zur Rollenänderung bringt (ebd.: 64 ff).[11] An der in ihrer 'formal-abstrakten Leere' zum Ausdruck kommenden grundsätzlichen Schwäche systemtheoretischer Kategorien ändert auch der nur implizite Hinweis nichts mehr, daß im Hinblick auf die stabilisierende Wirkung affektiver Solidarität die Perspektive der Beteiligten mitberücksichtigt werden muß, da die Konsequenzen sowohl hinsichtlich der 'Beschädigungen von Identität' als auch 'Stabilitätsgefährdungen des Familiensystems' letztlich zugleich von deren Deutungen und Interpretationen abhängen.[12]

---

11 Für eine kritische Diskussion vor allem dieses Aspektes in der Studie von Siegert vgl. z.B. Bernard & Schlaffer (1978: 126 ff), Metzmacher (1983: 128 ff) sowie Rupp (1981: 60 f).

12 So argumentiert Siegert, daß gerade 'affektive Solidarität' dem Ehepartner ermöglicht, z.B. verletzende Verhaltensweisen des anderen umzudeuten im Sinne von 'situationalen Entgleisungen', die den grundsätzlichen Beziehungskonsens ungantastet lassen. Anstatt diesen Hinweis weiter zu verarbeiten, beläßt es Siegert bei dem Resümee: "Auf der Folie affektiver

Ohne hier weiter auf die von Siegert ebenfalls diskutierten Strategien eingehen zu wollen, die eine 'Konfliktlösung' über die Einbeziehung von Kindern erreichen, allerdings mit den entsprechenden pathologischen Konsequenzen wie sie in der Familienpsychiatrie/-therapie erarbeitet wurden, ergibt sich in Bezug auf den *Zusammenhang von Konfliktlösung und kindlicher Entwicklung* folgender Schluß:

> "Zeichnen sich intrafamiliale Konfliktlösungsmuster und Instruktionstechniken während der frühkindlichen Entwicklungsperiode durch Strategien der Rolleninduktion aus, so erwirbt das Kind Ichfunktionen, die im Sinne konditionierter Problemlösungsstrategien eingesetzt werden. Lassen sich hingegen am elterlichen Modell bewußte Konfliktlösungsmuster ablesen, so wird das Kind instand gesetzt, differenzierte Ichfunktionen herauszubilden, die als realitätsorientierte Coping-Strategien aktive Anpassungsleistungen ermöglichen." (ebd.: 102)

Versucht man, jenseits des zum Teil nur schwer verständlichen Jargons in den Siegert'schen Ausführungen und auch jenseits der oben schon angedeuteten grundsätzlichen Problematik, die mit der verfolgten systemtheoretischen Perspektive verbunden ist, die zentralen Aussagen zu familialen Konflikten kritisch auf ihren Gehalt zu hinterfragen, reduzieren sich diese auf folgende Aspekte: Erstens zeichnen für die strukturell vorgegebene Konflikthaftigkeit der Familie zum einen die weitgehende Offenheit und hohe Interpretationsbedürftigkeit der familialen Rollen verantwortlich, zum anderen die Unsicherheit des grundsätzlich nur von den beteiligten Subjekten selbst herzustellenden Konsenses über die Aufrechterhaltung der Beziehung. Zweitens lassen sich verschiedene Konfliktlösungsstrategien je nach zugeordneter Ebene (Individuum, Familie) beurteilen, wobei in diesem Ansatz auf der Individualebene nach 'entwicklungsschädigend vs. -fördernd', auf der familialen Ebene nach 'Stabilität vs. Instabilität' differenziert wird, ohne deren wechselseitige Bedingtheit zu beachten. Die daraus folgende Konsequenz, daß auf der Systemebene 'Familie' manipulative Muster den gleichen Stabilisierungseffekt wie kommunikativ ausgehandelte, 'bewußte Konfliktlösungsmuster' bewirken können, leuchtet formal zwar ein, befriedigt in ihrem Aussagewert aber wohl nur innerhalb einer unbeirrbaren systemtheoretischen Sicht. Ein weiterer Kritikpunkt besteht darin, daß neben der Vernachlässigung des eigentlichen Konfliktgeschehens auch die theoretische Integration einer Zeitdimension sowie ein eindeutiger Bezug zur aggregierten Ebene fehlt: Bleibt die Verbindung von Individual- und Gruppenebene über eine Beurteilung der Konsequenzen von Konfliktlösungsstrategien in Bezug

---

Solidarität muß mithin die negative Konnotation solcher Strategien der Rolleninduktion mehr dem 'objektiven' Beobachterstandpunkt zugerechnet werden, dem häufig der 'bias' einer symmetrischen Verteilung der Einflußchancen zugrunde liegt, als der Interpretation der Beteiligten." (Siegert 1977: 73)

auf lediglich unterschiedliche 'Systemreferenzen' schon unbefriedigend weil 'inhaltsleer' und zu eng, so erweckt das statische und unhistorische Begriffsgebäude insgesamt den Eindruck, Familie mit ihren Konflikten existiere in einem 'leeren, gesellschaftslosen Raum'. Und in letzter Konsequenz: Fragen nach dem Wandel von Konfliktthemen, von Konfliktlösungen, von familialen Rollen mit vielleicht unterschiedlichen 'Diffusitätsgraden' etc. stellen sich darin überhaupt nicht mehr.

Illegitime eheliche Machtverhältnisse und ihre Folgen

Der letzte in diesem Kapitel zu betrachtende Ansatz, der allerdings nur einen indirekten theoretischen Zugang zu familialen Konflikten bzw. eigentlich nur zu Konflikten in der Ehebeziehung bietet, stammt von Thomas Held mit seiner Arbeit über *eheliche Machtverhältnisse*. Als Forschungsfrage haben Machtverhältnisse zwischen den Ehepartnern mit dem Dominanzverlust des struktur-funktionalistischen Familienmodells von Parsons und Bales seit den sechziger Jahren verstärkte Aufmerksamkeit erfahren, und Held versucht nun, auf der Basis einer Weiterentwicklung von ressourcen- und austauschtheoretischen Konzepten[13] ein theoretisches Instrumentarium für deren Analyse zu entwickeln. Für die hier zentrale Thematik familiensoziologischer Konzeptionen zu familialen Konflikten scheint die Arbeit deswegen interessant, weil sie auch Aussagen zu Konfliktursachen, -verläufen und möglichen Konsequenzen in verschiedenen Familien- bzw. Beziehungstypen formuliert. Allerdings unterliegt dieser Versuch einer *Typologie ehelicher Machtverhältnisse* folgenden Einschränkungen: Zum einen bleiben die Überlegungen zu einem erheblichen Teil strukturtheoretisch fokussiert, zum anderen beziehen sie sich auf die eheliche Dyade und blenden damit die Eltern-Kind-Dimension weitgehend aus (Held 1978:20 f).

Um den bei Held ausgearbeiteten Zusammenhang zwischen Machtverhältnissen und Konflikthaftigkeit in der (familialen) Geschlechtshierarchie nachvollziehen zu können, müssen zunächst *drei theoretische Grundannahmen* geklärt werden:

Variationen ehelicher Machtverhältnisse können erstens auf der Basis der Ressourcentheorie nicht befriedigend erklärt werden, solange nur unterschiedliche Partizipationen von Mann und Frau an außerfamiliären Statushierarchien einer jeweils bestimmten Machtverteilung in der Ehe zugeordnet werden. Vielmehr müssen diese, dem Partner gegenüber als Ressourcen in Erscheinung tretenden Statuspositionen gewichtet, auf *normative Vorstellun-*

---

13 Für einige zusammenfassende kritische Anmerkungen zu der auf der Arbeit von Blood und Wolfe (1960) aufbauenden 'Conjugal Power-Forschung' vgl. z.B. Eckert, Hahn & Wolf (1989: 85 ff).

gen bezogen werden. Allgemeiner formuliert meint dies, daß "die beiden Gatten zwischen Ressourcen als Ausdruck der jeweiligen Position in der Struktur und den ehelichen Machtverhältnissen als *wertende Akteure* [Herv.d.Verf.] vermitteln: es wird also eine relative Autonomie der Reaktion der Gatten auf bestimmte Ressourcenkonstellationen angenommen" (ebd.: 134). Damit kann gleichzeitig den dynamischen Aspekten von Macht als *Machtprozessen* Rechnung getragen werden, die in diesem theoretischen Verständnis dann als Strategien zur Veränderung der Maßstäbe und Normen zur Bewertung von Ressourcen und/oder Veränderungen der ehelichen Rollenkonfiguration aufscheinen (ebd.: 134 f).

Zweitens geht Held von einer *geschlechtlichen Differenzierung* aus, in der der Status der Frau generell abgeleitet ist von dem des Mannes, da im Konzept der 'traditionellen Familie' die Frau dem Binnenbereich und der Mann dem Außenbereich zugeordnet wird.[14] Die infolge der unterschiedlichen 'Reichweiten' der beiden Bereiche damit verbundene *'normale Dominanz des Mannes'* ist - im Sprachgebrauch von Held - dann legitim, wenn die geschlechtsspezifische Zuschreibung der Rollenkonfiguration und der unterschiedliche Umfang der 'Orientierungshorizonte' von Außen- und Binnenbereich als Kriterien für den Statusunterschied akzeptiert werden (ebd.: 136 ff).[15]

Drittens: Unterstellt man gerade auch für dieses traditionelle Modell, daß für ein stabiles Fortbestehen der Beziehung im Verhältnis der Gatten untereinander neben Komplementarität auch *Reziprozität* vorhanden sein muß, so kann infolge der langen Dauer einer Ehebeziehung und der damit verbundenen kontextuellen Veränderungen nicht von einem statischen Konsens über eine Reziprozitätsnorm ausgegangen werden. Denn was als äquivalent bewertet wird, zumal die Menge und Qualität der ausgetauschten Güter und Leistungen (Held bezeichnet verwendet dafür den Begriff 'Rollenperformanz') ja geschlechtsspezifisch differieren, kann variieren z.B. infolge strukturell, subkulturell oder biographisch unterschiedlicher Rollenperformanzen und entsprechend veränderbarer Reziprozitätsnormen (ebd.: 150 ff).

Für die Analyse der dynamischen Zusammenhänge zwischen Rollenperformanzen, Reziprozitätsnormen und Statusdifferenzen anhand dieses In-

---

14 Held nennt in diesem Zusammenhang explizit das Parsons'sche Modell einer nach Alter hierarchisch und nach Geschlecht funktional differenzierten Rollenaufteilung, die für die Frau die expressiv-integrative und für den Mann die instrumental-adaptive Rolle festlegt. Familien, die dieser Aufteilung entsprechen, bezeichnet er als 'traditionell' (Held 1978: 140).

15 Z.B. belegen empirische Daten immer wieder, daß vor allem mit Eintritt in die Familienphase durch die Geburt eines Kindes weitgehend das 'traditionelle' Rollenmodell mit einer geschlechtsspezifischen Arbeitsteilung - aus welchen Gründen auch immer - von den Partnern favorisiert wird (vgl. z.B. Metz-Göckel 1988: 264 ff). Der Bezug der Held'schen Überlegungen auf dieses Modell erscheint deshalb zumindest empirisch legitim.

strumentariums sei noch einmal auf die grundlegende Denkfigur verwiesen, nach der vom Statusverhältnis zwischen den Gatten *nicht* direkt auf die ehelichen Machtverhältnisse geschlossen werden kann. Vielmehr muß nach Held bei ehelichen Statusunterschieden, die vom 'normalen Statusvorsprung des Mannes' in der traditionellen Familie abweichen und damit die Reziprozitätsnorm in dieser Familie verletzen, von einem *strukturellen Interessenkonflikt* zwischen den Gatten ausgegangen werden, der Strategien zur Aufrechterhaltung oder zum Abbau dieser illegitimen Differenz auslösen kann, vorausgesetzt er wird als solcher wahrgenommen.

Damit ist jedoch auch schon angedeutet, daß ein *Wahrnehmen* dieses strukturellen Konflikts durch beide Partner *nicht* automatisch eine identische *Bewertung* bedeutet, denn diese wiederum hängt vom jeweiligen Statusverhältnis zwischen den Partnern ab und entsprechend unterschiedlich können auch die Strategien zur Auflösung der illegitimen Statusdifferenz ausfallen (ebd.: 172 ff):[16] Bei einer illegitimen Statusdifferenz unter dem *'Statusbzw. Machtaspekt'* betrachtet, möchte der Partner mit dem höheren Status den Vorsprung beibehalten, während der mit niedrigerem Status versuchen wird, den eigenen Status zu erhöhen und/oder den des Gatten zu verringern. Die Statusdifferenz unter dem *'Ausbeutungsaspekt'* gesehen erscheint aus Sicht desjenigen, der mehr 'investiert', als ungerecht. Deswegen kann der Partner mit Statusvorsprung seine eigene Rollenperformanz verringern oder versuchen den Status des Partners zu erhöhen, indem er ihn dazu bringt, seine Rollenperformanz zu erhöhen, oder versucht, sich selbst dem Ausbeutungsverhältnis zu entziehen. Der Partner mit niedrigerem Status aufgrund geringerer Rollenperformanz mag hingegen mitunter sogar daran interessiert sein, die Differenz aus 'Profitgründen' weiter aufrechtzuerhalten.

Über diese formale Kombinatorik hinaus ergeben sich folgende *drei Arten von Strategien zum Abbau ehelicher Statusdifferenzen*: Auf der *Einstellungsebene* können sowohl die Äquivalenzvorstellungen der Reziprozitätsnorm als auch das Abbildungsverhältnis der Rollenperformanzen auf den ehelichen Status verändert werden, wobei nach Held beides allerdings einen Konsens der Gatten voraussetzt. Einfacher ausgedrückt: Von den Partnern wird eine Neudefinition der Bewertung des Verhältnisses von 'Geben und Nehmen' in der Beziehung ausgehandelt. Auf der *Verhaltensebene* kann eine Veränderung der Rollenperformanzen erfolgen, z.B. als Vergrößerung der Performanz etwa durch Übernahme von Rollenelementen aus der Konfigu-

---

16 Als ein Beispiel für einen solchen 'strukturell bedingten' ehelichen Konflikt sind weibliche Norm-/Realitätsdiskrepanzen denkbar, die auf einem Auseinanderklaffen von realer Entscheidungs- bzw. Rollenverteilung in der Ehe und den Einstellungen, Vorstellungen, Wünschen der Frauen gegenüber männlicher Dominanz und traditioneller Rollenverteilung beruhen. - Unschwer erkennt man hier also die von Kaufmann angesprochenen 'Erwartungskonflikte'.

ration der Gattenrolle (z.B. engagiert sich der Vater mehr bei der alltäglichen Kinderbetreuung). Und als letzte Strategie kann als offene oder verdeckte *Segregation* eine partielle oder gänzliche Einschränkung der Interaktion der Ehegatten genannt werden, in der das arbeitsteilige Tauschverhältnis mindestens teilweise aufgelöst wird. In letzter Konsequenz läuft diese Strategie also auf eine Beendigung der Beziehung hinaus.

Aus diesen Überlegungen folgert Held schließlich eine *idealtypische Übersicht ehelicher Machtverhältnisse* (ebd.: 199 ff), die zum einen hinsichtlich der angewendeten Strategien als Reaktionen auf illegitime Statusunterschiede und damit verbundener ehelicher Machtverhältnisse differiert, zum anderen aber auch je nach Typus unterschiedliche Stabilitäts- bzw. Konflikt- und damit (in seiner Argumentation notwendig daraus folgender) Instabilitätspotentiale enthält: So bleibt die illegitime Statusdifferenz zum Beispiel bei ehelichen Machtverhältnissen des Typs autoritär-patriarchalisch (bzw. autoritär-matriarchalisch) erhalten, indem eine illegitime Machtausübung durch den jeweils statusüberlegenen Gatten erfolgt. Dagegen beruht in der patriarchalischen (bzw. matriarchalischen) Ehe die Machtausübung des Partners auf einer konsensualen Neufestsetzung der Reziprozitätsnorm, und in der Familismus- bzw. Machismo-Ehe besteht die Strategie zur Lösung des Statusvorsprungs des Mannes (bzw. des Statusdefizits des Mannes) in einer konsensualen Neubewertung der weiblichen (bzw. männlichen) Ressourcen. Weil sowohl autoritär-patriarchalische (bzw. autoritär-matriarchalische) Lösungen wie auch die Machtverhältnisse vom Familismus- und Machismo-Typ nicht auf einer realen Veränderung der Rollenperformanz beruhen, führen sie auch eher zu Unabhängigkeitsbestrebungen oder zumindest zu autonomen Statuserhöhungsstrategien der Gatten.

Interessanterweise geht Held nur noch kurz am Ende seiner Abhandlung auf die *Bedingungen* ein, die für die Wahl verschiedener Strategien ausschlaggebend sein können. Er nennt z.B. die Schichtlage, die aktuelle Interessenlage und die Phase des Familienzyklus, darüber hinaus deutet er aber nur nebenbei noch an:

"Die Priorität von Interessen (...) und die Wahl entsprechender Strategien hängen aber auch von individuellen Positionen und Eigenschaften der Gatten ab. So wurde mehrfach auf die Bedeutung von Statusungleichgewichten (vorauslaufender Einkommensstatus des Mannes) hingewiesen. Aber auch stärker zugeschriebene Charakteristika der Gatten wie Persönlichkeitsmerkmale und selbst physische Qualitäten müssen bei der Erklärung der Strategiewahl berücksichtigt werden. Im Zusammenhang mit den Lösungen vom Familismus- und Machismo-Typ scheint dabei insbesondere das Selbstbewußtsein der Frau von Interesse (...)."(ebd.: 201 f)

Hier wird deutlich, worin die grundsätzliche Problematik dieses Konzeptes zu sehen ist: Jenseits des ähnlich wie bei Siegert zum Teil schwer verständlichen Jargons, leistet der Held'sche Ansatz insgesamt eine 'formaltheoretisch' stringente Verbindung zwischen ehelichen Machtverhältnissen und damit zusammenhängenden 'Beziehungskonflikten'. Dabei gelingt diesem Ansatzes innerhalb seines Rahmens, eine dynamische Verbindung zwischen Interaktions- und aggregierter Ebene aufzuzeigen, indem er einerseits schichtspezifisch variable Rollenvorgaben und Leitbilder, Gerechtigkeitsvorstellungen und Reziprozitätsdefinitionen in ihrer normativen Vorgegebenheit sowie ihrer interaktiven Dynamik beachtet, andererseits ebenso familienzyklische Veränderungen mindestens andeutet. Dem entgegen verhindert der Theorierahmen allerdings den befriedigenden Zugriff auf die komplexe Verwobenheit von Subjekt- und Interaktionsebene mit der Folge einiger wesentlicher Verkürzungen: So muß Held z.B. davon ausgehen, daß, entsprechend den theoretisch den Subjekten unterlegten Rationalitätskriterien im Handlungskontext, Unabhängigkeitsstrategien immer gegen die Interessen des Partners gerichtet sind und damit zwangsläufig die Stabilität der Partnerbeziehung untergraben. Wichtiger noch zeigt der letzte allgemeine Hinweis auf das 'Selbstbewußtsein der Frau' beispielhaft, daß das eigentliche Defizit dieses Ansatzes in der Reduktion der Subjektebene auf jene, lediglich nach extern vorgegebenen Rationalitätskalkülen, nach berechenbaren Kosten-Nutzen-Kategorien handelnde black-box des 'homo oeconomicus' liegt. Blickt man darüber hinaus auf das hierbei enthaltene Konfliktkonzept, so konzentriert sich dies auf einen 'strukturell induzierten Basis-Konflikt', dessen Genese selbst aber vernachlässigt wird. Auch die daraus abgeleiteten Lösungsstrategien in ihrer jeweils eigenen Konfliktpotentialität sowie damit einhergehende Konsequenzen für die Beziehung differieren voneinander eigentlich nur formal, ihre inhaltlichen Konkretisierungen und Transformationen hingegen bleiben weitgehend diffus. Am deutlichsten wird dieser 'inhaltliche' Mangel vielleicht bei der letzten Endes entscheidenden Frage, wann jener strukturelle Interessenkonflikt in der Ehebeziehung von wem warum wahrgenommen wird bzw. wann nicht und wie ein solcher Prozeß des 'Wahr-nehmens' in der Beziehung konkret abläuft.

4.1.3 Familiale Konflikte als Beziehungspathologien - der familiensoziologische Blick auf die Familienpsychiatrie/ -therapie

Auch wenn jene soeben rezipierten Konzepte zum Teil familientherapeutische Literatur miteinbeziehen, scheint es sinnvoll, davon solche Ansätze zu trennen, die familiale Konflikte explizit in einer familiensoziologischen Aufarbeitung familientherapeutischer Erkenntnisse zu konzeptualisieren suchen. Welche verschiedenen Perspektiven hier zu finden sind, soll im folgenden kurz nachgeprüft werden.

Restriktivität als Beziehungsprinzip in der Familie

Ebenfalls in der zweiten Hälfte der siebziger Jahre veröffentlichte Winfried Picard einen Beitrag, in dem eine Verbindung zwischen Familiensoziologie und 'psychologischer bzw. psychiatrischer Theorie der Familie' versucht wurde. Aus der Perspektive einer *mikrosoziologischen Theorie familialer Beziehungen*, in der Individuum und Familie dynamisch aufeinander bezogen werden und 'Familie' interaktionstheoretisch als von ihren Mitgliedern gemeinsam konstruierte Wirklichkeit gedacht wird, versucht Picard eine soziologische Verbindung zwischen spezifischen familialen Beziehungsstrukturen und individuellen Psychopathologien herzustellen. Als Hintergrund dazu dient im eine kritische Diskussion psychoanalytisch, interaktions- und kommunikationstheoretisch orientierter Ansätze in der Familientherapie (Picard 1977: 41 ff).

Wie diese kritische Diskussion im einzelnen entwickelt wird, braucht hier nicht weiter nachgezeichnet zu werden, wichtig für den Kern des Picard'schen Ansatzes sind vielmehr die jeweiligen '*Konfliktschwerpunkte*' in den einzelnen Ansätzen: *Psychoanalytisch orientierte Ansätze* berücksichtigen vor allem unterbewußte Konfliktmechanismen, jedoch nicht im Sinne einer Individualpathologie, sondern in ihrer familialen Beziehungsorganisation als individuelle und/oder familiale Abwehrmechanismen, die seitens der Eltern aus der eigenen Sozialisation stammend z.B. über entsprechende Rollenoktroyierungen in der Sozialisation des eigenen Kindes gleichsam 'nachträglich' aufgeholt werden.[17] *Interaktionstheoretische Ansätze* zentrieren den Aspekt einer balancierten Ich-Identität, wobei diese dynamische Balance zwischen personaler und sozialer Identität spezifische Fähigkeiten wie Rollendistanz, Ambiguitätstoleranz und Emphatie voraussetzt, deren Ausbildung im Sozialisationskontext jedoch durch konflikthafte Partnerbeziehungen bzw. durch spezifische Eltern-Kind-Beziehungen erschwert, wenn nicht verhindert werden können.[18] *Kommunikationstheoretische Ansätze*

---

17 Als Beispiele für solche Beziehungspathologien kann unter anderem auf die viel beachteten Richter'schen Konzepte verwiesen werden, wo z.B. das Kind, das für einen Elternteil zum Substitut für eine Elternfigur oder zum Gattensubstitut wird. Zusätzlich oder statt dessen sind auch kollektive 'familiale Lösungen' möglich, die in eine insgesamt 'neurotisch' gestaltete Beziehungsstruktur münden. So wird z.B. ein Familienmitglied als Krankheitsfall organisiert (familiäre Symptomneurose), oder die Familie lebt kollektiv in einer 'ver-rückten' Welt (familiäre Charakterneurose), wo dann z.B. wie in einer Festung eine konsequente Abschirmung gegen die gefährliche Umwelt erfolgt (Richter 1969; Richter 1979).

18 Aus der Fülle der hierzu von Picard diskutierten Konzepte seien nur einige der prominentesten genannt: 'pathologische Ehekonstellationen', in denen z.B. infolge des ständigen Kampfes zwischen den Ehepartnern das Kind wechselseitig ersatzweise zum Liebesobjekt gemacht wird ('marital schism'), oder in der die absolute 'Definitionsmacht' des einen Partners mit der absoluten Abhängigkeit des anderen Partners einhergeht ('marital skew') (Lidz, Cornelison,

schließlich betonen das formale Moment der systemimmanenten Regelhaftigkeit familialer Beziehungen, in denen die Kommunikation der Familienmitglieder untereinander als 'eigene' - aber letztlich selbst pathologisch wirkende - 'Konfliktlösungsversuche' gefangen bleibt (z.b. durch implizite Konfusion des Inhalts- und Beziehungsaspekts) (ebd.: 161 ff).

Die Frage nach *Genese und Bedingungen der Aufrechterhaltung psychischer Erkrankungen in der Familie* versucht Picard theoretisch durch eine Integration vor allem der psychoanalytischen und interaktionstheoretischen Perspektive mit der Verschränkung von intrapsychischen und interpersonalen Konflikten zu lösen. Als gemeinsamen, integrativen Nenner der von den jeweiligen Ansätzen beleuchteten Aspekte gestörter Familienbeziehungen formuliert er - in Anlehnung an den amerikanischen Familientherapeuten Don D. Jackson - das Konzept der *'Restriktivität'* als ein Beziehungsprinzip "der gegenseitigen oder einseitigen Restringierung von Verhaltensmöglichkeiten" (ebd.: 165). Das mit verschiedenen Graden von Restringiertheit (schwer, gemäßigt, gering) gekennzeichnete familiale Zusammenleben, in der eine Elternperson mit Kind, die Ehepartner oder die ganze Familie eingebunden sein können, erscheint in seiner extremsten, pathologisch wirkenden Ausprägung als streng organisiert, zwanghaft und in spezifischer Weise eingeengt, so daß letztlich jede Möglichkeit der individuellen oder familialen Veränderung im Sinne einer Abweichung vom Status quo ausgeschlossen ist (ebd.: 154 ff).[19]

Soweit bedarf es zu den Picard'schen Ausführungen eigentlich keiner intensiveren Auseinandersetzung, um sich das hier präsentierte Konzept familialer Konflikte zu verdeutlichen: Als prozessual gedachte Beziehungsstörung, jenseits jeglicher Ambivalenzen in einen expliziten Pathologie-Kontext

---

Fleck & Terry 1972); 'Familienmythen' als 'festgefahrene Familienthemen', die flexible, situationsbezogene Beziehungsdefinitionen für alle Familienmitglieder verhindern oder erschweren (Bagarozzi & Anderson 1989; Stierlin 1973); oder 'Double-bind-Beziehungen', welche mit ihren widersprüchlichen Botschaften in der Unentrinnbarkeit der Eltern-Kind-Beziehung die Entwicklung von Ambiguitätstoleranz unterbinden (Bateson, Jackson, Haley & Weakland 1972).

19 Diese schwere Restringiertheit kann, muß aber nicht in einer Familiencharakteristik feststecken, die - gleichsam als das eine Extrem - als 'stille Familie' jegliche Konfrontation, Auseinandersetzung über individuelle Bedürfnisse und Erwartungen, über gemeinsames Handeln und Verhaltensprinzipien etc. ausschließt. Ebenso kann der andere Extremfall einer 'chaotischen Familie' mit der rigide gesetzten Regel, daß jede Maßnahme der Änderung von Regeln ausgeschlossen ist, berücksichtigt werden, in der die permanente Konfrontation zum Gruppenprinzip erhoben wird und somit die Familienmitglieder in ihrer gegenseitigen Ablehnung, in der fehlenden interaktiven Bezogenheit aufeinander sich wechselseitig restringieren (Picard 1977: 159; Dubiel & Picard 1977: 57 ff; auf den Zusammenhang zwischen solchen familialen Beziehungsstörungen und individuellen Pathologien bei männlichen Jugendlichen hat z.B. auch Stimmer (1978) mit seiner Arbeit über Jugendalkoholismus aufmerksam gemacht).

eingebunden, verbindet dieses Konzept mikrosoziologisch die Subjekt- mit der familialen Gruppenebene über interaktionstheoretische Kategorien, welche die Zeitperspektive 'problembezogen' als biographische 'Hypothek' einer über Generationen hinweg tradierten 'Störung' oder als jeweils familienzyklisch bestimmte spezifische 'Störungs-Qualität' einbezieht (z.B. für den frühkindlichen Sozialisationsprozeß). Was jedoch vor allem aus soziologischer Perspektive fehlt, ist die systematische Beachtung der aggregierten Ebene mit einer Reflexion der dort relevanten Frage nach gesellschaftlichem Wandel in seinen Zusammenhängen zur familialen Beziehungsebene. Mit anderen Worten: Vollzieht nicht das Konzept der 'Restriktivität' lediglich mit mikrosoziologischen Kategorien jenen mit dem Terminus 'Familientherapie' markierten allgemeinen Sprung von der Individual- zur Beziehungsebene, ohne hinreichend das zu leisten, was Aufgabe eines soziologischen Blicks ist: Familie mit ihren Konflikten in ihrer gesellschaftlich-/kulturellen Vermitteltheit zu erschließen?

Picard ist sich dieser Fokussierung seiner Konfliktanalyse auf die innerfamiliale Beziehungsdimension mit der darin enthaltenen Unterbelichtung der Dimension 'Gesellschaft' bewußt (ebd.: 170 ff) und ordnet deshalb seine theoretischen Bausteine entlang dreier Bereiche: erstens *gestörte Subjektivität* als lebensgeschichtlicher Erfahrungs- und Verhaltenszusammenhang, zweitens *pathologische familiale Realitätskonstitution* und drittens *gesellschaftliche Bedingungen*, die das Risiko pathologischer Individualentwicklung wie auch pathologischer familialer Realität in sich bergen bzw. fördern. Präzisiert man den dritten Aspekt, so meint Picard zum einen,

"(...), daß unter dem erhöhten Druck auf die Individuen, Funktionalisierungen und Organisierungen ihrer Identitätskonstitution zu ertragen, generelle Pathologisierungen entstehen. (...) Zum anderen (...), daß die Situation der Familie in unserer Gesellschaft durch fortschreitende - auch psychisch 'notwendig' gewordene - Segmentierung des individuellen Lebenszusammenhangs bestimmt ist. Der Rückgriff auf die familial zu bietende 'Intimität', 'Privatheit' und 'Autonomie' signalisiert dann den Anspruch der Betroffenen, den kaum mehr konkret sinn-stiftenden Aktivitäten außerhalb der Familie kompensatorisch zu begegnen. Die Folgen, die letztlich auch auf erhöhte Anfälligkeiten für psychische Erkrankungen verweisen, liegen in (weitgehend ideologisch verankerten) Über-Emotionalisierungen familialen Lebens durch die Beteiligten." (ebd.: 234)

Picard versucht also am Ende seiner Ausführungen gleichsam empirisch nochmal den 'Rücksprung' von einer subjekt- bzw. familienzentrierten Sichtweise in eine makrosoziologische Perspektive, indem er moderne 'Identitätszurichtungen' und die 'Überforderung' von Familie beklagt. Da er aber die theoretische Einbeziehung dieser Perspektive undeutlich läßt, bleibt der 'Rücksprung' als lediglich programmatischer Verweis in skeptischen Andeutungen zum aktuellen Gesellschaftszustand stecken.

Familie als konfliktreiche 'Zwangsinstitution' in der industriell-kapitalistischen Gesellschaft

Was sich bei Picard als programmatischer Verweis findet, wird bei Klaus-Jürgen Rupp zum theoretischen Apriori: Er formuliert den Versuch einer sowohl theoretisch als auch praktisch orientierten Verbindung einer kritisch-materialistisch orientierten Familiensoziologie und einer vorwiegend psychoanalytisch fundierten Familientherapie, indem er sich von jener Perspektive in der Familiensoziologie abgrenzt, die Familienkonflikte und deren Auswirkungen lediglich als 'Abweichung' thematisiert. Dagegen versteht Rupp Familienkonflikte konsequent als *gesellschaftliche Konflikte*, die in ihrer privaten Vermitteltheit letztlich als Resultat der Abhängigkeit der Familie von gesellschaftlichen Widersprüchlichkeiten zu sehen sind (Rupp 1981: 13).

Auf einem kritisch-materialistischen Gesellschaftskonzept aufbauend kommt Rupp zu einem Familienverständnis, das die Familie als nahezu "Zwangsinstitution" (ebd.: 51) charakterisiert, deren gesellschaftlich zugeschriebene Funktionen in der physischen Reproduktion und psychischen Rekreation der Arbeitskraft bestehen. Diese Funktionen, deren Erfüllung eng mit der geschlechtsspezifischen Arbeitsteilung in der Familie und dem damit verbundenen patriarchalischen Herrschaftsverhältnis verknüpft ist, führen dazu, daß in der Familie mit ihrer Konzentration auf Liebe, Glück, Emotionalität die aus den Frustrationen in anderen gesellschaftlichen Bereichen stammenden Spannungen 'kathartisch' ausgeglichen werden sollen. Aber genau damit ist die Familie überfordert:

"Ausschließlichkeit der Beziehungen, Besitzdenken, Eifersucht, inhaltliche Entleerung der Kommunikation führen schließlich dazu, daß Familienbeziehungen in hohem Maße konfliktanfällig werden, so daß die Individuen arbeitsunfähig, alkoholabhängig etc. werden können." (ebd.: 52)

Dieser 'Zustand' der Familie markiert nun nicht irgendwelche Ausfallserscheinungen auf der Grundlage von aktuellen Wandlungsprozessen, sondern gründet in der spezifischen *Verfaßtheit der Familie* und ihrer *Einbindung in die industriell-kapitalistische Gesellschaft*:

"Familiale Kommunikation [bzw. Interaktion, Anm.d.Verf.] beschäftigt sich im hohen Maße - im Vergleich zu anderen Institutionen - mit affektivem Verhalten, mit Erziehungsproblemen sowie mit konsumtiven Aufgaben. Aufgrund der Tatsache, daß diese kommunikativen Inhalte in anderen Bereichen der Gesellschaft ausgeschlossen sind, aufgrund der Tatsache, daß Familie wegen ihrer ökonomischen Funktionen und des ideologischen Anteils ihres Autoritätsanspruchs (Patriarchalismus) hierarchisch strukturiert ist, sind die kommunikativen Inhalte problematisch und konflikthaft." (ebd.: 53)

Die 'gesellschaftliche Bestimmtheit' von Familienkonflikten meint also ihre Produktion durch ein *ambivalentes Abhängigkeitsverhältnis* der Familie von Gesellschaft, das sich konkret insbesondere entlang zweier, analytisch getrennter 'Prozeßtypen' (ebd.: 56) modifiziert: Familiale Interaktion und damit familiale Konflikte werden

"erstens durch materielle und ideologische Abhängigkeiten geformt, nämlich durch die Arbeitssituation des oder der Ernährer und deren subjektiver, lebensgeschichtlicher und subkultureller Interpretation, und zweitens durch die affektive Aufladung der Familienkommunikation, welche sich sowohl aus der strukturellen Überlastung der Familieninteraktion als auch der tendenziell nicht-kapitalismusspezifischen Irrationalität der Affekte ergibt. Diese affektive Aufladung der Familienkommunikation läßt sich konkretisieren in der Abhängigkeit der Familienkommunikation von Erfahrungen in den jeweiligen Elternfamilien." (ebd.: 93)

Der in dieser 'affektiven Aufladung' angesprochene Hinweis auf die Sozialisationserfahrungen des Individuums enthält relativ diffus den sozialisatorischen Sachverhalt, daß Familienkommunikation sowohl als eine Form tiefster sozialer Kontrolle infolge der Ausschließlichkeit der Familie und ihrer hierarchisch-patriarchalischen Struktur als auch als Zentrum der Rekreation und des Glücks vor allem von Kindern erlebt werden kann (ebd.: 56).

"Aus alledem folgt, daß Familie in dieser Gesellschaft hierarchisch strukturiert ist und somit eine wesentliche Voraussetzung erfüllt für die tagtägliche Ein- und Anpassung der Individuen an eine autoritäre Gesellschaftsordnung." (ebd.: 53)

Unklar bleibt hier ganz offensichtlich, warum einerseits die Familie grundsätzlich wegen ihrer Stellung und Funktion im kapitalistischen Gesellschaftssystem als konflikthaft mit all den daraus resultierenden individuellen 'Defekten' zu kennzeichnen ist, andererseits aber trotzdem (oder vielleicht gerade deshalb?) diese Ein- und Anpassung der Subjekte in jenes kapitalistisch-autoritäre System leisten kann. Die Frage wäre also, ob Rupp in seiner Theorieperspektive nicht wenigstens eine klassenspezifische Differenzierung hinsichtlich des Zusammenhangs von familialen Konflikten und kapitalismusspezifischen Charakteristika der Familie einführen müßte, da sonst seine Argumentation nicht mal theorieimmanent schlüssig bleibt.

In einer kurzen Diskussion einiger (hier schon vorgestellter) familiensoziologischer Ansätze zu Familienkonflikten und einer ausführlicheren Auseinandersetzung mit insbesondere psychoanalytisch orientierten familientherapeutischen Konzepten kommt Rupp zu dem Schluß, daß es der Familientherapie letztlich nicht gelingt, "die realen gesellschaftlichen Entwicklungen und Abhängigkeiten, die den kommunikativen Prozessen in Familien zugrunde liegen, zu analysieren" (ebd.: 100). Somit leidet die Familientherapie an einer systematischen Ausblendung der sozialen Sinnzusammenhänge interaktiver Prozesse sowie an einer - bis auf wenige Ausnahmen - Vernachlässigung der sozioökonomischen Lage von Familien. Die Konsequenz aus diesem Fazit für eine *Integration von Familiensoziologie und Familienthera-*

pie sind somit klar: Einerseits muß die Familientherapie, um nicht weiter 'gesellschaftsblind' zu bleiben, ihren Gegenstand 'Familie' in seiner gesellschaftlichen Abhängigkeit, in seinem historisch-gesellschaftlichen Herrschaftszusammenhang betrachten. Andererseits kann die Familiensoziologie vor allem im Hinblick auf die in der Familientherapie vorherrschenden differenzierteren Betrachtungsweisen der interpersonalen Dynamik konkreter familialer Interaktionen eine Erweiterung ihrer Rollen- und Interaktionsanalysen um die gerade in der und durch die Familie virulenten unbewußten Aspekte erhoffen, die sich z.B. in immer wiederkehrenden Familienkonflikte über Generationen hinweg manifestieren (ebd.: 94 ff).

Für Rupp scheint damit eine Art Arbeitsteilung und gegenseitigen Austauschs zwischen Familiensoziologie und Familientherapie fruchtbar zu sein, wobei der soziologische Beitrag zum Verständnis von Familienkonflikten in seinem Theorierahmen auf der aggregierten Ebene mit der kritische Kennzeichnung der Familiensituation im kapitalistischen Gesellschaftszusammenhang beschränkt bleibt. Akzeptiert man vielleicht noch die von ihm vorgeschlagene 'gegenseitige Befruchtung' von Familiensoziologie und -therapie, so bleibt doch die Frage, ob denn mit einer 'Übergabe' der Subjekt- und Interaktionsebene an die Familientherapie und der damit zwangsläufig einhergehenden 'Feststellung' dieser beiden Ebenen innerhalb eines pathologischen Kontextes der Ambivalenz und Komplexität von familialen Konflikten ausreichend Rechnung getragen werden kann. Noch dazu wäre eine solche 'Feststellung' aus der Rupp'schen Perspektive in der Konsequenz eigentlich nahe an eben jener 'bürgerlichen' Denkfigur der 'Abweichung' und damit 'Pathologisierung', von der er sich selbst bewußt abzugrenzen sucht.

Die Unbestimmtheit der 'gemeinsamen Sache'

Der letzte Ansatz in diesem Zusammenhang, der ebenfalls eine direkte Aufarbeitung familientherapeutischen Materials bietet, steht allerdings nicht in einem explizit *familien*soziologischen Erkenntnisinteresse: Innerhalb eines *arbeitssoziologischen Theorierahmens*, in dem Erwerbsarbeit und 'familiale Arbeit' als gegensätzlich strukturierte und doch aufeinander bezogene und vor allem von den Familienmitgliedern notwendig miteinander zu vereinbarende Formen von Arbeit gegenübergestellt werden,[20] untersucht Barbara Pieper folgende Frage: Inwieweit können aus familientherapeutischem Material mit den darin enthaltenen Problemartikulationen von Familien und (je nach familientherapeutischer Schule) entsprechender Problemdefinitionen

---

20 'Familiale Arbeit' konkretisiert sich dabei in einer idealtypischen Gegenüberstellung von 'Hausarbeit' und 'Erwerbsarbeit' vor allem in den Komponenten der materiellen und psychischen Versorgung (Pieper 1986: 52 ff).

seitens der Experten in einer soziologischen Interpretation der Befunde Rückschlüsse auf Familienprobleme gezogen werden, die durch die "spannungsreiche Einbindung der Familie in das gesamtgesellschaftliche Gefüge von Arbeit (i.w.S.)" (Pieper 1986: vii) mitbedingt sind. Mit dieser auch familiensoziologisch relevanten Fragestellung erscheint die Untersuchung insbesondere deshalb interessant, weil darin versucht wird, über den Arbeitsbegriff eine - zugegebenermaßen recht spezielle - Verbindung zwischen familialer Gruppenebene und gesellschaftlicher Ebene herzustellen.

Als Ausgangshypothese formuliert Pieper, daß "familiales Geschehen anzusehen ist als eine gesellschaftlich verfaßte in sich grundsätzlich problematisch strukturierte eigene und damit besondere Form von Arbeit" (ebd.: 57). An diese Ausgangshypothese anschließend lassen sich folgende Fragen formulieren: Welche Deutungen liefern die Familienmitglieder von ihrem Tun in der Familie bzw. worin liegt für sie das Gemeinsame ihrer Familienaktivitäten? Und: Was sind die Gründe für den familialen Zusammenhalt jenseits der Gegensätzlichkeiten, jenseits der auftretenden Probleme? Zur Überprüfung der Ausgangshypothese und zur Beantwortung dieser Fragen führt Pieper eine systematische Analyse der familientherapeutischen Befunde verschiedener Schulen durch, die dann zu einer idealtypischen Konstruktion der 'Berater-Klientel-Familie' gelangt, wie sie sich aus der Perspektive der Familientherapeuten konstituiert: In *typischen Familien der Berater-Klientel* ist das familiale Geschehen gekennzeichnet durch Abgrenzungsschwierigkeiten der Familienmitglieder nach innen und außen, die zu einer Pseudogegenseitigkeit der Familienbeziehungen führen, welche wiederum die geringe Problemlösungskapazität und -kompetenz verstärkt. Letztendlich führt dies wieder zu einer geringen oder unelastischen Belastbarkeitskapazität, und so aufeinander bezogen manifestiert sich ein *familialer 'Teufelskreis'* mit all seinen pathologischen Konsequenzen (ebd.: 160 f; Stimmer 1978: 85 ff).

In einer kritischen Reinterpretation dieses therapeutischen Befundes auf der Basis verschiedener soziologischer Überlegungen zum Zusammenhalt der Familie[21] gelangt Pieper zu folgender Reformulierung der Ausgangshypothese bzw. Beantwortung der oben gestellten Fragen: Als Schlüsselkategorie zum Verständnis der Problemstruktur familialer Arbeit ist das Konzept der *'gemeinsamen Sache'* zu sehen. Dazu differenziert sie drei Typen, wobei beim *ersten Typ* als *'primär hergestellten Zusammenhalt von Familie'* die

---

21 Hier bezieht sich Pieper zum einen auf Kaufmanns Überlegungen zur Störanfälligkeit von Familien aufgrund fehlender Übereinstimmung in den Erwartungen der Familienmitglieder aneinander (vgl. Kapitel 4.1.2, S.95 f) sowie auf die von Klaus Holzkamp entlang eines materialistischen Arbeitsbegriffs entwickelte These von der fehlenden 'gemeinsamen Gegenständlichkeit' von Familie aufgrund der besonderen gesellschaftlichen Stellung der Familie im kapitalistischen Gesellschaftssystem (Pieper 1986: 189 ff).

die gemeinsame Arbeit der zusammenlebenden Personen bestimmende materielle Gegenständlichkeit (bäuerlicher Hof, Familienunternehmen, Haushalt) von Form und Inhalt her gesellschaftlich eindeutig vorgegeben ist. Der davon zu unterscheidende *'sekundär hergestellte Zusammenhalt von Familie'* meint, daß die gemeinsame Arbeit zwar von der Form her (z.B. durch Ehe- und Familienrecht) gesellschaftlich umrissen, aber vom Inhalt her offen ist, d.h. "es ist gesellschaftlich nicht eindeutig vorgegeben, woraus die zusammenlebenden Personen ihr Zusammenleben gründen und wie sie es ausgestalten" (Pieper 1986: 210). Daraus folgt zum einen der *zweite Typ*, wenn es der Familie *gelingt*, sich eine ihnen gemeinsame materielle und immaterielle Gegenständlichkeit und somit eine 'gemeinsame Sache' familialen Geschehens zu schaffen, die entsprechend sozio-ökonomischer, familienbiographischer und individueller Veränderungen flexibel bestimmt werden kann bzw. muß. Der *dritte Typ* ist dann die *pathologische Variante* des zweiten Typs, dem es nicht gelingt, diese 'gemeinsame Sache' herzustellen und lediglich in einem 'Pseudo-Zusammenhalt' verbleibt. Als Fazit ergibt sich also folgende Reformulierung der Ausgangshypothese:

"Familiale Arbeit ist nicht deswegen als in sich problematisch strukturiert zu betrachten, weil es keine 'gemeinsame Sache' (bzw. Gegenständlichkeit) von Familie (mehr) gibt, sondern weil diese variabel, d.h. nicht klar vorgegeben und auf Dauer festgelegt ist. Und hieran machen sich viele der familialen Konflikte fest." (ebd.: 211 f)

Demnach führt 'familiale Arbeit' als theoretische Verbindung zwischen aggregierter und familialer Ebene zu dem Resultat, daß familiale Konflikte in den Prozeß der Herstellung einer, infolge des gesellschaftlichen und familialen Wandels inhaltlich nur noch unbestimmten 'gemeinsamen Sache' eingelagert sind, für die Familie wie für ihre Mitglieder jedoch erst dann mit 'negativen' Konsequenzen verbunden sind, wenn dieser Herstellungsprozeß selbst scheitert. Mit anderen Worten - und dies ist kein empirisches, sondern ein theoretisches Argument: Familiale Konflikte hängen davon ab, ob es den Mitgliedern gelingt, jene Unbestimmtheit der 'gemeinsamen Sache' für die Familie adäquat zu konkretisieren oder nicht. Aber was sind dann die theoretischen Kriterien sowie möglichen empirischen Bedingungen für einen solchen 'angemessen Entwurf' einer gemeinsamen Sache? Kann hier wieder nur auf familientherapeutische Kriterien in ihrer Pathologie-Kontextualität zurückgegriffen werden? Um keine Mißverständnisse zu wecken, sei nochmal wiederholt: Pieper geht es nicht um ein familien-, sondern um ein arbeitssoziologisches Erkenntnisinteresse. Versucht man trotzdem ihr Ergebnis für eine theoretische Verortung von familialen Konflikten fruchtbar zu machen, wird die Begrenztheit dieses Konzeptes offenkundig, die nicht zuletzt darin begründet sein mag, daß familiale Konflikte selbst in letzter Konsequenz nicht in den Blick geraten, und eine soziologische Verbindung zur Subjektebene in diesem Ansatz gar nicht aufscheint.

4.1.4 Zusammenfassung: Familienkonflikte in der Familiensoziologie - Ein ungeklärter Forschungsgegenstand zwischen Mikro- und Makroperspektive

Es läge nun kein großer Erkenntnisfortschritt darin, würde man die hier vorgestellten theoretischen Konzeptionen zu familialen Konflikten - soweit dies nicht schon indirekt in der Diskussion erfolgt ist - abschließend nochmal in Bezug auf ihre grundsätzlichen theoretischen Ausrichtungen diskutieren, indem man z.B. die blinden Flecke einer interaktionstheoretischen Perspektive und die theoretische 'Voreingenommenheit' eines kritisch-materialistischen Ansatzes gegeneinander ausspielt oder die Verkürzungen einer ressourcentheoretischen Blickrichtung gegen die einer funktionalistischen Sichtweise aufrechnet. Vielmehr sollte eine kritische Bestandsaufnahme dieser Konzeptionen zunächst dazu dienen, noch vor einer empirischen Auseinandersetzung mit familialen Konflikten herauszufinden, wie der *Forschungsgegenstand 'familialer Konflikt'* im familiensoziologischen Bereich *theoretisch* auf unterschiedlichen Ebenen und aus verschiedenen Perspektiven *konstruiert wird*. Und darüber hinaus geht es neben einer Prüfung des in Kapitel 2.2 formulierten Klischee-Vorwurfs nicht zuletzt auch darum, aus den theoretischen Konzeptionen die inhaltlichen 'Dreh- und Angelpunkte' herauszufiltern, auf die in der folgenden, 'empirisch orientierten' Überprüfung der These von der steigenden Konflikthaftigkeit geachtet werden muß.

Faßt man die hier kurz vorgestellten, theoretisch orientierten Zugänge zu familialen Konflikten oberflächlich gesehen zusammen, so ergibt dies *folgende Übersicht*: Generell findet man alle, seit den fünfziger Jahren bis heute aktuellen soziologischen Theorieperspektiven vertreten, die zu familialen Konflikten ein insgesamt recht gemischtes Spektrum von Ursachen und Bedingungen, vor allem negativen Konsequenzen sowie möglichen Lösungen auf verschiedenen Ebenen, mit unterschiedlichen inhaltlichen Schwerpunkten und entlang variierender zeitlicher Reichweiten präsentieren. Teilweise erfolgt dabei eine direkte Verbindung, Bezugnahme oder Vermittlung zum Bereich Familientherapie sowie eine weitgehende Ausblendung des Bereichs 'familiale Gewalt'. Eine nähere Betrachtung führt zu drei grundlegenden, wie gezeigt nicht unbedingt in sich widerspruchsfreien und untereinander kaum problemlos kompatiblen 'Konzeptualisierungsfiguren', wovon die beiden ersten eindeutig oder tendenziell makrosoziologisch, letztere eher mikrosoziologisch fokussiert sind:

Erstens erscheinen familiale Konflikte das direkte Ergebnis von *Überforderungen* der Familie infolge eines, im historischen Verlauf sich verändernden *Verhältnisses zwischen Familie und Gesellschaft*, gekennzeichnet als Desintegration, als Ausdifferenzierung der modernen Familie oder als 'ambivalentes Abhängigkeitsverhältnis' der Familie innerhalb der industriell-kapitalistischen Gesellschaft (König, Kaufmann, Rupp).

Zweitens resultieren familiale Konflikte aus den mit diesem Verhältnis 'Familie-Gesellschaft' eng zusammenhängenden basalen *Strukturprinzipien der modernen Familie.* Damit sind sowohl 'ontologisch festgestellte' als auch historisch wie familienzyklisch variable Konfliktpotentiale gemeint, die sich aus der für die moderne Familie charakteristischen Möglichkeit zur unbegrenzten Kommunikation des Beziehungsaspekts sowie der prinzipiellen Diffusität ihrer Rollenbeziehungen ergeben. Hinzu kommen konfliktverschärfend die wachsende Widersprüchlichkeit der gegenseitigen Rollenerwartungen wie auch strukturell asymmetrische, und gerade deshalb wegen fehlender verbindlicher Reziprozitätsnormen heute zunehmend als ungerecht bewertete, Machtverhältnisse in der Familie (Siegert, Kaufmann, Held).

Noch konkreter auf die familialen Interaktionsprozesse selbst zielt schließlich das dritte, an der Schnittstelle zwischen Familiensoziologie und Familientherapie anzusiedelnde Muster: Hier verursachen solche *spezifischen Interaktionsmodi oder -qualitäten* Konflikte, die z.B. auf nicht adäquat gelösten Grundproblemen der Familie beruhen oder durch vormals bloß latent vorhandene Interaktionsmodelle dominiert werden (wenn die Familiengrenzen so eng und starr gezogen werden, daß ein angemessener Außenbezug für Jugendliche nahezu unmöglich wird, oder wenn in einer Partnerbeziehung eine latent enthaltene Mutter-Sohn- oder Vater-Tochter-Qualität das Übergewicht gewinnt). Konflikte entstehen auch bei umfassender Restriktivität der familialen Beziehungsformen oder durch das Fehlen einer eindeutigen 'gemeinsamen Sache' von Familie mit ihrem Ersatz eines 'Pseudo-Zusammenhalts'. Die Familienmitglieder als Akteure rücken dabei, zum Teil auf spezielle biographische oder familienzyklische Phasen konzentriert, vorwiegend in einem pathologischen Kontext im Sinne von möglichen Identitätsdefiziten bzw. -beschädigungen ins Blickfeld (Hess & Handel, Helle, Picard, Pieper).

Allen Konzepten gemeinsam, allerdings mit Ausnahme des von vornherein im pathologischen Kontext verbleibenden familientherapeutisch orientierten Blickwinkels, ist zum einen die *theoretische Vernachlässigung des eigentlichen, konkreten Konfliktgeschehens*, also die fehlende Integration von familialen Konflikten als - in Anlehnung an Georg Simmel - *'Streitform sui generis'.* Das heißt, daß in keinem dieser theoretischen Argumentationsmuster familiale Konflikte selbst in ihrer Prozeßhaftigkeit, in ihrer

Mehrdimensionalität und insbesondere in ihrer für die Familie spezifischen Ambivalenz theoretisch berücksichtigt oder gar geklärt werden. Kurzum, es fehlt ein adäquates begriffliches Konzept für 'Familienkonflikt'. Oder anders bilanziert: Die Familiensoziologie hat sich bislang mit Familienkonflikten zwischen einer Mikro- und Makroperspektive beschäftigt, ohne dabei den Forschungsgegenstand selbst systematisch und konsequent geklärt zu haben, - womit schließlich der Klischee-Vorwurf aus theoretischer Sicht anstelle einer Widerlegung eigentlich bestenfalls nur eine Relativierung erfährt.

Neben dieser unzureichenden begrifflich-theoretischen Klärung von familialen Konflikten fällt aber zum anderen ein weiteres Manko auf, das in einem direkten Zusammenhang mit dem Problem des *'Wandels'* steht, dessen Bedeutung in der derzeitigen Diskussion um Familie in Kapitel 2 ja problematisiert wurde: Betrachtet man die jeweils enthaltene Zeitperspektive auf gesellschaftlicher Ebene vor dem Hintergrund des theoretisch weitgehend undeutlichen Verhältnisses zwischen Familie und Gesellschaft, so konkretisiert sich 'Wandel' und dessen familial vermittelte konflikthafte Konsequenzen zum einen makrosoziologisch nur relativ nebulös verpackt in einem allgemeinen Überforderungshinweis. Oder er wird zum anderen - mikrosoziologisch gedacht - reformuliert in der Frage nach den soziologisch relevanten Bedingungen, unter welchen die Konstruktion von familialen Wirklichkeiten erfolgt, die einmal von den Subjekten als konfliktarm oder andermal als konfliktreich wahrgenommen werden können. Was also ebenfalls fehlt, ist eine theoretisch befriedigende Verknüpfungen *beider* Perspektiven.

Und damit ist auch genau jene Frage nach den in diesen Konzeptionen enthaltenen *inhaltlichen* 'Dreh- und Angelpunkten' angesprochen, denen eine 'empirisch orientierte Rekonstruktion' des konstatierten Zusammenhangs zwischen familialen Konflikten und gesellschaftlichem bzw. familialem Wandel nachzugehen hat. Verdeutlicht man sich nochmal zusammenfassend die in den theoretischen Konzeptionen thematisierten 'Konflikt-Aspekte' im familialen Geschlechter- und Generationenverhältnis, so folgen daraus als *zentrale Themenstellungen*: Welche Aussagen lassen sich zur aktuellen familialen Aktualisierung der *Geschlechtsrollen* in Bezug auf Aspekte wie 'Rollendiffusität' oder 'Erwartungskonflikte' als Resultat von sich wandelnden, gegensätzlichen Leitbildern treffen? Wie haben sich *innerfamiliale Macht- und Autoritätsverhältnisse* verändert? Wie konfliktreich erfolgt heute der *interaktive 'Herstellungsprozeß' von Familie*, des familialen Zusammenhalts, der 'gemeinsame Sache' - und zwar von den aktuellen soziologischen Kennzeichen von Liebe/Sexualität bzw. deren interaktive Manifestationen bis hin zu pathologisch wirkender Restriktivität? Weitgehend analoge Themen ergeben sich auch für das familiale Generationenverhältnis, die dann - biographisch bzw. familienzyklisch präzisiert - vor allem um die *familiale*

Betreuungssituation im frühkindlichen Sozialisationsprozeß sowie um das Verhältnis von Jugendlichen zu ihren Eltern während des *Ablösungsprozesses* kreisen.

Nach der theoretisch orientierten Verortung familialer Konflikte und ausgestattet mit diesem Themenbündel sollen im nächsten Schritt die dazu vorliegenden Forschungsergebnisse mit den entsprechenden Interpretationen untersucht werden, um nach der theoretischen Konstruktion des Forschungsgegenstandes 'familialer Konflikt' dessen empirische Konstruktion im familiensoziologischen Diskurs nachzuzeichnen.

4.2 Der Konfliktdiskurs in der Familiensoziologie - aktuelle Thesen und empirische Befunde

Nach der theoretischen Rekonstruktion von Familienkonflikten soll das Ziel dieses Kapitels ein ausgewählter Überblick wesentlicher Positionen und Argumentationen sowie deren empirischer Untermauerung zu den soeben genannten Themenfeldern sein, um dabei familiale Konflikte in ihrer aktuellen 'empirischen Konstruktion' herauszuarbeiten. Eine dazu sinnvolle Vorgehensweise führt zunächst zu einer Trennung zwischen Partner- und Eltern-Kind-Beziehung, so daß nach einer entsprechend groben Unterteilung der verwendeten Literatur ein erster Schritt Konflikte in der Partnerbeziehung bis einschließlich jenes Punktes verfolgt, an dem die Beziehung 'offiziell' für gescheitert erklärt wird - der Scheidung. Der zweite Schritt untersucht Konflikte im Bereich 'Elternschaft' im Rahmen des frühkindlichen Sozialisationsprozesses sowie in der Beziehung zwischen Eltern und Jugendlichen während der Ablösungsphase, um dann in einem dritten Schritt nochmal zusammenfassend allgemeine Trends und Entwicklungen in ihren konflikthaften Konsequenzen auf gesellschaftlicher Ebene, auf familialer Gruppenebene und Individualebene abzuschätzen. Bei der Sichtung und Analyse der Literatur werden gemäß des theoretischen Rahmens folgende, in Kapitel 3.4 formulierte Fragestellungen an die einzelnen 'Konfliktthemen' angelegt:

1. Wie lauten die konkreten inhaltlichen Argumentationen zu den verschiedenen Konfliktthemen und auf welchen expliziten oder impliziten Fundamenten beruhen sie?
2. Auf welchen Ebenen (Individual-, Gruppen- oder gesellschaftliche Ebene) sind die Argumentationen angesiedelt?
3. In welcher Zeitperspektive wird 'Wandel' jeweils berücksichtigt und konkretisiert (Biographie, Familienzyklus, sozialer/kultureller Wandel)?

4.2.1 Konflikte in der Partnerbeziehung

Die theoretischen Überlegungen zu familiensoziologischen Konfliktkonzeptionen wurden mit dem kurzen Hinweis auf einige Untersuchungen eingeleitet, die direkt oder indirekt in ihrer Frage nach Stabilität und Instabilität von Familien in der Nachkriegszeit bzw. zu Beginn der Bundesrepublik Deutschland auch Familienkonflikte empirisch aufspürten. Mit einem nochmaligen Aufgreifen jenes Hinweises zu Beginn dieses Kapitels ist mehr beabsichtigt, als nur einen mehr oder weniger eleganten Einstieg in den aktuellen empirischen Konfliktdiskurs über einen historischen Blick zurück in die familialen Wirklichkeiten nach dem Zweiten Weltkrieg zu liefern. Da eine neuere, biographisch angelegte Untersuchung sich unter anderem explizit eine Überprüfung der damals erhaltenen Ergebnisse zum Ziel setzt, bietet dies die Chance, solche *empirischen Konstruktionen' des Forschungsgegenstandes 'familialer Konflikt'* - bzw. hier: 'Partnerkonflikt' - zunächst an einem kurzen Beispiel exemplarisch nachzuzeichnen. Das Beispiel deckt noch dazu dabei genau den Zeitraum ab, der für das hier verfolgte Problem des 'Wandels' von Interesse ist.

Zur 'empirischen Konstruktion' familialer Konflikte - ein Beispiel

In dieser neueren Untersuchung, die über 50 biographische Interviews von Frauen der Geburtsjahrgänge 1898 bis 1928 umfaßt,[22] vergleichen die beiden Autorinnen Sibylle Meyer und Eva Schulze ihre gewonnenen Ergebnisse vor allem mit jenen drei, schon genannten, familienmonographisch arbeitenden Nachkriegsstudien von Hilde Thurnwald, von Helmut Schelsky und Gerhard Wurzbacher sowie von Gerhardt Baumert und Edith Hünniger (Meyer & Schulze 1989: 69 ff). Diese drei älteren Untersuchungen zur Familie der Nachkriegszeit stimmen zwar generell, trotz aller Unterschiedlichkeit der konkreten Fragestellungen und Operationalisierungen, in ihrem Ergebnis einer allgemeinen Tendenz des Wandels von einem patriarchalischen zu einem eher 'partnerschaftlichen' Familienmuster überein, wenngleich sie zu familialen Konflikten z.T. unterschiedliche Ergebnisse präsentieren (vgl. zusammenfassend ebd.: 94 ff).[23]

---

22 Ergänzt wurden diese Daten noch durch 8 Interviews von Männern, deren Auswertung zwar indirekt in die Interpretation der durch die Frauen-Interviews gewonnenen Ergebnisse einflossen, jedoch nicht systematisch miteinbezogen wurden (zur methodischen Vorgehensweise vgl. Meyer & Schulze 1989: insbes. 155 ff)

23 Thurnwald beobachtete ein starkes Konfliktpotential infolge der schwierigen Lebensbedingungen für die Familien in den unmittelbaren Nachkriegsjahren, das dann noch verstärkt wurde durch die problematische 'gesellschaftliche' wie 'familiale' Reintegration der heimkehrenden Männer, und schloß daraus auf eine zunehmende Instabilität der Familie (Thurnwald 1948:

Vor dem Hintergrund eines ressourcentheoretischen Modells innerfamilialer Machtverteilung, das auf einem für alle familiale Funktionen konsequent angewendeten Arbeitsbegriff basiert und um ein apriori vorgegebenes, in und durch Familie lediglich 'widerspiegeltes' gesellschaftliches Machtgefälle bzw. Unterdrückungsverhältnis zwischen den Geschlechtern erweitert wird (ebd.: 17 ff), kommen die Autorinnen auf der Grundlage ihrer Daten zu folgendem Ergebnis: Infolge der (erzwungenen) Selbständigkeitserfahrungen der Frauen durch die kriegsbedingte Abwesenheit ihrer Männer veränderte sich zwangsläufig die innerfamiliale Arbeits- und Entscheidungsverteilung zugunsten der Frauen. Die sukzessive Ausweitung ihrer Verantwortungsbereiche führte nach Rückkehr der Männer jedoch zu unterschiedlichen Effekten: "Kurzfristig zeichneten sich wegen stark differierender Erfahrungen der Ehepartner im Krieg und der im Krieg veränderten Familienstruktur familiale Konflikte ab, die vorrangig um die Arbeits- und Entscheidungsverteilung in der Familie kreisten." (ebd.: 327) Langfristig aber stabilisierte sich wieder die geschlechtsspezifische Zuschreibung der Hausarbeit auf Frauen, während in Bezug auf die familialen Entscheidungs- und Machtstrukturen auch auf lange Sicht Veränderungen im Sinne eines Machtzuwachses von Frauen nachweisbar sind:

"Der in der Kriegs- und Nachkriegszeit gewonnene Selbständigkeitszuwachs der Frauen hatte nicht nur in der unmittelbaren Nachkriegszeit zu einer Machtverschiebung bei der Entscheidungsfindung in den Familien geführt. Die (...) Frauen konnten auch langfristig eine verstärkte Beteiligung an familialen Entscheidungen über die Verteilung des Familieneinkommens, Ausgaben für Anschaffungen, Ausbildungs- und Berufsplanung der Töchter und über die Entscheidung selbst erwerbstätig zu werden (oder zu bleiben) finden." (ebd.: 331)

---

insbes. 186 ff). Gerade umgekehrt sahen Schelsky und Wurzbacher in den schwierigen Lebensbedingungen der Nachkriegszeit die Familie als letzten verbliebenen 'Stabilitätsrest' einer in ihren Fundamenten erschütterten Gesellschaft. Deren Stabilität war ihrer Meinung nach eben nicht nur 'kurzfristig' den widrigen Lebensumständen geschuldet, sondern beruhte vielmehr auf einem verstärkten familialen Zusammenhalt und Zusammengehörigkeitsgefühl, das sich infolge der gesellschaftlichen Umbrüche auch 'langfristig' bewähren würde. Familiale Konflikte würden dabei im Rahmen dieses Zusammengehörigkeitsgefühls gelöst und durch ein zunehmend 'partnerschaftliches' Binnenverhältnis zwischen den Ehepartnern relativiert (Schelsky 1960; Wurzbacher 1958). Und Baumert wiederum, der seine Studie explizit in die Tradition der Autoritätsforschung der Frankfurter Schule stellte und somit die Frage nach innerfamilialen Macht- und Autoritätsstrukturen ins Zentrum rückte, identifizierte insgesamt ein Übergewicht instabiler Familienverbände: Während in 'autoritär-stabilen' und 'gleichrangig-stabilen' Familien ein familialer Konsens über die familiale Macht- und Autoritätsverteilung vorherrschte, überwogen in der 'autoritär-instabilen' Familie jene Konflikte, die zwischen den, alte Macht- und Autoritätsansprüche einfordernden Männern und sich diesen Ansprüchen widersetzenden Frauen und Kindern aufbrachen und schließlich oftmals zu Auflösungserscheinungen führten (Baumert & Hünniger 1954).

Innerhalb des ressourcentheoretischen Interpretationsrahmens liegt für die Autorinnen die Vermutung nahe, daß dieser Machtzuwachs vor allem aus der Verfügung über außerfamiliale Ressourcen infolge der außerhäuslichen Erwerbstätigkeit resultieren könnte, wenngleich aus den Daten kein eindeutig unmittelbarer Zusammenhang nachgewiesen werden konnte. Darüber hinaus sind für den beobachteten Machtzuwachs der Frauen aber auch innerfamiliale Ressourcen von Bedeutung, wie z.B. emotionale und auch praktische Unterstützungsleistungen entlang matrilineal strukturierter Generationenbeziehungen und Verwandtschaftsnetze. Hinsichtlich familialer Konflikte und daraus resultierender Instabilität der Familie erfordern die Daten eine zeitliche Differenzierung: Wenn während der Kriegszeit und in unmittelbarer Nachkriegszeit ein erhöhter Zusammenhalt der Familie und eine Intensivierung familialer Beziehungen im Verwandtschaftskreis festgestellt werden kann, so ändert sich das Bild mit der Heimkehr der Männer: Der auch von Thurnwald angesprochene 'Heimkehrer-Konflikt' bedeutete im Aufeinandertreffen von Frauen und Männer, so die Autorinnen, "ein Konfliktpotential, das für längerfristig wirkende Destabilisierungstendenzen der Familien sorgte" (ebd.: 349):

"Destabilisierende Faktoren resultieren vorrangig aus dem Verhalten der Männer, die nach ihrer Rückkehr Probleme mit den eingespielten Haushaltsstrukturen und deren relativ hoher Stabilität hatten. Die Männer konnten sich kaum damit abfinden, daß ohne ihr Zutun der Haushalt funktionierte. (...) Das Verhalten der Frauen hingegen zielte eher auf eine Stabilisierung der Familien, da auch weiterhin die enge Kooperation notwendig blieb." (ebd.: 349)

An dieser Argumentation läßt sich zumindest zweierlei zeigen: Erstens die wenig aufregende, weil selbstverständliche Einsicht, daß für den wissenschaftlichen Erkenntnisprozeß der gewählte theoretische Rahmen mit apriori gesetzten Grundannahmen von entscheidender Bedeutung ist, weil darauf dann z.B. die hier präsentierte Interpretation der Ursachen für den nachgewiesenen 'Heimkehrer-Konflikt' gründet. Zweitens, und das scheint mir der eigentlich interessante Aspekt zu sein, ist die 'Verwertung' der mit einer biographischen Methode gewonnenen Daten vorgegeben: Es handelt sich bei diesen 'Daten' um - von den Frauen gelieferte - Rekonstruktionen biographischer Erlebnisse, Erfahrungen und sozialer Sinnstrukturen, die *'historische Wahrheit'* verdeutlichen: "Die erzählten Ereignisse, die selektiert und subjektiv interpretiert sind, haben oder hatten für das Individuum Handlungsrelevanz, sind also trotz ihrer Subjektivität letztendlich objektive Faktoren." (ebd.: 158). Das von beiden Autorinnen - offensichtlich als Verteidigung gegen den an qualitative Ansätze häufig gerichteten Vorwurf einer mangelnden 'Objektivität' - berechtigt vorgebrachte 'Wahrheits-Argument' wird von ihnen selbst jedoch nicht in seiner vollen Konsequenz thematisiert, denn die 'historische Wahrheit' bezieht sich eben nicht nur auf jenen befragten Zeitraum, sondern als *'prozessuale Wirklichkeit'* auf die gesamte Lebenszeit der Auskunft gebenden Frauen (und Männer). Mit anderen Worten: Diese Daten sind somit als Rekonstruktionen auf der Grundlage 'individuell verarbeiteter Diskursformationen' zu Themen wie Geschlechterverhältnis, familiale Arbeitsteilung etc. einzuschätzen - sie basieren also auf *'Perspektiven'*, die sich über einen historischen Zeitraum von vierzig, fünfzig Jahren hinweg geformt, verändert, transformiert haben und eben bis in den heutigen Tag mit dem aktuellen Diskurs um familiale Konflikte hineinragen. Das bedeutet aber dann: Was die von Meyer und Schulze präsentierten Ergebnisse eigentlich enthalten, ist weniger eine Widerlegung bzw. Bestätigung dieser oder jener Ergebnisse der damaligen Studien, sondern vor allem die *Deutung damals erlebter familialer oder Partnerkonflikte vor dem Hintergrund der jeweiligen biographischen Entwicklung bis heute in all ihrer sozialen Vermitteltheit.* - Und damit sind sie in letzter Konsequenz auch ein 'empirischer' Beleg dafür, wie der Forschungsgegenstand 'familialer Konflikt' - hier konkret als 'Geschlechtergegensatz' - wissenschaftlich konstruiert wird.

Was aber in und hinter diesem 'Geschlechtergegensatz' alles an familiensoziologisch relevanten Argumentationen vorfindbar ist - und damit indirekt vermittelt auch in solchen Deutungen Eingang findet, soll im folgenden ausgearbeitet werden. Dabei wird sich zeigen, daß im familiensoziologischen Diskurs zum Wandel des Geschlechterverhältnisses und damit zusammenhängender Konflikte in der Ehe/Partnerbeziehung in der Gesamtheit ein recht widersprüchliches und in manchen Aspekten durchaus problematisches Konglomerat zu finden ist, in dem konkurrierende Leitbilder mit dazugehörenden Rhetoriken, implizite Subjekt- und explizite 'Konflikttheorien' sowie zum Teil unbefriedigende empirische Fundierungen zumindest eines *nicht* ergeben: Eine eindeutig gesicherte Aussage darüber, wie sich alltagspraktisch die Mann-Frau-Beziehung im historischen Verlauf in ihrer Konflikthaftigkeit verändert hat. Was allerdings enthalten ist, sind eine Reihe von Hinweisen darauf, wie sich auf verschiedenen Ebenen der Diskursgegenstand 'familialer Konflikt' - bzw. hier 'Partnerkonflikt' - aus soziologischer Sicht konstituiert und formt.

4.2.1.1 Gesellschaftlicher Wandel und subjektive Erwartungen an die Beziehung: Partnerkonflikte und Scheidungsforschung

Denkt man im Kontext der Partnerbeziehung beim Stichwort 'Geschlechtergegensatz' - zugegeben vielleicht etwas unorthodox - gleich zu Beginn an die 'letzte Konsequenz', also an das Beenden der konflikthaften Beziehung, so bietet die Forschung zum Phänomen *'Ehescheidung'* einen ersten direkten

Zugang zum allgemeinen Diskurs um Partnerkonflikte. Allerdings muß vorausgeschickt werden, daß dieses Thema lange Zeit als ideologisch brisant, zwischen gegensätzlichen moralischen, religiösen und politischen Wertorientierungen stehend, eher vernachlässigt wurde. Das wissenschaftliche Interesse wuchs schließlich mit steigenden Scheidungszahlen, und in den USA konnte sich vor allem in den letzten zwanzig Jahren eine 'Scheidungsforschung' etablieren, aus der die meisten, auch in der deutschen Literatur referierten empirischen Ergebnisse stammen. Ebenso haben sich in der gesellschaftlichen Wahrnehmung von Scheidung im historischen Verlauf in den USA - und wohl auch in den anderen westlichen Industriegesellschaften - massive Veränderungen vollzogen, so daß heute versucht wird, 'Scheidung' als 'Konfliktlösung' zu konzeptualisieren:

> "Die Ehescheidung wurde historisch über einen sehr langen Zeitraum, der bis in das 20. Jahrhundert hineinreicht, als eine moralische Verfehlung der Betroffenen gewertet, die mit negativen Sanktionen, z.B. durch Kontrolle, Strafe und Stigmatisierung, zu ahnden war. Dieses Definitionsmuster wurde von einem pathologischen abgelöst, dem therapeutische Interaktionen entsprachen. Gegenwärtig dominiert die Sichtweise, die Ehescheidung als Ausdruck der Lösung ehelicher Konflikte begreift, der nicht mit diskriminierenden und stigmatisierenden Reaktionen zu begegnen ist." (Nave-Herz, Daum-Jaballah, Hauser, Matthias & Scheller 1990: 35)

Ehestabilität, Ehequalität und Scheidung

Im Rahmen dieser 'Scheidungsforschung', die mittlerweile neben den Gründen für eine Scheidung auch verstärkt nach den Faktoren fahndet, die eine solche verhindern bzw. in Richtung einer Stabilisierung der Ehe wirken, kann man folgende gängige (und in Kapitel 2 schon ausgeführte) These finden: Die hohe Zahl der Ehescheidungen ist grundsätzlich *keine Absage an die Institution der Ehe* - dagegen sprechen schon die relativ hohen Wiederverheiratungsquoten -, sondern sie weist auf die anscheinend *steigenden Schwierigkeiten* hin, das durchaus angestrebte Prinzip *'Dauerhaftigkeit'* in der Ehe zu verwirklichen. Diese These richtet sich somit gegen die Annahme eines Wandels der Institution 'Ehe' als 'Zerfall', indem sie auf den Wandel der Bedingungen, der Möglichkeiten abhebt, einen wesentlichen Aspekt der Institution 'praktisch' umzusetzen.

Zwar sind die Ursachen für diese steigenden Schwierigkeiten vielschichtig, doch zur *Erklärung der Scheidungszahlen* findet sich häufig eine Aneinanderreihung von schon aus dem Fundus des allgemeinen Diskurses um familiale Konflikte bekannten Argumentationen (z.B. Köcher 1990: 162 ff): Ehen sind deswegen heute fragiler, weil die emotionalen Bedürfnisse und Ansprüche in und an die Partnerbeziehung gestiegen sind. Fällt die Prüfung der Beziehung in Bezug auf diese zunehmenden individuellen Glückserwartungen negativ aus, so werden, nicht zuletzt auch wegen fehlender Hindernisse, heute schneller die entsprechenden Konsequenzen in der Aufkündigung der Beziehung gezogen. Ein wesentlicher Verstärkungsfaktor dieser Entwicklung ist der Wandel der Frauenrolle: Denn insbesondere die Frauen prüfen die emotionale Qualität der Beziehung zunehmend kritischer, und die Trennung fällt gerade ihnen durch die gestiegene Unabhängigkeit infolge von Bildung und Erwerbstätigkeit leichter. Anders herum: Die 'gebrochenen' Lebensmuster von Frauen, in denen sie die Widersprüche zwischen traditionellen und neuen Leitbildern in ihren alltäglichen Lebenssituationen in Familie und Beruf konfliktreich und leidvoll erfahren, führen zu der vor allem aus Sicht der Frauen größeren Zerbrechlichkeit von Ehen. Eine weitere Ursache für die zunehmende Instabilität der Ehe liegt nach gängiger Einschätzung in der geringen Kinderzahl bzw. dem großen Anteil kinderloser Ehen, da Kinder einen stabilisierenden Effekt auf Ehen haben, zumal sichernde 'Außenstützen' von Ehe und Familie, seit den sechziger Jahren konsequent abgebaut, heute gerade bei Krisen in den Familienbeziehungen fehlen.

In diesen einzelnen Argumentationsfiguren sind eine Reihe von *'soziologischen Selbstverständlichkeiten'* eingebaut, die durchaus problematisch einzuschätzen sind, nicht zuletzt weil sie scheinbar für Partnerkonflikte allgemein wie speziell für Scheidung gleichermaßen gelten, und die es in ihrer argumentativen Verknüpfung wie empirischen Fundierung zu überprüfen gilt - so z.B.: Auf der *Subjektebene* sind die emotionalen Bedürfnisse und Ansprüche gestiegen und widersprüchlicher geworden. Auf der *Interaktionsebene* der Partnerbeziehung erfolgt im Alltag vor allem die permanente kritische Prüfung der Erfüllung dieser Bedürfnisse durch die Frauen. Hinzu kommt noch der für die Partnerbeziehung vielfach fehlende Stabilisierungseffekt von Kindern. Und auf *gesellschaftlicher Ebene* führen kaum mehr vorhandene Scheidungshindernisse und unzureichende außerfamiliale Stützen zu einer Privatisierung von Konflikten und damit auch zu einer Privatisierung von Trennung/Scheidung als Konfliktlösung.

Sozialdemographische Daten

Wenig hilfreich für eine solche Überprüfung sind offensichtlich *sozialdemographische Untersuchungen*, die deskriptiv auf der Basis sozialstatistischer Massendaten (damit weitgehend auch von einem juristischen Scheidungsbegriff ausgehend) versuchen, Korrelationen zwischen Ehescheidung bzw. dem Ehescheidungsrisiko und verschiedenen soziodemographischen Merkmalen herauszufinden (z.B. Diekmann & Klein 1991: 271 ff; Scheller 1991: 324 f; Rottleuthner-Lutter 1989: 611 ff): Z.B. liegt das Scheidungsrisiko für Personen mit einem Heiratsalter unter 20 sowie über 30 Jahren höher als für jene, die im dritten Lebensjahrzehnt heiraten, wobei als Gründe dafür ganz unterschiedliche Aspekte genannt werden: fehlende finanzielle Sicherheiten, noch nicht abgeschlossene Persönlichkeitsbildung oder - bei den über 30-jährigen zu langes Single-Dasein. Neben dem Heiratsalter werden Faktoren wie Region, Religion, voreheliche Schwangerschaften, Erwerbstätigkeit und Bildungsniveau der Frau, Schichtzugehörigkeit, Vorhandensein von Kindern sowie biographische Erfahrungen mit einer Scheidung der eigenen Eltern untersucht.[24]

Diese Ergebnisse bleiben soziologisch grundsätzlich schwer interpretierbar, da beispielsweise unklar ist, was genau gemessen wird (z.B. bei der Schichtzugehörigkeit), welche Ursache-Wirkungs-Relationen hinter verschiedenen Faktoren stehen (z.B. vorhandene oder fehlende Kinder)[25] oder ob sie generell nur als Kontextvariablen betrachtet werden können. Darüber hinaus fehlt ein übergreifendes integratives Theoriekonzept, welches auch auf der Zeitdimension verschiedene Phasen mitberücksichtigt, so daß z.B. Scheidungsrisiko und Erwerbstätigkeit der Frau dynamisch zueinander in Beziehung gesetzt bzw. die gesamte familiale Situation einbezogen werden kann (Kinder ja oder nein, wenn ja, in welchem Alter, Umfang und Art der Erwerbstätigkeit der Frau, Erwerbstätigkeit des Mannes etc.) (Heaton 1991: 294; Schumm & Bugaighis 1986: 167). Deshalb ist Gitta Scheller sicher zuzustimmen, wenn sie formuliert:

"Insgesamt ist zu den sozial-demographischen Untersuchungen kritisch anzumerken, daß sie zwar die Aufmerksamkeit auf die Konfliktträchtigkeit bestimmter Phasen im Familienzyklus sowie auf bestimmte Partner- und Ehekonstellationen sowie auf Merkmale lenken, mit denen ein erhöhtes Scheidungsrisiko verknüpft ist. Zur Erklärung der verursachenden Bedingungen von Ehescheidungen sind sie aber unzureichend, da sie weder über Beweggründe, die den Scheidungsentschluß bestimmen, noch über die Faktoren, die zum Scheitern einer Ehe führen können, etwas aussagen. (Scheller 1991: 325)

---

24 Dieser letztgenannte Aspekt der 'intergenerationalen Scheidungstradierung' stützt sich auf die Beobachtung, daß Personen, deren Eltern geschieden wurden, einem höheren Scheidungsrisiko unterliegen als jene, deren Eltern nicht geschieden wurden. Bei der Erklärung dieses Phänomens bleibt aber unklar, welche 'Transmissionsriemen' hierbei von Bedeutung sind: das Übertragen von Beziehungskonflikten mit entsprechenden Konfliktmustern auf die Kinder oder der zumeist sozio-ökonomische Abstieg der Restfamilie nach der Scheidung etc. (Reich 1988; für einen Überblick vgl. Schulz & Norden 1990: 528 f; Heekerens 1987).

25 In einem interkulturellen Vergleich läßt sich zwar in fast allen Gesellschaften ein negativer Zusammenhang zwischen Scheidungshäufigkeit und dem Vorhandensein von Kindern beobachten. Die Folgerung, Kinder wirken sich somit ehestabilisierend aus, ist jedoch insofern voreilig, als genauso plausibel umgekehrt das Vorhandensein von Kindern als Ausdruck stabiler Ehen zu deuten ist (Fischer 1990: 36 f).

Makrosoziologische Argumentationen

Betrachtet man noch vor den subjektiven Beweggründen zur Ehescheidung als nächstes kurz die Frage nach den Faktoren für das Scheitern einer Ehe, führt dies zunächst zu einer Reihe *makrosoziologisch orientierter Argumentationen*, die im wesentlichen destabilisierende Momente für Ehe und Familie infolge eines generellen gesellschaftlichen Wandel hervorheben (z.B. zusammenfassend Nave-Herz, Daum-Jaballah, Hauser, Matthias & Scheller 1990: 138 ff): So differenziert Louis Roussel (1980: 69 ff) idealtypisch vier Ehemodelle, die in einer Gesellschaft koexistieren können und sich durch die Zuschreibung unterschiedlicher Bedeutungsinhalte an die Ehe seitens der Partner sowie durch verschiedene Prioritäten in Bezug auf die Erfüllung bestimmter ehelicher Funktionen unterscheiden: Von der *traditionellen Ehe* mit starkem Institutionencharakter über die *Bündnis-Ehe* und der *Verschmelzungs-Ehe* bis hin zur *Partner-Ehe* nimmt der Institutionencharakter sukzessive ab, emotional-affektive Komponenten treten immer mehr in den Vordergrund und zentrale Funktionen werden an die Gesellschaft abgegeben. Das Resultat daraus ist: Je stärker das Institutionelle in den Hintergrund und privatisierte, individualisierte Entscheidungs- und Verfügungsgewalt in den Vordergrund tritt, die Integration von Ehe und Familie in die Gesellschaft geringer wird und Emotionen an Bedeutung gewinnen, desto eher entstehen Enttäuschungen in der Ehe und begünstigen deren Auflösung. Den Rahmen für den darin konstatierten Wandel in den Ehetypen bilden *modernisierungstheoretisch* begründete Aspekte wie zunehmende Optionen sowie umfassende Revisionsmöglichkeiten im Bereich der privaten Lebensführung, deren vielleicht wichtigster Indikator in der Veränderung der familialen Arbeitsteilung gesehen wird, indem ehemals geschlechtsspezifisch fest zugeschriebene Vorgaben nunmehr eines permanenten Aushandlungsprozesses bedürfen und dadurch die Wahrscheinlichkeit von Konflikten zugenommen haben dürfte. Empirisch belegt wird diese Annahme durch entsprechende Untersuchungen, nach denen bei mehr Geschiedenen als Verheirateten die Zuständigkeitsbereiche im Haushalt nicht festlagen und diese nach Angaben der Geschiedenen zu Konflikten in ihrer Ehe geführt haben (z.B. Nave-Herz, Daum-Jaballah, Hauser, Matthias & Scheller 1990: 80 ff).

Der darin auch angesprochene allgemeine *Normen- und Wertewandel* gilt als ein weiterer destabilisierender Faktor, wenngleich die häufig vertretene Annahme, vor allem ein strenges Scheidungsrecht beeinflusse die Ehestabilität positiv, nicht bestätigt werden kann. Vielmehr spielt die generelle Akzeptanz von Scheidung in einem kulturellen Klima mit entsprechendem Wertesystem eine Rolle (Scheller 1991: 336), in dem infolge immer *geringer werdender Barrieren*, in denen neben rechtlichen eben auch moralischethische, ökonomisch-materielle Aspekte zu beachten sind, der Entschluß zur Scheidung sich leichter treffen läßt: Während frühere Heiratskohorten vor allem ethisch-moralische sowie materielle Barrieren als Verzögerungen der Scheidung nannten, verweisen jüngere Kohorten vor allem auf psychische Barrieren (Angst vor dem Alleinsein etc.), die aber anscheinend leichter überwunden werden können (Nave-Herz, Daum-Jaballah, Hauser, Matthias & Scheller 1990: 87 ff). Zu diesen Aspekten hinzu kommen noch *gestiegene Anforderungen* an die 'Strukturflexibilität'[26] von Ehen und Familien infolge von wachsenden Mobilitätsanforderungen, Anforderungen des Erwerbsbereichs (z.B. Zeitbudgets der Partner bei Schichtarbeit etc.) sowie *externe streßproduzierende Ereignisse* wie Arbeitslosigkeit, ökonomische Krisen usw., die tendenziell zu einer Überlastung der Beziehung und damit zur Auflösung führen können (Scheller 1991: 338 ff).[27]

Ausgehend von dem in der Roussel'schen Typologie enthaltenen Hinweis auf unterschiedliche Bedeutungsinhalte der Ehe, sprechen die hier kurz aneinander gereihten Faktoren zusammengedacht für folgende Vermutung: Ehestabilität bzw. Scheidungshäufigkeit verweist nicht direkt und grundsätzlich auf gesellschaftliche Stabilität oder Instabilität in Zuge von sozialem Wandel, sondern sie sind zu einem erheblichen Teil abhängig von der *Striktheit bzw. Flexibilität vorhandener Normen- und Wertesysteme*, die wiederum in einem *Wechselwirkungsverhältnis* mit den jeweiligen ökonomischen, ökologischen, demographischen und politischen Anforderungen der entsprechenden Gesellschaft stehen (Fischer 1990: 36 ff). Im Gegensatz zu der in jener Aneinanderreihung implizit enthaltenen Vorstellung eines direkten 'Durchschlagens' makrostruktureller Veränderungen auf Ehe und Familie, bedeutet dieser feine Unterschied zugespitzt und umformuliert in eine These, daß letztlich *gesellschaftliche Werte und Normen über die Bedeutung der Ehe als Beziehung zwischen Individuen* einen entscheidenden Einfluß auf die Ehestabilität haben. Auf die *Subjektebene* gewendet gelangt man damit zur Frage nach den *Erwartungen der Subjekte an ihre Ehe/Partnerbeziehung* und deren eventuellen Transformationen auf der Basis folgender Annahme: "Je niedriger die Erwartungen an individuelle emotionale Übereinstimmung und je höher die Erwartung an das Ertragen von persönlichen Unvereinbarkeiten, desto größer die Ehestabilität." (ebd.: 40)

---

26 'Strukturflexibilität' meint die Fähigkeit sozialer Systeme, auf veränderte Lebensbedingungen durch Neuorganisation der innerfamiliären Interaktionsstruktur zu reagieren und gleichzeitig die Befriedigung der Bedürfnisse seiner Mitglieder zu gewährleisten (Scheller 1991: 339).

27 Scheller weist übrigens in diesem Zusammenhang auf die hier schon kurz erwähnten empirischen Studien in der Nachkriegszeit bzw. Anfangszeit der Bundesrepublik Deutschland und ihrer Überprüfung durch Meyer und Schulze hin (Scheller 1991: 340 ff).

Subjektive Gründe für die Ehescheidung

Befragungen der Partner nach den *subjektiv wahrgenommenen Beweggründen* für die Ehescheidung, also nach den ihrer Meinung nach entscheidenden Gründen für das Scheitern ihrer Ehe zeigen, daß im historischen Verlauf seit Ende des Zweiten Weltkrieges sich die Rangfolge der angegebenen Scheidungsgründe verändert hat (Scheller 1991: 325 ff; Schneider 1991: 460 f; Rottleuthner-Lutter 1989: 614 f): Entgegen den früher mehr '*instrumentellen*' Aspekten (im Sinne von Verhaltensweisen, die die Aufrechterhaltung der zentralen Funktionen von Ehe und Familie betreffen) stehen heute eher '*expressive*' Aspekte (als Ansprüche auf Befriedigung eigener emotioneller Bedürfnisse) im Vordergrund:[28] Von Frauen wurden an erster Stelle die mangelnde Unterstützung durch den Ehepartner genannt, gefolgt von Beschwerden über autoritäres Verhalten, Herumtreiberei, Alkoholismus, psychische und physische Gewalttätigkeiten sowie allgemein über die Persönlichkeit des Mannes, während Männer häufiger Probleme mit Verwandten, Arbeitsüberlastung, einzelne Ereignisse außerhalb der Ehe anführten und allgemein auf das Schicksal verwiesen. In neueren Studien werden von Frauen und Männer insbesondere sexuelle Probleme, eheliche Untreue sowie Unzufriedenheit mit der ehelichen Kommunikation als ausschlaggebend für die Trennung angegeben.[29] Auffällig erscheint hierbei vor allem die Differenz zwischen einerseits *konkreten Verhaltensweisen* und andererseits *formulierten Ansprüchen*: Wurden früher Verhaltensweisen *des anderen Partners* wahrgenommen und definiert, bewertet, so reflektiert man heute die *eigenen* Ansprüche, deren Erfüllung hinterfragt und gemäß den eigenen Bedürfnissen bewertet wird.

Dementsprechend konstatiert z.B. Nave-Herz, daß in einem Vergleich der Heiratskohorten von 1966 bis 1975 und von 1976 bis 1986[30] mittlerweile häufiger *Beziehungsprobleme zwischen den Partnern* als subjektiv wahrgenommene Scheidungsursache geltend gemacht werden, ergänzt noch

---

28 William J. Goode (1956) hat in einer klassischen Untersuchung in den USA im Jahr 1948 geschiedene Mütter im Alter von 20 bis 38 Jahren nach den Gründen für das Scheitern ihrer Ehen befragt, der dann in den USA eine Reihe weiterer ähnlicher Untersuchungen, auch unter Einbeziehung der Männer, folgten (vgl. für eine kurze Übersicht einiger ausgewählter Studien dazu Schneider 1990: 460).

29 Zur Signifikanz von schicht- und geschlechtsspezifischen Differenzen in diesen Ergebnissen gibt es voneinander abweichende Aussagen, wobei aber laut verschiedenen Untersuchungen die Unzufriedenheit in der Ehe aus affektiv-emotionalen Gründen bei Frauen häufiger als bei Männern nachweisbar ist und auch mit steigenden Schichtniveau zunimmt (Scheller 1991:326).

30 Die hier zugrunde gelegte Untersuchung basiert auf 84 qualitativen Interviews, durchgeführt 1987, sowie einer 1989 erfolgten teilstandardisierten Befragung mit insgesamt 460 ausgewerteten Fragebogen von Geschiedenen und Getrenntlebenden mit einer Kontrollgruppe von 'Verheirateten' (Nave-Herz 1990: 51 ff).

durch *problematische Beziehungen zu den Herkunftsfamilien,*[31] während früher eher Verhaltensweisen und Eigenschaften des Partners wie Gewalttätigkeit etc. genannt wurden (Nave-Herz, Daum-Jaballah, Hauser, Matthias & Scheller 1990: 59 ff). Außerdem scheinen eheexterne Belastungen (materielle, berufliche Probleme oder gesetzliche Rahmenbedingungen) im Gegensatz zur zentralen Bedeutung eheinterner Beziehungsprobleme von den Befragten selbst nur in geringem Maße wahrgenommen zu werden. Diese Ergebnisse bestätigen nach Ansicht von Nave-Herz ihre These von einem Wandel der subjektiven Bedeutung der Ehe, womit der Anstieg der Ehescheidung darauf zurückzuführen sei, daß infolge der zunehmenden Konzentration der Ehe auf den emotional-affektiven Aspekt bei Nichterfüllung konsequenterweise diese dann auch aufgelöst wird (vgl. dazu auch die Ausführungen in Kapitel 2):

> "Gerade weil die Beziehung zum Partner so bedeutsam für den Einzelnen geworden ist und - so paradox es klingen mag - gerade weil man die Hoffnung auf Erfüllung einer idealen Partnerschaft nicht aufgibt, löst man die gegebene Beziehung - wenn sie konfliktreich und unharmonisch ist auf. Der zeitgeschichtliche Anstieg der Ehescheidung ist also kein Zeichen für einen 'Verfall' oder für eine 'Krise' der Ehe, sondern für ihre enorme psychische Bedeutung für den Einzelnen heute." (ebd.: 65)

Norbert F. Schneider, der neben geschiedenen Paaren auch getrennte Paare aus vormals zusammen in einem Haushalt lebenden sowie in verschiedenen Haushalten lebenden nichtehelichen Lebensgemeinschaften in seine Untersuchung miteinbezog (insgesamt 130 Personen), kommt zu ähnlichen Ergebnissen. Die genannten Problembereiche wurden umso umfangreicher und schwerwiegender, je höher der *Institutionalisierungsgrad der Beziehung* war: Ehepaare mit Kindern gaben signifikant mehr Trennungs- und Belastungsfaktoren an, wiesen also demnach eine weit höhere Problembelastung auf als Paare ohne Kinder in nichtehelichen Lebensgemeinschaften, die häufiger angaben, sich ohne größere Konflikte einfach auseinander gelebt zu haben. Als Erklärung für die zunehmenden Scheidungsziffern meint Schneider, daß nicht die Konfliktträchtigkeit der Ehen gestiegen sei, sondern die *'Konfliktverträglichkeit'*, die *'Leidensbereitschaft'* der Menschen abgenommen habe. Die genannten Veränderungen in den subjektiv wahrgenommenen Scheidungsgründen sind seiner Meinung nach eine Reaktion auf den Wandel juristisch anerkannter Scheidungsgründe, der wiederum auf ein sich änderndes Eheideal zurückzuführen ist, das immer mehr kommunikative und

---

31 Der darin angesprochene problematische Ablösungsprozeß von der Herkunftsfamilie wird - wie in Kapitel 4.1 gezeigt - in einigen Theoriekonzepten zu familialen Konflikten thematisiert (König, Helle) und scheint sich in seiner Prognosekraft für eine damit verbundene Gefährdung der Stabilität der späteren Ehen von solchen Kindern in den Daten von Nave-Herz et al. zu bestätigen (Nave-Herz 1990: 63).

partnerschaftliche Ansprüche in den Vordergrund rückt (Schneider 1991: 466 ff).

Scheidung als anomischer Prozeß

Kritisch zu diesen Befunden mit ihrer implizit enthaltenen 'Subjekttheorie' ist auf jeden Fall anzumerken, daß eine solche Interpretation einer *gewandelten 'Subjektivität'* solange mit Vorsicht vorgenommen werden muß, wie eine integrative Theorieperspektive fehlt, die den unterstellten Zusammenhang von 'historischen' Veränderungen subjektiver Scheidungsgründe mit gesamtgesellschaftlichen Veränderungsprozessen klärt. Was letztlich unklar bleibt ist z.B. sowohl die Frage nach den Gründen für den Wandel des Eheideals wie auch die Frage nach der entscheidenden Differenz zwischen mit ihrer Beziehung unzufriedenen Paaren, die sich nicht trennen, und jenen, die die Trennung vollziehen. Alle diese Zuschreibungen, Bewertungen der Ehebeziehung können auch von Paaren geäußert werden, für die Scheidung eben *nicht* das Resultat aus dieser Bewertung ist. Darüber hinaus muß grundsätzlich präziser zwischen den wahrgenommenen Scheidungsgründen der Partner differenziert werden, die die Trennung wünschten, und jenen, die 'verlassen' wurden, da es denkbar ist, daß die 'Verlassenen' z.B. nicht die eigenen, sondern die beim Partner vermuteten Gründe angeben (Scheller 1991: 328 f; Hartmann 1989: 29 ff). Aber auch bei einer solchen Differenzierung überwindet man nicht ein weiteres Manko dieser gesamten Fragestellung nach den subjektiv wahrgenommenen Scheidungsgründen, das noch unterhalb dieser sicher einleuchtenden Kritik liegt: Grundsätzlich unterstellt die Frage eine *zeitliche Konsistenz in der Bewertung der Beziehung* bzw. in den Begründungen, den Entschluß zur Trennung zu fassen. Mit anderen Worten: Diese Argumentationen beruhen auf der Annahme, daß über den komplexen, selbst wieder konfliktreichen Konfliktlösungsprozeß 'Scheidung' hinweg die, zu welchem Zeitpunkt nachher auch immer abgefragten, Gründe identisch geblieben sind mit jenen, die diesen Prozeß initiiert haben - eine wie mir scheint nicht unbedingt plausible Annahme.

Denn Hinweise auf einen solchen möglichen dynamischen Zusammenhang zwischen subjektiv wahrgenommenen Trennungsgründen und 'Scheidung' als speziellem Interaktionsprozeß, der die Deutungen, Bewertungen der Beziehung bei beiden Partnern nicht unberührt läßt, liefert ein Ansatz, der Scheidung interaktionstheoretisch als einen *anomischen Prozeß* mit einer grundlegenden Rollenkonfusion beider Partner versteht. In diesem anomischen Trennungsprozeß übernehmen die Beteiligten *situationale Rollen*, und zwar: 'Initiator' ('dumper') und 'Verlassener' ('dumped partner'), die ihnen als Interpretationsmuster erlauben, 'Ordnung' in diese Konfusion zu bringen (Hopper 1993). Wie erste Ergebnisse qualitativer Untersuchungen zeigen, konnten sich die befragten Beteiligten sofort einer der beiden Rollen zuordnen und waren davon überzeugt, der Partner würde die identische Zuordnung vornehmen - gewissermaßen als 'Konsensfiktion' über den Trennungsprozeß hinweg. Die nach Joseph Hopper mögliche Zuordnung, bzw. Unterscheidung beider Rollen gelingt anhand folgender Differenzierung: 'dumpers' verfolgen eine *Rhetorik des Individualismus'*, die das dezidiert formulierte Nichterfüllen individueller Bedürfnisse verschiedenster Art in der Ehe enthält, im Gegensatz zu 'dumped partners' mit einer *Rhetorik des Commitment'*, in deren Zentrum eher diffus und ambivalent der Verpflichtungscharakter der Ehe steht. Auch oder gerade weil diese situationalen Rollen und mit ihnen beide Rhetoriken als Interpretationsrahmen verschwinden, sobald der Trennungsprozeß vollzogen wurde (ebd.: 145 ff), scheint es nach diesem Ansatz grundsätzlich mindestens problematisch zu sein, von den erfragten 'Scheidungsgründen' unvermittelt auf 'Beziehungsqualitäten' vor der Scheidung oder gar auf sich verändernde 'Subjektivität' zu schließen.[32]

Von dieser rollentheoretischen Differenzierung ausgehend wird vielleicht eher plausibel, warum - wie oben schon kurz erwähnt - zwar beide Geschlechter Gründe für die Ehescheidung seltener bei sich selbst suchen, aber Männer insgesamt weniger Gründe angeben können, unsicherer in der Einschätzung sind, warum die Ehe scheiterte, wann die Krise begann (Rottleuthner-Lutter 1989: 615). Die These, bei den angegebenen Scheidungsgründen mit entsprechenden Differenzen zwischen Männern und Frauen handele es sich vielleicht auch um unterschiedliche - vielleicht, aber nicht unbedingt ausschließlich geschlechtsspezifische - *Rhetoriken*, die dann je nach situationalen Rollen und abhängig vom Befragungszeitpunkt einzuordnen wären, scheint zumindest plausibel. Denn in eine ähnliche Richtung weisen auch die Ergebnisse von Schneider (1991: 465 ff), der einen 'Initiatorstatus' einführt, um zwischen beiden Partnern differenzieren zu können, und der bei der historischen Veränderung der Trennungsgründe zwar verschiedene Ebenen andeutet, wenn er auf gewandelte Beziehungs-

---

32 Die Konsequenzen aus dieser rollentheoretischen Differenzierung wären z.B. auch in Bezug auf neue Konzepte der Konfliktregelung im Scheidungsprozeß ('Mediation') bedenkenswert (z.B. Niesel 1991: 84 ff), weil damit die interaktive Dynamik in der 'Mediation' als Konfliktlösungsprozeß wohl eher durchschaubar gemacht werden könnte: So melden Evaluationsforschungen z.B. widersprüchliche Ergebnisse hinsichtlich der Zufriedenheit von Männern und Frauen mit der 'Mediation', wobei eine Erklärung dann in Kosten-Nutzen-Differenzen oder in unterschiedlichen Mediationskonzepten gesucht wird (Link & Bastine 1991: 142 ff). Möglich wäre allerdings auch, daß sich in konträren Einschätzungen durch die Partner verschiedene situationale Rollendefinitionen manifestieren, denen somit eine Evaluationsforschung Aufmerksamkeit schenken müßte.

und Eheideale verweist, deren konkrete Verbindung zu der Subjektebene aber unklar läßt. Seiner Meinung nach seien heute die Partnerbeziehungen vor der Trennung

"in einem hohen Maße durch interpersonale Spannungen auf den Ebenen gegenseitige Wertschätzung, Kommunikationsverhalten, Einstellungen und Interessen, Entfaltungsmöglichkeiten sowie durch eine generelle Verarmung und Routinisierung der Partnerschaft gekennzeichnet. Diese Faktoren werden von jeder zweiten bis dritten befragten Person genannt. Dagegen treten 'klassische' Belastungsfaktoren, die (...) bis in die 60er Jahre hinein häufig als Scheidungsgründe genannt wurden, stark in den Hintergrund. Gewalttätigkeiten und finanzielle Probleme sind bei jedem siebten Paar, Alkohol- und Drogenprobleme in jeder 10. Beziehung gegeben." (ebd.: 466)

Der von ihm durchgeführte Paarvergleich zeigt zwar für das Paar zusammen keine geschlechtsspezifische Differenz in den perzipierten Scheidungsursachen, aber innerhalb des Paares deuten sich genau jene rollenspezifischen Rhetoriken an:

"Innerhalb der Paare bestehen oft erhebliche Abweichungen bei der Beurteilung einzelner Trennungsursachen. In der Gesamtbetrachtung des Trennungsprozesses führen diese jedoch nur bei einem Ex-Paar zu einer unterschiedlichen Wiedergabe der ausschlaggebenden Trennungsursachen." (ebd.: 468 ff)

Nach den bisherigen Überlegungen, die eine kritische inhaltliche Konkretisierung von Partnerkonflikten sowohl aus makrosoziologischer Perspektive wie auch auf Subjektebene auf der Grundlage einiger zentraler Argumentationen aus der Scheidungsforschung versucht haben, soll jetzt der 'diskursive Raum' zum 'Geschlechtergegensatz' vergrößert werden, um weitere Hinweise für relevante Rhetoriken im Verhältnis zwischen Männern und Frauen zu sammeln.

4.2.1.2 'Der Geschlechterkampf' und 'die Liebe' - Teil I: Geschlechtsrollenwandel, Machtstrukturen und Autoritätsverhältnisse

Vollzieht man diese thematische 'Entgrenzung' und versucht man, sich anhand einer Übersicht der einschlägigen Literatur ein Bild zur gegenwärtigen Situation der Beziehung zwischen Mann und Frau zu verschaffen, so kann wohl als wichtigster Aspekt der aktuellen Diskussion in einem Satz zusammengefaßt werden: "Der Kampf der Geschlechter ist das zentrale Drama der Zeit." (Beck & Beck-Gernsheim 1990: 65)[33] Und - so das hier zitierte Argument - zum Verständnis dieses aktuellen 'Dramas' ist ein kurzer Blick in die Geschichte notwendig, und zwar dorthin, "wo die Menschen entlassen

---

[33] Die hier als Literaturgrundlage verwendeten Beiträge von Elisabeth Beck-Gernsheim sind geringfügig überarbeitete Version früherer Publikationen (z.B. Beck-Gernsheim 1988; Beck-Gernsheim 1986).

werden aus den Bindungen, Vorgaben, Kontrollen der vormodernen Gesellschaft, die neuen Hoffnungen der Liebe beginnen, aber zugleich auch ihre neuen Konflikte. Im Zusammenwirken der beiden entsteht jenes explosive Gemisch, das wir als *Liebe heute* erfahren" (ebd.). Oder anders formuliert: Die gesellschaftlich-historischen Ursachen für die Häufung von Ehe- und Beziehungskonflikten liegen demzufolge in einer *speziellen Kombination* von *gesellschaftlichem Wandel* und der *Durchsetzung eines bestimmten kulturellen Konzeptes von Liebe.* Die damit angesprochenen und auch schon als Erklärung für die gestiegenen Scheidungszahlen oberflächlich angeführten allgemeinen Modernisierungs- und Individualisierungsprozesse mit ihrem Doppelgesicht der 'riskanten Chancen' (Keupp 1988) brauchen hier nicht nochmal im einzelnen skizziert zu werden (vgl. auch Kapitel 2). Wichtig dabei scheint mir, die zentralen Bestandteile, auf denen diese Argumentation zum 'Geschlechterkampf' beruht, aufzuzeigen und deren spezielle Kombinatorik in ihren konkreten Auswirkungen auf die Konflikthaftigkeit von Ehe und Familie herauszuarbeiten.

Eine erste Annäherung an die Grundlagen dieser 'gefährlichen Liebe heute' ruft nochmal in Erinnerung, daß parallel zu dem im Individualisierungs-Theorem enthaltenen gesellschaftlichen Wandel mit seiner Auflösung, dem Wegfall traditioneller Bindungen und damit vorgegebener, gesicherter Sinnwelten jene Form von Ehe und Familie entsteht, deren Basis einer *'personenbezogenen Stabilität'* sich in und durch das von den Partnern gemeinsam zu entwerfende Universum ihrer 'Liebes-Beziehung' manifestiert (Beck-Gernsheim 1988: 107 ff; Beck-Gernsheim 1986: 210 ff). Doch gerade diese 'personenbezogene Stabilität' scheint prekär zu sein, ja zunehmend prekärer zu werden, wobei als Gründe dafür aus soziologischer Sicht zu nennen sind: Zunehmende Wahlchancen und -zwänge in der Gestaltbarkeit der eigenen Biographie bringen für den Einzelnen schon Überforderungen, noch schwieriger wird die Kombination und gegenseitige Abstimmung zweier, unter diesem *Individualisierungsdruck* stehender Biographien, denn "je höher die Komplexität im Entscheidungsfeld, desto größer auch das Konfliktpotential in der Ehe." (Beck & Beck-Gernsheim 1990: 74) Darüber hinaus sind die zu treffenden Entscheidungen zwar einerseits 'frei', andererseits aber ebenso strukturell vermittelt und beeinflußt durch Arbeitsmarkt, Mobilitätsanforderungen, Bildungssystem usw. Gerade aus dieser Ambivalenz heraus erscheint das für viele als zentrales Zersetzungsmoment von Ehe und Partnerbeziehung betrachtete Streben nach *'Selbstverwirklichung'* nicht mehr als 'Egoismus auf Kosten des Partners', sondern als "kulturelle Antwort auf die Herausforderungen einer neuen Lebenslage oder, noch pointierter gesagt: ein kulturell vorgegebener Zwang" (ebd.: 75).

Welche Konsequenzen daraus für das in einer Partnerbeziehung gemeinsam zu entwerfende Universum entstehen, liegt auf der Hand: Die beiden Partner *dürfen* nicht nur, sondern *müssen* ihr gemeinsames Universum selbst entwerfen, nicht zuletzt weil infolge der 'freischwebenden' Liebesideologie äußere Stützen und Zwänge weitgehend fehlen. Dieser *'prometheische Zwang'* führt letztlich leicht in eine Beziehung, in der zwei 'Monaden' ihre individuellen Universen gegeneinander verteidigen. Dort gerinnt dann 'Partnerschaft' zur permanenten Beziehungsarbeit, in der gemäß widersprüchlicher Leitbilder und unter dem Eindruck optionaler Lebensformen, basierend auf einer permanenten Veränderungsmoral und einem strikten Optimierungsgebot nur noch 'Selbstbehauptung' entlang der subjektiven Vorgaben von 'Authentizität' regiert (ebd.: 114 ff). Das Motto könnte lauten: Ich bin ich, und was ich bin muß jeden Tag neu herausgefunden werden - ob mit oder gegen den Partner.

Einen zentralen Stellenwert in dieser 'Liebesproblematik' nimmt neben der - infolge des allgemeinen Individualisierungsdrucks also immer prekärer werdenden - 'personenbezogenen Stabilität' im besonderen der *Wandel der Geschlechtsrollen* ein, weil der für beide Geschlechter nicht synchron verlaufende Individualisierungsprozeß für Männer und Frauen (deshalb?) unterschiedliche Konsequenzen zeigt: Zu Beginn der Moderne blieb Individualisierung auf Männer beschränkt mit dem Resultat von sich unterschiedlich entwickelnden männlichen und weiblichen Normalbiographien hin zu der für die bürgerliche Familie charakteristischen Geschlechtsrollentrennung. Die erst in diesem Jahrhundert auch auf Frauen ausgedehnten neuen Individualisierungsschübe, beschleunigt seit den 60er Jahren, führen dazu, daß Männer und Frauen heute an den entscheidenden Punkten von Partnerbeziehung, Ehe und Familie nicht mehr übereinstimmen: Sexualität, Arbeitsteilung, Kommunikation im Alltag. Damit *steigt das Konfliktpotential* zwischen den Partnern und *sinken* gleichzeitig die *Möglichkeiten der Konfliktreduzierung*, da traditionelle Strategien der Unterordnung der Frau (meist noch in der Beziehungsarbeit durch die Frau) nicht mehr wirken (ebd.: 78 ff). Die Konsequenz aus dieser Entwicklung läßt sich in folgendem *Dilemma* formulieren, das offensichtlich für die Konfrontation der Geschlechter und der sich dabei ergebenden Konflikte verantwortlich ist:

"Die alte Form der Geschlechterbeziehungen hatte ihre Schwierigkeiten in der Unterdrückung der Frau - aber wurde dadurch auch zusammengehalten. Die neue Form hat ihre Schwierigkeiten darin, daß nun beide Geschlechter eine eigenständige Biographie haben, oder zumindest: den Anspruch darauf. (...) [das bedeutet auch:] auf der einen Seite der Wunsch und der Zwang, ein eigenständiges Individuum zu sein; auf der anderen Seite das Bedürfnis nach dauerhafter Gemeinsamkeit mit anderen Menschen, die aber ihrerseits wieder den Vorgaben und Erwartungen des eigenen Lebens unterstehen." (ebd.: 75)

In dieser soweit skizzierten Argumentation sind im wesentlichen also *zwei zentrale Aspekte* enthalten, die in der vorliegenden Kombination aufeinander verweisen und jene konstatierte gestiegene Konflikthaftigkeit bewirken: Erstens die *'Liebe'* als für die bürgerliche Ehe und Familie spezifisches kulturelles Konzept, die in ihrer 'Personbezogenheit' selbst immer problematischer zu werden scheint; und zweitens der *Wandel des Geschlechterverhältnisses*, der als Geschlechtsrollenwandel über die Angleichung beider Geschlechter im öffentlichen Bereich ihre Trennung im privaten Bereich der intimen Partnerbeziehung bewirkt. Diese beiden Bausteine gilt es weiter zu konkretisieren: Was ist das Konflikthafte am vorherrschenden kulturellen Konzept von 'Liebe'? Und worin gründet genau die private Trennung der Geschlechter im konstatierten Rollenwandel?

Der Wandel der Leitbilder von Mann und Frau

Beginnt man bei dem für Soziologen scheinbar einfacheren Problem des Wandels der Geschlechtsrollen, so ist das Zeichnen einer kurzen Skizze dieses 'Wandels' schwierig, wird die Thematik doch zunächst jenseits jeglichen Wissenschaftsanspruchs bzw. im Grenzbereich zwischen wissenschaftlichem und öffentlichem Diskurs im historischen Zeitverlauf von einer Vielzahl von 'Begriffsblasen' vernebelt, die dann, medial zu immer wieder 'neuesten Trends' hochstilisiert, in ihrer Gesamtheit nur eines sicher belegen: eine allgemeine kulturelle Suchbewegung, die das soziologische Konzept 'Wandel' allein zweifelsohne nicht ausreichend greift und deren alltagspraktische Entsprechung noch ungewiß ist. Blickt man in den wissenschaftlichen Bereich, so lautet eine - dieses 'Nicht-mehr-Übereinstimmen' von Männern und Frauen präzisierende - in verschiedenen Variationen und Formulierungen gängige These: Der Rollenwandel bzw. besser: der *Wandel der Geschlechtsrollen-Leitbilder* und damit verbundene Kontinuitäten, Transformationen, aber auch Brüche und Widersprüche in der 'Semantik der Geschlechter' verursachen als Risiken der 'Emanzipation' jene vielfältigen und schwer durchschaubaren 'Kommunikationsprobleme' zwischen Männern und Frauen (Schmidbauer 1991a; Schmidbauer 1991b). Ihren theoretischen wie empirischen Bezug findet diese These im wesentlichen wiederum in zwei zentralen und eng zusammenhängenden Strängen: Zum einen in einer allgemeineren Thematik der seit der Nachkriegszeit diskutierten innerfamilialen Macht- und Autoritätsverhältnisse sowie zum anderen spezieller in der spätestens seit den 80er Jahren anhaltend aktuellen Diskussion um 'alternative' Rollenkonzepte.

Macht-, Autoritätsverhältnisse und innerfamiliale Arbeitsteilung: Ambivalenzen und Widersprüche

Zur Frage nach den *Machtverhältnissen* in der Familie, in der Partnerbeziehung existiert trotz einer Vielzahl von kritischen Veröffentlichungen vor allem zum Thema 'Patriarchat' nur eine relativ geringe Zahl mit empirischen Ergebnissen, konkret einige Daten zur ehelichen Autoritätsstruktur und mehrere zum Thema innerfamiliale Arbeitsteilung.[34] Nach Michael Opielka herrscht in der bundesdeutschen Literatur das Bild einer stark 'partnerschaftlichen' Ehebeziehung vor, wozu er kritisch anmerkt, daß dabei oft die Selbstaussagen der befragten Paare, wonach Entscheidungen gemeinsam getroffen werden, einfach als Abbild allgemeiner Wirklichkeit in den Beziehungen übersetzt werden (Opielka 1990: 126 ff). Überblickt man die empirische Forschung vor dem Hintergrund dieser Kritik, verwundert die Widersprüchlichkeit der Ergebnisse vielleicht weniger: Viele Untersuchungen weisen auf eine vorwiegend 'partnerschaftlich' orientierte Entscheidungsstruktur in den Ehen hin, während andere Untersuchungen wiederum eine mehr oder weniger deutliche Vormachtstellung des Mannes dokumentieren.[35] Ohne hier auf weitere wichtige kritische Anmerkungen zu diesen empirischen Untersuchungen eingehen zu wollen (z.B. zu den jeweiligen theoretischen Rahmen, zu Durchführung und Auswertung etc.), scheint insgesamt als Ergebnis eine gewisse *Ambivalenz* in den Partnerbeziehung vorhanden zu sein:

"So wird zwar auf der Wertorientierungsebene gleiche allgemeine Entscheidungsmacht zwischen den Geschlechtern von vielen Befragten gefordert, aber gleichzeitig hält man vielfach an der 'legitimen Autorität des Mannes' und - seitens der Frauen - an dem Prinzip des 'Aufsehen-Könnens' zum Manne fest. Mit anderen Worten: Gleichberechtigung in der Ehe wird betont, aber auch die Autorität des Mannes gefordert." (Nave-Herz 1988: 79 f)

---

34 Dabei wird 'Macht' zumeist in Anlehnung an Max Weber als die Chance verstanden, innerhalb der ehelichen bzw. familialen Beziehung den eigenen Willen - unter Umständen auch gegen Widerstand - durchzusetzen, während 'Autoritätsstruktur' das eheliche Über- bzw. Unterordnungsverhältnis, also die Frage nach der Gleichrangigkeit der Partner meint (Nave-Herz 1988: 77 ff).
Im Hinblick auf den Machtbegriff wäre allerdings zu fragen, inwieweit gerade für familiale Beziehungen ein differenzierteres Begriffsverständnis sinnvoll sein könnte. So spricht z.B. Peter Baumann in seiner Analyse des Machtbegriffs von 'Motivationsmacht' und fokussiert dabei die sozial ungleiche Verteilung von Chancen, den Anderen soweit zu bringen, von selbst das zu wollen, was den eigenen Interessen dient (Baumann 1993).

35 Auszugsweise wären hier als einige der am häufigsten in der Literatur genannten Untersuchungen zu nennen: Erler, Jaeckel, Pettinger & Sass (1988); Glatzer & Herget (1984); Hahn (1982); Lupri (1970); Metz-Göckel & Müller (1986); Nauck (1987); Pfeil (1975); Pross (1978).

Wie ist diese Ambivalenz aber zu interpretieren? Sicher steckt darin zunächst der Hinweis, die oft recht einfache, als 'familiale Realität' ausgewiesene Dichotomisierung in (meist männliche) Dominanz und (meist weibliche) Unterordnung zugunsten einer differenzierteren Betrachtungsweise aufzugeben. Roland Eckert, Alois Hahn und Marianne Wolf weisen in ihrer Studie[36] darauf hin, zwischen Auskünften zum Entscheidungsverhalten zu unterscheiden, in denen Männer und Frauen übereinstimmen und in denen sie divergieren. So liegen z.B. Entscheidungssphären, in denen beide Partner gemeinsam entscheiden, bei Fragen wie: Urlaubsort, Wohnungssuche, Gäste, Lebensversicherung, Hausarzt, Wohnungsgestaltung. Eher weibliche Entscheidungssphären sind: Wahl der Frauenkleider, Speisezettel, Arbeitsplatz der Frau, Lebensmittelausgaben; eher männliche: Arbeitsplatz des Mannes, Wahl der Männerkleider, TV-Programm, Autokauf. Wie problematisch es ist, nun aus solchen Entscheidungs-Katalogen Aussagen über eheliche Machtverhältnisse abzuleiten, indem durch die gegenseitige Verrechnung dieser mit jener Kategorie auf 'Über- und Unterordnung' geschlossen wird, ist anhand dieser gegenübergestellten Bereiche leicht nachzuvollziehen. Besonderen Aufschluß für die kritische Einschätzung von Aussagen über eheliche Machtverhältnisse aber gibt meines Erachtens folgende Frage nach den jeweils vorhandenen Vorstellungen zum 'idealen Ehemann': Soll der Ehemann wichtige Entscheidungen treffen und die Frau sich unterordnen? Denn hier zeigt sich: Die Vorstellung vom 'entscheidenden Ehemann' trifft noch für viele Paare übereinstimmend zu (40% der Befragten), wenngleich damit nicht gleichzeitig die Vorstellung von einer sich unterordnenden Frau verbunden ist, denn die Zustimmung der Paare zum 'Entscheidungen-treffenden-Idealmann' korreliert nicht mit der Vorstellung von der 'unterordnungswilligen Idealfrau' - nicht einmal ein Viertel der befragten Paare halten es für notwendig, daß die Frau sich bei wichtigen Entscheidungen unterordnet.

"Dieses Ergebnis bedeutet mit anderen Worten: Wasch mich, aber mach mir den Pelz nicht naß! Dabei sind die Antworten der Frauen in diesem Zusammenhang durchaus widerspruchsfrei: sie wissen, jedenfalls besser als ihre Männer, daß ihr Ideal eines entscheidungsfreudigen Mannes nur dann stimmig ist, wenn sie bereit sind, sich seinen Entscheidungen unterzuordnen. Ein immerhin nicht unerheblicher Prozentsatz der Männer hingegen glaubt zwar, die wichtigsten Ent-

---

36   Befragt wurden in dieser, in drei Wellen durchgeführten Panel-Untersuchung 223 (in der dritten Befragung) zu den 'ersten Ehejahren' junge Ehepaare im Zeitraum von 1977 bis 1980, wobei die Kriterien, nach denen die Paare der Stichprobe ausgewählt wurden, folgende waren: beide Partner unselbständig beschäftigt, für beide Partner die erste Ehe, beide Partner deutsche Staatsangehörige und beide Partner kinderlos; 'Mußehen' wurden nachträglich aus der Stichprobe genommen und die Ehefrau durfte nicht älter als 29 Jahre sein (Eckert, Hahn & Wolf 1989: 8 ff).

scheidungen treffen zu sollen, schreckt aber vor der korrespondierenden Erwartung der unterordnungswilligen Frauen zurück." (Eckert, Hahn & Wolf 1989: 92)

Deutlich wird also, daß nicht unbedingt das gemessen wird, was gemessen werden soll: "Die Antworten der Befragten spiegeln wohl weniger den konkreten Ablauf der Entscheidungen wider, sondern reproduzieren in hohem Maße allgemeine gesellschaftliche Normvorstellungen." (ebd.: 93)

Betrachtet man die *innerfamiliale Arbeitsteilung* als Frage nach einem *Wandel in der Rollenwahrnehmung*, vermelden verschiedene empirische Untersuchungen insgesamt die gleiche bemerkenswerte Ambivalenz: Wenig Veränderungen an den traditionellen Zuordnungen von Hausarbeit und Kinderbetreuung stehen einem Aufbrechen der einheitlichen Verbindlichkeit des traditionellen Rollenverständnisses zumindest auf der Einstellungsebene gegenüber. In Bezug auf mögliche, damit verbundene Konflikte ist es auch hier sinnvoll, genauer zu differenzieren und insbesondere zwischen Paaren mit und ohne Kind(er) zu unterscheiden, weil sich darin die festgestellte Diskrepanz zwischen konkreter Alltagspraxis und gesellschaftlich vorgegebenen Rollenmustern schärfer konturiert: Partner ohne Kinder nennen - im Gegensatz zu Paaren mit Kindern - mehr Konflikte in den Bereichen Sexualität, Beruf des Partners und Haushaltsführung, wobei bei ihnen die gemeinsame Haushaltsführung intensiver ausgehandelt, explizit geregelt wird und geschlechtstypische Muster sich abschwächen. Die Existenz von Kindern ändert zwar vielfach die *faktische Arbeitsteilung* hin zu einer eher traditionell geschlechtsspezifischen Rollenteilung, nicht aber die Rollen*bilder*. Im Hinblick auf die Partnerrollen wirkt sich der eheliche Alltag also nicht grundsätzlich in die Richtung einer Stärkung traditioneller Aufgabenverteilungen und Rollenbildern aus. Vielmehr ist ebenso von einer Tendenz zu mehr 'Partnerschaft' und individualisierten Rollenbildern auszugehen, die sich allerdings *nicht* in einer Angleichung der Arbeitsaufgaben äußern müssen (ebd.: 95 ff).

Überblickt man die Ergebnisse dieser Untersuchungen, so verdeutlichen sie zwar eindrucksvoll die unterschiedlichen Ebenen und Entwicklungen von verschiedenen 'Machtdimensionen' in Ehe und Familie, sie sind aber letztlich in Bezug auf ihre 'konfliktgenerierende Kraft' nur schwer zu konkretisieren: Zum einen trifft die - gesellschaftlichen Vorstellungen entsprechende - Forderung nach einer 'gleichrangigen' Partnerbeziehung eben *nicht* als nicht eingelöstes 'Gegenbild' in den konkreten Entscheidungsbefugnissen auf ein dichotomisch festgelegtes Über- und Unterordnungsverhältnis zwischen Mann und Frau, aus welchem die Frauen auszubrechen versuchen. Sondern sie steht einer differenzierten, ambivalenten Entscheidungspraxis gegenüber, die bezüglich daraus resultierender Konflikte nur schwer einzuschätzen ist. Zum anderen gilt gleiches für die innerfamiliale Arbeitsteilung, die in der

praktischen Gestaltung zwar nicht den gewünschten und geäußerten Idealvorstellungen entspricht, aber auch hier unklar bleibt, welche konfliktför-
dernden Wirkungen damit verbunden sind. Die häufig gegebene Diagnose
aus diesen Befunden lautet jedoch erstaunlicherweise trotzdem verhältnismäßig eindeutig: "Die beschriebene Ungleichzeitigkeit der Veränderungs-
verläufe, sowohl auf normativer als auch auf faktischer Ebene, könnte aber
zu einer Zunahme an Spannungen und Konflikten im Ehe- und Familiensystem führen (...)." (Nave-Herz 1988: 83)

'Neue' Männer - 'neue' Frauen: Alternative Rollenmodelle

Doch mit der Frage nach dem Wandel in der konkreten Rollenwahrnehmung
bewegt man sich schon mitten im zweiten Strang des allgemeinen Diskurses
um den Geschlechtsrollenwandel, dort wo die Auseinandersetzungen um
Neue Frauen' und 'Neue Männer' bis hin zu einzelnen Konzepten von
'Androgynität' (Bierhoff-Alfermann 1988) geführt werden, die jeweils in ihren verschiedenen Inhalten und unterschiedlichen Positionen auszuführen
hier zu weit ginge. Aber gemäß der entsprechenden Literatur[37] können sie
als 'kleinster gemeinsamer Nenner' in einem 'Gemisch' aus Rollenbildern
und Alltagspraxis mit folgenden Stichworten in groben Strichen konturiert
werden: Der besseren Ausbildung und zunehmenden Berufsneigung bei den
Frauen entspricht eine Doppelorientierung zu Familie und Beruf, bei der allerdings Berufstätigkeit immer weniger im herkömmlichen Rahmen von
Teilzeitarbeit mit dem Status des gelegentlichen Hinzuverdienens, sondern
mit eigenen Karierreansprüchen verbunden wird. Auf seiten der Männer ist
- obigen Ergebnissen zur innerfamilialen Arbeitsteilung folgend - auf der
Einstellungsebene eine langsam wachsende Familienorientierung feststellbar
(z.B. das Stichwort 'neue Väter'), dem alltagspraktisch aber kaum eine Entsprechung etwa im Hinblick auf die konkrete Übernahme von Hausarbeit
oder der alltäglichen Kinderbetreuung zur Seite steht. Diesen neuen Ge-
schlechts- und Elternrollen entspricht ein Leitbild der 'partnerschaftlichen
Familie', in der sozusagen innerfamilial frei die konkrete Rollenausgestal-
tung ausgehandelt werden kann.

Aber gerade der konfliktreiche Aushandlungsprozeß auf der Grundlage
widersprüchlicher gegenseitiger Rollenerwartungen, enthält noch eine weitere interessante Wendung. Unter der Oberfläche jener 'neuen' Rollenvor-
stellungen stimmen nicht nur die Ansprüche und Vorstellungen, die Männer
und Frauen gegenseitig (als Fremdbilder) stellen und haben und mit der in-

---

37 Auch hierzu seien nur auszugsweise einige Literaturbeispiele genannt: Badinter 1987; Bernard
& Schlaffer 1991; Bertram & Borrmann-Müller 1989; Hollstein 1990; Metz-Göckel 1988;
Opielka 1990; Oubaid 1988; Pasero & Pfäfflin 1986; Schneider 1989.

timen Partnerbeziehung verbinden, nicht mehr überein, sondern - wie oben zur innerfamilialen Machtverteilung und bei den subjektiven Scheidungsgründen schon angedeutet - werden diese *in sich selbst (als Selbstbilder) immer widersprüchlicher* (Schulz 1983:408 ff; vgl. dazu z.B. auch schon Pfeil 1975: 380 ff): Von der intimen Partnerbeziehung werden einerseits die Vorteile einer intensiven emotionalen Zweierbeziehung wie z.B. mehr Geborgenheit, mehr Gefühle und Kommunikation innerhalb der Beziehung sowie die Realisierung gemeinsamer Ziele gewünscht, ohne aber andererseits die damit verbundenen Nachteile in Kauf nehmen zu wollen: z.B. mehr Einengung, weniger Gefühl 'nach außen', eine Tendenz zur Isolation sowie die geringere Möglichkeit, individuelle Zielsetzungen zu verfolgen. Als Selbstbild wird z.B. eine 'partnerschaftliche Männeridentität' oder eine 'emanzipierte Frauenidentität' entworfen, ohne dabei deren alltagspraktische Konsequenzen von lästiger Hausarbeit oder wegfallender Selbstverständlichkeit von materiellen Versorgungsansprüchen zu akzeptieren. Mit anderen Worten: Nicht nur Frauen und Männer werden sich in ihrer Beziehung zueinander gegenseitig immer unverständlicher, sondern auch das (männliche oder weibliche) Subjekt sich selbst gegenüber.

Das dergestalt fast 'zwangsläufige' und mittlerweile schon bekannte Fazit lautet auch hier: Wenn die Partnerbeziehung, die Ehe all diese ambivalenten Ansprüche und widersprüchlichen Bedürfnisse dann nicht mehr erfüllt, wird sie gelöst. Und wenn z.B. Wigand Siebel (1984: 29) beklagt, die Institutionen Ehe und Familie seien nur noch auf eine Instrumentenrolle zur individuellen Bedürfnisbefriedigung reduziert, so muß nach den bisherigen Ausführungen hinzugefügt werden: Sie können selbst dieser Instrumentenrolle immer weniger gerecht werden, weil - um den Begriff 'Instrument' metaphorisch zu wenden - nicht mehr verschiedene Melodien von verschiedenen Musikern gleichzeitig darauf gespielt werden sollen, sondern verschiedene Melodien simultan von einem Musiker gespielt werden möchten.

Geht man von der im Diskurs um den Geschlechtsrollenwandel insgesamt enthaltenen *Ambivalenz zwischen 'individueller Freiheitsverheißung' und 'partnerschaftlicher Konfliktgenerierung'* jetzt zum oben identifizierten zweiten wichtigen Aspekt für den Kampf der Geschlechter über: zu der Liebe, so gestaltet sich die Problematik dort augenscheinlich zwar noch komplexer, enthält aber doch genau jene gleiche, grundlegende Ambivalenz.

4.2.1.3 Der 'Geschlechterkampf' und 'die Liebe' - Teil II: Liebesideal und Liebeskonflikte

Ein Grundaxiom in familiensoziologischen Ausführungen zur bürgerlichen Familie besteht in der Aussage, das mit Durchsetzung der Moderne das '*romantische Liebesideal*' als zentrales Fundament der Partnerbeziehung zwischen Mann und Frau und damit auch jener 'personenbezogenen Stabilität' vormals in der traditionellen Gesellschaft gültige Eheschließungsgründe ersetzte. Mit diesem Fundament moderner Partnerbeziehungen, der Geschlechterliebe, und ihrer konstatierten zunehmenden Konflikthaftigkeit tut sich die Familienforschung jedoch schwer. Zwar gibt es eine lange Tradition mit einer fast unüberschaubaren Fülle von psychologischen, sozialpsychologischen bzw. mikrosoziologischen Forschungen zu Zufriedenheit und Stabilität von Paarbeziehungen, in denen dann von sozio-demographischen Faktoren bis zu Kommunikationsqualität, Einstellungsähnlichkeiten usw. verschiedenste Zusammenhänge untersucht werden, die für das Zustandekommen, die Entwicklung und Stabilität von intimen Zweierbeziehungen bedeutsam sind (z.B. Amelang, Ahrens & Bierhoff 1991a; Amelang, Ahrens & Bierhoff 1991b). Zum eigentlichen Phänomen 'Liebe' aber scheint die Forschungssituation schwieriger zu sein: Lange Zeit eher ein Thema für Dichter, Philosophen, Theologen und seit Beginn der Psychoanalyse vor allem ein Thema für Psychotherapeuten, wächst zwar offenbar in den letzten beiden Jahrzehnten das Interesse, indem sowohl auf populärwissenschaftlicher als auch wissenschaftlicher Ebene eine Nachfrageboom zum Thema 'Liebe' eingesetzt hat, eine genuin soziologische Erfassung von 'Liebe' aber bleibt offensichtlich heikel (Corsten 1993: 9 f).

Komponenten des romantischen Liebesideals

Sicherlich existieren soziologische Anknüpfungspunkte wie z.B. bei Luhmann (1984), der darlegt, wie sich die gesellschaftliche Semantik der Liebe von der 'Passion' zum 'Problem' gewandelt hat und wie sich in einer funktional differenzierten Gesellschaft ein eigenes System für Intimität herausbildet mit dem dazugehörenden eigenen symbolischen Code (zusammenfassend z.B. Corsten 1993: 16 ff). Oder ein Anknüpfungspunkt findet sich auch bei Tyrell (1987), nach dessen Meinung die 'romantische Liebe' ihren Höhepunkt bereits überschritten hat. Und mit Roussel (1980: 68 ff) könnte man sogar die These aufstellen, daß mit zunehmender Durchsetzung der 'Partnerschaftsehe' (mit ihrem impliziten Vertragscharakter und als moderne Form der Vernunftehe) die Konflikte und Spannungen, die in der Liebessemantik ihren Ursprung haben, im Schwinden begriffen sind. Wenn man aber versucht, Liebe als 'kulturelles Konzept' in seinen konkreten Zusammenhängen mit Partnerkonflikten zu hinterfragen, so bleiben jene Anknüpfungspunkte zu allgemein oder theoretisch zu abstrakt. Deshalb soll zunächst ein kurzer Blick über die Soziologie hinaus weiterhelfen:

Psychologische Untersuchungen haben herausgefunden, daß 'Liebe' im allgemeinen durch 'Freundschaft, Leidenschaft und Anteilnahme' gekennzeichnet ist. *'Freundschaft'* umfaßt dabei folgende Komponenten: Wertschätzung, Authentizität im Sinne von Offenheit, Ehrlichkeit und Spontaneität, Hilfe und Unterstützung, Selbstöffnung (jeder Partner soll die Freiheit haben, Gefühle zum Ausdruck bringen und geheime Wünsche und Hoffnungen mitteilen zu können), Akzeptanz als Anerkennung von Identität und Individualität, Ähnlichkeit der Werte und Einstellungen, Charakterstärke (der Charakter des anderen wird bewundert, ebenso seine Leistungen und sein Verantwortungsgefühl), emphatisches Verstehen (die Gefühle des anderen sollen zutreffend interpretiert werden und die Fähigkeit zum Zuhören soll vorhanden sein). Dieser umfassende Katalog von Freundschaftskomponenten wird in der 'Liebe' noch ergänzt mit *'Leidenschaft'*, definiert durch Faszination, sexuelles Verlangen und Exklusivität, sowie durch *'Anteilnahme'*, definiert durch eine über Freundschaft hinausgehende Opferbereitschaft. Alle Komponenten zusammen bilden ein allgemeines Profil 'partnerschaftlicher' Liebe, wobei in konkreten Paarbeziehungen selbstverständlich verschiedene Komponenten unterschiedliche Gewichtungen haben können (Maderthaner & Reiter 1990: 333 ff).

Das so konzeptualisierte 'Liebestypogramm', und ich denke, mit dieser (sozial)psychologischen Definition erhält man eine recht brauchbare Umschreibung des derzeit vorhandenen Liebesideals *als kollektiver Idealvorstellung*, ist nun gemäß dem Partnerkonflikt-Diskurs geradezu prädestiniert für Konflikte, da es in der sozialen Realität auf spezifische Voraussetzungen seiner Verwirklichung bzw. besser: Nicht-Verwirklichung trifft. Dazu können im wesentlichen zwei Argumentationsfiguren identifiziert werden, die beide auf das Geschlechterverhältnis rekurrierend zum einen mikrosoziologisch und zum anderen makrosoziologisch fokussiert jene konfliktverursachende Wirkung der Liebe ausführen.

Liebe als affektuale Herrschaftszurichtung

Ausgangspunkt der makrosoziologischen Perspektive ist die Überlegung, daß die kollektive Idealvorstellung von Liebe im 'romantischen Liebesideal' einen markanten *Widerspruch* zu den bestehenden Macht- und Herrschaftsverhältnissen gerade zwischen den Geschlechtern bildet, denn das soeben skizzierte Liebesideal ist mit den für das moderne Geschlechterverhältnis charakteristischen Aspekten wie Gewalt, Entmündigung, Vereinnahmung unvereinbar: "Wider ihren eigenen Anspruch von Zärtlichkeit, Zuneigung, Zartheit existieren sie [die Liebe, Anm.d.Verf.] in Geschlechterbeziehungen, deren Basis Ungleichheiten, Unfreiheiten sind." (Dröge-Modelmog 1987:

15) Der Grund für dieses Weiterbestehen entgegen den realen Verhältnissen liegt nicht nur darin, daß Liebe 'blind macht', sondern daß *Liebe in der modernen Gesellschaft geradezu zur conditio sine qua non individueller Existenz* wird, deren *gesellschaftliches Moment* in ihrer Verbindung zur *affektualen Herrschaft* im vorgegebenen Geschlechterverhältnis besteht:

"Die Gefühlskategorie Liebe verweist im Kontext affektualer Herrschaft auf zwei differente Erscheinungen, die, obwohl auf den ersten Blick konträr, dennoch zusammengehören. Als Massenphänomen erfüllt sie die Funktionen, Schlüssel zum Einstieg in das Alltagsleben zu zweit zu sein und als Zauberformel gebraucht zu werden, um die Regeln des Alltags zu brechen." (ebd.: 15)

Auf der anderen Seite begreift diese Argumentation Liebe als Ordnungssystem der inneren menschlichen Natur, als ein Strukturierungsmoment des Gefühlslebens, durch das die sozialen Beziehungen systemrational gestaltet werden. Denn der in der historischen Entwicklung seit Descartes vollzogene Säkularisations- und Domestikationsprozeß von Liebe im Zuge der Durchsetzung der bürgerlichen Gesellschaft mit dem dazu gehörenden, schließlich institutionell abgesicherten Geschlechterverhältnis, seiner Trennung von Erotik in Liebe und Sexualität und den geschlechtsspezifischen Zuordnungen und Ausgrenzungen führt letztlich zur Liebe als Mythos und Fragment: Liebe wird mythisch, weil sie in ihrer Fixierung im 'auf ewig Dein' den Alltag mit allen Ambivalenzen, Schattenseiten und Veränderungen negiert, und fragmentarisch, weil, ihrer Ambivalenzen beraubt und funktional eingebunden, die Sehnsucht nach 'dem anderen' nicht erfüllt werden kann (ebd.: 27).

Damit zurück zur Ausgangsfrage: Liebe ist also ein Gefühl, das als sozialer Tatbestand doppelt, und zwar durch eine subjektive Seite (Sinn) und eine objektive Seite (Funktion) bestimmt ist: Der Sinn besteht in dem Bild einer *zweckfreien Vergemeinschaftung* zweier Menschen in einer, der sozialen und ökonomischen Rationalität gegenüber alternativen Handlungslogik, die praktisch jedoch wiederum in den Bedingungszusammenhang von affektualer Herrschaft und sie kontrollierender und sichernder Institution eingebunden ist. Damit vollzieht Liebe als Funktion - konsequent zu Ende gedacht - in ihrer Herrschaftssicherung die *Konstituierung und Formung 'passender Subjektivität'*. Die darin liegende Behauptung der *Liebe als Kontrollinstanz* führt schließlich zur entsprechenden Aufforderung vor allem an die Frauen, sich 'sehend' zu machen: "Frauen müssen sich selbst aus Gefühlshörigkeit, aus emotionalen Fesseln lösen, dadurch, daß sie sich ein neues Sozialbild schaffen. (...) Um liebesfähig zu werden, müssen Frauen paradoxerweise erst einmal auf Liebe verzichten." (ebd.: 28) In dieser Konsequenz, sich der 'Freiheit von Gesellschaft' verheißenden Zauberformel 'Liebe' mit seiner praktischen Kontroll- und Herrschaftsfunktion zu verweigern, löst sich die Frage nach Konflikten in der Partnerbeziehung zu guter letzt auf und wird dann kollektiviert zur Frage nach der Formung und Durchsetzung neuer (Liebes-)Leitbilder.

Liebeskonflikte zwischen 'passiven Männern' und 'fordernden Frauen'

So wie diese Argumentation zur Liebe als kulturellem Paradigma einen 'Liebeskonflikt' als Herrschaftskonflikt aus einer makroskopischen Perspektive diagnostiziert, beleuchtet die zweite Argumentation die interaktive Relevanz dieses Gefühls 'Liebe', wenn auch in der Schlußfolgerung mit weniger radikaler Konsequenz. Die mit den traditionellen Geschlechtsrollen als Grundlage der affektualen Herrschaft verbundene Trennung zwischen der weiblichen Familienwelt und der männlichen Berufswelt mit ihren geschlechtsspezifischen Zuschreibungen, ihren je eigenen Ansprüchen und Anforderungen und den daraus resultierenden Macht- und Abhängigkeitsverhältnissen führen nach Francesca M. Cancian (1985: 277 ff) zu jenem *'Liebeskonflikt'*, der sich *zwischen 'passiven Männern' und 'fordernden Frauen'* manifestiert.

"Love and the family are identified with the feminine role, while achievement and work are the core of masculinity. Love is seen as an activity that women control, and something that women need more than men; work is the focus of men's lives, and men monopolize higher paying jobs. This feminization of love and the relations of power and dependence between men and women produce one of the major conflicts in marriage: the struggle between wives who demand more love and husbands who withhold." (ebd.: 277)

Insgesamt zeichnen aus soziologischer Perspektive vor allem *drei Aspekte* der traditionellen Geschlechtsrollen für diesen Liebeskonflikt verantwortlich: Erstens die Feminisierung der Liebe, zweitens die Zuschreibung der Verantwortlichkeit für die Beziehung an die Frau und drittens die ökonomisch bedingte Abhängigkeit der Frauen von ihren Männern. Zum ersten Punkt: Diagnostiziert man einen Liebeskonflikt zwischen 'passiven Männern' und 'aktiven Frauen', so wird dies dann plausibel, wenn dabei eine 'weibliche Definition' von Liebe unterliegt, welche Liebe als Gefühlsausdruck, als Erfüllung der Bedürfnisse nach Kommunikation, personaler Nähe usw. faßt. Stellt man jedoch 'Liebe, Intimität' in einen sexuellen Kontext, so dreht sich die Diagnose um und Konflikte häufen sich, in denen Männer die Rolle des Fordernden, Frauen die passive Rolle übernehmen. Überspitzt formuliert könnte man also sagen, daß die Diagnose davon abhängt, ob Liebe als Gefühl oder als (sexuelle) Praktik konzeptualisiert wird. Allerdings - und damit ist die Frage danach angesprochen, warum Liebe als kulturelles Konzept sowohl von der Öffentlichkeit als auch von den Experten zumeist als weibliches Gefühl konkretisiert, *Liebe* also *feminisiert* wird -

bleibt Liebe zumeist in einer *Semantik der Passivität* (des intrapersonalen Tuns), des Gefühls, des Erlebens, während die aktive Seite, insbesondere die sexuelle Dimension weniger bedeutsam scheint. Die Antwort auf die Frage nach dem Grund der konstatierten Vorherrschaft des 'weiblichen Konzepts' von Liebe liegt nach Cancian (ebd.: 279 f) darin, daß im umgekehrten Fall - also einer kulturellen Definition von Liebe mit ihrem zentralen Bestandteil 'Sexualität' - für Männer in ihrer sexualisierten Liebespraktik ein Abhängigkeitsverhältnis von den Frauen konstituiert und dadurch ihr Machtvorsprung unterhöhlt würde. Das 'weibliche' Konzept von Liebe besitzt also letztlich - analog zu obiger Argumentation - eine strategische Funktion zur Herrschaftssicherung der Männer.

Parallel zu dieser Verweiblichung von Liebe ist - als zweiter Punkt - die *strikte Zuschreibung der Verantwortlichkeit für die Beziehungsqualität auf seiten der Frau* zu sehen. Die Konsequenzen für den Liebeskonflikt sind klar: "Insofar as marriage, love and the home are defined as the wife's 'turf', an area where she sets the rules and expectations, men are more likely to feel threatened and controlled when she seeks more intimacy." (ebd.: 281) Aus Sicht der Frauen entsteht daraus leicht ein Teufelskreis: Gerade *weil* es ihre Aufgabe ist, für eine gute Beziehungsqualität zu sorgen, kann ihr Beziehungsengagement beim Mann zu jener Passivität führen, die in ihren Augen der Anlaß für ihre Beziehungsarbeit ist - zwangsläufiges Scheitern in der Beziehung, daß wiederum die Frau als *ihr* Scheitern definiert, ist die Folge.

Drittens schließlich differiert diese vor allem für die Mittelschicht typische Konfliktkonstellation nach Lebensphase bzw. Familienzyklus (ebd.: 282 f). Am schärfsten stellt sich der Liebeskonflikt in den ersten Jahren nach der Eheschließung vor allem mit Geburt von Kindern, da dann die *ökonomische Abhängigkeit vom Mann* am höchsten ist: Weil die Frau für die Beziehung verantwortlich ist und in der Regel nicht außerhalb der Beziehung (auf entsprechendem ökonomischen Niveau) 'existieren' kann, ist ihr Interesse an und Engagement in der Beziehung ungleich höher mit durchaus ambivalentem Effekt, wie in obigem Teufelskreis kurz skizziert. Der Mann hingegen fühlt sich durch die Verantwortung für seine Frau und für seine Familie schließlich gänzlich überfordert, da es nicht mehr ausreicht, beruflich erfolgreich zu sein, um als 'guter Ehemann' anerkannt zu werden, sondern sich auch noch den intensivierten Beziehungsansprüchen seiner Frau ausgesetzt sieht.

Die in dieser Argumentation angesprochene Abhängigkeit der Frau ist in der Diagnose und der daraus folgenden Konsequenz eindeutig, wenn auch weniger radikal als der oben geforderte 'Liebesverzicht' und schlüssig nur dann, wenn man von jenem zu beseitigenden, umfassenden Herrschaftsverhältnis in der traditionellen Geschlechtsrollenverteilung ausgeht (ebd.: 283 f): Solange Frauen ökonomisch (und in dieser Logik damit auch sozial und emotional) von ihren Männern abhängig sind, manifestiert sich der Konflikt zwischen fordernden Frauen und sich verweigernden Männern und solange wird auch eine männlich dominierte Gesellschaft existieren. Die ökonomische Unabhängigkeit der Frau durch eigene Erwerbstätigkeit ist demnach ein entscheidender Schritt zur Lösung dieses Liebeskonflikts.

Polemisch auf den Punkt gebracht schließt sich an dieser Stelle der Kreis. Der (immer weiter zunehmenden) Konflikthaftigkeit in der Partnerbeziehung vor dem Hintergrund der Liebes- und Geschlechtsrollen-Rhetorik ist weder in die eine Richtung noch in die andere Richtung zu entrinnen: Eine traditionelle Rollenverteilung birgt unweigerlich den 'Liebeskonflikt' in sich, neue, alternative Rollen hingegen vertiefen in ihrer Widersprüchlichkeit das Unverständnis der Geschlechter noch zusätzlich, bieten somit also keinen Ausweg. Die Liebe selbst gerinnt in jedem Fall zur schwierigen Arbeit an der Beziehung als fortwährende Lebensaufgabe, in der neben dem Ziel der Verschmelzung gleichzeitig die Vorgabe zur Selbstverwirklichung steht, eine widersprüchliche Balance zwischen Bindung und Individuation gelingen soll, und wo 'Androgynie' statt Komplementarität Leidenschaft in Freundschaft aufgehen läßt, 'Partnerschaft' Anteilnahme ersetzt. Über die Rollenproblematik hinweg transformiert und dynamisiert sich auf gesellschaftlicher Ebene das alte statische Ideal der romantischen Liebe mit seiner Entgrenzungsverheißung - statisch weil das Glück vollendet und das happy-end sicher war, sobald sich ein entsprechender Partner fand - zur permanenten (und permanent erfolglosen) Glücksarbeit unter affektualen Herrschaftszurichtungen, in dem als letzter subversiver Ausweg des (weiblichen) Subjekts nur noch der Liebesverzicht bleibt. In diesem Konflikt-Szenario zur Partnerbeziehung stellt sich dann allerdings die Frage, was Paarbeziehungen überhaupt noch aufrechterhalten kann. Oder weniger dramatisch gewendet: Wie vollzieht sich der alltägliche Interaktionsprozeß zwischen den Partnern 'in und über Konflikte hinweg', wie gehen sie also mit Konflikten um und worauf gründet letztlich eine Partnerbeziehung gleichsam jenseits widersprüchlicher Erwartungen, affektiver Herrschaft und jenem 'unheilvollen Geschlechterkampf'? Zur Beantwortung dieser Fragen muß als nächstes der Prozeß der Konfliktaustragung selbst noch näher untersucht werden, zu dem sich einige markante Widersprüche in den dazu vorfindbaren Argumentationen aufzeigen lassen.

4.2.1.4 Partnerkonflikte zwischen gelingender Konfliktaustragung und Konsensfiktionen

Einige fruchtbare Ansatzpunkte zum alltagspraktischen Konfliktgeschehen in Partnerbeziehungen liefert anstelle der bisher zugrunde gelegten, eher deskriptiven Daten zunächst die schon kurz erwähnte Studie von Eckert et al., da anhand eines Panel-Verfahrens Hinweise auf Partnerkonflikte in ihrer interaktiven Prozeßhaftigkeit enthalten sind, die entlang folgender Ausgangsüberlegungen der Untersuchung präzisiert werden können: Wenn der konstatierte Geschlechtsrollenwandel vor allem das berufliche Engagement von Frauen betrifft, so müßten komplementäre Veränderungen in der Familie damit einhergehen (stärkeres familiales Engagement der Männer). Und wenn dem nicht der Fall ist, so ist davon auszugehen, daß sich der Wunsch nach beruflicher Selbstverwirklichung der Frau nur auf Kosten von Streit, Ärger oder Überlastung durchsetzen lassen. Hierin ist die zentrale Fragestellung der Studie angedeutet, die somit genau den *Zusammenhang zwischen 'Wandel' und 'Konflikt' auf der Interaktionsebene* thematisiert: "Wie vollziehen sich Wandlungen von Rollenverständnissen, wie werden sie in den familialen Interaktionsprozessen ausgehandelt und welche Konflikte ergeben sich in diesen Wandlungen?" (Eckert, Hahn & Wolf 1989: 8)

Unterstellter Konsens und sparsame Metakommunikation als Fundament der Partnerbeziehung

Versteht man 'Ehe' als den Beginn einer Neukonstruktion gemeinsam geteilter Wirklichkeit, so stellt sich als erstes die Frage, *auf welchen Fundamenten* diese Neukonstruktion aufbaut. Nach den Informationen, die von Frauen und Männern über ihre subjektiv wahrgenommenen Veränderungen der Person des Partners und bei sich selbst im Zuge der Eheschließung gegeben werden, scheint es, als sei der Übergang in eine Ehe für Frauen selbstverständlicher, da er sich für sie problemloser in ein bereits gedanklich bestehendes Muster der Biographie einfügt. Praktisch bedeutet dies, daß Frauen schon vorab größere Probleme erwarten und auch eine höhere *Anpassungsbereitschaft* in die Ehe mitbringen. Diese Anpassungsbereitschaft ist aber *nicht* das Resultat von konkreten Erwartungen des Partners, sondern sie stellt vielmehr einen Kern der *Selbstdefinition der Frau* dar, der dann als Muster zur Interpretation ehelicher Wirklichkeit dient. Mit anderen Worten: Nicht das, was der Ehemann konkret erwartet, sondern das, was nach Meinung der Frau Männer von Frauen erwarten, bildet somit das Fundament bei der gleichzeitig selbstverständlichen Annahme, daß der eigene Mann das erwartet, was eben alle Männer erwarten. Mit dem möglichen Resultat:

"Und schließlich mag es denn auch so kommen, daß ihr Mann sich daran gewöhnt, Leistungen seiner Frau für selbstverständlich zu halten und im Konfliktfall als sein Recht anzusehen, auf die er anfangs gar keinen Anspruch erhob." (ebd.: 29)[38] Die darin enthaltene Relativierung des 'Nicht-Übereinstimmens' der Partner deutet zumindest darauf hin, daß die Annahme vom Aufeinanderprallen gegensätzlicher Erwartungen von Frauen an ihren Männern und umgekehrt zu vereinfacht gedacht ist. Sie verweist vielmehr auf die zentrale Bedeutung *gesellschaftlicher Leitbilder* zur Frauen- und Männerrolle, zur Partnerbeziehung, die über 'Perspektiven' (als die Luhmann'schen 'Erwartungserwartungen') für die konkreten Interaktionsprozesse in der Familie als Interpretationsrahmen dienen und bis hin zur Subjektebene als Selbstdefinition zu beachten sind.

Doch zu dieser Frage nach den Fundamenten der ehelichen Neukonstruktion kommt noch ein zweiter wichtiger Aspekt hinzu: Geht man davon aus, daß das Gelingen des Herstellungsprozesses einer 'gemeinsamen Sache' (Pieper) immer mehr gefährdet ist, zeigt die Befragung der Ehepartner zu verschiedenen *Konfliktbereichen* und ihrer, von den Partnern zugemessenen Bedeutung für die Beziehung ein beachtenswertes Ergebnis (ebd.: 36 ff):[39] Es existieren verschiedene Lebensbereiche, in denen *Übereinstimmung der Ehepartner* unbedingt *erwartet* wird (Kindererziehung, Verwendung des Einkommens, Zukunftspläne, Einstellung zu Sexualität), und die auch als zentral für die Ehe als solche betrachtet werden, bzw. auf die sich die individuellen Glückserwartungen im besonderen richten. Dabei kann festgestellt werden, daß z.B. Kinder ein Konfliktpotential erster Ordnung darstellen, da hier die verschiedenen Vorstellungen von Männern und Frauen auseinanderfallen (z.B. Kinderplanung, Lasten der Kinderbetreuung). An einem anderen Beispiel, der Bedeutung der Berufstätigkeit der Frau, wird aber deutlich, wie komplex die *dynamischen Prozesse der Konfliktkonstruktion* vor diesem Hintergrund im Verlauf der Beziehung sein können: Die Einstellung zum Beruf hat für Männer und Frauen in der Wahrnehmung ehelicher Wirklichkeit zunächst nur eine mittlere Bedeutung, anders formuliert: der Beruf stellt

---

38 Konkrete Beispiele für diesen Prozeß könnten die Berufsorientierung der Frau, Qualität der Haushaltsführung z.B. in Bezug auf Sauberkeit usw. sein.

39 Entsprechend der gewählten Theorieperspektive gehen Eckert et al. von folgendem Konfliktverständnis aus (Eckert, Hahn & Wolf 1989: 36 f): Gleichgültig ob von außen induziert oder intern, gleichsam hausgemacht, werden Konflikte immer von den beteiligten Personen als solche definiert, andernfalls existieren sie aus der Perspektive der Handelnden nicht und erschließen sich vielleicht erst im von außen kommenden professionalisierten Blick. Mit anderen Worten: Wenn Konflikte grundsätzlich das Resultat von Wirklichkeitskonstruktionen der beteiligten Partner sind, dann rückt nicht nur die Frage ins Zentrum, in welchen Bereichen Partner Konflikte erleben und wo nicht, sondern auch: Wo glauben die Partner, daß sie übereinstimmen, wo glauben sie, daß divergierende Auffassungen vorherrschen?

gemeinhin keinen wichtigen Problembereich für die Ehe dar. Das ändert sich aber in dem Augenblick, wo z.B. durch Kinderwunsch die Frage nach einer Vereinbarkeit von Beruf und Kinderbetreuung aktuell wird. Und erst in diesem Moment prallen dann die unterschiedlichen Berufsdefinitionen aufeinander: Für Männer ist die weibliche Berufstätigkeit immer noch eine 'Ersatzkarriere', die problemlos dem wichtigeren Bereich Kinder geopfert werden kann, während aus der Sicht der Frau ihre Berufstätigkeit mitunter gleiche subjektive Bedeutung besitzt, wie seine Berufstätigkeit für den Mann.

Die darin zum Ausdruck kommenden Prozessualität von Konflikten mit ihren möglichen Transformationen kann jedoch nicht hinreichend verstanden werden, wenn dabei nicht die oben angedeutete *besondere Bedeutung von 'angenommener Übereinstimmung'* durch die Partner berücksichtigt wird: Die Ehepartner sind nicht nur der Meinung, daß Konsens hohen Ausmaßes für ihre Ehe wichtig ist, sondern sie *unterstellen* auch, daß *dieser Konsens tatsächlich gegeben ist*:

"In fast allen Bereichen, in denen wir unsere Befragten baten, uns zu sagen, wie ihrer Meinung nach der Partner zu einer bestimmten Frage stehe, erhielten wir als weitaus häufigste Antwort: 'So wie ich'." [ebd.: 48] (...) Zumindest zu Beginn der Ehe besteht zwar Einigkeit darüber, daß man einig sein soll. Aber man ist sich keineswegs in dem Maße einig, in dem man das für notwendig hält, und man weiß das nicht einmal." (ebd.: 52)

Mit diesem hohen Konsensanspruch einher geht auch die Erwartung, den anderen gänzlich zu verstehen sowie vom Partner verstanden zu werden, so daß jene von der Familiensoziologie konstatierte zunehmende Gefährdung der 'affektiven Solidarität' bzw. 'personenbezogenen Stabilität' mindestens in den ersten Ehejahren scheinbar durch 'unterstellten Konsens' unterlaufen wird. Wie sind aber diese *Konsensfiktionen* zu erklären bzw. wie werden sie aufrechterhalten?

"Die Bedeutung des Konsenses für das Bewußtsein des Paares (...) macht es in hohem Maße wahrscheinlich, daß bei Knappheit realer Übereinstimmung Konsensfiktionen als funktionale Äquivalente eintreten. (...) Der Bedarf an Konsensfiktionen ergibt sich aus der Differenz von Konsensnachfrage und Konsensangebot." (ebd.: 58)

Die Aufrechterhaltung der Konsensfiktionen kann demnach selbstverständlich nicht - außer in pathologischen Fällen - über alle Konflikte hinweg gelingen, da auch sie 'Knappheitsbedingungen' unterworfen sind. Aber sie können z.B. sogar bei einer 'strengen' Prüfung auf kognitiver Ebene entgegen den gegebenen Umständen als das geringere Übel aufrechterhalten oder als Widersprüche zwischen Fiktion und Erfahrung im Sinne von bewußten 'als-ob-Interpretationen' weiter in Interaktionen eingebaut werden, wobei solche Prüfungen der Fiktion in der Ehe infolge des grundlegenden 'Vertrauens' jedoch eher unwahrscheinlich sind. Insgesamt leben die Konsensfiktionen also vor allem durch ihre kaum erfolgte Prüfung sowie durch ihre gegebenenfalls entsprechende Umdefinition (ebd.: 58 ff). In diese Richtung deutet auch die nach dieser Studie am Anfang der Ehe durchweg nicht existente Thematisierung der Beziehung als Gespräch, als *Metakommunikation über die Beziehung*, denn die darin schon gleichzeitig enthaltene Infragestellung scheint 'gefährlich' zu sein und wird gerade deshalb vermieden. Vielmehr ist die neu zu konstruierende Wirklichkeit das Resultat aus einer Reihe von praktischen Entscheidungen über alle möglichen Alltagsdinge. Erst Konflikte über Störungen auf der Handlungsebene dürften dann eine Selbstvergewisserung durch Metakommunikation erfordern, die somit als gefährliches 'Krisenmedikament' auch im weiteren Verlauf der Ehe nicht von vornherein in eine 'Dauerreflexion' mündet, sondern auf Grundlage der Konsensfiktionen sparsam eingesetzt wird (ebd.: 29 ff).

Selbstreflexive kommunikative Konfliktaustragung und -lösung

Wenn die Ergebnisse von Eckert et al. überspitzt formuliert darauf hindeuten, daß in der Partnerbeziehung viele Konflikte dadurch bewältigt werden, daß sie vermittels Konsensfiktionen gar nicht erst 'auf den Tisch' kommen, schließt folgende Frage daran an: Was passiert, wenn jene Konsensfiktionen nicht mehr aufrechterhalten werden können? Wie werden aufgebrochene Konflikte dann in der konkreten Interaktion zwischen den Partnern ausgetragen? Interessanterweise stößt man bei dieser 'harmlosen' Frage auf folgenden wichtigen Widerspruch: Anstelle eines vorsichtigen 'Krisenmanagements' scheinen nicht *über Konflikte hinweghelfende Konsensfiktionen die Stabilität der Beziehung aufrechtzuerhalten*, sondern vielmehr gerade ihr Gegenteil: das *konsequente 'Aufdecken' und 'Ausdiskutieren' von Konflikten*.

So geht Marita Daum-Jaballah, die den *Zusammenhang zwischen innerehelicher Konfliktaustragung und Ehestabilität* untersucht hat (Nave-Herz, Daum-Jaballah, Hauser, Matthias & Scheller 1990: 115 ff; zur Datenbasis 49 ff), in Anlehnung an Cosers konfliktsoziologische Überlegungen davon aus, daß nicht so sehr der Inhalt von Konflikten für den Zusammenhalt einer Ehe von Bedeutung ist, sondern vielmehr die *Art ihrer Lösung* (z.B. Konflikte auszutragen und nicht zu unterdrücken oder die Übereinstimmung der Partner in der Wahl der Mittel). Denn nach ihrer Untersuchung zeigt sich, daß zwischen Verheirateten und Geschiedenen Unterschiede in den Reaktionen im Konfliktfall bestehen: Zum einen weisen geschiedene Paare häufiger eine große Dissonanz zwischen den Partnern in den Reaktionsformen im Konfliktfall auf, womit die Chance eines Konsenses minimiert wird. Zum anderen wählen sie während ihrer Ehe verstärkt konfliktvermeidende, konfliktverschleiernde Reaktionsformen (sich zurückziehen, Schweigen) oder aggressive Formen der Konfliktaustragung[40] und bewirken damit eher eine Konflikteskalation, wohingegen verheiratete Paare eher versuchen, Konflikte im Gespräch zu bewältigen. Doch Kommunikation allein als Lösungsweg aus ehelichen Konflikten reicht noch nicht aus, denn die zweite entscheidende 'Variable' liegt nach Daum-Jaballah in der *subjektiven Definition der Beziehung*: Idealtypisch differenziert kann die Beziehung entweder am herkömmlichen traditionell-modernen 'romantischen Liebesideal' mit seiner spezifischen Verbindung des Prinzips der freien Wahl und der gegenseitigen Verpflichtung und Verbindlichkeit oder aber an modernen Identitätsvorgaben nach Selbstverwirklichung, Persönlichkeitswachstum und ständiger individueller Veränderung in und durch die Beziehung ausgerichtet sein. Entlang dieser Differenzierung folgert Daum-Jaballah aus einigen Aussagen Verheirateter zur Frage nach den Gründen für den Fortbestand ihrer Ehe die These, daß gerade für diese *modernen Konzepte* die *Fähigkeit zur 'diskursiven' Beziehungsarbeit* entscheidend sei, in der die eigene Persönlichkeit permanent zur Disposition gestellt, den Maximen von Freiheit und Gleichheit entsprochen und dabei der eigenen Selbstverwirklichung und Persönlichkeitsentwicklung die des Partners gleichwertig zur Seite gestellt wird (ebd.: 125 f):

"Im Vergleich zu den Verheirateten läßt sich somit konstatieren, daß für eine funktionelle Lösung eines Konflikts als Voraussetzung gilt, den Beitrag des anderen (Partners) anzuerkennen bzw. zunächst einmal als Lösungsversuch zu bemerken. Damit die Verbalisierung von Konflikten ehestabilisierend wirken kann, sind im Diskurs die Maximen von Gleichheit und Fairness zu beachten." (ebd.: 125 f)

Um Konflikte gleichsam in einem 'herrschaftsfreien Diskurs' zu verbalisieren (vgl. z.B. auch Klees 1992: 168 ff), bedarf es neben einer engen 'Partnerschaftsorientierung' bestimmter *individueller Fähigkeiten* der Partner, nämlich sich in der konkreten Konfliktsituation gegenseitig, dynamisch und selbstreflexiv in der Perspektive des anderen wahrnehmen zu können, und seine eigenen Konflikthandlungen danach auszurichten:[41]

"Wichtig für eine funktionelle Konfliktaustragung scheint demnach nicht nur das Vermögen, kommunikative Mittel einzusetzen, zu sein, sondern auch gerade die Fähigkeit, Vorstellungen, Ansichten, Meinungen des Partners zu antizipieren und in die eigene Argumentation mit einzu-

---

40 Exemplarisches Beispiel für solche aggressiven Formen der Konfliktaustragung ist die Ausübung von Gewalt, deren Pendant dann z.B. sexuelle Verweigerung darstellt, allerdings weniger als offensives Druckmittel, den Partner zur Verhaltensänderung zu zwingen, sondern vielmehr als letzte Möglichkeit, das eigene Selbstwertgefühl in dieser Gewalt-Beziehung aufrechtzuerhalten (Nave-Herz, Daum-Jaballah, Hauser, Matthias & Scheller 1990: 123 f).

41 Dieses Ergebnis entspricht damit weitgehend verschiedenen Resultaten der sozialpsychologischen und psychologischen Partnerforschung, so z.B. bei Hahlweg (1991); Fiedler & Ströhm (1991) sowie bei Kirchler & Reiter (1990).

beziehen, d.h. auch gegebenenfalls von seiner Position abweichen zu können, um der des Partners Raum zu geben." (Nave-Herz, Daum-Jaballah, Hauser, Matthias & Scheller 1990: 126 f)

Erweitert man - ausgehend von diesem grundlegenden Widerspruch zur Konfliktaustragung und vor dem Hintergrund der These von der 'zunehmenden Privatisierung von familialen Konflikten' - die, bislang nur auf die dyadische Paarbeziehungen beschränkten, 'Konfliktüberlegungen' in Bezug auf möglicherweise weitere, in den Konflikt miteinbezogene Konfliktparteien, liefern die vorhandene Ergebnisse noch mehr Widersprüche (ebd.: 131 ff): Bei der Frage nach *außerfamilialen Ansprechpartnern bei Eheproblemen* und deren Einschätzung durch die geschiedenen(!) Partner verfehlen nach Auskunft der Betroffenen gerade professionelle Eheberatungseinrichtungen offensichtlich oft ihre Wirkung, da, obwohl insgesamt gesehen die Nutzung solcher Hilfsangebote gestiegen ist, nur wenige der Befragten angaben, die Beratung hätte zur Lösung von Konflikten beigetragen. Am häufigsten wurde der Beratung keinerlei Wirkung zugeschrieben, in einige Fällen wurde sie sogar als konfliktverschärfend wahrgenommen. Diese Angaben decken sich mit anderen Evaluations-Untersuchungen, in denen festgestellt wurde, daß der Besuch einer Beratungsstelle z.T. strategisch eingesetzt wird, um nach außen noch Interesse an der Beziehung zu bekunden, obwohl die psychische Trennung schon vollzogen ist, oder aber einfach 'instrumentalisiert' mit Erwartungen an eine 'Koalition' mit einem 'offiziellen Bündnispartner' verbunden ist, der den Partner gemäß den eigenen Wünschen 'bearbeiten' soll. Bei den meisten Paaren sind die Beziehungsstrukturen zum Zeitpunkt der Beratung jedoch schon so festgefahren, daß kaum noch 'Erfolg' erzielt werden kann. Neben den professionellen Hilfeinstitutionen scheinen auch relativ häufig Freunde und Familienmitglieder bei Ehekonflikten als Ansprechpartner von Bedeutung zu sein, wobei hier eine Differenz zwischen Geschiedenen und Verheirateten insofern feststellbar ist, als letztere häufiger ihre Probleme untereinander besprechen. Und schließlich deutet sich in Hinblick auf die traditionellen Ansprechpartner bei Eheproblemen eine Verschiebung an, und zwar vom Pfarrer weg, der vor allem von Frauen kaum noch konsultiert wird, und hin zum Arzt.

Nun lassen diese nur kursorisch angeführten Ergebnisse viele Interpretationen hinsichtlich der zunehmenden 'Privatisierung' von Konflikten in der Familie, in der Partnerbeziehung zu: Aus Sicht der geschiedenen Partner werden Konflikte zwar zunehmend nach außen getragen, entprivatisiert, professionalisiert, aber das bedeutet nicht unbedingt, daß man dadurch 'das Heft' aus der Hand gibt, sondern man benutzt diese Konflikttransformation anscheinend bewußt und strategisch. Verheiratete Partner hingegen leisten 'Konfliktarbeit' im Privaten und der wohl nicht unproblematische, weil verallgemeinernde (Kurz-)Schluß daraus würde lauten, daß genau darin die Differenz zwischen einer gelingenden und nicht gelingenden Konfliktlösung in der Partnerbeziehung liegt. Noch wichtiger erscheint mit jedoch: In der Gesamtheit dieser Ausführungen zur Konfliktaustragung findet man hier den erstaunlichen Sachverhalt, daß einerseits in der Partnerbeziehung *Konsensfiktionen*, die als erwartete und angenommene Übereinstimmungen viele Konflikte 'unsichtbar' bleiben lassen und sogar nicht zu übersehende Konflikte wieder zudecken können, *genau das verhindern*, was andererseits geradezu *für eine stabile Beziehung notwendig* erscheint: das *Aufdecken und Aufklären von Konflikten* vermittels einer 'fairen und herrschaftsfreien Verbalisierung'. Es gibt sicherlich mehrere Möglichkeiten, diesen erstaunlichen Sachverhalt argumentativ zu glätten und zu erklären: Selbstverständlich ist vor allem zu bedenken, daß es sich zum einen um eine Befragung von Geschiedenen im Vergleich zu Verheirateten handelt, zum anderen um jung verheiratete Paare, so daß eigentlich innerhalb der 'Daten' noch weiter differenziert werden müßte. Aber eine andere Möglichkeit der Interpretation - und wie mir scheint, eine wichtige - könnte sein, daß sich hier weniger zeigt, wie ein erfolgreiches 'Konfliktmanagement' in der Partnerbeziehung aussieht, sondern sich hierin zwei verschiedene soziale Vorstellungsmuster darüber widerspiegeln, was Familie, Partnerbeziehung 'in ihrem Inneren' zusammenhält: Überzeichnet formuliert die Vorstellung einer Gemeinschaft zweier sich zusammengehörig fühlender(!) Menschen, die dieses Gefühl auch mitunter wider besserer Erfahrung aufrechterhalten, versus zweier individualisierter und 'gleicher' Subjekte, die ein gemeinschaftliches Bündnis bewußt aushandelnd sichern, solange keiner übervorteilt wird.

Um die Argumentation zu Partnerkonflikten noch vor einer kurzen Zusammenfassung 'abzurunden', könnte man jetzt vor dem Hintergrund des Ausgangspunkts 'Ehescheidung' die Frage aufwerfen, ob in Zukunft eigentlich überhaupt noch geheiratet wird. Norbert F. Schneider beantwortet sie in einer austauschtheoretischen Perspektive, nachdem er folgende idealtypische Muster von Entscheidungsprozessen entlang für oder gegen die Ehe sprechender Motive und Kalküle entworfen hat: Erstens Ehe und Heirat als kulturelle Selbstverständlichkeit, zweitens als rationales Kalkül, drittens als spontane Entscheidung und viertens schließlich als ambivalente Entscheidung, in der langes, unsicheres, zwiespältiges Abwägen rationaler und emotionaler Momente vorherrscht. Schneider (1991: 69 f) geht davon aus, daß der weitverbreitete moderne Typus der 'ambivalenten Eheschließung' mit seinem charakteristischen expressiv-instrumentalistisch orientierten Entscheidungsverhalten zu einer weiter zurückgehenden Heiratsneigung (und damit auch zu einem Rückgang der Scheidungshäufigkeit) führen kann. Denn im Entscheidungsprozeß, der zur Eheschließung führt, werden in Zukunft traditionelle und nicht-rationale Entscheidungskomponenten immer weniger eine Rolle spielen. Genauso wird durch die zunehmende Entkoppelung von Liebe und Ehe auch die emotional-expressive Komponente an Bedeutung verlieren, so daß schließlich nur noch rationale Kalküle für eine Eheschließung übrigbleiben: Seltenere und überlegtere Verheiratungen könnten auch geringere Scheidungsraten zur Folge haben. Es findet sich also auch für jene - tröstliche oder zynische? - Argumentationsfigur eine wissenschaftliche Untermauerung, nach der sich die genannten Probleme und Konflikte zwischen Männern und Frauen schließlich von selbst auflösen werden, wenn das Handeln auch im Privaten den Maximen von Liebesverzicht und Sachrationalität folgt.

4.2.1.5 Zusammenfassung: Partnerkonflikte - Widersprüche zwischen subjektiven Erwartungen, Leitbildern und Alltagspraxis?

Was zu Beginn dieses Abschnitts anhand eines kurzen Beispiels zur 'Konstruktion' des Forschungsgegenstandes 'Partnerkonflikt' exemplarisch demonstriert werden sollte, gestaltet sich für die wesentlichen Komponenten im aktuellen Diskurs um Partnerkonflikte ungleich schwieriger: Wie können die Inhalte dieses Diskurses in ihrer argumentativen Konstruktion und empirischen Fundierung zusammengefaßt skizziert und eingeschätzt werden?[42]

Von der speziellen 'Scheidungsproblematik' ausgehend lautete die verallgemeinernde *These zu Partnerkonflikten*, daß sich ein genereller Wandel der Bedingungen, der Möglichkeiten vollzogen hat, dauerhafte Partnerbeziehungen im Privaten zu leben. Inhaltlich kann diese semantisch leere Form des 'generellen Wandels' auf Subjektebene als Veränderung der individuellen Bedürfnisstruktur, auf Interaktionsebene als Wandel im Verhältnis zwischen Männern und Frauen und auf gesellschaftlicher Ebene als im weitesten Sinne 'fehlende Stabilitätsstützen' gefüllt werden, die zusammen jene Konflikthaftigkeit konstituieren, die diesem Diskurs zufolge letztendlich zum vermehrten Zerbrechen der Partnerbeziehungen führt. Präzisiert man die dahinter stehenden Inhalte, zugeordnet zu den verschiedenen Ebenen und nach den jeweils konkret thematisierten Veränderungen, ergibt dies folgende Zusammenstellung:

---

42 Um möglichen Mißverständnissen vorzubeugen muß nochmal ausdrücklich darauf verwiesen werden, daß es mir nicht um die Widerlegung oder Bestätigung dieser oder jener Argumentation durch Ergebnisse aus irgendeiner empirischen Studie geht, die dann selbst wiederum anhand anderer Studie zu relativieren wären. Für eine derartige inhaltliche Auseinandersetzung wäre mindestens eine systematische Sichtung der zum jeweiligen Thema vorhandenen Untersuchungen sowie deren fundierte methodologische Diskussion notwendig. Hier soll vielmehr der Versuch gewagt werden, zentrale inhaltliche Argumentationsfiguren und deren empirische Begründungen exemplarisch aufzuzeigen und zueinander in Beziehung zu setzen.

Der *Individualebene* zuzuordnen ist eine zunehmend konfliktunverträglichere, weniger leidensbereite *Form von Subjektivität*, die sich charakterisieren läßt anhand einer Transformation subjektiver Bedürfnisse von 'Instrumentalität' zu 'Expressivität' sowie einer zusätzlich darin enthaltenen zunehmenden 'Selbst-Bezüglichkeit', die sich von 'Ansprüchen an das Du' zu widersprüchlichen 'Erwartungen des Ich' verschiebt. Auf der *Interaktionsebene* der Partnerbeziehung wird in enger Verknüpfung zur *aggregierten Ebene* mit sich wandelnden ökonomisch-materiellen Anforderungen, veränderten Leitbildern zu Geschlechtsrollen, zu Ehe/Partnerbeziehung, zu Liebe sowie der kulturellen Vorgabe zur 'Selbstverwirklichung' eine steigende Konflikthaftigkeit, ja ein *'Geschlechterkampf'* diagnostiziert, der auf dem Zerbrechen der beiden zentralen Grundlagen dieser Beziehung - dem *'traditionellen Geschlechterverhältnis'* und dem *'romantischen Liebesideal'* basiert: Infolge eines für beide Geschlechter widersprüchlich und asynchron verlaufenden *Wandels der Geschlechtsrollen* steigen die kommunikativen und interaktiven Divergenzen zwischen Männern und Frauen, womit die als prometheischer Zwang immer notwendiger werdenden Aushandlungsprozesse sich auch gleichzeitig immer schwieriger gestalten und zum großen Teil in einem Widerspruch zwischen formulierten Erwartungen und deren konkret erfahrener Einlösung gefangen bleiben. Analog dazu unterliegen die mit dem Geschlechtsrollenwandel eng verzahnten ambivalenten Verschiebungen in den *Macht- und Autoritätsstrukturen* der Partnerbeziehung der gleichen Widersprüchlichkeit zwischen Ansprüchen und 'erlebter Realität'. Dem zur Seite steht schließlich die Transformation des nur nach 'außen' hin kohärenten 'romantischen Liebesideals' in eine widersprüchliche 'Liebessemantik', in der ein kulturelles Konzept von 'Freundschaft, Leidenschaft und Anteilnahme' als Herrschaftsinstrument zwischen ideologischer *Freiheitsverheißung* und konkreter *Zurichtung von Subjektivität* in der Partnerbeziehung zu jenen traditionellen *'Liebeskonflikten'* zwischen Frauen und Männern führt.

An dieser inhaltlichen Skizze sind eine Reihe kritischer Folgerungen und Anmerkungen zur Konstruktion von 'familialen Konflikten' aus soziologischer Sicht anzubringen: Erstens sind die identifizierten Veränderungen auf Subjektebene zunächst sicher aufschlußreich. Aber die Frage bleibt, warum jener *Selbstdefinition* der Subjekte, einerseits vermittels 'Perspektiven' vor dem Hintergrund divergierender gesellschaftlicher Leitbilder und andererseits als interaktiver Definitionsprozeß in der Partnerbeziehung, nicht soviel Aufmerksamkeit geschenkt wird, wie notwendig wäre, wenn man akzeptiert, daß diese Selbstdefinition ein zentrales Fundament jenes konfliktreichen oder -armen Konstruktionsprozesses einer neuen Wirklichkeit in der Partnerbeziehung darstellt.

Zweitens ist zum konstatierten widersprüchlichen Wandel von Geschlechtsrollen, von Autoritäts- und Machtverhältnissen zwischen 'Erwartungen' und 'Erfahrung' mit ihren konfliktreichen Konsequenzen zu beachten, daß in den Partnerbeziehungen Geschlechtsrollenbilder und Alltagspraxis möglicherweise nur in einem losen Verhältnis zueinander stehen: "Die konkrete Arbeitsteilung wird eher durch praktische Opportunitäten als durch Grundsätze gesteuert." (Eckert, Hahn & Wolf 1989: 100) Dementsprechend elastisch zeigt sich auch die Beziehung der Partner untereinander, in der wichtiger als die konkrete Übereinstimmung der *Glaube* an diese ist, der nicht durch eine permanente Dauerreflexion 'leichtsinnig' riskiert wird. Auch ein 'gezielter Praxistest', an dem dieser Glaube scheitern könnte, findet selten statt, weil das Handeln eben weniger normativ gesteuert ist, sondern eher bestehende Opportunitäten kalkuliert. Somit sind Werte auch mehr eine vorsichtig benutzte Ressource der Krisenintervention als Orientierung im Alltag, wohingegen konkretes Handeln an den Möglichkeiten vorgegebener Arrangements (z.B. zur Vereinbarkeit von Familie und Beruf bei der Frage der Erwerbstätigkeit von Müttern) ausgerichtet wird, die dann den Ausschlag geben und damit konfliktinduzierend oder -reduzierend wirken.

Was die im Diskurs um Partnerkonflikte ausgeführten Argumentationen drittens vor allem verdeutlichen, sind zwei Aspekte: Zum einen die Notwendigkeit, bei Konflikten die *Deutungen und Sinnzuschreibungen der Partner* - sowohl zur Beziehung insgesamt als auch zu den konkreten 'Konfliktgegenständen' - als Ausgangspunkt der Analyse zu nehmen und damit noch vor pauschalen 'Konfliktsteigerungsvermutungen' das *Konfliktgeschehen* selbst in seiner Prozeßhaftigkeit, in seiner Dynamik mit den darin enthaltenen Transformationen zu beachten; zum anderen scheint im wissenschaftlichen Forschungsprozeß selbst eine kritischere Differenzierung zwischen *Aussagen über familiale 'Alltagspraxis'* und *über konkurrierende gesellschaftliche Leitbilder* bzw. über dazugehörige *Rhetoriken* notwendig zu sein: Was sich alltagspraktisch geändert hat, kann offensichtlich bislang kaum eindeutig beantwortet werden, aufschlußreiche Hinweise liefern manche Argumentationen jedoch darauf, welche Rhetoriken, Leitbilder, Wertvorstellungen derzeit miteinander konkurrieren (z.B. zum Liebesideal).

Viertens ist in diesem grundsätzlichen 'soziologistischen' Defizit zum konkreten Konfliktgeschehen in der Partnerbeziehung der für die weitere Analyse entscheidende Aspekt in folgendem argumentativen Dreieck zu sehen: Das 'strukturell vorgegebene Paradoxon der unbegrenzten Thematisierbarkeit des Beziehungsaspekts' (Siegert) jenseits konkreter Inhalte wird einerseits zum 'Zwang zur Dauerreflexion' - andererseits erfolgt der Einsatz von 'Metakommunikation' als 'gefährliches Krisenmedikament' durch die Subjekte durchaus vorsichtig und sparsam - und letztens soll die Beziehung dann stabil sein, wenn Konflikte in 'herrschaftsfreier', fairer Kommunikationsarbeit, beruhend vor allem auf der individuellen Fähigkeit zur selbstreflexiven Perspektivenübernahme, konsequent 'zur Sprache gebracht' und gelöst werden. Was in diesem widersinnigen Dreieck enthalten ist, scheint mir weniger eine widersprüchliche 'gesellschaftliche Realität' *als subjektive Konflikt-Erfahrung* in der Partnerbeziehung zu sein, sondern eine 'gesellschaftliche Realität' von *Rhetoriken*, deren diskursiver Gegenstand in die Richtung einer *zunehmenden Selbstreflexivität im Privaten* deutet.

4.2.2 Konflikte in der Eltern-Kind-Beziehung

Nach der dyadisch orientierten Analyse von Konflikten zwischen Erwachsenen in einer Intimbeziehung soll jetzt der Rahmen einer Zweier-Beziehung zur Familie erweitert werden, indem das Augenmerk auf Konflikte der Eltern-Kind-Dimension gerichtet wird. Auch hier gilt es, die verschiedenen *Konfliktthemen in der Eltern-Kind-Beziehung* aufzuschlüsseln und mit Hilfe des entwickelten theoretischen Instrumentariums die entsprechenden Argumentationen zu rekonstruieren, um daraus dann Hinweise auf die in diesem Diskurs enthaltenen Bedeutungsstrukturen zu sammeln. Der Konfliktdiskurs zum 'Eltern-Kind-Verhältnis' kreist im weitesten Sinne um die Begriffe *'Sozialisation/Erziehung'* und *'Generation'*, so daß sinnvollerweise zumindest nach der jeweiligen Phase im Familienzyklus bzw. nach dem Alter des Kindes differenziert werden muß. In Anlehnung an die theoretischen Konzeptualisierungen zu familialen Konflikten, in denen im besonderen einerseits auf den familialen Sozialisationsprozeß (z.B. Siegert) und andererseits auf die problematische Ablösungsphase des Jugendlichen von seiner Herkunftsfamilie (z.B. König, Helle) verwiesen wurde, soll deshalb im folgenden exemplarisch nur eine grobe Untergliederung im Familienzyklus, und zwar konzentriert auf diese beiden Aspekte, vorgenommen werden. Übertragen auf den Kontext der Eltern-Kind-Beziehung lauten die eingangs zu Kapitel 4.2 formulierten Fragestellungen jetzt: Welche allgemeinen Veränderungen in den familialen Lebenswelten von Kindern sind zu beachten? Wie wird Elternschaft sowohl auf der Gruppenebene als Elternrollen als auch auf der Individualebene als damit einhergehende Mutter- oder Vateridentität vor dem Hintergrund des Wandels der Geschlechtsrollen thematisiert? Eng damit verbunden ist die Frage nach dem Wandel gesellschaftlicher Leitbilder, kultureller Vorstellungen nicht nur zu 'Vater' bzw. 'Mutter', sondern auch zu 'Kind' und 'Jugend'.

4.2.2.1 Erziehungskonflikte, geteilte Elternschaft und das 'Duell um Intimität'

Betrachtet man 'Familie' als *kindliche* Lebenswelt, kann das Verständnis der darin fundamentalen Eltern-Kind-Beziehung als Zentrum des familialen Sozialisationsprozesses nicht mehr einseitig auf die Eltern als maßgebliche Aktoren beschränkt bleiben, in dem das Kind nur als Rezipient miteingeht. Vielmehr ist sie als komplexer Interaktionszusammenhang zu denken, an dem auch das Kind aktiv teilnimmt und auf den es gestaltend einwirkt. Die aus einem solchen Verständnis resultierende grundsätzliche Frage zur Problematik 'Konflikte in der Beziehung zwischen Eltern und Kindern' liegt darin, ob und wie eine Familiensoziologie die hier enthaltene 'Perspektive des Kindes' versucht zu integrieren? Oder ob ein solches Verständnis von Familie als lediglich programmatischer Verweis dann vielleicht mehr über eine veränderte 'Rhetorik zum Kind' ausdrückt, als über den derzeitigen Erkenntnisstand der Familiensoziologie? Als Einstieg in diese Thematik bietet sich - anhand von fünf Aspekten - eine kurze Übersicht der zentralen familiensoziologischen Aussagen zum aktuellen 'Zustand', zur 'Qualität' der Eltern-Kind-Beziehung an (Wilk & Beham 1990: 355 ff):

Eltern und Kinder: 'gesellschaftliche An- und Überforderungen'

Als erster wichtiger Aspekt wird eine *veränderte Bedeutung des Kindes* angeführt: Von einem eher als selbstverständlich geltenden zentralen Bestandteil der 'normalen Familienbiographie' von Männern und Frauen wird 'das Kind' zunehmend zum erhofften, erwarteten Glücksbringer und Sinnstifter im Rahmen der generell gestiegenen Glückserwartungen an Partnerschaft/Familie. Zweitens korrespondiert mit dieser veränderten Bedeutung eine *gesellschaftliche Norm zur 'optimalen Förderung des Kindes'*, die im historischen Verlauf immer weiter 'privatisiert' auf besondere, daraus resultierende Verantwortlichkeiten auf seiten der Eltern verweist. Drittens: Diese optimale Förderung enthält soziologisch präziser formuliert die 'Aufgabe', das Kind auf die Anfordernisse und Ansprüche im Rahmen des gängigen Individualisierungstheorems vorzubereiten (Bildung, eigenständige Zeiteinteilung etc.), womit *'Individualisierung'* mit all ihren Ambivalenzen nicht nur auf Frauen, sondern immer mehr gleichermaßen auf Kinder übergreift - d.h. als Freiheit und Zwang zur eigenen Lebensgestaltung auch für Kinder (vgl. auch z.B. Zinnecker 1990: 31). Die Freisetzung der Eltern-Kind-Beziehung von traditionellen Rollenvorgaben und Zwängen bedeutet viertens für alle Beteiligten - also sowohl für Eltern als auch für Kinder entsprechend ihrer altersmäßigen Entwicklung -, daß sie ihre *Rollen* im familialen Alltag zunehmend *aushandeln* müssen, ohne dabei noch auf allgemein anerkannte und verbindliche Leitbilder zurückgreifen zu können. Und schließlich - fünftens - ist die Familie umgeben von einer *kinder- und familienfeindlichen Umwelt*, deren Raum-, Zeit- und Interaktionsstrukturen nicht nach Bedürfnissen von Kindern ausgerichtet sind, sondern rationalen Systemlogiken folgen, die in ihrer Wirkung auf die Familie zu berücksichtigen sind - z.B. als Arbeitszeitvorgaben der Eltern, durch Schulpläne der Kinder oder infolge der 'Verinselung' kindlicher Lebensräume.

Insgesamt betrachtet ist dem aktuellen Diskurs zufolge die Gestaltung der Eltern-Kind-Beziehung der ambivalente, problematische und konfliktreiche Versuch, "eine Balance herzustellen einerseits zwischen den verschiedenen, einander zum Teil widersprechenden gesellschaftlichen Anforderungen, andererseits zwischen diesen Anforderungen und der objektiven gesellschaftlichen Realität" (Wilk & Beham 1990: 355 ff). Bemerkenswert scheint mir die hierin enthaltene Verschiebung in Bezug auf die *'Anforderungen'*, da im Diskurs um Partner-Konflikte zwar unklar bleibt, warum die gegenseitigen Anforderungen steigen und widersprüchlicher werden, aber klar ist, daß es sich dabei um Anforderungen im Sinne von *Ansprüchen, Erwartungen von Frauen an Männer (und umgekehrt)* handelt. Hier finden sich jedoch explizit jene widersprüchlichen und 'der Realität' widersprechenden *'gesellschaftlichen Anforderungen'*, die damit sozusagen von 'außen' dem innerfamilialen Interaktionsprozeß vorgegeben sind, diesen strukturieren und dort - wie konfliktreich auch immer - gelöst werden müssen: der Widerspruch zwischen dem 'Anspruch auf ein Stück eigenes Leben' beider Elternteile und dem für die Entwicklung des Kindes notwendigen 'Dasein für andere' (Beck-Gernsheim 1983); der Widerspruch zwischen der Forderung nach Unterstützung der kindlichen Eigenständigkeit und Autonomie und dem Wunsch der Eltern, den Sinnstifter 'Kind' an sich zu binden (Schütze 1988: 109 ff); sowie der Widerspruch zwischen der kinderfeindlichen Struktur moderner Gesellschaften und dem auf familialer Ebene wirkenden Gebot der optimalen Förderung: "Die einzelnen Eltern stehen den gesellschaftlichen Vorgaben weitgehend ohnmächtig gegenüber, und zugleich wird ihnen die Verantwortung und scheinbare Allmacht über die Lebenschance ihres Kindes aufgebürdet." (Wilk & Beham 1990: 355 ff) Oder wie Maria Rerrich - entsprechend der Beck'schen Konfliktlogik zu familialen Konflikten als die ins Private gewendeten Strukturkonflikte der Industriegesellschaft - formuliert:

"Auch wenn heutige Eltern sich größte Mühe geben, Kompromisse zu finden, um es den Kindern und sich selbst rechtzumachen, ihre individuellen Anstrengungen sind doch stets vom Scheitern bedroht. Denn ihre Bemühungen sind letztendlich nichts anderes als private Lösungsversuche für strukturelle Probleme hochindustrialisierter Gesellschaften." (Rerrich 1983: 446)

Versucht man, in einer kritischen Rekonstruktion die in diesem Überblick enthaltenen einzelnen Argumentationsfiguren herauszuarbeiten, bieten sich dazu folgende Bereiche an, die in ihrer jeweils thematisierten 'Konflikthaftigkeit' näher zu untersuchen sind: Wie hat sich der *familiale Sozialisationsprozeß* generell sowohl in seinen *praktischen* als auch seinen *'Wissensgrundlagen'* verändert und welche Konfliktbereiche resultieren daraus für die Eltern-Kind-Beziehung? Besondere Aufmerksamkeit ist dabei *verschiedenen Rollenmodellen von Elternschaft* zu schenken, konkretisiert sowohl hinsichtlich möglicher Konflikte zwischen den Eltern als auch in Bezug auf die spezifische Bedeutung des Kindes in der Dreiecks-Konstellation Vater-Mutter-Kind.

Deshalb ist zu Beginn einer Auseinandersetzung mit dem Wandel des familialen Sozialisationsprozesses vielleicht eine analytische *Differenzierung verschiedener Konzepte von 'Elternschaft'* hilfreich. Johann A. Schülein (1990; 1987) entwirft *drei Exposés* möglicher Eltern-Kind-Figurationen, die zwischen gesellschaftlichen Vorgaben und elterlicher Praxis auch hinsichtlich der verschiedenen Bedeutungsgehalte der Eltern-Kind-Beziehung bzw. des Kindes differieren: Das *traditionalistische* Exposé kann charakterisiert werden durch kulturell fest vorgegebene und sozial kontrollierte Elternrollen, deren distanziert-leitende Beziehung zum Kind entlang vorgegebener Handlungsmuster vor dem Hintergrund eines Leitbildes festgelegt ist, das auf dem 'verwahrlosten, gefährlichen Kind' und der 'strengen, abgrenzenden Mutter' beruht sowie den Vater aus dem konkreten Erziehungsprozeß weitgehend ausspart. Das *moderne* Exposé mit einer 'partnerschaftlichen' Rollenorientierung der Eltern und einem hohen emotionalen Stellenwert der Eltern-Kind-Beziehung gründet auf dem Wunsch nach 'glücklichen, zufriedenen und selbstbewußten, selbstsicheren Kindern': "Kinder sind für die Eltern eher ein 'psychosoziales Projekt' als ein Gebrauchsgegenstand oder ein Stück 'Familieninventar'" (ebd.: 138), so daß auch alle Ratschläge angenommen werden, die zum Gelingen dieses Projektes führen. Als drittes Exposé zeichnet sich das *avantgardistische* Exposé dadurch aus, daß hier sozusagen eine Radikalisierung des modernen Exposés vollzogen wird: Das Wohl des Kindes steht vor Beruf und Karriere, die Erwachsenenwelt richtet sich nach den Vorgaben des Kindes und die Lasten werden zwischen den Eltern gleich verteilt. Damit verbunden ist "eine bedingungslose Hinwendung zum Kind. Hier (...) geht es nicht darum, das Kind in eine Realität zu integrieren, sondern eine kindbezogene Realität entstehen zu lassen." Und Kindbezogenheit heißt vor allem: "Nicht die Erwachsenen bestimmen was passiert, sondern das Kind." (ebd.: 139)

Ohne näher auf die empirische Plausibilität dieser drei Exposés eingehen zu wollen, bleiben die folgenden Ausführungen zunächst weitgehend auf das moderne Exposé (mit traditionalistischen Komponenten) beschränkt. Der nächste Schritt beleuchtet dann im Kontrast dazu dem Diskurs um 'neue Eltern' folgend die spezifischen Konflikte im avantgardistischen Exposé.

Erziehungsarbeit und -konflikte im modernen Exposé von Elternschaft

Ausgangspunkt der Frage nach den *Veränderungen im familialen Sozialisationsprozeß* ist der massive *Wandel in der familialen Arbeit mit Kindern* im Zeitverlauf seit den fünfziger Jahren, indem der Energie- und Zeitaufwand für die materielle Versorgung zwar abgenommen, gleichzeitig aber die *'Beziehungsarbeit'* (als Versorgen-müssen und Umsorgen-wollen) mit dem Kind eine Intensivierung und Ausdehnung erfahren hat. Infolge der Entwicklung der bürgerlichen Familie mit der darin vollzogenen Ausgrenzung des Vaters und weiterer Personen aus dem konkreten Erziehungsalltag, stellt die mit diesem Wandel verbundene veränderte Belastungsstruktur der Arbeit mit Kindern eine ambivalente Mischung von Über- und Unterforderung insbesondere der *Mütter* dar, die nach wie vor die Hauptlast dieser Arbeit tragen, bei der man - salopp formuliert - den ganzen Tag beschäftigt ist, ohne daß man konkret sagen könnte, was man eigentlich getan hat (Rerrich 1983: 420 ff). Auf den Punkt gebracht könnte man formulieren: Durch die auch ideologisch mit der Formel 'Das Kind braucht die Mutter' fundierte Konzentration der familialen Betreuung der Kinder auf die Mütter, trifft sie die Hauptlast dieser intensivierten und problematischer werdenden Beziehungsarbeit (Beck-Gernsheim 1991: 59).

Ein wesentlicher Faktor in diesem Schwieriger-werden der 'Arbeit' mit und für Kinder ist auf gesellschaftlicher Ebene in den - im gleichen Zeitraum sich vollziehenden - allgemeinen *Veränderungen von Erziehungsstilen und Erziehungszielen* zu sehen, die mit ihrer normativen Qualität exemplarisch jene von 'außen' kommenden Anforderungen illustrieren. Jenseits aller in diesem Zusammenhang sicher wichtigen schicht- und milieuspezifischen Differenzierungen deuten verschiedene Untersuchungen darauf hin (z.B. Fend 1988; Jaide 1988), daß die *Erziehungsstile* allgemein, weniger rigide und körperlich orientiert, dafür mehr argumentierend und verbalisierend, heute diffuser, in sich *widersprüchlicher, antagonistischer* geworden sind: Die Kinder sollen gleichsam von selbst, aus freien Stücken heraus, das werden, was die Eltern von ihnen erwarten - eine Haltung, die in ihrer konflikthaften und pathologisch wirkenden Potentialität aus der 'Familienpsychiatrie/-therapie' bekannt ist. In Bezug auf *Erziehungsziele* sind hier, abhängig vom Bildungsstatus der Eltern und vom Alter des Kindes, entsprechende Verschiebungen feststellbar: Neben der allgemeinen Tendenz zu einer größeren Bedeutung von *Selbständigkeit* und *Persönlichkeitsent-*

wicklung, die mit steigender Schichtzugehörigkeit zu ungunsten von Angepaßtheit, Arbeitsamkeit, Sparsamkeit usw. zunimmt, werden, je jünger das Kind ist, umso häufiger Bildung, je älter, umso häufiger Disziplin als Erziehungsziel genannt (Wilk & Beham 1990: 364; Rerrich 1983: 432 ff). Banal ausgedrückt: Es ist z.B. für Eltern einfacher, ein Kind anhand konkreter und rigider Handlungsanleitungen zu Sparsamkeit zu erziehen, als durch jeweils situationsadäquater Überzeugungsarbeit die Entwicklung von Selbständigkeit zu ermöglichen.

Damit in engem Zusammenhang steht als weiterer wichtiger Faktor die *Verbreitung von pädagogischem und psychologischem Wissen*, das mit der darin popularisierten Botschaft einer familialen Allverantwortlichkeit für jedwede 'Fehlentwicklung' der Kinder als Konsequenz ein sprunghaftes Ansteigen der Anforderungen an die elterliche Erziehungskompetenz nach sich zog - vor allem auch in Bezug auf die permanente Beachtung von Konflikten in der Familie: Denn zum allgemeinen *Sozialisationswissen* der Eltern gehört mittlerweile der 'wissenschaftliche Forschungsstand', daß ein enger *Zusammenhang zwischen familialer (Konflikt-)Erfahrung des Kindes und psychischen sowie Verhaltensstörungen* besteht. Und obwohl dazu je nach theoretischer Perspektive verschiedene Aspekte, die als belastend für die kindliche Entwicklung angenommen werden können, zum Teil unterschiedlich gewichtet werden, so besteht doch mittlerweile weitgehende Einigkeit darin, daß die emotionale Qualität der Eltern-Kind-Beziehungen, der Grad sowie die Qualität der elterlichen Kontrolle und eine wie auch immer konkretisierte, aber auf jeden Fall 'produktive Konfliktbewältigung' auf die Entwicklung des Kindes einen bedeutsamen Einfluß haben:

"Die bisherige Forschung belegt klar, daß ein feindselig-zurückweisendes Verhalten der Eltern die Entstehung psychischer Störungen beim Kind begünstigt. Aber auch ein ängstliches, unsicheres und überprotektives Verhalten der Eltern kann sich negativ auf die psychische Entwicklung des Kindes auswirken, ebenso bestrafungsorientierte Erziehung. Kommunikationstheoretisch orientierte Studien verweisen darauf, daß in gestörten Familien mehr negative affektive Kommunikation (Ablehnen, Feindseligkeit, Angstkommunikation) vorherrscht als in Familien mit nicht gestörten Kindern. In ersteren eskalierten Konflikte oder wurden verleugnet, ein produktiver Umgang mit Konflikten fand häufig nicht statt." (Wilk & Beham 1990: 394)

Ähnliches gilt dabei auch für die Partnerbeziehung: Disharmonische Partnerbeziehungen stehen in einem eindeutigen Zusammenhang mit Entwicklungsstörungen des Kindes, und zwar umso schwerwiegender, je stärker das Kind in die Konflikte miteinbezogen wird und je länger diese disharmonische Partnerbeziehung andauert:

"Eheliche Disharmonie beeinflußt die Eltern-Kind-Interaktion und damit das psychische Befinden des Kindes. Zugleich prägt die Partnerbeziehung der Eltern das Klima der Familie und damit die Erlebniswelt des Kindes. Einen ähnlichen Effekt hat die elterliche Kommunikationsform. Pathogene eheliche Kommunikationsmuster prägen letztlich den Kommunikationsstil der ganzen

Familie. Je ausgeprägter die Kommunikationsabweichungen, umso schwerer werden die psychischen Störungen der Kinder sein." (ebd.: 394 f)[43]

Vor diesem Hintergrund steckt das *Gebot der 'optimalen Förderungen des Kindes'* (Beck & Beck-Gernsheim 1990: 168 ff) die Zielvorgaben in der Erziehungsarbeit immer höher. Die allumfassende Vorgabe der bestmöglichen Förderung der Fähigkeiten des Kindes bei gleichzeitiger bewußter Respektierung seiner Bedürfnisse und Wünsche beeinflußt zunehmend die konkrete Erziehungspraxis mit folgenden Konsequenzen: Notwendig wird Informationsarbeit, Lernarbeit, noch dazu in einem widersprüchlichen Feld konkurrierender Theorie-Modelle und praktischer Ratschläge. 'Arbeitsverweigerung' der Eltern ist dabei nicht möglich, da dann der Hinweis auf Leistungsversagen - in der modernen Gesellschaft das Symbol für das 'Aus' jeglicher individuellen Existenz - das ganze Projekt 'Elternschaft' zum Scheitern verurteilt. In diesem Projekt, in dem, wie oben erwähnt, die Mutter die zentrale Entwicklungshelferin des Kindes ist, besteht die entscheidende, vor allem in Konfliktsituationen bedeutsame *Machtverschiebung* darin, daß die ganze Orientierung von Erziehungshandeln nicht mehr *erzieher*freundlich, sondern *kinder*freundlich ausgerichtet ist: Erziehung als Interaktionsprozeß wird zur *permanenten Verhandlungsarbeit*, in der nicht mehr von vornherein die erwachsene Seite 'die besseren Karten' hat, sondern umgekehrt oftmals die Kinder, wie das Stichwort 'Familienkonferenz' als (produktive?) kommunikative Lösung von Konflikten verschleiert und zugleich offenbart:

"Aber schaut man genauer hin, so verlangen Veranstaltungen dieser Art endlos Erklärungen und Erklärungsversuche, geduldige Appelle an Einsicht und Rücksicht, Diskussionen und nochmals Diskussionen, eine Mischung aus Engelsgeduld und Frustrationstoleranz - das heißt zähe Verhandlungsarbeit, nicht selten von Turbulenzen begleitet, eine Art Weltgipfelkonferenz en miniature und auf Dauer, wobei hier noch erschwerend hinzukommt, daß die Beteiligten die Schwächen, Empfindsamkeiten, kritischen Punkte der jeweils anderen Partei aus jahrelanger Übung genauestens kennen und sich noch dazu kaum entrinnen können (...)." (Beck-Gernsheim 1991: 67)

Insgesamt manifestiert sich darin eine *Emanzipation des Kindes* als Entlassung aus der Verfügungsgewalt der Eltern, ähnlich der Emanzipation der

---

43 Anzumerken bleibt hier der Vollständigkeit halber, daß selbstverständlich ebenso umgekehrt gilt: Psychische Störungen und Verhaltensauffälligkeiten von Kindern können negative Auswirkungen auf die Partnerbeziehung der Eltern haben. Genauso müssen eventuell vorhandene problematische individuelle Merkmale von Eltern mitberücksichtigt werden, wie z.B. der die Familie vernachlässigende, überstrenge Vater und die schwache, überfürsorgliche Mutter, deren Komplementarität schließlich die Extremformen der traditionellen familialen Geschlechtsrollenverteilung darstellen: "Jähzornigen, intoleranten und restriktiven Vätern stehen überfürsorgliche, verständnisvolle, nicht durchsetzungsfähige und beschwichtigende Mütter gegenüber." (Wilk & Beham 1990: 395)

Frau als Entlassung aus den traditionellen Vorgaben weiblicher Lebensverläufe, woraus historisch eine neue Konfliktsituation resultiert:

"(...) denn auf der einen Seite ist im ausgehenden 20. Jahrhundert eine Epoche erreicht, wo sowohl Frauen wie Kinder als Individuen mit eigenen Rechten und Bedürfnissen wahrgenommen werden. Auf der anderen Seite aber haben sich die Rahmenbedingungen der Erziehungsarbeit in eine Richtung entwickelt, die eine Berücksichtigung der Interessen beider Gruppen praktisch kaum zulassen." (ebd.: 68 f)

Dem Argument entsprechend spiegelt sich das 'Neue' an dieser Konfliktsituation wohl am ehesten in der hier gewählten Semantik wieder, wo Konflikte zwischen Eltern und Kindern zu 'divergierenden Gruppeninteressen' mit 'juristischen Qualitäten' werden, so daß der letzte Faktor innerhalb dieser Argumentationskette nur konsequent erscheint: Die in diesem Wandlungsprozeß enthaltene Kollision des 'Rechts der Frau auf ein Stück eigenes Leben' mit den Entwicklungs- und Betreuungsbedürfnissen des Kindes führt schließlich zur Kehrseite der zunehmenden Intensivierung der 'Beziehungsarbeit' mit Kindern: den *objektiven Lebensbedingungen hochindustrialisierter Gesellschaften*, die in ihrer Grundstruktur kinderfeindlich und damit mütterfeindlich ist. Der Erziehungsalltag aus Sicht der Mütter besteht also in einer permanenten '*Kampfhandlung*', in der auf individueller Ebene die strukturellen Widersprüche zwischen den Leitbildern einer kindzentrierten Gesellschaft und den objektiv kinderfeindlichen Strukturen gelöst - oder besser, da eine individuelle Lösung letztlich eben nicht möglich ist: minimiert werden müssen (ebd.: 69 ff).

All das zusammen genommen ergibt den von Beck-Gernsheim bezeichneten '*Erziehungsdruck*' bzw. '*Erziehungswahn*', der keine Fehlleistung versagender Eltern ist, sondern vielmehr sind die Komponenten, aus denen er sich speist, systematisch aufeinander bezogen in einem Zirkel von Liebe, Verantwortungsanspruch und Verunsicherung. Hinzu kommt die besondere Problematik, daß beim Kind - im Gegensatz zum Partner - keine Fehler erlaubt sind, denn sie sind schließlich irreversibel, nicht wieder gut zu machen. Die *Konsequenzen* aus dieser '*Liebe nach Fahrplan*' mit ihren doublebind-Botschaften sind eindeutig: die Belastungen und Gereiztheiten wachsen, untergründige Spannungen entstehen und Beziehungskonflikte sind vorprogrammiert (Beck & Beck-Gernsheim 1990: 152 ff).

Zunehmende Kindzentriertheit und das Kind als autonomes Subjekt

Laut der hier nachgezeichneten Argumentation besteht ein wesentlicher Aspekt der konstatierten zunehmenden Konflikthaftigkeit der Eltern-Kind-Beziehung - neben den veränderten 'gesellschaftlichen' Anforderungen, die begrifflich präziser als Rhetoriken vermittelt über familiale und individuelle

'Perspektiven' wohl nicht in allen drei Exposés in der hier verallgemeinerten Weise 'durchschlagen' - in einer *gewandelten Bedeutung des Kindes*: Das Kind wird hier zum individualisierten Subjekt mit eigener Autorität, Verantwortlichkeit, mit eigener 'Verhandlungskompetenz', die von ihm selbst reflexiv im Konfliktgeschehen eingesetzt werden muß. Hinzukommt eine weitere Komponente, die auf die Bedeutung des Kindes für die Eltern verweist: Neben, in und ebenso durch diese hier kurz skizzierten praktischen und 'Wissensveränderungen' im familialen Sozialisationsprozeß vollzog sich im gleichen Zeitraum - also verstärkt seit den fünfziger Jahren - die mit dem 'Sinnstifter-Argument' umrissene zunehmende *'Kindzentrierung'*, die gleichsam auf der 'glücklichen' Vorderseite jener bislang skizzierten, problematischen und konfliktreichen Eltern-Kind-Beziehung (bzw. besser Mutter-Kind-Beziehung) den 'psychologischen Nutzen' des Kindes für die Eltern präsentiert: *'Das Kind' als 'kulturelles Bild'* steht dieser Argumentation zufolge für die 'andere Seite' der modernen, funktional-rationalistischen Gesellschaft, es steht für Natürlich-sein, für Authentizität, für Mensch-sein im ursprünglichen Sinn (ebd.: 138 ff).

Allerdings erreicht man spätestens hier einen Punkt, an dem die oben vorgenommene Differenzierung zwischen verschiedenen Konzepten von Elternschaft notwendig einzusetzen ist: Erheben die bisherigen Argumentationen im Rahmen des Konfliktdiskurses um die Eltern-Kind-Beziehung zumindest implizit den sicher nicht immer gerechtfertigten Anspruch, jenseits konkreter alltagspraktischer Ausgestaltung der Elternrollen auf der Grundlage des modernen Exposés tendenziell breite Gültigkeit zu besitzen, kann die Frage nach dem Stellenwert von Kindern für den Sinn des Lebens der Eltern nicht ohne eine solche Unterscheidung auskommen, die nach verschiedenen *'Sinnsetzungen' der Eltern* differenziert: Denn die Aussage 'Kinder sind der Sinn des Lebens' bedeutet aus Sicht der Eltern z.B. dann nicht dasselbe, wenn Kinder zum einen Lebenssinn sind, weil man selbst - durchaus im Rahmen des modernen Exposés (oder sogar 'die Familie' im Rahmen des traditionalistischen Exposés?) - durch sie über den eigenen Tod hinaus weiterlebt, oder weil man zum anderen durch sie eine diesseitige Persönlichkeitsentwicklung für sich selbst erwartet (wie im avantgardistischen Exposé?). Versucht man, die Verbindung zur Frage nach der Konflikthaftigkeit in dieser mit dem 'Sinnstifter-Argument' verbundenen 'Kindzentrierung' herzustellen, ist also plausibel anzunehmen, daß verschiedene Elternschaftsmodelle mit verschiedenen Bedeutungsmustern von 'Kind' einhergehen und diese wiederum Auswirkungen auf den gesamten familialen Interaktionszusammenhang haben. So kann die 'Kindzentrierung' z.B. zu einem tendenziellen Verlust des Eigenwerts der Paarbeziehung gegenüber der Eltern-Kind-Beziehung führen (Schütze 1988: 112), oder pointierter noch:

Die 'Sinnstiftung' des Kindes bezieht sich nicht mehr auf die Paarbeziehung als Vater-Mutter-Beziehung, sondern nur noch auf die einzelnen, voneinander mehr oder weniger unabhängigen Elternteile, die ihren eigenen Sinn des Lebens als Streben nach Authentizität, nach Mensch-sein im Hier und Jetzt von ihren Kindern erfüllt erwarten (z.B. für die 'neuen' Väter vgl. Schneider 1989: 110 ff).

Einem von dieser Überlegung ausgehenden Blick auf damit verbundene Konflikte im avantgardistischen Exposé, eröffnet die gängige Literatur zum Thema 'neue Elternrollen' zwar eine Reihe von Aspekten, die unter dem Stichwort *'geteilte Elternschaft'* mehr oder weniger interessante Rückschlüsse auf damit verbundene generelle *Konfliktkonstellationen für die und zwischen den Eltern* zulassen (z.B. Hess-Diebäcker & Stein-Hilbers 1991; Busch, Hess-Diebäcker & Stein-Hilbers 1988; Schülein 1990: 174 ff). Die konkreten Konsequenzen aus der besonderen *Kindbezogenheit* lassen sich jedoch nicht ohne weiteres angeben.

Das 'Duell um Intimität' im avantgardistischen Exposé

Da 'geteilte Elternschaft' ein Familienmodell meint, "in dem zwei Elternteile zusammenleben, beide zu gleichen Zeitanteilen erwerbstätig sind und die Erziehung der Kinder und die Haushaltsarbeiten nach ihrem eigenen Selbstverständnis zeitgleich und gleichverantwortlich unter sich aufteilen" (Hess-Diebäcker & Stein-Hilbers 1991: 120), können für Frauen und Männer eine Reihe von Konfliktbereiche auf verschiedenen Ebenen angegeben werden, so z.B. auf der Individualebene als Identitätskonflikte oder auf der Interaktionsebene als vermehrte Aushandlungs- und Koordinationsprobleme. Konkret: Für Frauen bedeutet das Modell generell ein Abgeben von familiärer Verantwortung, eine Reduktion der Bedeutung der Kinder, wobei gleichzeitig Erwerbstätigkeit als gleichwertiger Teil von 'Arbeit' hinzukommt, während es für Männer umgekehrt vor allem Abstriche an Beruf und Karriere sowie eine Familialisierung männlicher Identität enthält. Daraus resultiert als mögliche Verschiebung von Konflikträumen für Frauen tendenziell ein höheres Konfliktrisiko in der Familie, für Männer hingegen eher im Berufsbereich.

Vor dem Hintergrund, daß die Realisation dieses Modells aktiv fast immer von den Frauen gefordert und betrieben wird, für Männer hingegen, dabei dem Druck der Frauen nachgebend, dieses Modell zumeist aus ihrer Akzeptanz veränderter Lebensvorstellungen ihrer Frauen hervorgeht, ergeben sich für Väter *und* Mütter zwar gleichermaßen Schwierigkeiten vor allem im Pendeln zwischen den gegensätzlichen Anforderungen ihrer beiden Arbeitsbereiche 'Beruf' und 'Familie'. Viele Konfliktpotentiale liegen aber auch "im täglichen Aushandeln familiärer Arbeiten mit dem Partner/der Partnerin und in einer sozialen Umgebung, in der Skepsis gegenüber berufstätigen Müttern und Abwertung teilzeitarbeitender Väter noch häufiger zu finden sind." (ebd.: 125 f; vgl. auch Klees 1992: 140 ff) Denn während Frauen die aus der Berufstätigkeit folgenden zusätzlichen Belastungen in beiden Bereichen eher als zeitlich begrenzt und im Zeitverlauf zunehmend unproblematischer bewerten, kämpfen Männer mit beruflichen Nachteilen und Karriereeinbußen, die durch eine lediglich von den Kolleginnen erfahrene Anerkennung nicht wettgemacht werden können. Im Familienbereich beklagen Frauen häufiger als Männer Streß und Überlastung, was in der trotz geteilter Verantwortlichkeit praktisch doch größeren Belastung der Frauen mit Hausarbeit begründet ist. Hinzu kommt, daß bei Frauen eher Identitätskonflikte als 'schlechtes Gewissen' entstehen, durch die Berufstätigkeit den Ansprüchen einer guten Mutter nicht mehr genügen zu können. Männer hingegen fühlen sich nicht durch die neuen Anforderungen in der Familie überlastet, sondern erleben Identitätskonflikte und -probleme eher durch ihre hohe Identifikation mit der Erwerbsarbeit und den notwendigen Einschränkungen ihrer Berufsorientierung.

Wendet man sich nach diesen eher allgemeinen Rollen- und Identitäts-Konfliktkonstellationen erneut dem speziellen Aspekt der Eltern-Kind-Beziehung zu, so ist zunächst die durchaus positive Bewertung dieser Form von Elternschaft durch die Partner zu beachten. Generell meinen die Paare, daß 'geteilte Elternschaft' für ihre Paarbeziehung eine entschieden *stabilisierende Wirkung* habe, da dadurch gegenseitiges Verständnis, gemeinsame Erfahrungsbereiche mit entsprechendem Gesprächsstoff und mehr Freude an den Kindern ermöglicht werde:

"Wenn für viele Frauen heute mangelnde 'Partnerschaftlichkeit' ein Grund zur Trennung/Scheidung von (Ehe-)Männern ist, so wirkt sich die egalitäre Teilung der familiären Aufgaben hier ausgesprochen stabilisierend aus und bietet günstige Voraussetzungen für ein langfristiges Zusammenleben. Hinzu kommt, daß dieses Arbeitsteilungsmodell eine Trennung/Scheidung insofern schwieriger macht, als die Kinder in einem solchen Fall nicht mehr eindeutig den Frauen zugeordnet werden können - dies mag auch die Wirkung eines beziehungsstabilisierenden Damoklesschwerts haben." (Hess-Diebäcker & Stein-Hilbers 1991: 125 ff)

Abgesehen von dem im Zitat abermals enthaltenen Hinweis darauf, daß die Frage nach 'stabilen' oder 'konfliktreichen' Partnerbeziehungen nicht losgelöst von der subjektiven Definition der Beziehung durch die Partner betrachtet werden kann (vgl. dazu die entsprechenden Ausführungen zu Partnerkonflikten in Kapitel 4.2.1), deutet der hier nur am Rande gegebene Verweis auf die mögliche Konkurrenz zwischen Mutter und Vater um das Kind auf eine besondere 'Qualität' der Eltern-Kind-Beziehung in diesem Konzept der 'geteilten Elternschaft' hin. Diane Ehrensaft hat die damit verbundenen Konflikte treffend mit dem *'Duell um Intimität'* überschrieben, welches sie anhand von Tiefeninterviews einiger Paare mit 'geteilter Elternschaft' untersucht hat (Ehrensaft 1985: 323 ff). Daß mit neuen Mutter- und Vaterrollen 'subjektive Probleme' (Vateridentität, Mutteridentität) verbunden sein können, war nach Ehrensaft den Beteiligten im voraus bewußt, was aber zumeist nicht vorhergesehen wurde, war die sich intensiv entwickelnde emotional-affektive Vater-Kind-Beziehung mit ihren spezifischen Konsequenzen für das ganze Beziehungssystem:

"While the reality remains that parenthood appears more embedded in the woman's daily consciousness, and begins earlier in her life as a parent, the father's emotional commitment and involvement in the child go far beyond what either he or his female partner ever expected. (...) it is the very uniqueness of his intimacy with his child that sets the stage for a new dynamic and tension in the shared parenting mother-father-child triangle." (ebd.: 325 f)

Ein zentraler Unterschied zwischen der Vater-Kind- und Mutter-Kind-Beziehung in den von ihr untersuchten Paaren ist nach Ehrensaft die subjektive Wahrnehmung durch die Väter, die im Gegensatz zu den Müttern ihre Beziehung zum Kind in einer *Liebes-Rhetorik* beschreiben, während Mütter über ihre Beziehung zum Kind eher in einem Kontext, in einer Rhetorik von *Muttergefühlen* reden - also in bemerkenswerter Analogie zu den für die Partnerbeziehung diskutierten 'Liebeskonflikten' mit ihrem Fundament geschlechtsspezifisch differenter 'Liebes-Rhetoriken'. Mit anderen Worten: Die Väter konnten in ihrer Beziehung zum Kind ihre Bedürfnisse nach Liebe, Intimität in einem ungefährlicheren, befriedigenderen Feld stillen, als in der Partnerbeziehung. Die damit verbundene Triangulation im Beziehungssystem geteilter Elternschaft entspricht nach Ehrensaft zwar der in traditionellen Familien, allerdings mit vertauschten Rollen:

"Remarkably, we find the jealousy and 'cut-off' feeling in the exact opposite direction, albeit more subtle, in the shared parenting family. The mother often feels jealous and resentful as she witnesses the quality of intimacy she has never had with her male partner now so easily given by him to his child." (ebd.: 329)

In der dabei von Ehrensaft präsentierten, psychoanalytisch orientierten Erklärung für dieses Intimitäts-Duell erscheint mir folgender Hinweis in Bezug auf die 'Sexualisierung' - obgleich dies genau der 'falsche' Begriff ist - der Vater-Kind-Beziehung im Vergleich zur Mutter-Kind-Beziehung interessant:

"It is not that the father's relationship with the child is more 'sexualized' than the mother's. At a surface level, one can explain the man's expression as the only mode of verbal discourse of intimacy accessible to him in the description of love for his child. Underlying this, however, is the deeper explanatory root, the bifurcation of intimacy into two types for women versus the unidimensional mode for intimacy for men in our culture." (ebd.: 333)

Greift man diesen Aspekt auf als die *gesellschaftliche Seite* subjektiven Wahrnehmens und Definierens intimer Beziehungen, zeigt sich im 'Duell um Intimität', - hier am Beispiel der 'neuen Männer' in ihrer 'emotional-affektiven' Vater-Kind-Beziehung - wie diskursiv geformte Rhetoriken in ihrer subjektiven Vermitteltheit mit familialem Konfliktgeschehen bis in die 'intimsten' Bereiche hinein in einem komplexen Wechselwirkungsverhältnis stehen. Denn entsteht demnach im Modell der 'geteilten Elternschaft' jenes 'Duell um Intimität' zwischen Vater und Mutter nicht vor allem auch deshalb, weil die Bedeutung des Kindes, die es aus Sicht des Vaters für ihn hat, infolge einer dazu fehlenden 'Ausdrucksmöglichkeit', eines fehlenden 'symbolischen Codes' der Mutter nicht 'verstehbar' wird?

Falls diese These plausibel ist, wird deutlich, welche Konflikte sich dann aus unterschiedlichen Bedeutungszuschreibungen an 'das Kind' zwischen Männern und Frauen ergeben können, wenn man den Gedanken vom entgegengesetzten Blickwinkel - aus Sicht der 'neuen' Mütter - betrachtet und deren Definition der Mutter-Kind-Beziehung hinterfragt: Z.B. könnte man im folgenden Absatz spontan vielleicht nicht zu unrecht vermuten, man lese eher ein politisches Manifest (zur Durchsetzung einer 'neuen' Mutter-Kind-Rhetorik), und nicht eine Zusammenstellung, die lediglich charakteristische Merkmale der Erziehungsvorstellungen 'neuer' Mütter skizzieren soll: "Neue Frauen versuchen, Kinder anders in ihr Leben zu integrieren, und machen sich damit frei für eine intensivere Beziehung zu ihren Kindern." (Oubaid 1988: 86) Dies gelingt den neuen Müttern dadurch, daß sie eine bewußte Entscheidung für das Kind gefällt haben und damit auch in der Lage sind, das Leben mit Kindern in der gleichen Bewußtheit gelassen zu gestalten, jenseits von alten Ideologien und neuem Professionalisierungsdruck. Frei von patriarchalischen Erziehungsvorgaben setzen sie auf das Bemühen um 'Urvertrauen' durch eine vertrauenswürdige Bezugsperson und erleben das Älterwerden der Kinder eher als Loslösung denn als Verlust. Sie verteidigen das Recht der Kinder auf eigenständige Entwicklung gegenüber den normativen Übergriffen der Umwelt und gestalten ihre Beziehung zum Kind souverän ähnlich denen zu Erwachsenen - mit normalem Respekt und Abgrenzungen, in der aber auch negative Impulse nicht verdrängt werden müssen (ebd.: 87).

Nicht nur anhand dieses - sicherlich extremen - Beispiels aus der 'neuen' Mütter-Literatur, sondern auch anhand der gesamten bislang skizzierten Argumentation zur steigenden Konflikthaftigkeit der Eltern-Kind-Beziehung wird meines Erachtens zumindest deutlich, daß die eingangs dieses Abschnittes erwähnte 'Perspektive des Kindes im Geschlechterverhältnis' wohl eher eine 'Rhetorik zur aktuellen Bedeutung des Kindes' zwischen Männern und Frauen darstellt. - Wie konfliktreich oder konfliktarm Kinder ihre familiale Lebenswelt derzeit erfahren, bleibt hier zumindest ungewiß.

4.2.2.2 Jugendliche und ihre Eltern: Generationenkonflikt oder Ablösungskonflikte?

Stand in den bisherigen Ausführungen zur Eltern-Kind-Beziehung mehr oder weniger explizit zumeist eine Lebensphase des Kindes im Hintergrund, in der sich der kindliche Sozialisationsprozeß vor allem in der Familie zunehmend konflikthaft vollzieht, so zeigt sich ein davon völlig differentes Bild dann, wenn man in die Jugendphase bzw. in die Lebensphase des Kindes blickt, in der der Ablösungsprozeß von der Herkunftsfamilie vollzogen werden muß. In der familien- und jugendsoziologischen Literatur steht zu dieser Problematik übergreifend das *Theorem des Generationenkonflikts* im Zentrum der Diskussion, das zu einem Satz verkürzt folgende Aussage enthält: Infolge rapider gesellschaftlicher Wandlungsprozesse, hoher Komplexität der Sozialstruktur, eines niedrigen Integrationsgrades des einzelnen Individuums in der Kultur und den daraus entstehenden Widersprüchen und Spannungen zwischen strukturellen Erfordernissen und kulturellen Werten wird auch der Gegensatz der Generationen zu einem unvermeidlichen Kennzeichen des Aufwachsens in der modernen Gesellschaft und damit zu einem Grundphänomen der Gegenwart. Doch diesem Theorem stehen eine Reihe von verschiedenen, empirisch fundierten Argumentationen entgegen, die im wesentlichen ein positives Bild der Beziehungen zwischen Eltern und ihren Kindern auch oder gerade in der prekären Jugendphase konstatieren: Einerseits zeigen Jugendstudien derzeit frappierende Differenzen in Fragen von Politik, Moral, Ordnungsvorstellungen etc. zwischen jüngeren und älteren Befragten, andererseits dokumentieren sie ein im großen und ganzen gutes Verhältnis zwischen den Generationen in den Familien, also zwischen Jugendlichen und ihren Eltern (z.B. Böhnisch & Blanc 1989: 53 ff). Somit läßt sich der aktuelle Diskurs um den Generationenkonflikt auf den Punkt gebracht in die Kontroverse um, in den *Widerspruch von Konflikt versus Harmonie zwischen Eltern und Jugendlichen* fassen (zusammenfassend Lenz 1991: 417 ff).

Der Widerspruch von Konflikt versus Harmonie

Dieser Widerspruch kann nach verschiedenen Seiten aufgeschlüsselt werden: Wählt man als Einstieg in die Thematik zunächst die *Demoskopie*, so zeigen Umfragen, daß nach Einschätzung der Bevölkerung weder Konsens in religiösen noch Übereinstimmung in grundlegenden politischen Positionen als wesentliche Bedingungen zu einer stabilen Partnerbeziehung beitragen. Und die in dieser Einschätzung enthaltene 'demokratische Toleranz' gegenüber der Meinung und den Einstellungen des anderen gilt im wesentlichen auch im Verhältnis zwischen Eltern und Kinder, so daß der Erziehungsanspruch der Eltern vor politischen, religiösen und weltanschaulichen Aspekten ebenso halt macht wie z.B. bei Fragen der Freizeitgestaltung der Kinder oder für was das Taschengeld verbraucht wird (Köcher 1988: 30 ff). Auf der anderen Seite ist von einem Zusammenhang zwischen weltanschaulichem Dissens und Konflikten in einer Familie auszugehen, mit entsprechend negativen Auswirkungen auf den Ablösungsprozeß und daraus resultierenden sozialen und 'Persönlichkeitsdefiziten':

"Personen aus weltanschaulich heterogenen Familien äußern sich auffallend kritisch über ihre Familie und identifizieren sich weniger mit ihr als Personen aus homogenen Familien. Die Bereitschaft zu generationenübergreifender Solidarität und Unterstützung wird durch das Erleben von weltanschaulichem Dissens in der Familie gravierend beeinträchtigt. Darüber hinaus ist erkennbar, daß die weltanschauliche Homogenität von Familien die sozialen Erfolgschancen und die Persönlichkeitsstruktur ihrer Mitglieder beeinflußt. Dissens in grundlegenden Fragen in der Familie beeinträchtigt Selbstbewußtsein und Selbstsicherheit, soziales Vertrauen und Verantwortungsbereitschaft." (ebd.: 30)

Auffallend ist nach Köcher, daß - dabei international vergleichende Studien zitierend - der *Wertekonsens* in deutschen Familien vergleichsweise geringer ist, vermutlich weil viele Eltern bewußt weltanschauliche Fragen aus dem Erziehungsprozeß ausklammern (ebd.: 33). Die daran anschließende Frage lautet jedoch: Ist deshalb auch kein Dissens in den Familien vorhanden, obgleich - glaubt man der Demoskopie - dazu Anlaß gegeben wäre? Existieren vielleicht in der Familie pragmatische 'Konsensfiktionen' auch zwischen Eltern und Kinder, die auf der Einstellungsebene Differenzen zulassen, aber auf der Handlungsebene zum 'Schutz' der Beziehung konfliktvermeidend wirken? Und gerade darüber, wie gelingend oder mißlingend unter solchen Umständen der 'Erziehungs- und Konfliktvermeidung' der Ablösungsprozeß verläuft, kann die Demoskopie sicher keinen hinreichenden Aufschluß geben.

Wählt man einen anderen argumentativen Zugang, der zwischen *gesellschaftlichem und familialem Generationenverhältnis differenziert* und dabei die Frage nach dem 'Wandel' in den gängigen Operationalisierungen von Individualisierung und Pluralisierung familialer Lebensformen (vgl. Kapitel 2) einbezieht, bleibt auch hier der Widerspruch erhalten: Mit wachsender Individualisierung und Pluralisierung von Lebensformen geht keine prinzipielle Verschärfung des Generationenverhältnisses im Sinne zunehmender *innerfamilialer* Generationenkonflikte einher. Aber insgesamt scheinen die Beziehungen zwischen den Generationen von einer spezifischen *Ambivalenz* gekennzeichnet zu sein:

"Es lassen sich sowohl Gemeinsamkeiten und solidarisches Verhalten feststellen, vornehmlich dann, wenn es um die Funktionsfähigkeit der Familie bei existenziellen Problemen geht. Andererseits tragen verschiedene weltanschauliche Orientierungen von Eltern und Kindern oft auch zu vermehrter Distanz zwischen ihnen bei, die zudem noch durch die zunehmende Institutionalisierung von Erziehung, Bildung, Beruf und Freizeit und durch die Ausbildung altersspezifischer, medial vermittelter Kommunikationsmuster befördert wird." (Bertram, Borrmann-Müller, Hübner-Funk & Weidacher 1989: 11)

Während also gemeinhin von einem positiven bis distanzierten Verhältnis der Generationen in den Familien ausgegangen wird, überwiegt die Skepsis hinsichtlich der Entwicklung des *außerfamilialen Generationenverhältnisses*, wo z.B. Verteilungs- und Machtkonflikte entlang traditioneller Altersgrenzen thematisiert werden, ohne daß diese noch weiter gültig sind.

Die allgemeine *soziologische Interpretation* zu dieser konstatierten Widersprüchlichkeit lautet: Die Generationenbeziehungen sind zunehmend entpersonalisiert und damit zu *kollektiven Beziehungen* geworden, womit der familiale Generationenkonflikt seine gesellschaftliche Bedeutung verlor und Generationenbeziehungen als gesellschaftlich relevantes Phänomen in Generationenverträgen, dazugehörenden Institutionen und entsprechende Konfliktmuster transformiert wurden. "(...) Der Umgang mit Generationskonflikten ist danach nicht mehr das Problem der einzelnen Familie, sondern Sache der Integrationspolitik des Staates und einer medialen Öffentlichkeit, in der sich allgemeine Generationsbilder gegenüberstehen." (Böhnisch & Blanc 1989: 53)

Das Verschwinden des innerfamilialen Generationenkonflikts

Zentral für das Phänomen der Auslagerung des Generationenkonflikts aus der Familie ist eine *Pragmatisierung und Entdramatisierung des innerfamilialen Generationenverhältnisses* in einem sich zeitlich ausweitenden Ablösungsprozeß der Jugendlichen. Die generelle zeitliche Ausdehnung der Jugendphase mit einem zunehmend früherem Eintritts- und späterem Austrittsalter setzt eine gegenläufige Scherenbewegung in Gang, in der die Jugendlichen einerseits immer früher insbesondere 'kulturelle Selbständigkeit' im Sinne einer Zugehörigkeit zu eigenen jugendkulturellen Lebensstilen gegenüber der Herkunftsfamilie erlangen, andererseits die materiell-ökonomische Absicherung dieser 'eigenständigen Lebensführung' unabhängig von den Eltern immer später erreichen (Zinnecker 1990: 25 ff). Mit anderen Worten: Eltern bleiben in diesem Ablösungsprozeß kontinuierlich wichtig, und zwar vor allem als soziale und ökonomische Sicherheitsgeber, als zentraler Bestandteil des sozialen Netzwerkes Jugendlicher zur Lebensbewältigung, und weniger als Vertreter der 'anderen Generation' und dadurch als Hüter von Unselbständigkeit und Abhängigkeit.[44]

---

44 Ein Indiz für diesen Veränderungsprozeß ist z.B. die mittlerweile geringe Akzeptanz der aus den 70er Jahren stammenden Jugendhäuser durch ihre traditionelle Klientel - den 'herkömmlichen

"Das Modell der pragmatischen Koexistenz der Generationen in der Familie hat - zumindest was das Verhältnis der älteren Jugendlichen zu ihrer Familie betrifft - das traditionelle Konfliktmodell abgelöst." (Böhnisch & Blanc 1989: 58 f)

Um die in diesem Diskurs zum Generationenverhältnis enthaltene widersprüchliche Diagnose zum derzeitigen Verhältnis zwischen Eltern und Jugendlichen sowie zwischen 'Älteren' und 'Jüngeren', in der mit Eltern-Kind- und Generationenkonflikten simultan argumentiert wird, aufschlüsseln zu können, sind in einem ersten Schritt einige grundsätzliche Differenzierungen notwendig. Definiert man dazu Generation soziobiologisch als Eltern-Kindschaft, so unterscheiden sich *Eltern-Kind-Konflikte* von anderen *Generationskonflikten*, in denen Generation als Kohorte definiert wird, durch folgende Merkmale: Erstens sind Eltern-Kind-Konflikte *partikularistisch*, d.h.: die Konfliktparteien sind auf ihren persönlichen Nahraum mit den darin zur Verfügung stehenden Ressourcen verwiesen - sie sind Konflikte zwischen Einzelpersonen und nicht zwischen Kollektiven und ermöglichen daher Koalitionsbildungen mit anderen Familienmitgliedern. Die Partikularität führt zweitens dazu, daß "Art und Schwere dieser Konflikte sich von Familie zu Familie je nach der besonderen Kombination konfliktrelevanter Merkmale unterschieden" können (Oswald 1989: 367). Darüber hinaus muß drittens bedacht werden, daß zwar Jugendliche gleichen Alters einer Generation als Kohorte angehören, die *Eltern* dieser Jugendlichen aber durchaus in einem unterschiedlichen Alter sein können und damit *unterschiedlichen Generationen* angehören können: "Die Gleichzeitigkeit ungleichzeitiger Eltern könnte dazu führen, daß Jugendliche einer Zeit recht unterschiedliche Konflikte mit ihren Eltern haben." (ebd.: 367) Außerdem kann viertens eine Unterscheidung nach dem *Inhalt* der Konflikte getroffen werden: Während Generationenkonflikte als Konflikte zwischen Kohorten sich oftmals auf grundsätzliche Aspekte des z.B. politischen oder wirtschaftlichen Systems beziehen, bestehen familiale Generationenkonflikte zumeist aus Beziehungs-, insbesondere eben aus Ablösekonflikten, wobei diese selbstverständlich sich auch an jenen grundsätzlichen Generationenthemen entzünden oder daran entlang verlaufen können (ebd.: 367).

Anhand dieser Differenzierung zwischen 'gesellschaftlichen' und innerfamilialen Generationenkonflikten als Ablösekonflikte muß im zweiten

---

Jugendlichen' der (unteren) Mittelschicht. Ursprünglich konzipiert als temporäre Fluchtstätten vor dem Elternhaus, wo die Jugendlichen all das tun konnten, wozu ihnen sonst die Räumlichkeiten fehlten, wird heute hingegen entweder Club-Atmosphäre gewünscht oder die Jugendhäuser werden von Jugendlichen aus anderen spezifischen sozio-kulturellen Milieus genutzt, wie z.B. ausländischen Jugendlichen, obdachlosen Jugendlichen, Alternativ-Szenen etc., die infolge ihrer jeweils eigenen Problematik solche Fluchträume (immer noch oder wieder vermehrt) benötigen (Böhnisch & Blanc 1989: 60 f).

Schritt möglichen Erklärungen nachgegangen werden für die weitgehend einhellig präsentierte Diagnose: Jugendliche schätzen in der Mehrheit ihr Verhältnis zu den eigenen Eltern als gut ein und messen den Eltern in vielen wichtigen Lebensbereichen (Schule, Beruf) mehr Bedeutung zu als der Gruppe der Gleichaltrigen, und zwar über alle schicht- und geschlechtsspezifischen Differenzen hinweg (Oswald 1989: 368 ff; Oswald 1992: 30 ff; Stary 1990: 431): "Was an Problemen mit Eltern bleibt, sind Alltagskonflikte, Rauchen, Ausgehen, Aufmachung, laute Musik, Hilfe im Haushalt, Benutzung des Autos, tägliche Rücksichtnahme, Unordentlichkeit." (Oswald 1989: 373) Zusammenfassend kann als Ergebnis entsprechender Untersuchungen zum Thema 'innerfamilialer Generationenkonflikt' also festgehalten werden:

"Das Bild, das die empirische Sozialforschung zum Generationenkonflikt in der Familie zeichnet, steht in scharfem Kontrast zur öffentlichen Meinung. Dieser Kontrast entsteht durch Übertreibung des Spektakulären dadurch, daß Erwachsene die Jugend als Gruppe wesentlich negativer sehen als ihre eigenen Kinder. Im Durchschnitt haben Jugendliche in allen westlichen Industrieländern (...) ein gutes Verhältnis zu ihren Eltern und wenig grundlegende Konflikte. Es gibt weite Bereiche der Übereinstimmung und (...) weite Bereiche der akzeptierten Nichtübereinstimmung." (ebd.: 377)

Als mögliche *soziologische Erklärungen* zu diesem Phänomen des z.B. im Vergleich zur Jahrhundertwende oder zu den zwanziger Jahren abnehmenden familialen Generationenkonflikts können *folgende vier Thesen* genannt werden (ebd.: 377): Erstens könnte der Generationenkonflikt als generelles Problem in der gesellschaftlichen - sprich öffentlichen und wissenschaftlichen Wahrnehmung schon immer überschätzt worden sein, da dabei von spezifischen Teilen der Jugend unzulässig auf 'die Jugend' verallgemeinert wurde. Diese zwar auf den ersten Blick plausible Erklärung wirft aber sofort die Anschlußfrage auf, worin die Gründe für eine solche 'systematische Überschätzung' liegen könnten. Zweitens wäre auch eine Abnahme der Ablösekonflikte von Jugendlichen - wie oben schon angedeutet - durch die geringer werdende Wahrscheinlichkeit denkbar, daß Dissens und Konflikte in der Familie ausgetragen werden. Wenn dies der Fall wäre, dann wäre auch hier die Anschlußfrage, was diese Konfliktvermeidung auf seiten der Eltern und/oder auf seiten der Jugendlichen verursacht haben könnte. Setzt man eine wachsende Entdifferenzierung der Jugend- und Erwachsenenphase voraus, wäre drittens die Verringerung des Konfliktpotentials im Übergang zwischen beiden Lebensphasen dann letztlich konsequent, weil sich zentrale Lebensbereiche (z.B. Sexualität, Konsum etc.), 'Perspektiven', Wertvorstellungen etc. von Jüngeren und Älteren immer mehr angleichen und die mit unterschiedlichen Zugangsmöglichkeiten verbundenen altersspezifischen Grenzen (z.B. Berufseintritt, Heirat, etc.) zwischen Jugend und Erwachsensein zunehmend ihre Bedeutung, ihre handlungsbestimmende Kraft verlieren. Viertens könnte die im letzten Abschnitt skizzierte zunehmende Kindzentriertheit einschließlich der damit einhergehenden permissiven Erziehung und Kontrollreduktion ebenso zu einer Verminderung wenigstens der Konflikte zwischen den einzelnen Elternteilen und dem Kind führen:

> "Entdifferenzierung vermindert im Durchschnitt Generationenkonflikte in der Familie. Konkurrenz der Eltern um das Kind vermindert im Durchschnitt Ablösekonflikte zugunsten anderer Beziehungskonflikte. Was bleibt, sind Alltagskonflikte, die wegen der Interdependenz unvermeidbar sind. Unaufgeklärt bleibt der Zustand jener zehn bis 25 Prozent der Familien, in denen es stärkere Konflikte gibt. Neu zu erforschen sind die Probleme, die entstehen, wenn durch die starke Bindung an die Kinder und das Fehlen von Konflikten die Ablösung erschwert, das Selbständigwerden der Jugendlichen behindert werden sollte." (ebd.: 378)

Jenseits der oben schon erwähnten 'Alltagskonflikte' bleibt also diesem Zitat zufolge einerseits eine unaufgeklärte 'Restkategorie' von Jugendlichen mit konfliktreichen Beziehungen zu ihren Eltern sowie die nach wie vor weitgehend unerforschten Konsequenzen, die sich aus einer konfliktarmen oder -freien Ablösungsphase ergeben. Im Hinblick auf diese 'Restkategorie' von Konflikten zwischen Jugendlichen und ihren Eltern muß in einem dritten Schritt noch weiter differenziert werden, und zwar zwischen solchen Konflikten, die ihren Ursprung in der Familie selbst haben, und jenen, die von 'außen' vermittelt auf die Familie einwirken und dort dann ausgetragen werden.

Betrachtet man zunächst 'ursprünglich' *innerfamiliale Konflikte*, so kann man mit Roland Eckert (1989: 42 ff) in historischer Perspektive traditionell Teilungs-, Autoritäts- und ökonomische Konflikte um Erbe und Altersversorgung unterscheiden. Heute hat sich seiner Argumentation folgend das ökonomische Konfliktfeld durch eine gesicherte Altersversorgung und freiem Bildungszugang (Generationenvertrag) doppelt entschärft, das autoritätsbezogene Konfliktfeld durch Trennung der Verkehrskreise reduziert und der Teilungskonflikt infolge von Verringerung der Kinderzahl der Familien sowie zunehmender Kindzentrierung ebenfalls entschärft. Psychoanalytisch formuliert scheint deshalb heute geradezu das Fehlen des traditionellen Teilungskonfliktes - der ödipalen Situation - das eigentlich Problem zu sein, da durch die ungelöste Symbiose und ungehemmten oral-narzißtischen Wünsche für die Zukunft mangelnde Konfliktfähigkeit und Konfliktbereitschaft erwartet werden kann.[45] Deshalb scheint nach Eckert das, was uns vermeintlich als *Generationenkonflikt* in der Familie gegenübertritt, *nicht aus der Familie* herzurühren, sondern eher das Resultat der *unterschiedli-*

---

[45] Die in diesem Argument enthaltene Verbindung zu der schon in den siebziger Jahren geführten umfangreichen Diskussion zum 'Neuen Sozialisationstyp' soll hier nicht zuletzt aus Platzgründen nicht näher verfolgt werden, wenngleich sie in ihren soziologischen Ausarbeitungen eine Reihe von Hinweisen auf mögliche Konfliktkonstellationen und deren individuelle und soziale Auswirkungen enthält (Häsing, Stubenrauch & Ziehe 1980; Ziehe 1979).

chen, miteinander in Konflikt geratenden Lebenswelten von Jugendlichen und Erwachsenen zu sein (ebd.: 48). Diese altersspezifischen Lebenswelten können zwar in die Familie hinein ragen, jedoch sind Generationenkonflikte in der Familie dann nicht mehr jene traditionellen Konflikte, die mit diesem Begriff bislang gekennzeichnet wurden, sondern von außen induzierte Konflikte infolge der Alterssegregation und damit einhergehender differenter altersspezifischer Normenvorgaben und Wertperspektiven: "Die Erscheinungen, die uns heute als Generationenkonflikte entgegentreten, spielen sich weniger in der Familie ab als vielmehr in der Öffentlichkeit." (ebd.: 63)

Bemerkenswert ist hierbei vor allem die implizit genau *entgegengesetzte* Argumentationsfigur auf der Grundlage einer immer weiteren Trennung zwischen altersspezifischen Lebenswelten, die, wenn Konflikte in der Familie zwischen Eltern und Jugendlichen vorhanden sind, für diese Konflikte dann verantwortlich zu sein scheint. Dem entgegen wird jene Verminderung der innerfamilialen Generationenkonflikte allgemein gerade auf die Entgrenzung altersspezifischer Lebenswelten und der damit verbundenen Angleichung zwischen Jugendlichen und Eltern zurückgeführt.[46] - Ein Widerspruch, der sich nur auflösen ließe, wenn die konkreten Bedingungen des Auftretens, des Verlaufs und der Lösung von (welchen?) Konflikten zwischen Jugendlichen und ihren Eltern angegeben werden könnten. Mit anderen Worten: Wenn jenseits von Annahmen über altersspezifische Lebenswelten das konkrete 'partikularistische' Konfliktgeschehen aus Sicht der beteiligten Subjekte ins Blickfeld genommen und vor allem auch die Generationszugehörigkeit der jeweiligen Eltern berücksichtigt würde.

Harmonie und Konflikt zwischen Eltern und Jugendlichen

Entgegen dieser 'außengeleiteten' Argumentation zu innerfamilialen Konflikten zwischen Jugendliche und ihren Eltern finden sich zu dieser Forderung bei Karl Lenz zumindest ansatzweise einige wichtige Aspekte: Er geht in seiner Untersuchung davon aus, daß in der Beziehung zwischen Eltern und Kind immer sowohl Komponenten von *Harmonie* als auch von *Konflikt*

---

46 Deutlich wird diese Widersprüchlichkeit z.B. insbesondere bei der unterschiedlichen Einschätzung der Bedeutung der Massenmedien: Eine Argumentation besteht darin, daß der Generationenkonflikt zusehends verflacht, weil unter anderem die Medien zur Einebnung der Differenzen zwischen Jung und Alt, zwischen Eltern und Kinder beitragen (DJI-Bulletin, Heft 20, Oktober 1991: 4). Eckert hingegen meint umgekehrt, daß am Prozeß der Alterssegregation die Massenmedien einen entscheidenden Anteil haben, weil sich dort "ein Kommunikationskanal zwischen den Jugendlichen auf der einen Seite und der Kulturindustrie auf der anderen eröffnet [hat], der das traditionelle Erziehungskartell von Nachbarschaft, Schule, Elternhaus und Kirche zusammenbrechen läßt" (Eckert 1989: 51) und damit die Ausbildung altersspezifischer Sonderwelten nicht aufhebt, sondern perfektioniert.

vorhanden sind, wobei aber unterschiedliche dominante Muster identifiziert werden können. Dazu typisiert er auf der Interaktionsebene der Eltern-Kind-Beziehung *vier Grundmuster*, die Hinweise auf jeweils dominante 'Konfliktstrukturen' liefern (Lenz 1991: 423 ff):

Das erste Grundmuster der 'Harmonie durch Anpassung' orientiert sich vor allem an der Dominanz der Eltern, wobei die Beziehung zu den Eltern von den Jugendlichen nicht nur als positiv, sondern auch weitgehend als harmonisch und konfliktfrei bewertet wird. Diese überwiegende Konflikt-freiheit kann deshalb im wesentlichen als Harmonie durch Anpassung inter-pretiert werden, da die Jugendlichen bei Spannungen sich von selbst den Eltern unterordnen und gleichsam vorauseilend die elterlichen Anforderun-gen erfüllen. Auch in der durch 'Harmonie und Konflikt' zu kennzeichnen-den symmetrischen Eltern-Kind-Beziehung als zweitem Muster herrscht überwiegend eine positive Einschätzung der Beziehung durch die Jugendli-chen zumindest zu einem Elternteil, wenngleich Konflikte hier durchaus vorkommen, die zudem noch häufiger zugunsten der Jugendlichen bewältigt werden. Dieses von den Jugendlichen empfundene 'Sich-durchsetzen-kön-nen' kann somit auch als ein wichtiger Faktor in der positiven Bewertung der als reziprok zu interpretierenden Eltern-Kind-Beziehung gesehen wer-den, in der also sowohl Harmonie als auch Konflikt gleichermaßen als In-teraktionsmodalitäten existent sind und Spannungen in einem Aushandlungs-prozeß gelöst werden können. Im dritten Muster von 'Harmonie oder Kon-flikt' verfügen die Jugendlichen zwar über die größten Freiräume, die aber von ihnen eigeninitiativ gesetzt und von den machtlosen Eltern zumeist dul-dend-tolerierend akzeptiert werden oder nur noch repressiv 'Schadensbe-grenzung' - zumeist ohne viel Erfolg - versucht wird. Die Beziehung zu ihren Eltern wird in diesen Konfrontationsmustern von den Jugendlichen be-wußt distanziert gehalten, der Ablösungsprozeß forciert. Zentral für Bezie-hungskonstellationen mit 'massiven Familienkonflikten' als viertem Muster scheint die fehlende Möglichkeit zu sein, daß die Jugendlichen mit den Eltern über für sie selbst wichtige Bereiche reden können, daß sie sich also mit den Eltern vor allem über Lebensperspektiven, über Werte auseinan-dersetzen können:

"Miteinander-reden-können meint nicht nur das Thematisieren subjektiver Probleme, sondern scheint für diese Jugendlichen immer auch den Austausch über Wertfragen mit einzuschließen. Dieser nicht stattfindende 'Wert-Diskurs' läßt sich dabei nicht auf die Dimension eines reinen Sprachproblems reduzieren, sondern ist Ausdruck kontroverser Wertvorstellungen, die in den Herkunftsfamilien aufeinanderstoßen." (ebd.: 430)

Konfliktthemen wie Kleidung, Ordentlichkeit, Pünktlichkeit etc. stehen also mitunter für massive Wertekonflikte zwischen Eltern und Jugendlichen, die nur zum Teil auch als solche thematisiert werden.[47] Stellt man diesem letzten Muster die Auskünfte der Demoskopie zur Seite, müßten eigentlich massive Familienkonflikte in vielen Familien wahrscheinlich sein, allerdings eben verdeckt als Beziehungskonflikte, als 'Alltagskonflikte', die in der subjektiven Definition als weniger bedeutsam und vor allem nicht als innerfamiliale Generationenkonflikte wahrgenommen werden. Auch hier steht man also wieder vor dem Problem, daß solche Widersprüche sich im gegenwärtigen Diskurs kaum auflösen lassen, weil die vorhandenen Ergebnisse vom Ansatz her darüber kaum Aufschluß liefern. Als *Fazit* formuliert Lenz: Die Kontroverse über die Beziehungen zwischen Jugendlichen und ihren Eltern, die zwischen Harmonie und Konflikt schwankt, greift zu kurz, da beide Dimensionen, mitunter unterschiedlich verwoben, zur familialen Wirklichkeit gehören. Doch diese empirische 'Aufhebung' der Kontroverse im gegenwärtigen Diskurs zum familialen Generationenverhältnis greift wohl ebenfalls zu kurz, da sie die 'gesellschaftliche' Seite außer Acht läßt.

Generationenkonflikte, Ablösungskonflikte und sozialer Wandel

Kommt man auf jene allgemeine soziologische Interpretation des Bedeutungsverlustes der innerfamilialen Generationenkonflikte infolge einer Kollektivierung der Generationenbeziehung zurück und versucht dabei, beide Konfliktebenen - innerfamiliale Ablösungs- und gesellschaftliche Generationenkonflikte - zusammengedacht in Bezug zur Frage nach dem 'Wandel' zu präzisieren, bleibt abschließend folgende Argumentation: Ausgangspunkt ist die These von der zunehmenden Relativierung der Lebensalter in der modernen Gesellschaft, die auf den Generationenbegriff verweist, der als ein verhältnismäßig junger Begriff aus der Mitte des 19. Jahrhunderts gekoppelt mit 'Konflikt' ein *modernes Phänomen* bezeichnet:

"Dem Phänomen des Generationenkonflikts begegnen wir deshalb erst, als mit der Auflösung der ökonomischen Funktion der Familie in der modernen Industriegesellschaft auch der familial-gesellschaftliche Charakter des 'Mehr-Generationen-Produktionsverbandes', durch den die Familie ihre gesamtgesellschaftliche Ausstrahlung in der vorindustriellen Zeit hatte, aufgelöst wurde. Die damit einhergehenden sozialen und gesellschaftlichen Konflikte äußerten sich nun vor allem als Generationenkonflikt: Die Verhaltens- und Orientierungsunsicherheiten der Älteren und Jüngeren kreuzten sich zum Generationenkonflikt, weil die durch das Lebensalter bestimm-

---

47 Bedenkt man in diesem Zusammenhang den Hinweis aus einer Untersuchung zum familialen Konfliktthema 'Schule', wo mit Erreichen der Sekundarstufe II infolge der beruflichen Erstplazierung die Konfliktqualität von Schule im Vergleich zur Sekundarstufe I sowie zu Kohorten in der gymnasialen Oberstufe eindeutig abnimmt (Mansel 1992: 49 ff), so könnte folgende These plausibel sein: Die von Köcher oben formulierte Abstinenz der Wertevermittlung im Erziehungsprozeß mag nur oberflächlich betrachtet richtig sein. Vielmehr werden Werte wie Leistungsbereitschaft, Streben nach Erfolg etc. eben indirekt und eher diffus vermittelt, z.B. durch Anforderungen der Eltern an gute Schulleistungen der Kinder.

ten Lebenskreise ihre soziale und normative Regulierungskraft verloren. Vor allem die im System der Lebenskreise tradierte familiale (und in der vorindustriellen Zeit gesellschaftlich verlängerte) patriarchalische Autoritätsordnung geriet ins Wanken. Der aufziehende - nun außerfamilial und gesellschaftlich induzierte - Generationenkonflikt wurde deshalb in den privaten Lebenswelten vor allem als Vater-Sohn-Konflikt empfunden; eine Konfliktfigur, die kulturell zur herrschenden Generationenideologie der Jahrhundertwende stilisiert wurde." (Böhnisch & Blanc 1989: 14 f)

Die Vergesellschaftung der Generationenfrage und die damit einhergehende Kollektivierung der Generationenkonflikte transformierte die Konflikte in den Familien zu entwicklungspsychologischen Ablösungskonflikte - vor allem thematisiert als Vater-Sohn-Konflikte. In der historischen Folge sind die immer zu bestimmten Zeiten auftretenden Verschränkungen von familial-patriarchalischem Autoritätskonflikt und gesamtgesellschaftlichen Generationenkonflikt signifikant: "Immer dort, wo gesellschaftliche Umbrüche entstehen, welche die ordnungs- und verhaltensregulierenden Muster in Frage stellen, tritt das Bild des Generationenkonflikts als familialer und gesellschaftlicher Autoritätskonflikt öffentlich hervor." (ebd.: 15) Damit sind "Generationenkonflikte und die politische Generationszugehörigkeit (...) aber historisch nicht nur Ausdruck gesellschaftlicher Umbrüche und Übergänge, sondern gleichzeitig auch notwendige Medien der Thematisierung sozialen Wandels und damit zentrale gesellschaftliche Orientierungskategorien." (ebd.: 15) Aber Generationenverhältnisse in ihren -konflikten sind damit zwar - wie behauptet - entpersonalisiert und kollektiviert, aber gleichzeitig nicht schon verschwunden: sie sind nur nicht mehr persönlich überschaubar und verfügbar, ragen jedoch gleichwohl verschlüsselt in den Alltag hinein und beeinflussen damit persönliches Verhalten, ohne daß dieses verschlüsselte Generationenverhalten den einzelnen als solches bewußt und zugänglich wird. Die Frage lautet somit: "Handelt es sich also heute um einen aus den Familien ausgelagerten, kollektiv verformten und dann wieder auf die Subjekte zurückgeworfenen Generationenkonflikt, den diese aber nicht mehr als solchen erkennen und mit dem sie nicht umgehen können?" (ebd.: 54) Beantwortet man diese Frage positiv, folgt daraus die These, daß die derzeit widersprüchliche Diagnose vom Verschwinden der Konflikte in der Beziehung der Jugendlichen zu ihren Eltern weniger auf eine 'reale Konfliktverminderung' zurückzuführen ist. Sondern Generationenkonflikte sind als solche von den Beteiligten nur nicht mehr erfahrbar, weil ihnen keine kollektiven Interpretationsmuster als innerfamiliale, subjektive Ordnungskriterien mehr zur Verfügung stehen - mit anderen Worten: Nicht die Konflikte, sondern jene, auf der Generationenkonflikt-Rhetorik aufbauende Perspektiven sind verschwunden.[48]

4.2.2.3 Zusammenfassung: Konflikte zwischen Eltern und ihren Kindern und die Frage der 'Perspektive'

Auch hier kann es - wie zur Frage der Konflikthaftigkeit der Partnerbeziehung - nicht darum gehen, zusammenfassend klären zu wollen, wie konfliktreich derzeit die Beziehung zwischen Kindern und Jugendlichen zu ihren Eltern sowohl auf seiten der Eltern wie auch ihrer Kinder erfahren wird und wie sich diese im historischen Verlauf verändert hat. Jedoch scheint dies weniger an einem, durch weitere empirische Forschung einfach aufzuholenden 'Datendefizit' als vielmehr an einem grundsätzlichen Erkenntnisdefizit infolge 'perspektivischer Verkürzungen' zu liegen. Denn betrachtet man im Überblick die dazu in der familien- und jugendsoziologischen Literatur angeführten Thesen in ihren argumentativen Konstruktionen sowie empirischen Fundierungen, ergibt sich insgesamt ein widersprüchliches Bild:

Der konstatierte Wandel der Eltern-Kind-Beziehung im familialen Sozialisationsprozeß gründet im wesentlichen auf einer veränderten Bedeutung des Kindes auf *gesellschaftlicher Ebene* und auf damit gleichzeitig einhergehenden steigenden 'gesellschaftlichen' Anforderungen an die Eltern. Diese produzieren zusammen unter den Voraussetzungen einer kinder- und familienfeindlichen Umwelt auf der *Interaktionsebene* wachsende Probleme und Konflikte, deren 'reflexive Wahrnehmung' und 'produktive Lösung' nicht zuletzt im Hinblick auf eine gelingende Persönlichkeitsentwicklung des Kindes auf jeden Fall notwendig erscheint. Die Bedeutungsveränderung des Kindes - charakterisiert als 'zunehmende Kindzentriertheit' - enthält konkret einerseits eine spezifische '*Entkindlichung*' als 'Emanzipation des Kindes' aus der elterlichen Herrschaftsbeziehung, in der sich das traditionelle Gefälle zwischen Eltern und Kindern aufhebt, ja sogar umkehrt und die sich nicht zuletzt in solchen 'produktiven Konfliktlösungen' manifestiert, die an jene 'kommunikativen Verhandlungsmuster' der Partnerbeziehung - also einer 'Beziehungslogik' zwischen zwei Erwachsenen - orientiert sind. Die darin zum Ausdruck kommende '*Umdefinition' der Eltern-Kind-Beziehung* entlang einer Partnerbeziehungs-Rhetorik wird andererseits auch im zweiten Aspekt der Bedeutungsveränderung von 'Kind' deutlich, der Bedeutung des

---

48 Vgl. dazu auch Sackmann (1992: 202 ff), der die historische Entwicklung des Deutungsmusters 'Generation' herausgearbeitet hat: Für den deutschen Sprachraum setzt sich 'Generation' erst im Gefolge der Jugendbewegung Ende des 19. Jahrhunderts durch und ist seitdem eng mit dem Mythos von 'Jugend und Wandel' als historischem Projekt im Sinne von 'Erneuerung' verbunden.

Kindes als Sinnstifter für die Eltern - hier explizit bei den 'neuen' Elternrollen. Über die mit dem Modell der 'geteilten Elternschaft' Hand in Hand gehenden zunehmenden Identitäts- und Aushandlungskonflikten zwischen den Eltern hinaus verbinden sich in dieser Eltern-Kind-Figuration mit 'Kind' divergierende, mitunter (noch?) nicht 'kommunikable' symbolische Bedeutungen (z.B. Intimität, Freiheit, Authentizität etc.), die letztlich ebenfalls im Kontext einer allgemeineren Geschlechtsrollen- und Subjekt-Rhetorik zu verorten sind.

Dem entgegen zeigt der Ablösungsprozeß von Jugendlichen in Bezug auf damit verbundene Konflikte mit den Eltern vor dem Hintergrund der traditionellen Rede vom Generationenkonflikt ein anderes Bild: Der *Generationenkonflikt* als Konflikt zwischen den Werthaltungen der Eltern und denjenigen ihrer Kinder im Sinne von generationsspezifischen *Ablösungskonflikten* (sowohl in der psychischen Dimension als letzter Schritt im Individuationsprozeß als auch in der kulturellen Dimension als Faktor gesellschaftlichen Wandels und damit Fortschritts) verschwindet bzw. wird neu als 'Verteilungskonflikt' konzeptualisiert und möglicherweise in andere Altersgruppen bzw. Generationskonfigurationen verlagert (z.B. zwischen Erwachsenen und Alten). Allerdings bleibt hier neben einer soziologischen Erklärung dieser Entwicklung unklar, inwieweit aus diesem Verschwinden des innerfamilialen Generationenkonflikts verallgemeinernd auf eine generelle Reduktion der Konflikte zwischen Jugendlichen und ihren Eltern geschlossen werden kann, da empirisch durchaus unterschiedliche Beziehungsmuster zwischen Jugendlichen und ihren Eltern identifiziert werden können, die jeweils verschiedene Konfliktqualitäten aufweisen und die eben *nicht* mehr mit dem herkömmlichen Konzept von Ablösekonflikten als eines in die Familie gewendeten Generationenkonflikts ausreichend charakterisiert werden können. Deshalb kann nur eine präzisere *Differenzierung zwischen Interaktions- und gesellschaftlicher Ebene* mit den dort vorfindbaren, historisch variablen Leitbildern zu 'Jugend' sowie eine Berücksichtigung des eigentlichen Konfliktgeschehens Aufschluß über das Verhältnis von Jugendlichen zu ihren Eltern im historischen Zeitverlauf geben. Damit lautet die eigentliche Frage, auf die die hier diskutierten Thesen z.B. von Angleichung oder Trennung altersspezifischer Lebenswelten, von Wertekonsens oder -dissens in der Familie nur unzureichende Antworten geben: Welche Konflikte werden von den Beteiligten in welchen Situationen im Rahmen von Alltags- oder Generationenkonflikten definiert, und welche Rhetoriken für das (dann wie konflikthaft auch immer erfahrene) Generationenverhältnis stehen den Subjekten - also *sowohl Jugendlichen als auch ihren Eltern* - dabei zur Verfügung?

Insgesamt deutet der aktuelle Diskurs zur Konflikthaftigkeit der Eltern-Kind-Beziehung also paradoxerweise einerseits in Richtung einer Entproblematisierung des Eltern-Kind-Verhältnisses vor allem im und ab dem Jugendalter. Andererseits scheint aber gerade in den davor liegenden Altersphasen des Kindes bzw. Familienphasen dieses Verhältnis einer wachsenden Problematisierung und steigenden Konflikthaftigkeit unterworfen zu sein. Über die hier schon angedeuteten Punkte hinaus ist aber zu einem solchermaßen gezeichneten Bild der Eltern-Kind-Beziehung noch kritisch anzumerken, daß die gesamte Argumentation zum Eltern-Kind-Verhältnis unter dem Defizit steht, die *'Perspektiven' der Kinder* weitgehend außer Acht zu lassen. So sind z.B. Zweifel darüber angebracht, wie jene konstatierte 'Machtverschiebung' hin zum Kind als autonomen Verhandlungspartner den erwachsenen Elternteilen gegenüber von den Kindern selbst erfahren wird. Solange die Sicht der Kinder nicht ins Blickfeld rückt, besteht die Gefahr, daß solche Argumentationen letztlich weniger Aussagen über familiale Wirklichkeit enthalten, wie sie von den Subjekten erlebt, erfahren wird, sondern vielmehr selbst kulturelle Suchbewegungen repräsentieren. Wenn dem so ist, dann wäre jedoch notwendig, die darin enthaltenen Kindheits- oder Jugendbilder als kulturelle Konzepte auch als solche zu erkennen und dann zum einen ihre Handlungsrelevanz z.B. für verschiedene Eltern-Kind-Figurationen zu untersuchen, zum anderen aber auch ihre rhetorischen Verbindungen untereinander und gegenseitigen Wechselwirkungen zum Thema machen.

Mit einem solchen Ansatz wäre dann vielleicht möglich, den Widerspruch zwischen der Konflikthaftigkeit im Verhältnis der Eltern zum Kind und zum Jugendlichen auch als diskontinuierlichen Wandel von kulturellen Bildern mit korrespondierenden widersprüchlichen Rhetoriken zu begreifen. Die 'kulturelle Semantik' zu Kinder und Jugendliche in der Moderne differiert insofern voneinander, als 'das Kind' als kulturelles Konzept metaphorisch formuliert für 'das bürgerliche Subjekt' steht, während im Gegensatz dazu - ein Kollektiv personifizierend - 'die Jugend' als kulturelle Metapher für 'Bewegung, Wandel' dient. Von diesem Punkt her gedacht, helfen die hier diskutierten Fragen offensichtlich nicht mehr weiter, die z.B. lauten: Werden Kinder deshalb immer schwieriger, weil die Eltern immer höhere Ansprüche stellen? Oder: Wird die Welt, in der Kinder aufwachsen (müssen), immer komplexer, kinderfeindlicher und produziert damit die Widersprüche, die in der Familie als Erziehungskonflikte bearbeitet werden (müssen)? Denn neben solchen Überlegungen mag dann ebenso plausibel sein, eine an den kulturellen Konzepten von Kindheit und Jugend orientierte Interpretation zu versuchen, die möglicherweise - dabei vielleicht schon die Grenzen der Soziologie überschreitend - so aussehen könnte: Was hinter dem Schlagwort der 'zunehmenden Kindzentriertheit' steht, ist ein komplexer symbolischer Transformationsprozeß, in dem das im modernen Mythos

'Kind' enthaltene 'bürgerliche Subjekt' infolge der 'Entkindlichung' der Kinder in der Eltern-Kind-Beziehung letztlich auf sich selbst trifft mit all seinen entsprechenden - infolge der zunehmenden Auflösung der Grenzen zwischen Geschlecht und Alter - konflikthaften Konsequenzen (Lassahn 1983: 50 ff; Lenzen 1985: 340 ff). Nimmt man diese Hypothese zum Ausgangspunkt, wird 'das Problem' in der Eltern-Kind-Beziehung auf saloppe Weise deutlich: Wie soll man Kinder noch erziehen, wenn sie Erwachsene sind? Die Jugend hingegen als Konzept für Fortschritt und Wandel hat ausgedient, denn Fortschritt und Wandel sind ideologisch entblößt und 'Jugend' steht nur noch für das zwar ökonomisch-werbeträchtige, ansonsten aber harmlose 'Neu' im Sinne sich beschleunigender Moden. Zugegeben - auch wenn diese Interpretation soziologisch im strengen Sinne überzeichnet wirkt, verweist sie vielleicht gerade dadurch exemplarisch auf eine Untersuchungsebene, die als solche thematisiert und dann erst, vermittelt über jeweilige familiale und subjektive 'Perspektiven', in ihrer alltagspraktischen Relevanz untersucht werden sollte.

4.3 Resümee: Ein 'Tableau' familialer Konflikte

Eine zusammenfassende Übersicht zu den aus der Literatur herausgearbeiteten Themen und Argumentationen liefert jetzt mit Hilfe des entwickelten theoretischen Instrumentariums ein 'Tableau' zum aktuellen familiensoziologischen Diskurs um familiale Konflikte, das einige wichtige, darin enthaltene explizite und implizite Bedeutungsstrukturen aufzeigt. Diese sollen dann - entsprechend dem hier gewählten Verfahren der 'dichten Beschreibung' - im nächsten und letzten Schritt (Kapitel 5) sowohl in ihrer 'wissenschaftlichen' wie auch 'gesellschaftlichen Tragweite' abgeschätzt werden. Ausgangspunkt der Überlegungen war am Ende von Kapitel 3 - abgeleitet aus dem derzeitigen familiensoziologischen Diskussionsstand zum Wandel der Familie und aus dem gängigen konfliktsoziologischen Argumentationsmodell zum Zusammenhang von 'Wandel' und 'Konflikt' - die *Hypothese*, daß eine *steigende Konflikthaftigkeit in der Familie als Resultat aus familialen und gesellschaftlichen Wandlungsprozessen* festzustellen sei.

Vergegenwärtigt man sich im Überblick, was konkret auf der Grundlage fortschreitender gesellschaftlicher Modernisierung in dieser These an *familialen Wandlungsprozessen* seit dem Zweiten Weltkrieg enthalten ist, so werden in der hier untersuchten familiensoziologischen Literatur als wichtige Themen vor allem die einzelnen Familienrollen, das Zeitbudget, der familiale Interaktionsstil, das subjektive Bedürfnisniveau, das normative Selbstverständnis, die Interessenlagen bzw. Machtverhältnisse in Partnerschaft und Familie genannt. Im einzelnen beinhalten diese Stichworte als gängige Argumentationsfiguren zunächst die zunehmenden Interpretationsspielräume der familialen Rollen in Verbindung mit einer Infragestellung der traditionellen Arbeitsteilung und forcierter Angleichung der Geschlechtsrollen. In direktem Zusammenhang dazu steht trotz eines faktisch noch immer bestehenden Dominanz- und Machtverhältnisses ein zunehmend stärker werdender Rechtfertigungsdruck auf Männer mit der Folge einer weiteren Machtangleichung zwischen den Geschlechtern hin zu mehr Partnerschaft. Diese 'Machtangleichung' erstreckt sich tendenziell auch auf die Eltern-Kind-Beziehung, in der eine Veränderung der Bedeutung des Kindes im Sinne einer wachsenden 'Kindzentriertheit' Hand in Hand mit einer zunehmend problematischer werdenden Lebenspraxis durch veränderte Belastungs- und Anforderungsstrukturen in der familialen Arbeit mit Kindern geht. Schließlich ist neben den sich wandelnden Normen und Werten auch der zunehmende Individualisierungsdruck auf Männer, Frauen und sogar auf Kinder anzuführen, indem die Befriedigung emotional individueller Bedürfnisse und Ansprüche immer mehr ins Zentrum rückt. Bei deren Erfüllung wird ein hoher Grad an individueller Zufriedenheit erlebt, bei Nichterfüllung treten jedoch Ambivalenzen hinsichtlich der 'Glücksquelle Familie' auf, die dann die Stabilität des Partnerbeziehung bzw. der gesamten Familie gefährden. Verstärkt werden diese Individualisierungstendenzen in Partnerschaft und Familie noch dadurch, daß die emotionalen Bedürfnisse und Ansprüche der Subjekte selbst immer ambivalenter werden.

Welche *Konsequenzen* diese allgemeinen familialen Wandlungstendenzen für die *Konflikthaftigkeit der Partner- und Eltern-Kind-Beziehung* enthalten, scheint oberflächlich gesehen anhand des aktuellen familiensoziologischen Diskurses einfach beantwortbar zu sein und eine Bestätigung der obigen Hypothese zu ergeben: Als generelle Tendenz sind offensichtlich steigende Konflikte und zunehmende Probleme sowohl in der Partner- wie auch in der Eltern-Kind-Beziehung zu identifizieren - unklar bleibt lediglich die Situation in der Beziehung von Jugendlichen zu ihren Eltern. Differenziert man diese generelle 'Botschaft einer steigenden Konflikthaftigkeit in der Familie' nach den im theoretischen Teil herausgearbeiteten Dimensionen - also nach den dynamischen Verschiebungen auf den jeweiligen Bezugsebenen und nach dem darin enthaltenen Konfliktbegriff -, so setzt sich der familiensoziologische Diskurs um familiale Konflikte aus den diskutierten Thesen und Argumentationen zu *folgendem 'Tableau'* zusammen:

Beginnend auf der *aggregierten Ebene*, finden sich vor dem Hintergrund einer weitgehend 'familienfeindlichen Gesellschaft', präzisiert z.B. in für Familien belastenden ökonomisch-materiellen Anforderungen wie Wohnungsmarkt, Mobilitätszumutungen, von 'öffentlichen Bereichen' wie Schule, Beruf vorgegebene Zeitstrukturen, fehlenden institutionellen Stützen etc., vor allem folgende Aspekte eines kulturellen Wandels, die für die Konflikthaftigkeit in der Familie gleichsam die 'gesellschaftlichen Ursachen' bezeichnen: Für die Ehe-/Partnerbeziehung werden veränderte Leitbilder zu den Geschlechtsrollen als Auflösung der Verbindlichkeit traditionell-moderner Vorstellungen von Männlichkeit und Weiblichkeit sowie eine Ausdifferenzierung des 'romantischen Liebesideals' zwischen 'Liebes- und Freiheitsverheißung' und 'Herrschaftsinstrument' genannt. Die Transformation dieser beiden kulturellen Fundamente der Ehe/Partnerbeziehung geht einher mit einer Durchsetzung der kulturellen Vorgabe zur 'Selbstverwirklichung' als 'ideologischem Substrat' von 'Individualisierung', die tendenziell sogar bis in die Eltern-Kind-Beziehung hineinreicht. Dort kommen neben 'neuen' und in ihrem symbolischen 'Gehalt' noch ungewissen Elternbildern eine veränderte Bedeutung des Kindes hinzu - konkret bezeichnet als zunehmende 'Kindzentriertheit' - und eine damit verbundene steigende Wichtigkeit des Kindes als Sinnstifter. In Verbindung mit der Kehrseite der 'Sinnstifter-Funktion' des Kindes im Gebot der 'optimalen Entwicklung des Kindes' führt der Bedeutungszuwachs zu gleichzeitig wachsenden Anforderungen an die Erziehungsverantwortung und -kompetenz der Eltern.

Diese gesellschaftlichen und kulturellen Veränderungsprozesse auf die *Interaktionsebene* gewendet, ergeben für die Partnerbeziehung sowie für die Eltern-Kind-Beziehung insgesamt jene zunehmenden Probleme und Konflikte, die bis hin zum diagnostizierten 'Geschlechterkampf' bzw. 'Erziehungskampf' reichen. Der Generationenkonflikt als Konflikt zwischen den Werthaltungen der Eltern und denjenigen ihrer Kinder im Sinne von generationsspezifischen Ablösungskonflikten hingegen vermindert sich anscheinend. Gleichwohl steigen für alle Familienmitglieder - also sowohl für Männer und Frauen wie auch für Kinder - die kommunikativen und interaktiven Divergenzen in jenem 'gemeinsamen Herstellungsprozeß' von 'Familie', womit zunehmend notwendiger werdende Aushandlungsprozesse auch gleichzeitig immer schwieriger werden. Mit anderen Worten: Infolge der Verstärkung der strukturell vorgegebenen Rollendiffusität wird auch die Thematisierung des Beziehungsaspekts zur Daueraufgabe. Analog dazu unterliegen die mit dem Geschlechts- und Altersrollenwandel verbundenen familialen Macht- und Autoritätsstrukturen einer generellen Entdifferenzierungstendenz. Allerdings steht diese insbesondere in der Partnerbeziehung unter dem 'Vorbehalt' einer Diskrepanz zwischen Ansprüchen und 'erlebter Realität' sowie fehlender verbindlicher Reziprozitätsnormen, die die vorhandenen Aushandlungskonflikte wegen daraus folgender 'Legitimitätsdifferenzen' noch verschärfen. Die Bedeutungsveränderung des Kindes schließlich bewirkt in der familialen Alltagspraxis eine spezifische 'Entkindlichung' als 'Emanzipation des Kindes' im Sozialisationsprozeß sowie eine 'Umdefinition' der Eltern-Kind-Beziehung, in der das Kind emotional-affektive, sinnstiftende Funktionen übernimmt, die vormals dem erwachsenen Partner zugeschrieben wurden - deutlich insbesondere bei den 'neuen' Elternrollen. Und damit steigt insgesamt die Gefahr, daß prinzipiell latente 'partnerorientierte' Interaktionsmuster in der Eltern-Kind-Beziehung tendenziell dominant werden (Wunsch nach Intimität, Hilfe bei der eigenen Persönlichkeitsentwicklung).

Auf der *Individualebene* schließlich ist zum einen von ansteigenden Identitätskonflikten auszugehen, da infolge der schwierigen individuellen Integrationsleistungen von widersprüchlichen Rollenidentitäten, die das 'Switchen' zwischen verschiedenen inkohärenten Rollenmustern von Männern, Frauen und zunehmend auch von Kinder verlangen, der Aufbau bzw. das Sichern einer stabilen Ich-Identität erschwert wird. Zum anderen verweist der familiensoziologische Konfliktdiskurs auf eine spezifische Form von Subjektivität, deren zentrales Charakteristikum neben einer wachsenden 'Konfliktunverträglichkeit' eine zunehmend widersprüchliche 'Selbst-Bezüglichkeit' darstellt, in der subjektive Bedürfnisse sowohl expressiver werden als auch sich immer weiter von 'Ansprüchen an das Du' zu ambivalenten 'Erwartungen des Ich' transformieren.

Die reflexive Konfliktbotschaft

Versucht man, die hinter diesen Argumentationen liegenden Bedeutungsstrukturen freizulegen und hinterfragt man dazu in einem ersten Schritt das in dem 'Konflikttableau' enthaltene *Konfliktverständnis*, gelangt man zu folgendem Resultat: In dem gezeichneten Argumentationsnetz zu familialen Konflikten berücksichtigt keine der diskutierten familiensoziologischen Argumentationen familiale Konflikte systematisch in ihrer spezifischen Ambivalenz, in ihrer Prozeßhaftigkeit, in ihrer Mehrdimensionalität und den im Konfliktverlauf möglichen Transformationen. Interessant mag dieser Sachverhalt nicht zuletzt deswegen erscheinen, weil zwar die Ursachen von Konflikten aus einer familiensoziologischen Perspektive nicht individualisierend in den Subjekten, in den einzelnen Familien verortet werden, sondern letztlich für jene Konflikte 'gesellschaftliche' Faktoren verantwortlich sind, der Blickwinkel auf die konkrete Konfliktaustragung bzw. -lösung aber genau auf einer individuellen-familialen Ebene verbleibt. Denn die enthaltenen Ursachenzuschreibungen von Konflikten - konkret als Zusammenhang zwischen Gesellschaft, Familie und Subjekt - verbleiben inhaltlich in der Regel eindimensionale Verknüpfungen zwischen einer mikro- und makrosoziologischen Argumentationsebene, deren Verbindungen zu den wenigen, in der Familiensoziologie vorhandenen theoretischen Konzepten ebenso undeutlich sind. Und das zumeist unterlegte reduktionistische Konfliktverständnis beruht zum Teil explizit und insbesondere implizit auf den Grundlagen eines funktionalistischen Konfliktbegriffs: Hier steht fast einheitlich das *aufmerksame Wahrnehmen, Aufdecken, konsequente Thematisieren und damit reflexive, d.h. vor allem kommunikative Lösen von Konflikten* im Zentrum, da diese nur so - sei es für den Fortbestand der Partnerbeziehung oder für eine sozialisatorisch gelingende Eltern-Kind-Beziehung - '*produktiv*' zu handhaben sind.

Dieses verkürzte '*reflexive Konfliktverständnis*' und die in der Diskussion schon jeweils kurz formulierten kritischen Anmerkungen zu den einzelnen Thesen und Argumentationen führen in einem zweiten Schritt zu der grundsätzlichen Frage: Was ist jenseits einer Gegenüberstellung der 'empirischen Realität' als konkrete Erfahrung der Subjekte und der im Diskurs prophezeiten steigenden Konflikthaftigkeit von Familie an zentralen *Bedeutungsstrukturen* - differenziert entlang der entsprechenden Bezugsebenen - enthalten, die an dieser 'Konfliktbotschaft' mitbeteiligt sind, ohne selbst explizit und ausreichend in den Vordergrund zu treten?

Zentrale Bedeutungsstrukturen im familiensoziologischen Konfliktdiskurs

Zur Klärung dieser Frage wird auf jene, im theoretischen Teil als Grundlage für das in dieser Untersuchung verfolgte theoretische Verständnis von 'Familie' skizzierten Ausführungen zur Konstruktion von ehelicher (und familialer) Wirklichkeit von Berger und Kellner zurückgegriffen. Darin liegt das Hauptgewicht für ein Gelingen der Konstruktion einer neuen, eigenen Wirklichkeit vor allem auf dem '*Gespräch*' der beiden Partner, also insbesondere auf deren Verbalisierungskompetenzen und auf dem Vorhandensein insgesamt kohärenter *Wertvorstellungen* über Familie, Männlichkeit, Weiblichkeit etc.: "Berger and Kellner assumed a fairly clear set of family roles and have their couples more or less splitting the difference in whatever value discrepancy they entered the marriage with." (Wiley 1985: 26)

Der hier thematisierte Diskurs mit den darin beschriebenen Wandlungstendenzen zeichnet für die neunziger Jahre - in einem Bild von Norbert F. Wiley formuliert - die Vorstellung von 'Ehe/Familie' als einem Boot auf dem Meer, in dem heute weniger das richtige Steuern das Problem zu sein scheint, sondern das Boot überhaupt über Wasser zu halten:

"Previously the family boat, so to speak, was sailing through the water and the couple was guiding its passage by keeping a sharp eye on the environment - rocks, waves, islands, weather, destinations and so on. The boat itself was all right. But now, in the 1980's, the attention has turned to the boat. It is leaky and falling apart and has to be repaired at the same time it sails through the water." (ebd.: 26 f)

Mit anderen Worten: Heute geht es in der Familie weniger um das Aushandeln von konkreten Spielregeln, sondern vielmehr um die grundsätzliche Verständigung, ob man überhaupt miteinander spielen soll bzw. spielen kann. Das bedeutet, daß das *gemeinsame Gespräch* zunehmend nach innen zentriert, *selbstreflexiv* wird, und es dabei nicht mehr um die Konstituierung einer gemeinsamen Identität, sondern um die permanente Abstimmung zweier, mehrerer 'Patchwork-Identities' geht, die sich in ihrer Widersprüchlichkeit auf einen kleinsten gemeinsamen Nenner zubewegen, der allerdings *selbst noch dazu jederzeit modifizierbar* ist (Keupp 1989: 47 ff).

Bleibt man vorerst auf der Interaktionsebene, so läuft diesem Diskurs zufolge das 'familiale Gespräch' nicht mehr vorzüglich auf der verbalen Ebene ab, sondern gleichzeitig auf *mehreren verschiedenen Ebenen* (nonverbal, affektiv, Körpersprache) und dabei zunehmend mit durchaus *divergierenden* *'Inhalten'* vermittels *differenter 'Perspektiven'*. Am deutlichsten wird dies vielleicht am Beispiel von 'Sexualität', das in die Diskussion um den Wandel der Geschlechtsrollen vorzüglich mit der weitgehend nichtssagenden Rede von der Liberalisierung der Sexualnormen eingeht und - wie diskutiert - im Konfliktdiskurs im 'Liebeskonflikt' und im 'Duell um Intimität' eine bedeutsame Rolle spielt:

"The new couple's sexuality (...) is a special problem of meaning, simply because it is new and undefined. The earlier, relatively clear rules of the double standard are declining, and people can now say whole new things with their bodies. But the new body language of egalitarian sex does not yet have a clear vocabulary, let alone rules of expression." (Wiley 1985: 28)

Nun genügt es für eine soziologische Analyse aber nicht, - wie das Zitat nahelegt - nur davon auszugehen, daß im Zuge des allgemeinen Geschlechtsrollen- und kulturellen Wandels eben auch die Unwägbarkeiten zwischen den Partnern im Bereich von 'Sexualität' steigen - und damit zwangsläufig die Konflikte, solange bis eine neue 'Sprache der (gleichwertigen?) Sexualität' gefunden ist. Entscheidend ist hierzu vielmehr, daß mit 'Sexualität' jeweils andere, divergente symbolische Inhalte kommuniziert werden (können), die sich auf *unterschiedliche Rhetoriken* beziehen (z.B. auf eine in Veränderung begriffene 'männliche Rhetorik von Intimität' auch im Umgang mit Kindern oder eine 'weibliche Rhetorik von Liebe als Gefühl' oder als 'Herrschaftszurichtung') und gleichzeitig damit möglicherweise für verschiedene kulturelle Kontexte stehen.

Analoges gilt auch für die im Diskurs konstatierte tendenzielle Wendung von der kognitiv-verbalen Dimension des ehelichen Gesprächs zur emotionalen Dimension. Nicht mehr die erlebte Wirklichkeit gilt es gemeinsam zu definieren, sondern die eigene emotionale Befindlichkeit gilt es im Austausch mit (oder vielmehr: gegen) den anderen herauszufinden, zu prüfen: "The expression of, the discussion of and clarification of feelings is very much a 1980's topic."

(ebd.: 29) Aber auch hier kann eine soziologische Analyse nicht schon stehenbleiben, sondern muß angeben, wie solche subjektiven Transformationen sich vollziehen und wie sie - als spezifische und vielleicht sogar nicht einmal als über die gesamte Gesellschaft hinweg einheitliche 'Rhetoriken des Individualismus' - soziologisch einzuordnen sind.

Nimmt man schließlich die veränderte Bedeutung von Kindern im familialen Konstruktionsprozeß noch hinzu, steht das bei Berger und Kellner enthaltene 'Konzept der *Zusammengehörigkeit zweier Partner*', zu denen dann das *gemeinsame Kind* hinzutritt, insofern zur Disposition, als es heute anscheinend auf ein anderes 'Konzept' der Familienbeziehungen trifft: das der '*Dezentralisation und Deprivatisierung*'. Denn Zusammengehörigkeit stellt sich laut dem aktuellen familiensoziologischen Diskurs nicht mehr über die zentrale Partner-Beziehung als 'Wir-Definition' her, sondern muß vermittels oder besser über mehrere lose zusammenhängende Individuen (als Du-und-Ich-Definition) hinweg erarbeitet werden. War dabei die strikte Abtrennung der intimen Privatheit der Partnerbeziehung noch konstitutiv für eine gelingende Neudefinition der familialen Wirklichkeit inklusive der dazu notwendigen Identitätstransformationen, so scheint gerade diese Voraussetzung heute nicht mehr gegeben zu sein. Eine solche Reduktion der 'gemeinsamen Exclusivität des Privaten' - als Dezentralisation und Deprivatisierung - ist in den verschiedenen Argumentationen nicht nur für die Interaktionsebene enthalten, sondern ebenso auf der gesellschaftlichen Bezugsebene wie auch auf der Individualebene angedeutet: so z.B. in den vielfältigen, von 'außen' kommenden 'gesellschaftlichen' Anforderungen zur Erziehung des Kindes oder in der auch für Frauen und Kinder zunehmenden 'Pluralisierung' von Rollenidentitäten und damit einhergehender steigender Komplexität und 'Entprivatisierung' des Selbstkonzepts.

Zusammenfassend ergibt sich also für den familiensoziologischen Diskurs um familiale Konflikte folgende Konstellation: Familiale Wirklichkeit scheint als interaktiver Konstruktionsprozeß zunehmend reflexiv zu werden, wobei offenbar an diesem reflexiven Konstruktionsprozeß besonders familiale Konflikte einen bedeutsamen Anteil haben. Dem Prozeß der *zunehmenden Reflexivität* entsprechen auf der Subjektebene wachsende Identitätsschwierigkeiten, während auf gesellschaftlicher Ebene strukturelle und insbesondere kulturelle Entwicklungen als Ursache für familiale Konflikte im Zentrum stehen, die als steigende 'gesellschaftliche' Anforderungen für die Subjekte gleichsam von 'außen' auf sie zukommen. Allerdings können diese 'Anforderungen' nach den bisherigen Überlegungen auch oder vor allem als Metaphern für unterschiedliche Rhetoriken und dahinter liegende Wertemuster verstanden werden, womit die Rede von solchen 'gesellschaftlichen Anforderungen' gleichzeitig Fragen nach Hintergründen und 'Transmittern' dieser Rhetoriken verdeckt.

Mit einer solchen perspektivischen Wendung läßt der aktuelle familiensoziologische Diskurs zu familialen Konflikten insgesamt implizit mindestens drei, darin enthaltene zentrale Bedeutungslinien erkennen: erstens das *Verhältnis zwischen dem 'Privatbereich Familie' und dem 'öffentlichen Bereich'*; zweitens die Frage nach der *Formung von 'Subjektivität'* in und durch die Familie; und drittens der *Zusammenhang zwischen Perspektiven, Rhetoriken und verschiedenen Wertesystemen.* Und mit diesem Prozeß der zunehmenden Reflexivität verweist der Diskurs schließlich in seinem Kern eigentlich weniger auf einen 'Wandel von Familie', als vielmehr auf eine andere mögliche Veränderung - nämlich eine *Verschiebung der spezifischen 'Qualität' individueller privater Existenz in der Moderne.*

Wie diese 'Verschiebung' konkret aussieht und wie aus kultursoziologischer Sicht ihre 'gesellschaftliche' und 'wissenschaftliche' Bedeutung bzw. Tragweite einzuschätzen ist, soll - gemäß der Geertz'schen Forderung an eine 'dichte Beschreibung' - anhand jener drei 'impliziten Bedeutungslinien' im nächsten Kapitel abschließend diskutiert werden. Und möglicherweise führt dies entsprechend des hier gewählten Ansatzes einer analytischen Differenzierung zwischen Phänomen- und Diskursebene erstens zu einer Präzisierung oder sogar Revidierung der Ausgangshypothese vom Zusammenhang zwischen familialen Konflikten, familialem und gesellschaftlichem Wandel sowie zweitens zu Hinweisen auf ein vielleicht notwendiges 'neues Forschungsprofil' für die familiensoziologische Analyse familialer Konflikte.

5. Familiale Konflikte zwischen familialem Wandel und gesellschaftlicher Erfahrung - Möglichkeiten und Grenzen einer familiensoziologischen Analyse familialer Konflikte in der modernen Gesellschaft

Wenn die Zielvorgabe dieses abschließenden Kapitels darin besteht, eine zusammenfassende Diskussion des im derzeitigen familiensoziologischen Diskurs präsentierten Zusammenhangs zwischen familialen Konflikten und familialem wie gesellschaftlichem Wandel zu liefern, dann ist, den bis hierher entwickelten Ausführungen entsprechend, folgende Frage sicher falsch gestellt: Was wandelt sich nun wirklich in der Familie und welche Konsequenzen für die Konflikthaftigkeit der Familie sind damit verbunden? Die Frage richtig formuliert hieße jetzt vielmehr: Von welchen Veränderungen kündet der Diskurs um familiale Konflikte mit welchen Konsequenzen für den Diskursgegenstand 'Familie'?

Der zu Beginn der Analyse im Einführungskapitel skizzierte Diskussionsstand des 'Wandels der Familie' enthielt ein *widersprüchliches Bild* (vgl. Kapitel 2), das auf struktureller wie subjektiver Ebene eine 'Krise' der Familie als 'Zerfall', 'Konflikthaftigkeit' und 'Gewaltförmigkeit' bei ihrer gleichzeitigen Renaissance vorführt, die vor allem auf individuellen Glückserwartungen an 'Familie' beruht. Der familiensoziologische Diskurs zum 'Wandel der Familie' allgemein und zu 'familialen Konflikten' speziell liefert zu diesem widersprüchlichen Bild jenes fundamentale Argument einer *steigenden Konflikthaftigkeit*, das darauf hinausläuft, Konflikte als das unvermeidbare Resultat dieses Widerspruchs zu kennzeichnen, die nur dann *'produktiv'* verarbeitet werden können, wenn sie *erkannt und reflexiv gelöst* werden. Nimmt man entgegen dem darin enthaltenen verkürzten Konfliktverständnis das hier im theoretischen Teil entwickelte Begriffskonzept von Familienkonflikt (vgl. Kapitel 3) zum Ausgangspunkt, in dem *Konflikte* sowohl als *zentrale Bezugspunkte in der Konstruktion und Rekonstruktion familialer Wirklichkeit* wie auch als besondere *'Chiffren'* für *historisch spezifische Vergesellschaftungsprozesse* gesehen werden, resultieren daraus für den Versuch einer Beantwortung der oben gestellten Frage zwei Themenbereiche, die eine Diskussion jener drei impliziten 'Bedeutungslinien' des familiensoziologischen Konfliktdiskurses umfassen:

Erstens zielt die Frage nach dem 'Wandel der Familie' und dessen Bezug zu 'familialen Konflikten' jenseits der Oberfläche von z.B. neuen Haushaltsformen, veränderten Machtverhältnissen oder 'alternativen' Geschlechtsrollen auf das tiefer liegendere Problem einer möglichen Veränderung des Verhältnisses zwischen dem Privatbereich 'Familie' und dem öffentlichem

Bereich (Kapitel 5.1). Und zweitens zielt die Frage dann in Richtung einer Reflexion des konkreten Zusammenhangs zwischen Familie, Familienkonflikten und Vergesellschaftung im Zuge einer sich weiterentwickelnden modernen Gesellschaft, wobei die für diesen Entwicklungsprozeß oft verwendete Kennzeichnung 'Postmoderne' in ihrer Unbestimmtheit über Richtung und konkrete Gestalt des Prozesses kaum hinreichende Auskunft gibt (Kapitel 5.2). Die Diskussion dieser beiden Aspekte ermöglicht dann im Anschluß den schwierigen, aber notwendigen Versuch, zumindest ansatzweise daraus resultierende theoretische wie forschungspraktische Konsequenzen für weiterführende familiensoziologische Analysen zum Forschungsgegenstand 'familiale Konflikte' abzuleiten (Kapitel 5.3).

5.1 Zum Wandel von Familie - Teil I: Aufhebung der Trennung zwischen Familie und öffentlichem Bereich?

Da im Verhältnis von öffentlichem und privatem Bereich in der Moderne für die Soziologie der Schlüssel zum fundamentalen Problem der Vermittlung zwischen 'Individuum' und 'Gesellschaft' liegt, kommt dieser 'Schnittstelle' auch eine zentrale Bedeutung beim Thema 'Wandel und Konflikt in der Familie' zu, die in ihrer Tragweite für den familiensoziologischen Konfliktdiskurs explizit thematisiert werden muß. Deshalb soll im folgenden die Argumentation dahingehend vorangetrieben werden, daß ausgehend von der in Kapitel 3 skizzierten Konzeptualisierung des Verhältnisses zwischen dem besonderen Privatbereich 'Familie' und dem öffentlichen Bereich die Frage diskutiert wird, welche Aussagen sich über die zukünftige Entwicklung dieses Verhältnisses treffen lassen und welche Konsequenzen damit verbunden sind.

Ausgangspunkt der folgenden Überlegungen ist also ein komplexes *Wechselwirkungsverhältnis* zwischen Familie und öffentlichem Bereich, das sich in der modernen Gesellschaft über diskursive Formationen vermittelt, deren 'Kontrollfunktion' indirekt als 'praktische Kommunikation' über die Formung und Bereitstellung von 'Perspektiven' erfolgt und durch die sich das 'Gespräch' der 'signifikanten Anderen' untereinander in der Familie gestaltet. Ein so gedachtes Verhältnis zwischen dem Privatraum 'Familie' und dem öffentlichen Bereich bedeutet, daß das 'öffentliche Reden' - als Konflikt-Rhetoriken - auf der Ebene der familialen und subjektiven 'Repräsentation' von Konflikten - als familiale und subjektive 'Perspektiven' - entscheidende Konsequenzen für jene, in der Familie geleistete Wirklichkeitskonstruktionen in und durch alltägliche (und auch konflikthafte) Interaktionen hat (vgl. dazu auch Lüscher, Wehrspaun & Lange 1989: 72 ff).

Die neue Ordnung von Familie und die Rolle des Konfliktdiskurses

Vor diesem Hintergrund lautet die *erste These*, die gleichsam hinter den hier untersuchten Argumentationen zu familialen Konflikten zu formulieren ist: Der Diskurs um familiale Konflikte dreht sich unter der Oberfläche eines 'Wandels der Familie' im Grunde um ein *neues Verhältnis zwischen dem Privatbereich 'Familie' und dem öffentlichen Bereich* im Sinne einer *neuen 'Ordnung von Familie'* (Donzelot 1980). Darin entspricht 'Familie' nicht mehr jenem modernen abgetrennten Privatraum, wie ihn Berger und Kellner konzeptualisieren, geht aber auch nicht - in Habermas'scher Terminologie - als 'Lebenswelt' in 'System' auf. Sondern *'Familie' umfaßt diesem Diskurs zufolge ein (post?)modernes flexibles und vor allem reflexives privates Netz von Subjektivitäten, in dem 'Vergesellschaftung' direkt angebunden an diskursive Formationen erfolgen kann.*

Eine Auseinandersetzung mit dieser These muß bei der im familiensoziologischen Diskurs implizit enthaltenen Veränderung im Verhältnis zwischen Familie und öffentlichem Bereich ansetzen, wo grob verkürzt zum einen zumeist von einem einseitig gedachten *Abhängigkeitsverhältnis der Familie* ausgegangen wird - Stichwort: 'gesellschaftliche Anforderungen'. Und wo zum anderen eine unterstellte zunehmende *'Deprivatisierung'* als Auflösung der Trennung zwischen dem Privatbereich 'Familie' und dem öffentlichem Bereich die Veränderung im historischen Verlauf kennzeichnet, die neben anderen Faktoren vor allem jene steigende Konflikthaftigkeit verursacht.

Betrachtet man zunächst den Prozeß der 'Deprivatisierung' als solchen, erscheinen die daraus resultierenden Konsequenzen in ihrer besonderen Problematik eindeutig, wenn man mit Brigitte und Peter L. Berger übereinstimmt, die in der Aufrechterhaltung dieser Trennung die Voraussetzung für den Fortbestand der modernen Gesellschaft sehen: Auf eine für die Moderne spezifische Form von Subjektivität abzielend, sprechen sie im Zusammenhang mit dem gegensätzlichen Verhältnis zwischen privater und öffentlicher Sphäre in der modernen Gesellschaft von einer 'kreativen Schizophrenie', die diejenigen Subjekte hervorgebracht hat, welche das 'Projekt der Moderne' überhaupt erst durchführen konnten (Berger & Berger 1984: 119 ff und 131 ff). Da für Berger und Berger die bürgerliche Kleinfamilie mit ihrer spezifischen Privatheit den Grundstock einer demokratischen Gesellschaft darstellt, weil nur sie die Fähigkeit besitzt, fundamentale Bedürfnisse in den frühen Abschnitten individuellen Lebens zu befriedigen, 'demokratische' Werte wie Autonomie und Individualität zu vermitteln und einen breiten moralischen Konsens bereit zu stellen, ohne den keine Gesellschaft überleben kann, wird auch eine zukünftige Gesellschaft auf die bürgerliche Familie -

und damit auf jene Trennung zwischen Privatheit und Öffentlichkeit - nicht verzichten können (ebd.: 179 ff). Ohne der gesicherten Trennung von Privatheit und Öffentlichkeit und ohne Vermittlung dieser basalen Werte, die demzufolge nur mit der bürgerlichen Familie verbunden sind, ist also gesellschaftlicher Konsens nicht mehr herstellbar und mit zunehmenden privaten Konflikten gehen auch verstärkt gesellschaftliche Konflikte einher. Denn unter solchen Umständen sozialisierte Subjekte, die z.B. nicht mehr zwischen privater Emphatie und öffentlicher Distanz unterscheiden können, tragen ihre privaten Konflikte gesellschaftlich aus und privatisieren umgekehrt gesellschaftliche Konflikte, indem sie affektiv-emotional aufgeladen werden (Helle 1992: 49 ff; Stimmer 1991: 367 ff).

Das in diesen Überlegungen vorgetragene Argument lautet demnach auf den Punkt gebracht: Wenn die 'bürgerliche Kleinfamilie' im Verlauf der historischen Entwicklung einerseits eine zentrale Stellung im Modernisierungsprozeß der westlichen Industrienationen eingenommen hat, die Moderne gleichsam auf ihren Schultern ruht, sind die Konsequenzen aus dem 'Zerfall' der bürgerlichen Familie - 'Zerfall' also als Deprivatisierung im Sinne einer Aufhebung der Trennung zwischen Privatheit und Öffentlichkeit - evident: Dann überholt der Modernisierungsprozeß, indem er letztlich die bürgerliche Familie auflöst, seine eigenen Grundlagen, wie dies - wenn auch in einem umfangreicheren Kontext - der Beck'sche Begriff der *reflexiven Modernisierung'* (Beck 1986) ausdrückt, und konturiert im weiteren historischen Verlauf eine veränderte, neue Gestalt von 'Gesellschaft'.

Geht man soweit mit gängigen, nicht nur (familien)soziologischen Argumentationen noch konform, muß vor diesem Hintergrund als nächstes jedoch die Frage gestellt werden, ob mit jener zunehmenden 'Deprivatisierung' das komplexe Wechselwirkungsverhältnis zwischen Familie und öffentlichem Bereich schon hinreichend ausgedrückt ist. Anders formuliert: Nimmt man ein solches Wechselwirkungsverhältnis zwischen beiden Bereichen 'beim Wort', kann jene von einer Richtung her gedachte Aufhebung der Trennung zwischen 'privat' und 'öffentlich' nur die eine Seite der Medaille bezeichnen, während die 'andere Seite' darin unberücksichtigt bleibt. Hilfreich hierfür erscheint mir ein theoretisches Konzept, in dem die Dichotomie zwischen den beiden entgegengesetzten Bereichen durch ein *zirkuläres* Modell der Privatisierung *und* Veröffentlichung von Familie ersetzt wird, wie dies z.B. Pierpaolo Donati vorschlägt. Er geht von einer *gleichzeitigen zunehmenden Privatisierung wie auch zunehmenden 'Veröffentlichung' von Familie* aus:

"Die Grenzverschiebungen besitzen keine lineare Logik mehr, d.h. eine Logik des Gegensatzes zwischen Öffentlichem und Privatem, sondern eine zirkulare. Mehr noch als mit einer Verlagerung von einem Punkt (Pol oder Wert) zu einem anderen haben wir es mit einem Prozeß der ständigen zirkularen - d.h. im wesentlichen relationalen - Neudefinition dessen zu tun, was in Bezug auf die Familie als öffentlich und/oder als privat zu gelten hat." (Donati 1991: 119 f)

Mit dem Aspekt der zunehmenden Privatisierung von Familie ist gemeint: "Die wesentliche und tiefste Bedeutungsdimension des Begriffs Privatisierung der Familie besteht genau hierin: weil die moderne Gesellschaft - sowohl in struktureller als auch in kultureller Hinsicht - sich die Familie als Sphäre des Privaten schlechthin vorstellt, ist es unmöglich sie als *soziales Problem* [Herv.d.Verf.] zu begreifen." (ebd.: 104) D.h.: Familie als 'gesellschaftliches Verhältnis' ist nach Donati durch und durch 'privatisiert' insofern, als Familie als Handlungszusammenhang in der Vorstellung der Subjekte nicht mehr als *soziale* Beziehungen, sondern nur noch als Handlungen, Äußerungen ihres eigenen 'Ichs' wahrgenommen werden.

Dem nicht entgegen, sondern zur Seite steht der zunehmende Eintritt der Familie in die Öffentlichkeit, der tendenziell auch bei Donati auf jene oben skizzierte 'Deprivatisierung' zwar hinausläuft, aber eben *nicht* ohne den Aspekt der Privatisierung aus der Sicht der Subjekte gesehen werden darf.

"Vom soziologischen Standpunkt aus betrachtet ist das Wesentliche, daß innerhalb der heutigen Gesellschaft die vorherrschende Kultur und die in ihr zum Ausdruck kommende politische Struktur es nicht mehr zulassen, daß bestimmte Aspekte des Familienlebens oder Handlungsweisen der Familienmitglieder als 'privat' in dem Sinne betrachtet werden, daß sie von Betrachtungen, Urteilen, Regulierungen und Eingriffen öffentlicher Art ausgeschlossen bleiben oder ihnen entzogen werden können." (ebd.: 116)

Als Beispiele für solche 'bestimmten Aspekte' des Familienlebens nennt Donati rechtliche Bestimmungen zum Verhältnis zwischen Eltern und Kindern, zwischen Mann und Frau, wo in eigentümlicher Ambivalenz öffentlich geregelt werden soll, was andererseits aber gerade - und auch weiterhin unantastbar - dem 'Privaten' zugeordnet wird bzw. als normative Aussage: zugeordnet bleiben soll: Konkret können für solche widersprüchlichen Thematisierungen zwischen 'öffentlichem Interventionsanspruch' und 'Schutz der Privatsphäre' die Diskussion um Vergewaltigung in der Ehe oder auch der Erziehungsanspruch der Eltern und die Diskussion um Kindesmißhandlung genannt werden.

Denkt man nun beide Argumentationsstränge - die an Berger und Berger angelehnte Einschätzung der zunehmenden 'Deprivatisierung' der Familie und Donatis zirkuläres Modell - zusammen, konturiert sich jetzt präziser, worauf das komplexe Wechselwirkungsverhältnis zwischen Familie und öffentlichem Bereich verweist: Berger und Berger deuten in ihrer Warnung zur Sicherung der Fundamente der Moderne klar auf zwei, aufeinander verweisende und sich wechselseitig bedingende Seiten dieser eindeutigen Trennung von Familie und öffentlichem Bereich hin: auf die *Subjektseite* als spezifische *Form von Subjektivität* in und durch die Familie und auf die 'gesellschaftliche' Seite als Kontinuität einer spezifischen *Form von Kultur.* Donati präzisiert die dazu gehörende aktuelle Diagnose, indem er auf gesellschaftlicher Seite jenen Zugriff auf das Private konstatiert, der eben nicht einseitig zu einer Auflösung des Privaten führt, sondern zu einer *'neuen Ordnung'*, die *aus Sicht der Subjekte privat bleibt* und *aus gesellschaftlicher Perspektive einer 'Institutionalisierung der Ambivalenz' gleichkommt* (ebd.: 118), die eine klare Grenzziehung zwischen beiden Bereichen verhindert.

Was aber folgt aus dieser so präzisierten Diagnose? Betrachtet man zunächst die gesellschaftliche Seite und geht man dabei nicht mehr von einer, für die moderne, pluralistische Gesellschaft einheitlich geltenden Kultur aus, sondern vom Vorhandensein mehrerer Teilkulturen (Helle 1985), ergeben sich folgende Überlegungen: In der modernen Gesellschaft ist eine nivellierende Wirkung im öffentlichen Bereich feststellbar, die dort teilkulturelle Unterschiede gerade durch allumfassende, universelle Kommunikation in der sich beschleunigenden Diversifikation verschiedener Moden und Stile einebnet (dies kann mehr oder weniger für alle Bereiche der öffentlichen Sphäre so formuliert werden: Wirtschaft, Politik, Medien etc.). Teilkulturelle Differenzen werden auf der anderen Seite mit diesem Prozeß einhergehend jedoch zunehmend in den privaten Bereich 'abgeschoben' und manifestieren sich dort z.B. als Pluralisierung der Lebensstile, 'freie Auswahl' der Werte in der Erziehung, alternative Geschlechtsrollenkonzepte etc. Durch den Konfliktdiskurs - so die damit verbundene Vermutung, die die eingangs dieses Kapitels formulierte These verdeutlicht - wird nun ein neuer 'Code', ein neues Kommunikationsmedium eröffnet, das in das Private hinein 'Ordnung' jenseits dieser Pluralisierung bringen soll: Der Konfliktdiskurs wäre damit also das *Medium*, das eine spezifische *neue Form von familialer Privatheit über diese teilkulturelle Differenzierung hinweg 'von Außen' sichern soll*, ähnlich - aber eben vor einem anderen kulturellen Hintergrund - wie dies für die bürgerliche Familie die 'romantische Liebe' als kulturelles Konzept, als 'Code' geleistet hat (vgl. dazu z.B. Mahlmann 1990: 281 ff).

Privatheit und Öffentlichkeit als subjektive Erfahrung

Kommt man zur Subjektseite und versteht man hier 'Privatheit' und 'Öffentlichkeit' als zwei sich dialektisch entsprechende *Modi der Selbst-Erfahrung* (Hitzler 1985), so bedeutet der obige Hinweis von Donati, 'Familie' werde nur noch als 'Äußerungen des eigenen Ichs' wahrgenommen, eben *nicht*, daß sich aus Sicht des Subjekts zunehmend Privates mit Öffentlichem vermengt, daß aus Sicht des Subjekts Privates immer mehr der 'eigenen Verfügung' enthoben wird. Sogar im Gegenteil kann es z.B. darum gehen,

'Privates' öffentlich und damit 'politisch' zu machen,[1] worin wieder - diesmal auf der Subjektebene konkreter Erfahrung - die komplexe und flexible Verschränkung zwischen beiden Bereichen 'Privat' und 'Öffentlich' deutlich wird.

"Das Eindringen systemischer Zwänge in immer mehr vorgängig private Angelegenheiten des einzelnen, vor allem also das bürokratische Kontrollinteresse an intimen (und mithin potentiell subversiven) Verrichtungen im außerinstitutionellen Raum, ist verschränkt mit in immer neuen Formationen sich bündelnden, kollektivisierenden (also als öffentlichkeitsrelevant formulierten) Ansprüchen ansonsten disparater Individuen.

Diese Ansprüche zielen darauf ab, ganz persönliche Leiden (auch an der Gesellschaft), vorgängig also höchst private Betroffenheiten, als politisch relevante Themen zu lancieren und somit privates Unbehagen als öffentlich virulentes Problemfeld zu legitimieren." (ebd.: 514)

Wie solche dialektischen *Verschränkungen subjektiver Erfahrungsmodi* 'politisch' werden, dann auf familiale Alltagspraxis rückwirken und damit auf die Subjektebene 'zurückfallen', kann an verschiedenen Beispielen gezeigt werden, so etwa an der subjektiven Bewertung von Berufsarbeit und 'Arbeit' in der Familie oder eben auch - wie ich meine geradezu exemplarisch - am Beispiel von familialen Konflikten. Da in Bezug auf familiale Konflikte in der Argumentation etwas weiter ausgeholt werden muß, sei vorab zur Illustration der Gedankengang kurz am ersten Beispiel - also am Verhältnis von beruflicher und familialer Arbeit - demonstriert:

Berufliche Arbeit gilt einerseits als ein zentrales Moment personaler Selbstverwirklichung in der modernen Gesellschaft, da dort soziale Anerkennung verteilt und damit Selbstwertgefühl geschaffen, verstärkt wird. Das heißt nicht, daß für persönliches Glück, für Zufriedenheit die Privatsphäre, hier vor allem die Familie als 'Arbeitsbereich', unbedeutsam wäre, "aber Anerkennung in der Familie ist ohne öffentliche Wirkung. Leistungen, die hier erbracht werden, bleiben privat und zählen außerhalb der vier Wände kaum." (Eckert, Hahn & Wolf 1989: 7) Die Tendenz zur 'Deprivatisierung' enthält nun auch die Behauptung, daß das Private zunehmend den Marktmechanismen der Ökonomie folge, also auf Subjektebene gedacht nicht nur 'ökonomische Identität', sondern langsam alle Identitätsbereiche den Prinzipien des ökonomischen Tauschs unterliegen. Oder wie Reinhard Kreckel dies in einem Diskussionsbeitrag zur Erwerbstätigkeit von Frauen prägnant formuliert: Wenn Frauen sich erst dann als freie und vollwertige Subjekte definieren, sofern sie ihren Lebensunterhalt selbst bestreiten und nicht mehr aus der Tasche des Ehemanns leben (Müller et al. 1983: 220). Doch genau

---

1 Als Beispiel kann auch hierzu wieder der Diskurs um familiale Gewalt angeführt werden, der sich einerseits vor allem in seinen öffentlichen Repräsentationen um das (private) Leiden der Subjekte dreht (vgl. Kapitel 2.1), andererseits darin aber letztlich als eigentliche 'Themen' der Rechtsstatus von Frauen und Kindern sowie das Verhältnis von privater und öffentlicher Gewalt zur Disposition stehen (Honig 1986: 47 ff).

hierin liegt der entscheidende Aspekt: Anders als z.B. im Berufsbereich steht in der Familie die Marktlogik des äquivalenten Tausches auf hölzernen Beinen, weil hinter diesem Glücks- und Anerkennungsanspruch immer schon die ganze Person als solche steht. Erfolglosigkeit im Privaten dimensioniert deshalb nicht das Scheitern des Einzelnen in einem spezifischen Lebensbereich, sondern das Scheitern des Einzelnen als ganze Person. Mit anderen Worten: Man kann sowohl im Beruf als auch im Privaten erfolglos sein - Erfolglosigkeit im Privaten hat aber auf Subjektebene in seiner Identitätsrelevanz eine besondere Bedeutung. - Und deshalb kann Glück und Anerkennung zwar zunehmend nach der Marktlogik getauscht werden, aber deswegen muß diese Logik des Äquivalententauschs im Privaten nicht ebenso 'funktionieren'.

An diesem Punkt angekommen, gelangt man zum entscheidenden Argument, warum die Rede von der Aufhebung der Trennung zwischen Privatbereich Familie und öffentlichem Bereich im Zusammenhang von 'familialem Wandel und Konflikten' mehr verschleiert, als klärt, ja vielleicht sogar den entscheidenden Aspekt, nämlich die Durchsetzung einer 'neuen Ordnung' des spezifischen Privatraums Familie gänzlich verdeckt: Denn mit dem darin zum Ausdruck kommenden Übergreifen von 'Gesellschaft' auf 'Familie' als damit verbundener einseitiger Aufhebung der Trennung zwischen Privat und Öffentlich wird der Blick auf das eigentlich in diesem Diskurs thematisierte *Weiterbestehen des Privaten durch und mit einer anderen Form von Subjektivität* verstellt.

Diese 'andere Form von Subjektivität' kann zwar nach den bisher angestellten Überlegungen mit folgendem, einleuchtenden Wortspiel charakterisiert werden: "Der moderne Gegenwartsmensch existiert zugleich als öffentlich Privatisierter und als privat Veröffentlichter." (Hitzler 1985: 515) Aber wenn der bis hierher skizzierte Gedankengang nachvollziehbar ist, muß jetzt genauer geklärt werden, auf welche Form von Subjektivität - analog des illustrierten Beispiels zu familialer und beruflicher Arbeit - der Diskurs um familiale Konflikte hinausläuft.

5.2 Zum Wandel der Familie - Teil II: Subjekt, Familie und Gesellschaft oder: Zur Zukunft familialer Konflikte als Vergesellschaftungsform der (Post)Moderne?

In der Familiensoziologie findet wohl folgende Aussage weitgehende Zustimmung: Familien sind heute mehr denn je der Ort, an dem das moderne Subjekt sich über sich selbst klar wird, seine Identität sucht und finden will, in seiner ganzen einzigartigen Persönlichkeit betrachtet, angenommen werden will. Vertieft man diese generelle Aussage zur *'(post?)modernen Iden-*

titätsproblematik', so argumentiert Michael Wehrspaun, dabei auf die gängigen gesellschaftlichen und familialen Wandlungsprozesse rekurrierend, daß sich nicht nur die Rolle ändert, welche "die Familie bei der Konstitution personaler Identität spielt, spielen kann, (...) [es] ändert sich auch der Prozeß der Identitätskonstitution selbst" (Wehrspaun 1988: 162). Denn bei der Entfaltung und Aufrechterhaltung personaler Identität kann nicht mehr auf konsistente, allgemein vorgegebene Rollenmuster gebaut werden, wobei mit dieser 'Befreiung der Konstitutionsbedingungen von Personalität' aus dem normgebundenen Kontext von Interaktion auch gleichzeitig eine paradoxe Folge verbunden ist:

"Da nämlich nicht mehr auf objektiv, also äußerlich vorgegebene Maßstäbe zur Beurteilung dessen, was in der alltäglichen Praxis eine autonome Person ausmachen soll, rekurriert werden kann, führt die Aufforderung zur autonomen Konstruktion der eigenen Identität schließlich zu dem Ergebnis, daß Identität überhaupt nichts weiter als eine Konstruktion darstellt." (ebd.: 163)

Das Subjekt steht also zunehmend vor der Aufgabe, die Konstruktion seiner Identität im *Bewußtsein* zu bewerkstelligen, daß es dabei an einer Konstruktion arbeitet. Somit wird das ständige Streben nach Selbstverwirklichung - wie im Konfliktdiskurs ausgeführt - zur Notwendigkeit. Und mit der Dynamik der gesellschaftlichen Entwicklung geht eine Dynamik der personalen Identitätskonstitution einher, die zwar nicht parallel verlaufen muß, aber unabdingbar in ihrem Zwang zur permanenten Neudefinition daran gekoppelt ist.[2] Daraus folgt: "Eine Lenkung, sowohl der gesellschaftlichen Entwicklung wie auch des eigenen Verhaltens, durch stabile institutionelle Vorgaben, starre Muster der Identitätskonstitution und sozusagen fertig abrufbare Rollenmuster, scheint kaum mehr möglich." (ebd.: 164) Zum Grundproblem der 'postmodernen Identitätskonstitution' wird demgemäß die notwendige Herstellung einer lebensfähigen Balance zwischen grundsätzlicher Offenheit und dem pragmatisch hinreichenden Engagement für zu leistende Aufgaben, wie sie auch oder gerade das Familienleben stellt. Die dabei zu bewältigenden Widersprüche liegen z.B. nicht nur auf der Ebene von untereinander divergierenden Wahlchancen und auch nicht Wahlzwängen, denn diese Begriffe transportieren implizit schon immer vorhandene Alternativen, vielmehr besteht der Zwang nicht zuletzt eben in dem Bewußtsein, diese Alternativen erst (mit)konstruieren zu müssen - und zwar vor allem auch in dem Bewußtsein, daß diese Konstruktionen optional definiert und bewertet werden können.

---

2 Als kurze Anmerkung dazu: Wehrspaun (1988: 163 f) weist hier auf den wissenssoziologisch interessanten Aspekt der Entwicklung von Identitätstheorien hin, indem auch dort die zunehmende reflexive Einsicht in den konstruktiven Charakter der personalen Identität den Modernisierungsprozeß begleitete - konsequenterweise bis hin zur postmodernen Verabschiedung von Identität als Illusion des 'Ich' in der 'subjektlosen' Philosophie.

Eine so problematisierte 'Identitätskonstitution' führt zu der Frage, welche Möglichkeiten oder Grenzen dabei in der Familie zu beachten sind - oder skeptischer gefragt: Wie steht es mit der Familie in Bezug auf das Aushalten einer solchen Form von Identitätskonstitution? Folgt man Alois Hahn, kann die Familie nur unter ganz besonderen Umständen ein Generator für solcherart permanente 'individuelle Selbstthematisierungen'[3] werden, und wenn sie es wird, dann impliziert das eine neue Art von Konflikten und Belastungen. Denn generell kann für die Familie festgehalten werden:

"Für die situative Selbstthematisierung in der Familie läßt sich folglich sagen (...), daß statt konsistenter biographischer Konstrukte fallweise mobilisierbare Selbst- und Fremdbilder fungieren. Dabei wirkt die Selektivität des Gedächtnisses als 'Dependenzunterbrecher'. In Bezug auf die große Zahl der disparaten Selbstidentifikationen stellen Konsistenzfiktionen, in Bezug auf die Übereinstimmung von Selbst- und Fremdbild stellen Konsensfiktionen jene Immunisierungen gegen Störung des kontinuierlichen Handlungsflusses dar, die bei stets mitlaufender Konsistenz- und Konsenskontrolle unvermeidbar wäre." (Hahn 1988: 177)

Mit anderen Worten muß also davon ausgegangen werden, daß in der Familie typischerweise vornehmlich *situational plausible und funktionsfähige Selbstthematisierungen* erfolgen, die noch dazu pragmatisch - im Sinne von den situationalen Anforderungen jeweils angepaßten Definitionen und Redefinitionen - gehandhabt werden. Das kontinuierliche Bewußtsein, an einer permanenten Konstruktion von 'Familie' und mehr noch von 'Identität' zu 'arbeiten', läßt sich in der Familie kaum integrieren:

"Gerade die Tatsache, daß sie [die Familie, Anm.d.Verf.] in gewissem Sinne als Raum der Spontaneität, des Alltags, der ununterbrochenen Kontinuität lebensweltlich selbstverständlichen Handelns und Erlebens institutionalisiert ist, macht sie zunächst einmal ungeeignet für die Institutionalisierung von Selbstthematisierung." (ebd.: 177 f)

Bildhaft ausgedrückt meint Hahn, daß es - um mit Schelsky zu sprechen - zwar möglich sein mag, Dauerreflexion zu institutionalisieren, aber

"ganz sicher ist auch, daß sich Evangelische Akademien dafür eher anbieten als die Familie, deren Funktionieren jedenfalls zum Teil auf dem Latentbleiben bestimmter ihrer Strukturen basiert und die jedenfalls nicht ohne weiteres als Dauerbeichte oder Dauertherapie gelebt werden kann" (ebd.: 178).

Aber exakt hierin liegt ein wesentlicher Kernpunkt, um den sich der Diskurs um familiale Konflikte dreht und der sich deshalb - wie in Kapitel 2

---

3   Mit dem Begriff der 'Selbstthematisierung' meint Hahn hier mehr als situationale Selbstdarstellungen in alltäglichen Handlungskontexten im Sinne Goffmans, die "schlichte Präsentationen des momentan fungierenden Ich" (Hahn 1988: 176) bedeuten. Vielmehr meint der Begriff hier ein explizites Selbst, "das seine Selbstheit ausdrücklich macht, sie als solche zum Gegenstand von Darstellung und Kommunikation erhebt" (Hahn 1988: 170). Diese Selbstthematisierung kann in verschiedenen 'Intensitätsgraden' und auf verschiedenen Abstraktionsebenen erfolgen: von situationalen Selbstthematisierungen bis hin zu institutionalisierten Biographiegeneratoren wie das Tagebuch, die Psychoanalyse, die Beichte etc. (Hahn 1988:170 ff).

ausgeführt - auch in jenen Diskurs um 'familialen Wandel' mit seinem widersprüchlichen Bild vom derzeitigen Zustand der Familie zwischen 'Renaissance und Krise' bruchlos einfügt: Denn - so die Vermutung - genau eine solche (post?)moderne Form von Subjektivität, deren herausragendes Merkmal das der *Selbstreflexivität* sein wird, manifestiert sich in und durch familiale Konflikte.

Familiale Konflikte und reflexive Subjektivität

Diese *zweite These* lautet auf der Grundlage der oben formulierten ersten These von der 'neuen Ordnung des Privaten' also konkret: *Gesellschaftlicher Wandel und familialer Wandel*, in ihren zentralen Komponenten vorzüglich auf 'Individualisierung' zurückgeführt, *verursachen nicht familiale Konflikte, sondern Konflikte sind das Medium, über das sich Individualisierung als spezifische Vergesellschaftungsform vollzieht*. Das heißt: Letztlich bildet '*reflexive Subjektivität*' das eigentliche Fundament des Konfliktdiskurses und der 'familiale Konflikt' ist das Medium zur Durchsetzung dieser Form von Subjektivität, da dem Diskurs entsprechend nur noch eine solche Subjektivität im Zuge fortschreitender Individualisierung vergesellschaftungsfähig, 'sozial' bleibt und damit 'Gesellschaft' auch weiterhin ermöglicht. Mit Simmel könnte man demzufolge also auf den Punkt gebracht für die Familie resümieren: Das Miteinander wird zum Gegeneinander und trotzdem bzw. gerade dadurch erzeugt es unter geänderten gesellschaftlichen Bedingungen 'Familie' und damit 'Gesellschaft'. Familiale Konflikte sind infolgedessen nicht die Wirkung von, das Resultat aus gesellschaftlichem und familialem Wandel, sondern sie sind bzw. werden in Zukunft das vorzügliche Medium, über das sich Vergesellschaftung im Zuge der fortschreitenden Modernisierung vollzieht. Diskurstheoretisch gewendet bedeutet dies als Schlußfolgerung: Das Ziel des Diskurses um familiale Konflikte ist die Durchsetzung reflexiver Subjektivität im Privaten.

Doch auch diese zweite These bedarf einer ausführlicheren Auseinandersetzung und Begründung: Überblickt man insgesamt den familiensoziologischen Konfliktdiskurs, enthält er - wie in Kapitel 4.3 ausgeführt - über alle verschiedenen Inhalte, Argumentationen und Perspektiven hinweg in seinem empirischen Bezug die *Botschaft der zunehmenden Reflexivität im Privaten*. Durch diese Reflexivität im Streit, durch die 'Differenz zum Anderen', die in einer intimen Beziehung nirgends deutlicher wird als im Streit, gewinnt das Subjekt Identität jenseits der für die moderne bürgerliche Familie konstitutiven affektiven Solidarität. Überspitzt formuliert: In der bürgerliche Familie wird das Verhältnis zwischen Individuum und Gesellschaft über das Miteinander, über affektive Solidarität hergestellt, in der (post?)modernen

Familie erfolgt diese Vermittlung von Subjekt und Gesellschaft über den 'Streit'.

Dies scheint mir vor allem in seinen *Konsequenzen* eine andere Einschätzung von 'Konflikt' zu sein als die These, gesellschaftlicher Wandel führe zu familialem Wandel und deshalb entstünden familiale Konflikte. Denn in diesem Kontext wird deutlich, daß es hier in letzter Konsequenz um Formung von Subjektivität, von subjektivem Bewußtsein geht, wenngleich in komplexerer Gestalt als lediglich z.B. der Hinweis auf 'patriarchalische Herrschaftszurichtungen' glauben macht. Konkret: Sowohl in der Partner- wie auch Eltern-Kind-Beziehung enthalten die Argumentationen ein 'Subjektverständnis', wo das Individuum (nicht nur der Mann oder die Frau) nur entgegen dem 'Du', d.h. *im Gegensatz zum anderen Individuum* zum Subjekt wird, - oder noch präziser: wo Individualität also nicht erst in der Beziehung zum 'Du', sondern vor allem in der Selbst-Beziehung zum 'Ich' gelingt.

Geht man noch einen Schritt weiter und blickt auf die mit einer solchen Form von Subjektivität korrespondierende Transformation auf gesellschaftlicher Ebene, so gründet der Diskurs auf einer 'Individualisierung', 'Privatisierung der Moral' auf der Basis des unabhängigen autonomen Subjekts, das nicht (mehr) dem zwingenden Zusammenhang von verschiedenen Werten und konkretem Handeln unterliegt (wie noch in der modernen bürgerlichen Moral), sondern (als postmoderne Moral?) nur noch den Wert der individuellen Freiheit als Handlungsmaxime anerkennt. Nicht das einzige, aber vielleicht das eindrucksvollste Indiz dafür liefert die 'Behandlung' von 'Konflikten': Während zum einen in der Eltern-Kind-Beziehung Konflikte aufmerksam wahrgenommen und - wie in der Partnerbeziehung zwischen Mann und Frau - 'produktiv' unter den beteiligten Subjekten 'Mutter' und 'Kind' (und manchmal 'Vater') in gegenseitiger 'Verhandlungsarbeit' gelöst werden sollen, transformiert sich diese Konfliktlösung im Ablösungsprozeß von Jugendlichen konsequent in eine, den Konflikten vorauseilende konfliktvermeidende Toleranz gegenüber dem Jugendlichen.

Der Mythos vom universellen Konsens durch 'kommunikative Verhandlung' in der Familie

Die These von der 'reflexiven Subjektivität', die hinter den hier untersuchten Argumentationen zu 'Wandel und Konflikt' in der Familie steht, kann vielleicht am deutlichsten mit jener immer wieder angeführten 'produktiven' Konfliktlösung illustriert werden: Simmel nannte einige mögliche Lösungen von Streit in der Familie (z.B. Versöhnung, Sieg, Kompromiß), die sich entlang unterschiedlicher Rationalitäts- und Reflexivitätsgrade kennzeichnen lassen (vgl. Kapitel 3.2.2, S.69). Doch anstatt solchen Differenzierungen aus der Sicht der 'konflikthandelnden Subjekte' - kein schöner Ausdruck, aber er trifft den Kern des Problems - nachzugehen, präsentieren fast alle Argumentationen einhellig die Diagnose oder das Gebot einer *kommunikativen Verhandlung* von Konflikten auf der Grundlage zweier gleicher, autonomer Subjekte, die der systemrationalen Handlungslogik von Gerechtigkeit, Fairneß und dem Nullsummengebot folgen und dabei alles offen zur Sprache bringen und ausdiskutieren.

Doch scheint gegenüber einer solchen Vorstellung von familialen Konfliktlösungen eine gewisse Skepsis angebracht zu sein. Genauso wie die oben kurz illustrierte unterstellte Funktionsfähigkeit der Marktlogik des äquivalenten Tausches in der Familie zu hinterfragen ist und ähnlich auch der besonderen Probleme, die sich durch eine Institutionalisierung von Dauerreflexion für die Familie ergeben, ist es fraglich, ob einer solchen 'Behandlung' von Konflikten 'die Familie' gerecht werden kann, oder ob - diskurstheoretisch gewendet - diese Form der Konfliktlösung nicht selbst als Rhetorik interpretiert werden muß.

Die Skepsis gründet in der auf den bisherigen Überlegungen aufbauenden Vermutung, daß sich in 'familialen Konflikten', so wie sie derzeit diskutiert werden, weniger in der Erfahrung von Subjekten begründete soziologische Erkenntnis als vielmehr der auf Familie übertragene *abendländisch-moderne Mythos vom 'Konsens durch Diskursivierung'* als Ausdruck einer politischen Kultur manifestiert, deren historische Wurzeln weit zurückreichen, deren Fundamente aber spätestens seit der Aufklärung explizit formuliert sind. Aber Familie als Institution ist wohl nicht nur faßbar auf jener idealistischen, vertraglichen Ebene - und genau diese Ebene steht letztlich hinter solcher Konfliktlösungslogik, bei der man einen Bogen schlagen könnte von Rousseaus Gesellschaftsvertrag bis hin zu eben jenem Habermas'schen herrschaftsfreien Diskursverständnis, die gemeinsam auf diesen abendländisch-modernen Konfliktlösungs-Mythos durch konsequente 'Diskursivierung' verweisen. Denn Familie beinhaltet auch Atavismen, die bis in die Ursprünge der Menschheit mit ihren jeweiligen sozialen Formungen zurückverfolgt werden können (Helle 1989: 9 ff), und die noch vor der im theoretischen Zusammenhang banalen, im konkreten familialen Alltag aber nicht nur bei Konflikten und deren Lösungen dafür umso massiveren Faktizität, die z.B. ein Kleinkind infolge seines altersspezifischen Entwicklungsstands schafft, dem obigen Verständnis von Familie zuwiderlaufen. Mit anderen Worten: Familie ist nicht nur eine rational regelbare, vertraglich festlegbare Sozialform (auch wenn der Habermas'sche Diskursbegriff in diesem Kontext dies nahe legt und seine These der 'Kolonialisierung der Lebenswelt' gern z.B. mit der steigenden Zahl von abgeschlossenen Eheverträgen illustriert wird) und deshalb in ihren Konflikten auch nicht mit einem solchen, am 'herrschaftsfreien Diskurs' angelehnten Konfliktbegriff faßbar. Und mehr noch: 'Konflikt' beinhaltet im Alltagsverständnis der Moderne (und auch in der Familiensoziologie) immer schon seine gewünschte Lösung - macht man dies aber zum Grundstock von Analysen, verfehlt man damit letztlich das Spezifische an Familienkonflikten und auch von Familie: Wenn Familienkonflikte eine 'Streitform sui generis' sind, dann deshalb, weil 'Familie' eine Institution besonderer Art ist.

L'amour en danger?[4]

Um zu verdeutlichen, welche gesellschaftlich-kulturellen Konsequenzen aus einem solchen Konfliktverständnis resultieren - und hier trifft man auf eine weitgehend vernachlässigte Problematik in der Rede vom 'familialen Wandel' - kann nochmal auf die derzeitigen Diskussion zum Zustand der Familie verwiesen werden: Dort - um in der Metaphorik von Kapitel 2 zu bleiben - wird ja auf der einen Seite das liebliche Gesicht der glücklichen Familie gezeigt, während die andere Seite die durch Streit und Gewalt abbröckelnde Fratze familialen Zerfalls präsentiert. Mit dem Mythos der allseits durch rationale Diskursivierung durchführbaren 'Konfliktbekämpfung' gewinnt nun die Verbindung des Klischees der 'glücklichen Normalfamilie' mit der allseits thematisierten 'Krise der Familie' insofern einen 'harmlosen' Sinh, als darin das dialektische Verhältnis von Glück (als Liebe) und Leid (als Konflikt) in der für die abendländische Kultur spezifischen Form zwar erhalten bleibt, aber eben in eine privatisierte, individualisierte und reflexive 'säkulare Theodizee' transformiert wird.

Und so, wie 'zunehmende familiale Konflikte' darin einen besonderen Stellenwert besitzen, bleibt in dieser 'Theodizee' auch der spezifische Verweisungscharakter zwischen *Liebe* als kulturellem Konzept und Lebensglück im Sinne von Familienglück im Zuge der Modernisierung, wenn auch in sich wandelnder Gestalt, weiter erhalten: Nämlich gerade weil 'die Liebe' - in der historischen Entwicklung grob verkürzt zunächst als Liebe außerhalb der Ehe, dann in die Beziehung zum Ehepartner gelegt und schließlich in die Beziehung zum Kind - eine neue Transformation als 'Universalisierung von Sinn' erfährt. Die Liebe wird in der sich weiter entwickelnden Moderne zum zentralen Sinnträger, allerdings in einer spezifischen Form, und zwar in der 'Ich-Form' - kurz: sie wird zur "Subjektivitätsreligion" (Beck & Beck-Gernsheim 1990: 256), die den widersprüchlichen Zustand der Familie

---

4 So lautet der Titel einer im französischen Fernsehen mit großem Erfolg laufenden 'Scheidungs- und Trennungsshow', in der Partner ihre schon zerbrochene Beziehung vor laufender Kamera und unter Anleitung eines Moderators sowie dazugehörender Experten offenlegen (Quelle: SZ-Magazin, Nr. 25 vom 19.6.1992, S.28-30).

'erklärt': "Familienidealisierung und Scheidung sind die zwei Gesichter eines modernen, in den enttraditionalisierten, individualisierten Lebenswelten um sich greifenden Liebesglauben." (ebd.: 228) Und weiter: "Liebe - genauer: der Liebeskonflikt in seiner Unüberwindlichkeit von der ewigen 'Abwaschfrage' bis zum 'sexuellen Wie', von der Kindesliebe bis zur wechselseitigen Selbstentdeckung und Selbstquälerei - gewinnt ein Monopol auf erlebbare Sozietät." (ebd.: 235; vgl. auch Corsten 1993: 334 ff)

Nach der bisherigen Argumentation könnte dieser 'Liebesanalyse' gemäß also formuliert werden, daß die Liebe idealiter zwar das Monopol auf erlebbare Sozietät besitzt, dem Konfliktdiskurs zufolge diese Sozietät aber realiter dann mit Streit 'ausbezahlt' wird. Die allgemeine Botschaft in der gesamten Diskussion um den 'Wandel der Familie' auf einen Satz verkürzt scheint somit zu sein: *'Konflikt' ersetzt 'Liebe' als Medium zur Konstruktion von familialer Wirklichkeit.*

Und hier kann in Anlehnung an Luhmann abschließend die Frage gestellt werden, welcher kommunikative Code die Nachfolge desjenigen der Liebe antritt, der für die Moderne als kanalisierte Dynamik noch geeignet, in der Postmoderne als entfesselte Dynamik nicht mehr 'mithalten' kann. Nach Wehrspaun (1988: 168) wären folgende zwei Nachfolgekandidaten denkbar: die 'Beziehung' im Sinne von Elisabeth Beck-Gernsheim und die 'Partnerschaft' im Sinne von Jürg Willi, da die Beziehung eine Semantik der Konstellationen zwischen Individuen benennt, und die Partnerschaft die Thematisierung der Koevolution regelt. Ich meine, man könnte diesen beiden Konzepten ebenso ein drittes zur Seite stellen: das des *familialen Konflikts.*

Zur familiensoziologischen Relevanz der Politik der Familie

Aber diese 'Botschaft' in ihrer hier diskutierten inhaltlichen Auffüllung mit der damit insgesamt - aus der Subjektperspektive - verbundenen 'Entsozialisierung bzw. Dekulturalisierung' von 'Liebe / Konflikt' und von 'Familie' entbindet in letzter Konsequenz von einer übergreifenden und *offenen* (schließlich gesellschafts*politischen*) Auseinandersetzung darüber, wie sich der Raum familialer Privatheit im Zuge fortschreitender gesellschaftlicher Entwicklung formt bzw. wie er gestaltet werden soll. Wenn die These plausibel ist, daß Familienkonflikte als Medium für eine spezifische Form von Subjektivität - im Sinne einer Durchsetzung des selbstreflexiven autonomen Subjekts in einer 'neuen Ordnung' des Privatbereichs 'Familie' - anzusehen sind, bleibt die Frage, *wie diese Durchsetzung sich konkret vollzieht.*

Das theoretische Fundament dieser Frage gründet der hier verfolgten Theorieperspektive gemäß auf dem Konzept einer 'praktischen Kommunikation' vermittels über Rhetoriken geformte und bereitgestellte 'Perspektiven'. Inhaltlich kann dazu nochmal kurz auf den von Donati mit seinem zirkulären Modell der gleichzeitigen Privatisierung und Veröffentlichung von Familie gegebenen Hinweis zurückgegriffen werden, nach dem es für die moderne Gesellschaft einerseits unmöglich ist, 'Familie' als 'soziales Problem' zu begreifen, andererseits aber verschiedene Aspekte familialen Lebens zunehmend 'öffentlich' geregelt werden. Um diesen Hinweis in Bezug auf jenen Prozeß der Durchsetzung aufgreifen zu können, ist jedoch eine kurze Klärung zum Begriff des 'sozialen Problems' notwendig, um aufzuzeigen, welche verschiedenen 'Komponenten' dabei zu beachten sind.

Exkurs: Zum Begriff des 'sozialen Problems'

Trotz der begrifflichen Schwierigkeiten der Sozialwissenschaften mit der Präzisierung dessen, was charakteristisch für ein soziales Problem ist, kann als gemeinsame Basis festgehalten werden, daß soziale Probleme aus einem 'objektiven Zustand und einer subjektiven Bewertung' bestehen (Dillkofer, Mayer & Schneider 1986: 53 ff). Soziale Probleme sind also Probleme, über deren Problemcharakter infolge eines Deutungs- und Bewertungsprozesses ein kollektiver Konsens besteht. Als allen begrifflichen Definitionen gemeinsames Fundament können erstens die gesellschaftliche Bedingtheit von sozialen Problemen, zweitens der ihnen inhärente Widerspruch sowie drittens die potentielle Vermeidbarkeit bzw. Veränderbarkeit identifiziert werden.

Erstens meint die gesellschaftliche Bedingtheit sozialer Probleme - je nach begrifflicher Definition - ihre Verursachung durch Differenzen in und zwischen Werten und Normen, durch ungleiche Verteilung von Macht, Herrschaft, Einkommen etc. - kurz: ihre Konstitution in der historischen Bedingtheit gesellschaftlicher Entwicklungen, also infolge sozialen Wandels. Zweitens: 'Widerspruch' als quasi konstitutives Element und ausgedrückt in Begriffen wie 'Dysfunktion', 'Diskrepanz', 'Benachteiligung', 'Abweichung' etc. verweist wiederum zum einen auf Werte, Normen (wie z.B.: Gleichheit, Funktionsfähigkeit etc.) und zum anderen auf strukturelle Aspekte wie z.B. 'soziale Ungleichheit', die diesen Werten entgegenstehen. Die damit eng zusammenhängende und vielen Definitionen explizit oder implizit zugrundeliegende Annahme, daß - drittens - "der einem sozialen Problem zugrundeliegende Sachverhalt vermeidbar bzw. veränderbar [sei]" (ebd.: 58), setzt jedoch zweierlei voraus: Zum einen müssen die Entstehungsfaktoren und Ursachenbündel des sozialen Problems bekannt sein, zum anderen müssen die Interessenkonstellationen derjenigen, die für das Problemfeld Definitionsmacht haben, transparent gemacht werden. Beides ist ein schwieriges Unterfangen, weil erstens - wie im theoretischen Teil (vgl. Kapitel 3) ausgeführt - auch das wissenschaftliche Wissen über ein soziales Problem reflexiv verwendet werden muß:

"Das Betonen, Subsumieren, Abstrahieren oder das völlige in den Hintergrundtreten bestimmter Merkmale von sozialen Problemen hängt (...) weniger mit einem mangelnden Konsens über das, was soziale Probleme sein sollen, zusammen, als vielmehr mit den unterschiedlichen theoretischen Zugangsweisen. Je nachdem, ob das Soziale vom perspektiven Ansatz her im Individuum, im sozialen Handeln, in der Sozialstruktur oder von der Gesellschaft als sozialem Ganzen erschlossen werden soll, wird es zu unterschiedlich 'theoretisch' gewichteten Aussagen über soziale Probleme kommen." (ebd.: 59)

Und zweitens macht eben allein das Leiden an einem Problem daraus noch kein soziales Problem:

"(...) erst wenn die Folgen oder Wirkungen in den Blick geraten, sie von Dritten als ökonomische und/oder soziale Kosten, als Interessengegensätze, als Gefährdung von Machtpositionen oder Wertkonflikte erfahren werden, erst dann wird aus einem sozialen Sachverhalt ein soziales Problem." (ebd.: 59)

In diesem Prozeß des 'zum-sozialen-Problem-werdens' - also der Herstellung des Konsenses zu einem sozialen Problem - gilt es, die jeweiligen Definitionsinstanzen mit ihren Interessen, ihrer Definitionslegitimität und -macht zu identifizieren, da sie in der Wirklichkeitskonstruktion des 'sozialen Problems' eine entscheidende Rolle spielen.

Wie dieser Prozeß konkret aussieht, hat Herbert Blumer näher erläutert (Blumer 1975: 106 ff): 'Soziale Probleme' als 'kollektives Verhalten' durchlaufen insgesamt fünf Phasen: die erste Phase besteht im 'Auftauchen' als 'Entdeckung' des Problems; in der zweiten Phase erfolgt die gesellschaftliche Anerkennung im Sinne einer 'Legitimation des Problems'; in der dritten Phase tritt das Problem in die Phase der Diskussion ein, in der nicht mehr über die Anerkennung des Problems, über seinen Problemcharakter diskutiert werden muß, sondern über die Mobilisierung verschiedener Möglichkeiten des Handelns; dies mündet in die vierte Phase als Erstellung eines offiziellen Handlungsplans, und die fünfte Phase schließlich umfaßt die Ausführung des Plans.

Der aus diesem Exkurs resultierende und für den hier unterlegten Argumentationszusammenhang zunächst entscheidende Aspekt lautet in einem Satz formuliert: Bevor gesellschaftliche Veränderungen als problematisch erscheinen, bedarf es zunächst eines Bewußtwerdungsprozesses dieser Veränderungen und als nächstes deren - durchaus interessen- und perspektivenabhängige - Definition, Bewertung als 'soziales Problem' bzw. als 'Krise' durch mit Definitionslegitimität und -macht ausgestattete Instanzen.

Demnach erfolgt in und durch den aktuellen Konfliktdiskurs eine kollektive Definition insofern, als Familie als 'problematisch' im Bewußtsein der Subjekte verankert wird, wobei an diesem Definitionsprozeß auch der familiensoziologische Diskurs mit den darin relevanten Definitionsinstanzen entscheidend mitbeteiligt ist mit folgendem 'Effekt': Die Botschaft vom 'Wandel der Familie' wird dann zur 'gesellschaftlichen Erfahrung' von Subjekten, wenn die real erfahrenen Konflikte als aus diesem Wandel resultierend gedeutet werden. Und die Durchsetzung einer solchen kollektiven Deutung erfolgt über die kollektive Definition der Situation 'Familie als Problem', allerdings wieder - und das scheint mir der wichtigste Aspekt zu sein - in der von Donati angesprochenen ambivalenten, zirkulären Logik: Nämlich dergestalt, daß wie gezeigt die 'Ursachen' des Wandels von Familie soziologistisch gleichsam 'verdinglicht' werden, die konflikthaften Konsequenzen daraus jedoch 'individualisiert', 'familialisiert'- kurzum: privat bleiben.

Versucht man, diese Diagnose in jenem im Exkurs in Anlehnung an Blumer skizzierten Phasenschema zu verorten, so befinden wir uns bei der

Thematik um den 'Wandel der Familie' und damit zusammenhängender familialer Konflikte - wie ich meine - immer noch oder immer wieder mitten in der dritten Phase, allerdings ohne die zweite schon hinter uns gelassen zu haben. Gerade aber deshalb mag die Frage nach den Interessen und der Legitimationsmacht der Definitionsinstanzen, die es zumindest offen auf den Tisch zu legen gilt und die dabei vor allem auch an die Familiensoziologie zu richten ist, von entscheidender Bedeutung sein. Speziell für die Familiensoziologie wäre dazu aber dann eine theoretische Sichtweise notwendig, die diesen reflexiven Prozeß der 'Offenlegung' überhaupt erst ermöglicht, und ihn nicht schon vom Ansatz her verhindert. Wie ein solcher Ansatz aussehen könnte, soll im nächsten und letzten Kapitel kurz entworfen werden.

5.3 Theoretische und forschungspraktische Konsequenzen

Aus der Diskussion verschiedener theoretischer wie inhaltlicher Argumentationen zu familialen Konflikten ergeben sich zwar sofort eine Reihe von theoretischen und forschungspraktischen Konsequenzen für eine familiensoziologische Analyse familialer Konflikte, aber der eigentliche Kern der Forderung nach Reflexivität und 'Offenlegung' der eigenen Fundamente muß darin argumentativ noch präziser ausgearbeitet werden. Denn verdeutlicht man sich nochmal kursorisch die aus der hier vorgelegten Untersuchung resultierenden Defizite im familiensoziologischen Konfliktdiskurs, so betreffen diese zunächst vor allem folgende Aspekte:

Gitta Scheller formuliert erstens als Kritik speziell an die Scheidungsforschung gerichtet: In Zukunft müssen besonders "die *Beziehungsdynamik* [Herv.d.Verf.], vor allem aber geschlechtsspezifische Differenzen in den Ansprüchen an die Ehe sowie ferner diskrepante Wertorientierungen der Ehepartner" (Scheller 1991: 344) stärker als bisher Berücksichtigung finden. Was hier für die Scheidungsforschung gilt, kann meines Erachtens ohne Einschränkung auf große Teile der allgemeinen familiensoziologische Diskussion zu familialen Konflikten ausgeweitet werden.

Zweitens: Immer wieder wurde in der Diskussion verschiedener Argumentationen auch auf die wichtige Rolle der Bedeutungszuschreibungen, der Sinnsetzungen der Subjekte hingewiesen, die aber kaum systematisch zum Ausgangspunkt der Analysen gemacht werden. Deshalb scheint es notwendig, ausgehend von einer *teilkulturspezifischen Differenzierung* die jeweils unterschiedlichen Perspektiven und Rhetoriken in das Zentrum von Konfliktanalysen zu stellen, um von dort aus 'gesellschaftliche' bzw. 'familiale Realität' zu erfassen. Eine teilkulturspezifische Differenzierung scheint mir nicht zuletzt deshalb notwendig, weil die derzeitige familiensoziologische Diskussion zum Thema in der Gefahr steht, über mögliche sozio-kulturelle

Differenzierungen hinweg nur einen Ausschnitt 'gesellschaftlicher Realität' zu verallgemeinern. Fraglich ist auch, ob man z.B. mit einer schicht- oder milieuspezifischen Relativierung dem eigentlichen Problem gerecht wird, oder ob nicht vielmehr konsequent vor dem Hintergrund differenter Wertesysteme die Vorstellung einer einheitlichen Gesamtkultur aufgegeben werden sollte.

Zu diesem Aspekt einer kulturellen Differenzierung in der Analyse familialer Konflikte kommt drittens die Forderung nach einer *historischen Differenzierung* hinzu: Historische Transformationen von familialen Konflikten, von gesellschaftlich vorgegebenen legitimen oder nicht-legitimen Konfliktlösungsmöglichkeiten, von Trennungsformen, von Hilfeinstitutionen etc. verweisen in den darin sichtbar werdenden Ansprüchen und Erwartungen an Ehe und Familie auf das jeweilige Verhältnis von familialer Sphäre und öffentlichem Bereich - also auf die jeweils historisch spezifischen Formen von Vergesellschaftung (so wären z.B. unterschiedliche Formen von Trennung durch Scheidung, durch freiwilliges räumliches Getrenntleben, durch Einsperren-lassen des Partners usw. als sozial legitime oder nicht legitime Konfliktlösungen bzw. -transformationen im historischen Verlauf zu untersuchen). Denn stellt man familiale Konflikte in einen historisch größeren Zeitraum als lediglich zurückreichend bis in die fünfziger Jahre, ergeben sich - wie z.B. Arlette Farge und Michel Foucault in einer Untersuchung zu familialen Konflikten für die erste Hälfte des 18. Jahrhunderts zeigen konnten (Farge & Foucault 1989) - komplexere Einsichten in historische Transformationen von Familienkonflikten: Dabei wird dann deutlich, daß Familienkonflikte nicht hinreichend verstanden werden können, wenn es etwa lediglich darum geht, Verschiebungen in den Konfliktinhalten zu konkretisieren. Vielmehr gilt es dann, das gesamte 'diskursive Feld' in seinen historischen Transformationen aufzuschlüsseln entlang von Fragen wie z.B.: welche Rhetoriken sind legitim? Wer vermittelt sie an wen? Welche Institutionen greifen in den Konfliktprozeß ein? Welche Konfliktlösungen werden damit für wen verfügbar?

Mit diesen drei allgemeinen Forderungen an eine künftige familiensoziologische Analyse familialer Konflikte nähert man sich schließlich dem Kern der Frage, auf welchem konkreten theoretischen Fundament eine soziologische Analyse familialer Konflikte beruhen sollte.

Für eine kultursoziologisch orientierte Verschränkung von interaktionstheoretischer und diskurstheoretischer Perspektive

Im Bereich der Partnerkonflikte wurde z.B. auf die Widersprüchlichkeit zwischen 'Erwartungskonflikten' und 'Konsensfiktionen' hingewiesen: Von den Partnern unterstellte Übereinstimmung scheint also wichtig für den Grad an Konflikthaftigkeit der Beziehung zu sein. Damit zusammenhängend liegt ein weiterer wesentlicher Aspekt zu Partnerkonflikten in der Diskrepanz zwischen Ansprüchen und erlebter Alltagspraxis. Nur: Wer hat hier konkret welche Ansprüche? Welche Frauen sind die fordernden, welche Männer die passiven, welche Frauen fordern einen entscheidungsfreudigen Mann und gleichzeitig 'gleichberechtigte Partnerschaft'? Diese Fragen verweisen zwar darauf - und soweit bewegt man sich wahrscheinlich noch auf konsensfähigem Terrain -, daß die 'Perspektiven' der handelnden Subjekte einen wichtigen Schlüssel zu Partnerkonflikten bilden. Aber die Perspektive der Subjekte scheint den genannten Defiziten entsprechend ja nur hier und da zwischen den Zeilen auf. Deshalb lassen sich diese Fragen - wie soeben angemahnt - auch nicht hinreichend z.B. in einer einfachen Schichtdifferenz auffangen, sondern hier geht es wie gezeigt um verschiedene kulturelle Welten und um anerkannte oder nicht anerkannte und deswegen nicht benutzte 'Rhetoriken'.

An dieser Stelle beginnt die Reflexivität der familiensoziologischen Konstruktion des Forschungsgegenstandes 'Familienkonflikt' relevant zu werden: Es geht nicht nur um eine 'gesellschaftliche', um eine kulturelle Suchbewegung, die die Familiensoziologie als 'Wandel und Konflikte' nachzeichnet, sondern in diese Suche ist die Familiensoziologie direkt involviert. Anders herum: Die Frage nach der Formung von Perspektiven auch durch den familiensoziologischen Diskurs gewinnt schließlich an Relevanz. Kurzum: Für die familiensoziologische Analyse familialer Konflikte ergibt sich deshalb meines Erachtens die Notwendigkeit der *Verbindung einer diskursanalytischen und interaktionstheoretischen Vorgehensweise auf der Grundlage einer kultursoziologisch orientierten Theorie der Familie*. Und letztlich resultiert daraus insgesamt die generelle Forderung nach *Selbstreflexivität* in der Familienforschung.

Allgemeiner gewendet: Familiensoziologie muß also einerseits mikrosoziologisch orientiert Interaktionsprozesse auf der Basis subjektiver und familialer Perspektiven zum Ausgangspunkt der Analyse 'familialer Wirklichkeit' machen, andererseits als makrosoziologische Orientierung Prozesse der Entstehung, Transformation, Durchsetzung von Rhetoriken untersuchen - also Diskursanalyse betreiben und dabei vor allem selbstreflexiv den eigenen Anteil an diesem Prozeß im Auge behalten.

Die drei in dieser Forderung enthaltenen und im theoretischen Teil (vgl. Kapitel 3) schon skizzierten Bausteine (ein kultursoziologisch fundiertes Mehrebenenmodell von Familie, ein komplexer Konfliktbegriff auf interaktionstheoretischer Grundlage sowie ein Diskursbegriff, der über Rhetoriken und Perspektiven eine wissenssoziologisch orientierte Verbindung zwischen Mikro- und Makro-Ebene herstellt) wurden in der hier vorliegenden Untersuchung bereits verwendet. Wie notwendig eine solche theoretische Orientierung ist, kann schon ein einfaches Beispiel aus der vorliegenden Literatur illustrieren:

Da das Austragen von Konflikten positive Auswirkungen auf die Ehestabilität haben kann, wird nach Nave-Herz auch der Umkehrschluß plausibel: "Ehen ohne (sichtbare) Konflikte, die in der Alltagsvorstellung als ideale Ehen gelten, brauchen jedoch nicht immer auf harmonischen Beziehungen beruhen, sondern fehlende Konflikte können - im Gegensatz hierzu - Zeichen gegebener Instabilität sein." (Nave-Herz, Daum-Jaballah, Hauser, Matthias & Scheller 1990: 140) Mit anderen Worten: Das *Ideal der konfliktfreien Ehe* kann in der Realität gerade diese Ehe *gefährden*. Setzt man diese Überlegung in Bezug zu den insbesondere im emotional-affektiven Bereich gestiegenen Ansprüchen an eine Beziehung, so ist laut Nave-Herz die Verbreitung *realistischerer Bilder von der Ehe* notwendig:

"In Massenkommunikationsmitteln scheinen Ehen nämlich entweder negativ (als krankmachend, beschränkend usw., wie in den wissenschaftlichen Abhandlungen Ende der sechziger Jahre) gezeichnet zu werden oder idealisiert als eine sich ewig haltende romantische 'honey-moon-Ehe'. Leider fehlen uns bisher empirische Untersuchungen, die zeigen, welche Eheleitbilder in unserer Gesellschaft gezeigt werden und in welcher Diskrepanz sie zur Realität stehen." (ebd.: 141)

Die hiermit zwar indirekt schon angemahnte 'Diskursperspektive' wirkt allerdings eher 'schräg', geht sie doch immer noch von einem wissenschaftlichen Erkenntnisfortschritt aus, der die Frage negiert, warum heutige Untersuchungen zu Ehescheidungen, Konflikten prinzipiell weniger ideologisch sein sollten als in den 60er Jahren. Und sie impliziert darüber hinaus einen objektivistischen Realitätsbegriff, der nicht Leitbilder mit den konkreten Erfahrungen der Subjekte verbindet, sondern ihre Diskrepanz mit der Realität untersuchen möchte. Wie problematisch dieser Versuch, solchen 'realistischeren Bildern' auf die Spur zu kommen, aber nicht nur erkenntnistheoretisch einzuschätzen ist, verdeutlicht schon der, zu den Hess und Handel'schen 'Familienwelten' im Nachwort des Herausgebers von Werner Loch formulierte Hinweis. Er verweist darauf, daß es sich bei jenen dort vorgestellten fünf Konzepten bzw. Grundproblemen von Familie (vgl. Kap. 4.1.1) schließlich um kognitive Komponenten, um Wissensformen zur 'gesellschaftlichen Konstruktion der Wirklichkeit' in der Familie handelt:

"Es sind Wissensformen höchst individueller, ja idiosynkratischer Art, und sie dienen - bei allen irrationalen Momenten, die darin unausgedacht mitspielen mögen, trotz der unterschiedlichen Bewußtheit, in der sie vorschweben - der sinngebenden Verständigung der Familienmitglieder darüber, wie sie ihr Leben zusammen führen wollen und wie sie die Erfahrungen, die sie dabei machen, bewerten und als 'Alltagswelt' zur Grundlage dieses Wissens machen wollen." (Loch in: Hess & Handel 1975: 338)

Aber wichtig dabei ist, daß diese '*Wissensformen*' letztlich nichts anderes als jene *subjektiven und familialen 'Perspektiven'* sind, die eben nicht - oder zumindest empirisch nicht wahrscheinlich, und wenn doch, dann nicht mehr soziologisch relevant - wie Loch meint 'höchst individuell, idiosynkratisch' sind. Sondern daraus kommunikativ vermittelt über diskursive Formationen entlang verschiedener wissenschaftlicher sowie öffentlicher Familien- bzw. Konflikt-Rhetoriken familiale 'Praxis' entsteht.

Und wo man solche Rhetoriken z.B. aufspüren kann, hat Barbara Pieper in ihrer Untersuchung zu Familienkonflikten schon angedeutet, aber nicht weiter verfolgt, denn sie liefert folgenden Hinweis in Bezug auf die familientherapeutische Praxis: Die theoretischen Konzepte, die Diagnosen und der therapeutische Prozeß in der Familientherapie blenden weitgehend außerfamiliale Bereiche von Familien aus, sind im allgemeinen 'personengebunden' und - soweit Familientherapie in vorgegebenen psychosozialen Einrichtungen stattfindet - 'institutionengebunden'. Außerdem basieren Beratungssituationen sowohl auf Seiten der Berater/Therapeuten als auch der Klienten mitunter auf Alltagskonzepten bzw. allgemein gegenwärtigem ('common sense') Wissen über die Psychologie des Menschen und über gesellschaftliche Strukturen (Pieper 1986: 169), die aus der Gesamtdarstellung der Familienprobleme im therapeutischen Material - das Resultat des Interaktions- und Kommunikationsprozesses zwischen Klienten und Therapeuten - nicht ohne weiteres herausdestilliert werden können. Die gerade hierin liegende Chance, dieses therapeutische Material als spezifische Auswahl, als Manifestation von 'Perspektiven' soziologisch nicht in ihrer psychologisierenden oder alltagsweltlichen Begrenztheit zu kritisieren, sondern selbst zum Thema der soziologischen Analyse zu machen, wird von Pieper infolge ihres anders gelagerten Erkenntnisinteresses nicht bedacht.

Zielvorgaben für die zukünftige familiensoziologische Forschung

Verallgemeinert man die hierin enthaltenen Hinweise, gelangt man zu folgendem *Resümee*: Zu den hier erarbeiteten Ergebnissen zur allgemeinen Diskussion um den Wandel von Ehe und Familie und dessen konflikthafte Konsequenzen kann als eine Schlußfolgerung formuliert werden, daß 'objektivierende' empirische Forschungen allein nicht die Lösung der damit verbundenen Fragestellungen liefern können, wenn nicht die zur Konstituierung und Formung des 'Phänomens' ebenfalls wichtige Ebene der Konstruktion und Diskursivierung des 'Phänomens' mitreflektiert wird. Der Hauptteil zeigt zwar die Komplexität des Gegenstandsbereichs 'Familienkonflikte', offenbart aber auch, daß jene Argumentationen selbst, weitgehend auf deskriptiver Ebene verbleiben, nur bestimmte Ebenen und begrenzte Zeithorizonte betreffen und/oder auf einseitigen Konfliktbegriffen basieren. Die Diskussion kann der Komplexität ihres Forschungsgegenstandes schließlich nicht gerecht werden, weil sie an diejenigen Fragen nicht heranreicht, die diese Komplexität mitkonstituieren.

Der darin formulierte, banal weil in den Sozialwissenschaften selbstverständlich anmutende Verweis auf die Komplexität von Familienkonflikten, beinhaltet aber massive erkenntnistheoretische und praktische Konsequenzen im Hinblick auf sozialwissenschaftliches Wissen. Und zwar nicht zuletzt die, daß man sowohl theoretisch wie empirisch leicht davor zurückschreckt, dieser Komplexität zumindest ansatzweise gerecht zu werden (Stehr 1991: 25 ff). Damit ist die allgemeine Zielvorgabe für zukünftige familiensoziologische Analysen von familialen Konflikten nochmal präzisiert: Welches Erklärungs- bzw. Deutungswissen zu familialen Konflikten stellen die verschiedenen identifizierbaren Diskurse zur Verfügung und in welchem Verhältnis steht das darin enthaltene Wissen zur Praxis, zur konkreten Erfahrung aus Sicht der betroffenen Subjekte?

Zusammenfassend resultieren aus dieser Fragestellung drei mögliche Bereiche, in denen die aus der vorliegenden Analyse folgenden theoretischen wie forschungspraktischen Konsequenzen für weiterführende Untersuchungen präzisiert bzw. problematisiert werden könnten:

1) Theoretische Konsequenzen für die Verwendung des Konfliktbegriffs in der Familiensoziologie:
   Notwendig wäre eine systematische Ausarbeitung und 'Verfeinerung' des in dieser Untersuchung verwendeten theoretischen Instrumentariums, um die kritisierten theoretischen und daraus resultierenden forschungspraktischen Verkürzungen überwinden zu helfen.

2) Konsequenzen für die empirische Forschung in der Familiensoziologie:
   Hier wären 'prozessuale Konfliktanalysen' im Sinne einer 'Dechiffrierung' 'authentischer Berichte' über familiale Konflikte notwendig, die die Perspektive der Subjekte zum Ausgangspunkt nehmen, weil entsprechend der oben skizzierten Argumentation die Darstellung der Betroffenen darüber, was nicht 'geklappt' hat, was an Erwartungen nicht erfüllt wurde und wird, nicht nur Aufschluß über 'gesellschaftliche Anforderungen' an die Familie geben, sondern deren Vermittlungsprozeß selbst für eine soziologische Analyse zugänglich macht.[5]

---

5 Dabei muß aber vor allem folgendem Aspekt Aufmerksamkeit geschenkt werden: Eine gängige Argumentation, welche 'Familie' zur Funktion gesellschaftlichen Wandels macht, lautet: Die Familie als Institution, als Lebensform, als besondere Gruppe hat sich immer an gesellschaftliche Veränderungen angepaßt und muß sich immer an diese anpassen, um nicht obsolet zu werden (so z.B. Meyer & Schulze 1989: vii). Dem entgegen muß Familie jedoch auch als Initiator gesellschaftlichen Wandels und Garant gesellschaftlicher Stabilität betrachtet werden. Mit anderen Worten: Wichtig wäre für empirische Untersuchungen, das Verhältnis zwischen 'Familie' und 'Gesellschaft' als komplexes Wechselwirkungsverhältnis zu konzeptualisieren und dessen mögliche spezifische Transformationen jeweils zu konkretisieren.

3) Praktische Konsequenzen für institutionelle Familienhilfen bei Konflikten (Familientherapie und -beratung etc.) entsprechend des Anspruchs einer Familienhilfe als angewandte integrative Familiensoziologie

Vergegenwärtigt man sich nochmal das in der Einleitung skizzierte Dreieck zu familialen Konflikten zwischen Privat-, wissenschaftlichem und öffentlichem Bereich, muß insgesamt betrachtet von einem nicht leicht durchschaubaren Verhältnis zwischen wissenschaftlichem und öffentlichem Bereich im Hinblick auf einen konkreten Praxisbezug von wissenschaftlichem Wissen ausgegangen werden, das noch eine Fülle von relevanten Forschungsaufgaben bietet - z.B.: Im sozialpädagogischen Handlungsbereich 'Familienhilfe' kann ein Anstieg der Einsatzgründe nicht ausschließlich auf zunehmende Problemlagen in den betroffenen Familien zurückgeführt werden, "sondern in erster Linie auf die Tatsache, daß in Zeiten knapper werdender Mittel die Sozialarbeiter sich gezwungen sehen, die sozialpädagogische Begründung für die Bewilligung von Familienhilfe dringlicher zu formulieren" (Assmann & Büchner 1985: 48). Wie solche Prozesse der Phänomenkonstruktion außerhalb der Familie ablaufen und auf diese zurückwirken, wäre ein Beispiel für solche, in diesem Bereich wichtige Untersuchungsfragen.

Als allgemeine zukünftige Forschungsaufgaben zu 'familialen Konflikten' können in Anlehnung an diese drei Bereiche folgende, grob umrissene 'Themenfelder' genannt werden:

1) Eine systematische Rekonstruktion der Geschichte familialer Konflikte im wissenschaftlichen und im öffentlichen Diskurs;

2) Empirische Untersuchungen zum aktuellen öffentlichen Diskurs (Medien, Literatur, Familienbiographien etc.);

3) Empirische Untersuchungen zum aktuellen wissenschaftlichen Diskurs (Therapie-, Beratungsprotokolle von 'Konfliktfamilien' etc.);

4) Empirische Untersuchungen zu den Wechselwirkungen der verschiedenen Diskursformationen mit subjektiven und familialen Deutungsmustern.

6. Abschließende Bemerkung

Greift man zum Schluß nochmal das Stichwort 'Postmoderne' auf, so lautet eine zentrale Denkfigur in dieser Diskussion:

"Daß in unserer Gesellschaft die Zeichen nicht mehr auf ein Bezeichnetes verweisen, sondern immer nur auf andere Zeichen, daß wir mit unserer Rede so etwas wie Bedeutung gar nicht mehr treffen, sondern uns nur in einer endlosen signifikanten Kette bewegen". (Bürger & Bürger 1987: 7)

Weniger abstrakt formuliert könnte man sagen: Über Begriffe, deren Bedeutung im Alltag lange Zeit klar war, weil sie institutionell abgesichert waren, werden heute intensive Debatten geführt - so z.B. zum Begriff 'Familie' (Lüscher 1988: 17). Wenn diese Begriffsdiskussionen aber wiederum mit Begriffen, wie dem des 'Familienkonflikts', geführt werden, deren Bedeutung wir uns gar nicht mehr vergewissern, dann sind wir wirklich 'postmodern' in jener endlosen signifikanten Kette gefangen, von der wir aber nicht glauben dürfen, daß sie ohne Konsequenzen für unser Handeln ist. Auch wenn die Zeichen nur noch auf Zeichen verweisen und 'Bedeutung' nicht mehr treffen, bleiben sie nicht ohne praktische Folgen.

Die derzeitige Rede von familialen Konflikten - zumal die der sozialwissenschaftlichen Experten - verschleiert letztlich mehr als sie klärt. Wenn der undifferenzierte Konfliktbegriff für die Familiensoziologie nicht gänzlich suspendiert werden soll (und nicht zuletzt sprechen die alltäglichen Erfahrungen der Subjekte dagegen), dann ist ein theoretisch differenzierterer Gebrauch erforderlich. Notwendig ist der Versuch, die Bedeutung - oder besser: die verschiedenen Bedeutungen in den jeweiligen Bereichen jenes in der Einleitung gezeichneten imaginären Dreiecks, in dem sich 'familiale Konflikte' als Phänomen konstituieren - zu identifizieren und zur Diskussion offenzulegen.

Geertz schreibt in seiner 'dichten Beschreibung' im Zusammenhang mit sozialen Konflikten, daß diese "nicht etwa dann eintreten, wenn kulturelle Formen zu funktionieren aufhören, weil sie schwach, unbestimmt, überholt oder unbrauchbar geworden wären, sondern vielmehr dann, wenn (…) diese Formen durch ungewöhnliche Situationen oder ungewöhnliche Intentionen dazu gebracht werden, auf ungewöhnliche Weise zu funktionieren" (Geertz 1983: 40). Und dies sei auch ein Beweis dafür, "daß sich mit der Umformung der sozialen Beziehungsmuster ebenso die Koordinaten der erfahrenen Welt verschieben." (ebd.: 40 f) Wenn man Familie als kulturelle Form in dieses Zitat einfügt, liegt entsprechend der hier erhaltenen Ergebnisse der Schluß nahe, daß eine ungewöhnliche 'strategische Situation von Wissen und Praxis' - wie dies Foucault mit seinem Begriff des 'Dispositivs' kenntlich macht (vgl. Fußnote in Kapitel 3.3, S.74) - die paradoxe Botschaft in sich birgt, Lebensglück ist nur in der Familie zu haben, aber genau dort wird es sich nicht erfüllen!

Kommt man dabei auf die grundsätzliche Problematik des Wandels, der 'Krise der Familie' zurück, verbirgt sich eine wichtige Frage in der notwendigen Differenzierung zwischen Krisensymptomen und Krisenursachen und der prekär dazwischen liegenden Konflikthaftigkeit von Familie: Grundsätzlich bleibt in der gesamten Konflikt- und Krisendiskussion unklar, inwieweit Krisensymptome von Krisenursachen zu unterscheiden sind, denn - in Anlehnung an Hans Peter Dreitzels bekannte Formulierung nach dem Leiden der Gesellschaft an ihren Mitgliedern und dem Leiden der Mitglieder an der Gesellschaft - liegt als Frage auf der Hand: Ist die sogenannte 'Krise der Familie' ein Symptom pathogener, d.h. destabilisierende Determinanten des Makrosystems 'Gesellschaft', oder ist sie das Resultat aus einer Krise ihrer Elemente, d.h. der sie konstituierenden Subjekte (Perrez 1979: 15)?

Die Antwort darauf wäre entsprechend den hier angestellten Überlegungen ein klares 'weder noch' - der aktuelle Zustand der Familie, wie ihn die derzeitige Diskussion zeichnet, ist Ausdruck einer komplexen kulturellen Verschiebung, die in Richtung einer Transformation von Subjektivität weist und deren gesellschaftliche Entsprechung sich bislang nur erahnen läßt. Die Rolle, die der familiensoziologische Diskurs dabei durch die 'Mitarbeit' an der Konstruktion des Phänomens 'Familienkonflikt' spielt, ist bedeutend, und deshalb sollte er selbst(-)reflexiv geführt werden.

Ein Historiker meint: "Bis zu einem gewissen Grad beschwört jede Generation ihre eigene Familienkrise herauf." (Hubbard 1983: 13 f) Diese Aussage mag Soziologen nicht unbedingt überraschen - wichtiger aber scheint mir als Ergänzung dazu: Jede Generation geht in ihrer eigenen Weise damit um. Und hierin liegt, wie ich meine, ein entscheidender, aber bislang zu wenig beachteter Ansatz, um Klarheit in die 'diffuse Ordnung' familialer Konflikte zu bringen.

Literaturverzeichnis

Amelang, M., Ahrens, H.J. & Bierhoff, H.W. (Hrsg.) (1991a): Attraktion und Liebe, Göttingen: Hogrefe.

Amelang, M., Ahrens, H.J. & Bierhoff, H.W. (Hrsg.) (1991b): Partnerwahl und Partnerschaft. Formen und Grundlagen partnerschaftlicher Beziehungen, Göttingen: Hogrefe.

Assmann, A. (1991): Zur Einführung: Kultur als Lebenswelt und Monument, in: Assmann, A. & Harth, D. (Hrsg.), Kultur als Lebenswelt und Monument, Frankfurt/Main: Fischer, S.11-25.

Assmann, W. & Büchner, R. (1985): Familienhelfer in Berlin. Eine empirische Untersuchung zur Arbeitssituation pädagogischer Familienhelfer im Bereich der Bezirks-Jugendämter, Berlin: Publikation der Fachhochschule für Verwaltung und Rechtspflege.

Bagarozzi, D.A. & Anderson, S.A. (1989): Personal, Marital, and Family Myths. Theoretical Formulations and Clinical Strategies, New York: W.W. Norton & Company.

Bateson, G., Jackson, D.D., Haley, J. & Weakland, J.W. (1972): Auf dem Wege zu einer Schizophrenie-Theorie, in: Bateson, G., Jackson, D.D., Haley, J. & Weakland, J.W. (Hrsg.), Schizophrenie und Familie, Frankfurt/Main: Suhrkamp, S.11-43.

Baumann, P. (1993): Macht und Motivation. Zu einer verdeckten Form sozialer Macht, Opladen: Leske + Budrich.

Baumert, G. & Hünniger, E. (1954): Deutsche Familien nach dem Krieg. Gemeindestudie des Instituts für Sozialwissenschaftliche Forschung (Darmstadt - Monographie 5), Darmstadt: Eduard Roether.

Beck, U. & Beck-Gernsheim, E. (1990): Das ganz normale Chaos der Liebe, Frankfurt/Main: Suhrkamp.

Beck, U. (1986): Risikogesellschaft. Auf dem Weg in eine andere Moderne, Frankfurt/Main: Suhrkamp.

Beck-Gernsheim, E. (1983): Vom 'Dasein für andere' zum Anspruch auf ein Stück 'eigenes Leben': Individualisierungsprozesse im weiblichen Lebenszusammenhang, in: Soziale Welt, 34, 3, S.307-340.

Beck-Gernsheim, E. (1986): Von der Liebe zur Beziehung? Veränderungen im Verhältnis von Mann und Frau in der individualisierten Gesellschaft, in: Berger, J. (Hrsg.), Die Moderne - Kontinuitäten und Zäsuren (Soziale Welt Sonderband 4), Göttingen: Otto Schwartz & Co, S.209-233.

Beck-Gernsheim, E. (1988): Freie Liebe - freie Scheidung. Zum Doppelgesicht von Freisetzungsprozessen, in: Weymann, A. (Hrsg.), Handlungsspielräume. Untersuchungen zur Individualisierung und Institutionalisierung von Lebensläufen in der Moderne, Stuttgart: Ferdinand Enke, S.105-119.

Beck-Gernsheim, E. (1991): Was Eltern das Leben erschwert: Neue Anforderungen und Konflikte in der Kindererziehung, in: Teichert, V. (Hrsg.), Junge Familien in der Bundesrepublik. Familienalltag - Familienumwelt - Familienpolitik, Opladen: Leske + Budrich, S.55-73.

Berger, P.L. & Berger, B. (1984): In Verteidigung der bürgerlichen Familie, Frankfurt/Main: Fischer.

Berger, P.L. & Kellner, H. (1965): Die Ehe und die Konstruktion der Wirklichkeit, in: Soziale Welt, 16, 3, S.220-235.

Bernard, C. & Schlaffer, E. (1978): Die ganz gewöhnliche Gewalt in der Ehe, Reinbek: Rowohlt.

Bertram, H. & Borrmann-Müller, R. (1989): Von der Hausfrau zur Berufsfrau?, in: Politische Studien (Zweimonatsschrift für Politik und Zeitgeschehen; hrsg. von der Hanns Seidel Stiftung e.V.), 40, S.68-83.

Bertram, H., Borrmann-Müller, R., Hübner-Funk, S. & Weidacher, A. (Hrsg.) (1989): Blickpunkt Jugend und Familie. Internationale Beiträge zum Wandel der Generationen, München: Deutsches Jugendinstitut.

Bierhoff-Alfermann, D. (1988): Androgynie. Möglichkeiten und Grenzen der Geschlechterrollen, Opladen: Westdeutscher Verlag.

Blank, R. (Hrsg.) (1975): Das häusliche Glück. Vollständiger Haushaltsunterricht nebst Anleitung zum Kochen für Arbeiterfrauen (herausgegeben von einer Kommission des Verbandes 'Arbeiterwohl', 11. verb. Aufl., Mönchengladbach und Leipzig 1882), München: Rogner & Bernhard.

Blood, R.O. & Wolfe, D.M. (1960): Husbands and Wifes. The Dynamics of Married Living, New York: Free Press.

Blumer, H. (1975): Soziale Probleme als kollektives Verhalten, in: Hondrich, K.O. (Hrsg.), Menschliche Bedürfnisse und soziale Steuerung, Reinbek: Rowohlt, S.102-113.

Böhnisch, L. & Blanc, K. (1989): Die Generationenfalle. Von der Relativierung der Lebensalter, Neuwied: Luchterhand.

Bonß, W. & Hartmann, H. (1985): Konstruierte Gesellschaft, rationale Deutung. Zum Wirklichkeitscharakter soziologischer Diskurse, in: Bonß, W. & Hartmann, H. (Hrsg.), Entzauberte Wissenschaft. Zur Relativität und Geltung soziologischer Forschung (Soziale Welt, Sonderband 3), Göttingen: Otto Schwartz & Co, S.9-46.

Bösel, M. (1980): Lebenswelt Familie. Ein Beitrag zur interpretativen Familiensoziologie, Frankfurt/Main: Campus.

Brose, H.G. & Hildenbrand, B. (1988): Biographisierung von Erleben und Handeln, in: Brose, H.G. & Hildenbrand, B. (Hrsg.), Vom Ende des Individuums zur Individualität ohne Ende, Opladen: Leske + Budrich, S.11-30.

Broszat, T. (1984): Mythos Gewalt. Veröffentlichte Entrüstung als Legitimation von Kinderschutz, in: Brinkmann, W. & Honig, M.S. (Hrsg.), Kinderschutz als sozialpolitische Praxis. Hilfe, Schutz und Kontrolle, München: Kösel, S.44-76.

Brunner, E.J. (Hrsg.) (1983): Eine ganz alltägliche Familie. Beispiel aus der familientherapeutischen Praxis von Helm Stierlin, München: Kösel.

Buchholz, W. (1984): Lebensweltanalyse. Sozialpsychologische Beiträge zur Untersuchung von krisenhaften Prozessen in der Familie, München: Profil.

Bühl, W.L. (1972): Einleitung: Entwicklungslinien der Konfliktsoziologie, in: Bühl, W.L. (Hrsg.), Konflikt und Konfliktstrategie. Ansätze einer soziologischen Konflikttheorie, München: Nymphenburger Verlagshandlung, S.9-64.

Bundesminister für Familie und Senioren (1993): Familie und Beratung. Gutachten des Wissenschaftlichen Beirats für Familienfragen (Schriftenreihe des Bundesministeriums für Familie und Senioren, Bd. 16), Stuttgart: Kohlhammer.

Bürger, C. & Bürger, P. (Hrsg.) (1987): Postmoderne: Alltag, Allegorie und Avantgarde, Frankfurt/Main: Suhrkamp.

Burkart, G. & Kohli, M. (1989): Ehe und Elternschaft im Individualisierungsprozeß: Bedeutungswandel und Milieudifferenzierung, in: Zeitschrift für Bevölkerungswissenschaft, 15, 4, S.405-426.

Burkart, G. (1991): Kohabitation und Individualisierung - Nichteheliche Paarbeziehungen im kulturellen Wandel, in: Zeitschrift für Familienforschung, 3, 3, S.26-48.

Burkart, G., Fietze, B. & Kohli, M. (1989): Liebe, Ehe, Elternschaft. Eine qualitative Untersuchung über den Bedeutungswandel von Paarbeziehungen und seine demographischen Konsequenzen (Materialien zur Bevölkerungswissenschaft, Heft 60, hrsg. vom Bundesinstitut für Bevölkerungsforschung), Wiesbaden.

Busch, G., Hess-Diebäcker, D. & Stein-Hilbers, M. (1988): Den Männern die Hälfte der Familie - den Frauen mehr Chancen im Beruf, Weilheim: Deutscher Studien Verlag.

Büttner, C. & Nicklas, H.u.a. (1988): Wenn Liebe zuschlägt - Gewalt in der Familie, München: Knaur.

218

Cancian, F.M. (1985): Marital Conflict Over Intimacy, in: Handel, G. (ed.), The Psychosocial Interior of the Family, 3rd ed., New York: Aldine, pp.277-292.

Cierpka, M. & Nordmann, E. (Hrsg.) (1988): Wie normal ist die Normalfamilie? Empirische Untersuchungen, Berlin: Springer.

Claessens, D. (1979): Familie und Wertsystem. Eine Studie zur 'zweiten sozio-kulturellen Geburt des Menschen und der Belastbarkeit der 'Kernfamilie', 4. Aufl., Berlin: Duncker & Humblot.

Cooper, D. (1972): Der Tod der Familie, Reinbek: Rowohlt.

Corsten, M. (1993): Das Ich und die Liebe. Subjektivität, Intimität, Vergesellschaftung, Opladen: Leske + Budrich.

Coser, L.A. (1965): Theorie sozialer Konflikte, Neuwied: Luchterhand.

Dahrendorf, R. (1961): Gesellschaft und Freiheit. Zur soziologischen Analyse der Gegenwart, München: Piper.

Dahrendorf, R. (1972): Konflikt und Freiheit, München: Piper.

Dahrendorf, R. (1977): Homo Sociologicus. Ein Versuch zur Geschichte, Bedeutung und Kritik der Kategorie der sozialen Rolle, 15. Aufl., Opladen: Westdeutscher Verlag.

Dahrendorf, R. (1986): Die Funktionen sozialer Konflikte, in: Dahrendorf, R. (Hrsg.), Pfade aus Utopia. Zur Theorie und Methode der Soziologie, 4. Aufl., München: Piper, S.263-277.

Deleuze, G. (1991): Was ist ein Dispositiv?, in: Ewald, F. & Waldenfels, B. (Hrsg.), Spiele der Wahrheit. Michel Foucaults Denken, Frankfurt/Main: Suhrkamp, S.153-162.

Deutsches Jugendinstitut (1989): Gutachten für die Enquete-Kommission 'Zukünftige Bildungspolitik - Bildung 2000': "Lebensentwürfe von Jugendlichen: Motivation und Berufsorientierung, Pläne und ihre Realisierung", München.

Diekmann, A. & Klein, T. (1991): Bestimmungsgründe des Ehescheidungsrisikos. Eine empirische Untersuchung mit den Daten des sozioökonomischen Panels, in: Kölner Zeitschrift für Soziologie und Sozialpsychologie, 43, 2, S.271-290.

Dillkofer, H., Meyer, G.M. & Schneider, S. (1986): Soziale Probleme von Soldatenfamilien der Bundeswehr, Opladen: Westdeutscher Verlag.

Donati, P. (1991): Die Familie als soziale Beziehung zwischen Öffentlichem und Privatem: Jenseits der Paradoxa, in: Donati, P. & Helle, H.J. (Hrsg.), La Famiglia Oggi - Familie Heute (Annali di Sociologia, Soziologisches Jahrbuch 6. 1990 - I - II), Trento: Temi Editrice, S.94-134.

Donzelot, J. (1980): Die Ordnung der Familie, Frankfurt/Main: Suhrkamp.

Dorn, L. (1986): Frieden beginnt in der Familie. Ideen und Anleitungen für ein harmonisches Zusammenleben, München: Goldmann.

Dröge-Modelmog, I. (1987): Was heißt hier Liebe? Gedanken zu einem sozialen Massenphänomen, in: Dröge-Modelmog, I. & Mergner, G. (Hrsg.), Orte der Gewalt. Herrschaft und Macht im Geschlechterverhältnis, Opladen: Westdeutscher Verlag, S.15-31.

Durkheim, É. (1967): Soziologie und Philosophie, Frankfurt/ Main: Suhrkamp.

Eckert, R. (1989): Sozialer Wandel und das Verhältnis der Generationen, in: Bertram, H., Borrmann-Müller, R., Hübner-Funk, S. & Weidacher, A. (Hrsg.), Blickpunkt Jugend und Familie. Internationale Beiträge zum Wandel der Generationen, München: Deutsches Jugendinstitut, S.41-67.

Eckert, R., Hahn, A. & Wolf, M. (1989): Die ersten Jahre junger Ehen. Verständigung durch Illusionen?, Frankfurt/Main: Campus.

Ehrensaft, D. (1985): Dual Parenting and the Duel of Intimacy, in: Handel, G. (ed.), The Psychosocial Interior of the Family, 3rd ed., New York: Aldine, pp.323-337.

Erler, G., Jaeckel, M., Pettinger, R. & Sass, J. (1988): Kind? Beruf? Oder beides? Eine repräsentative Studie über die Lebenssituation und Lebensplanung junger Paare zwischen 18 und 33 Jahren im Auftrag der Zeitschrift BRIGITTE, München.

Ewert, O.M. (1988): Veränderungen in der Inanspruchnahme familienorientierter Beratungsangebote am Beispiel der Erziehungsberatung, in: Nave-Herz, R. (Hrsg.), Wandel und Kontinuität der Familie in der Bundesrepublik Deutschland, Stuttgart: Ferdinand Enke, S.259-278.

Fabricius-Brand, M. (Hrsg.) (1989): Wenn aus Ehen Akten werden. Scheidungsprotokolle, Frankfurt/Main: Campus.

Farge, A. & Foucault, M. (1989): Familiäre Konflikte: Die 'Lettres de cachet', Frankfurt/Main: Suhrkamp.

Fend, H. (1988): Sozialgeschichte des Aufwachsens. Bedingungen des Aufwachsens und Jugendgestalten im 20. Jahrhundert, Frankfurt/Main: Suhrkamp.

Fiedler, K. & Ströhm, W. (1991): Attributionsstrategien in unglücklichen Beziehungen, in: Amelang, M., Ahrens, H.J. & Bierhoff, H.W. (Hrsg.), Partnerwahl und Partnerschaft. Formen und Grundlagen partnerschaftlicher Beziehungen, Göttingen: Hogrefe, S.93-116.

Fischer, H. (1990): Ehestabilisierende Faktoren im interkulturellen Vergleich, in: Seifert, G. (Hrsg.), Ehestabilisierende Faktoren. Veröffentlichung der Joachim Jungius-Gesellschaft der Wissenschaften (Referate gehalten auf dem Symposium der Joachim-Jungius-Gesellschaft der Wissenschaften, Hamburg am 20.-21. Oktober 1989), Göttingen: Vandenhoeck und Ruprecht, S.27-45.

Foucault, M. (1978): Dispositive der Macht. Über Sexualität, Wissen und Wahrheit, Berlin: Merve.

Foucault, M. (1988a): Archäologie des Wissens, 3. Aufl., Frankfurt/Main: Suhrkamp.

Foucault, M. (1988b): Der Wille zum Wissen (Sexualität und Wahrheit, Bd.1), 2. Aufl., Frankfurt/Main: Suhrkamp.

Foucault, M. (1988c): Die Geburt der Klinik. Eine Archäologie des ärztlichen Blicks, Frankfurt/Main: Fischer.

Foucault, M. (1988d): Die Ordnung der Dinge. Eine Archäologie der Humanwissenschaften, 7. Aufl., Frankfurt/Main: Suhrkamp.

Fuchs, A. (1981): Ist die Familie noch zu retten? Woran sie krankt, wie sie zu heilen ist, Freiburg: Herder.

Geertz, C. (1983): Dichte Beschreibung. Beiträge zum Verstehen kultureller Systeme, Frankfurt/Main: Suhrkamp.

Glatzer, W. & Herget, H. (1984): Ehe, Familie und Haushalt, in: Glatzer, W. & Zapf, W. (Hrsg.), Lebensqualität in der Bundesrepublik. Objektive Lebensbedingungen und subjektives Wohlbefinden, Frankfurt/Main: Campus, S.124-140.

Glatzer, W. (Hrsg.) (1991): Die Modernisierung moderner Gesellschaften (25. Deutscher Soziologentag. Sektionen, Arbeits- und Ad-hoc-Gruppen, Ausschuß für Lehre), Wiesbaden: Westdeutscher Verlag.

Goffman, E. (1980a): Rahmen-Analyse. Ein Versuch über die Organisation von Alltagserfahrungen, Frankfurt/Main: Suhrkamp.

Goffman, E. (1980b): Stigma. Über Techniken der Bewältigung beschädigter Identität, 4. Aufl., Frankfurt/Main: Suhrkamp.

Goode, W.J. (1956): Women in Divorce, New York: Free Press.

Hahlweg, K. (1991): Störung und Auflösung von Beziehungen: Determinanten der Ehequalität und -stabilität, in: Amelang, M., Ahrens, H.J. & Bierhoff, H.W. (Hrsg.), Partnerwahl und Partnerschaft. Formen und Grundlagen partnerschaftlicher Beziehungen, Göttingen: Hogrefe, S.117-152.

Hahn, A. (1982): Die Definition von Geschlechtsrollen, in: Eid, V. & Vaskovics, L. (Hrsg.), Wandel der Familie - Zukunft der Familie, Mainz: Matthias-Grünewald-Verlag, S.94-112.

Hahn, A. (1988): Familie und Selbstthematisierung, in: Lüscher, K., Schultheis, F. & Wehrspaun, M. (Hrsg.), Die 'postmoderne' Familie. Familiale Strategien und Familienpolitik in einer Übergangszeit, Konstanz: Universitätsverlag Konstanz GmbH, S.169-179.

Handel, G. (ed.) (1985): The Psychosocial Interior of the Family, New York: Aldine.

Hansen, D.A. & Hill, R. (1964): Families Under Stress, in: Christensen, H.T. (ed.), Handbook of Marriage and the Family, Chicago: University Press.

Hartfiel, G. & Hillmann, K.H. (1982): Wörterbuch der Soziologie, 3. Aufl., Stuttgart: Kröner.

Hartmann, P.H. (1989): Warum dauern Ehen nicht ewig? Eine Untersuchung zum Scheidungsrisiko und seinen Ursachen, Opladen: Westdeutscher Verlag.

Häsing, H., Stubenrauch, H. & Ziehe, T. (1980): Narziß - Ein neuer Sozialisationstypus?, 3. Aufl., Bensheim: Pädagogischer Extra-Buchverlag.

Heaton, T.B. (1991): Time-Related Determinants of Marital Dissolution, in: Journal of Marriage and the Family, 53, 2, pp.285-296.

Heekerens, H.P. (1987): Das erhöhte Risiko der Ehescheidung - Zur intergenerationalen Scheidungs-Tradierung, in: Zeitschrift für Soziologie, 16, 3, S.190-203.

Held, T. (1978): Soziologie der ehelichen Machtverhältnisse, Darmstadt: Luchterhand.

Helle, H.J. & Schumann, R. (1989): Sexualität und Brutpflege - Das Spannungsverhältnis von Erotik und Elternschaft beim Menschen, in: Liedtke, M. (Hrsg.), Paarbildung und Ehe. Biologische Grundlagen und kulturelle Aspekte (Otto König zur Vollendung des 75. Lebensjahres), Wien: Jugend und Volk, S.75-87.

Helle, H.J. (1974): Familie zwischen Bibel und Kinsey-Report, Osnabrück: A. Fromm.

Helle, H.J. (1981): Auf dem Weg zur matrilinearen Gesellschaft?, in: Matthes, J. (Hrsg.), Lebenswelt und soziale Probleme. Verhandlungen des 20. Deutschen Soziologentages in Bremen 1980, Frankfurt/Main: Campus, S.429-440.

Helle, H.J. (1985): Aufsätze zur Familiensoziologie (Soziologenkorrespondenz Neue Folge 11), München: Sozialforschungsinstitut.

Helle, H.J. (1989): Kulturanthropologische Synopse der Ehe, in: Bogensberger, H. & Zauner, W. (Hrsg.), Kontinuität und Wandel der Ehe, St.Pölten: Niederösterreichisches Pressehaus, S.9-30.

Helle, H.J. (1992): Frühkindliche Betreuung und präferierte Kulturzugehörigkeit: eine familiensoziologische These, in: Schneewind, K.A. & Rosenstiel, L.v. (Hrsg.), Wandel der Familie, Göttingen: Hogrefe, S.49-56.

Henschel, G. (1988): Gib Vati einen Gute-Nacht-Kuß, in: Kuckuck, A. & Wohlers, H. (Hrsg.), Vaters Tochter. Von der Notwendigkeit, den Frosch an die Wand zu werfen., Reinbek: Rowohlt, S.87-99.

Hess, R.D. & Handel, G. (1975): Familienwelten. Kommunikation und Verhaltensstile in Familien, Düsseldorf: Schwann.

Hess-Diebäcker, D. & Stein-Hilbers, M. (1991): Geteilte Elternschaft: Modell für die Gleichverteilung von Haus- und Erwerbsarbeit berufstätiger Eltern, in: Teichert, V. (Hrsg.), Junge Familien in der Bundesrepublik. Familienalltag - Familienumwelt - Familienpolitik, Opladen: Leske + Budrich, S.119-136.

Hill, R. & Hansen, D.A. (1962): The Family in Disaster, in: Baker, G. & Chapman, D. (eds.), Man and Society in Disaster, New York: Basic Books.

Hill, R. (1949): Families Under Stress, New York: Basic Books.

Hitzler, R. (1985): Und Adam versteckte sich. Privatheit und Öffentlichkeit als subjektive Erfahrung, in: Soziale Welt, 36, S.503-518.

Honig, M.S. (1986): Verhäußlichte Gewalt. Sozialer Konflikt, wissenschaftliche Konstrukte, Alltagswissen, Handlungssituationen - Eine Explorativstudie über Gewalthandeln von Familien, Frankfurt/Main: Suhrkamp.

Honig, M.S. (1988): Vom alltäglichen Übel zum Unrecht - Über den Bedeutungswandel familialer Gewalt, in: Deutsches Jugendinstitut (Hrsg.), Wie geht's der Familie? Ein Handbuch zur Situation der Familie heute, München: Kösel, S.189-202.

Hopper, J. (1993): Oppositional Identities and Rhetoric in Divorce, in: Qualitative Sociology, 16, 2, pp.133-156.

Hubbard, W.H. (1983): Familiengeschichte. Materialien zur deutschen Familie seit dem Ende des 18. Jahrhunderts, München: C.H. Beck.

Huinink, J. (1989): Mehrebenensystem-Modelle in den Sozialwissenschaften, Wiesbaden: Deutscher Universitätsverlag.

Institut für Demoskopie Allensbach (1985): Ehe und Familie. Einstellungen zu Ehe und Familie im Wandel der Zeit - Eine Repräsentativuntersuchung im Auftrag des Ministeriums für Arbeit, Gesundheit, Familie und Sozialordnung Baden-Württemberg, Stuttgart: Ministerium für Arbeit, Gesundheit, Familie und Sozialordnung Baden-Württemberg.

Institut für Demoskopie Allensbach (1989): Familie 1989. Eine Studie des Institutes für Demoskopie Allensbach im Auftrag der Aktionsgemeinschaft Familientag (Vorgelegt zum Familientag am 22. Oktober 1989), Frankfurt/Main.

Jäckel, K. (1988): Inzest: Tatort Familie, Rastatt: Moewig.

Jaide, W. (1988): Generationen eines Jahrhunderts - Wechsel der Jugendgenerationen im Jahrhunderttrend. Zur Sozialgeschichte der Jugend in Deutschland 1871-1985, Opladen: Leske + Budrich.

Kaufmann, F.X. (1975): Familiäre Konflikte und gesellschaftliche Spannungsfelder, in: Apel, K.O. et al. (Hrsg.), Der Mensch in den Konfliktfeldern der Gegenwart (hrsg. von der Landeszentrale für politische Bildung des Landes Nordrhein-Westfalen), Köln: Wissenschaft und Politik, S.165-188.

Kaufmann, F.X. (1988): Familie und Modernität, in: Lüscher, K., Schultheis, F. & Wehrspaun, M. (Hrsg.), Die 'postmoderne' Familie. Familiale Strategien und Familienpolitik in einer Übergangszeit, Konstanz: Universitätsverlag Konstanz GmbH, S.391-415.

Kaufmann, F.X. (1990): Zukunft der Familie. Stabilität, Stabilitätsrisiken und Wandel der familialen Lebensformen sowie ihre gesellschaftlichen und politischen Bedingungen, München: C.H. Beck.

Kavemann, B. & Lohstöter, I. (1984): Väter als Täter. Sexuelle Gewalt gegen Mädchen, Reinbek: Rowohlt.

Keupp, H. (1988): Riskante Chancen. Das Subjekt zwischen Psychokultur und Selbstorganisation, Heidelberg: Asanger.

Keupp, H. (1989): Auf der Suche nach der verlorenen Identität, in: Keupp, H. & Bilden, H. (Hrsg.), Verunsicherungen. Das Subjekt im gesellschaftlichen Wandel, Göttingen: Hogrefe, S.47-69.

Kirchler, E. & Reiter, L. (1990): Interaktion und Beziehungsdynamik in der Familie, in: Gisser, R., Reiter, L., Schattowitz, H. & Wilk, L. (Hrsg.), Lebenswelt Familie, Wien: Institut für Ehe und Familie, S.109-129.

Kiss, G. (1977): Einführung in die soziologischen Theorien (Bd.2), 3. Aufl., Opladen: Westdeutscher Verlag.

Klann, N. & Hahlweg, K. (1988): Ehe-, Familien- und Lebensberatung. Besuchsmotive und Bedarfsprofile. Ergebnisse einer empirischen Erhebung, Freiburg: Lambertus.

Klees, K. (1992): Partnerschaftliche Familien. Arbeitsteilung, Macht und Sexualität in Paarbeziehungen, Weinheim: Juventa.

Kloehn, E. (1982): Die neue Familie. Zeitgemäße Formen menschlichen Zusammenlebens, Hamburg: Knaur.

Köcher, R. (1988): Unterschätzte Funktionen der Familie, in: Aus Politik und Zeitgeschichte (Beilage zur Wochenzeitung "Das Parlament"), 13, S.24-33.

Köcher, R. (1990): Ursachen und Konsequenzen der hohen Scheidungsquote, in: Seifert, G. (Hrsg.), Ehestabilisierende Faktoren. Veröffentlichung der Joachim Jungius-Gesellschaft der Wissenschaften (Referate gehalten auf dem Symposium der Joachim-Jungius-Gesellschaft der Wissenschaften, Hamburg am 20.-21. Oktober 1989), Göttingen: Vandenhoeck und Ruprecht, S.161-173.

König, R. (1969): Familie und Familiensoziologie, in: Bernsdorf, W. (Hrsg.), Wörterbuch der Soziologie, Stuttgart: Ferdinand Enke, S.247-262.

König, R. (1974): Die Familie der Gegenwart, München: C.H. Beck.

König, R. (Hrsg.) (1976): Familie und Alter (Handbuch der empirischen Sozialforschung, Bd.7), Stuttgart: Deutscher Taschenbuch Verlag.

LaRossa, R. (1977): Conflict and Power in Marriage. Expecting the First Child, Beverly Hills: Sage.

Lassahn, R. (1983): Pädagogische Anthropologie, Heidelberg: UTB.

Lazarus, A. (1989): Fallstricke der Liebe. 24 Irrtümer über das Leben zu zweit, Stuttgart: Klett-Cotta.

Lengsfeld, W. & Linke, W. (1988): Die demographische Lage in der Bundesrepublik Deutschland, in: Zeitschrift für Bevölkerungswissenschaft, 14, 4, S.341-433.

Lenz, K. (1991): Jugendliche in Familien, in: Donati, P. & Helle, H.J. (Hrsg.), La Famiglia Oggi - Familie Heute (Annali di Sociologia, Soziologisches Jahrbuch 6. 1990 - I - II), Trento: Temi Editrice, S.415-433.

Lenzen, D. (1985): Mythologie der Kindheit. Die Verewigung des Kindlichen in der Erwachsenenkultur - Versteckte Bilder und vergessene Geschichten, Reinbek: Rowohlt.

Lidz, T., Cornelison, A., Fleck, S. & Terry, T. (1972): Spaltung und Strukturverschiebung in der Ehe, in: Bateson, G., Jackson, D.D., Haley, J. & Weakland, J.W. (Hrsg.), Schizophrenie und Familie, Frankfurt/Main: Suhrkamp, S.108-127.

Link, G. & Bastine, R. (1991): Ergebnisse der Scheidungsmediation, in: Zeitschrift für Familienforschung, 3, 2, S.136-154.

Love, P. & Robinson, J. (1991): Wenn Kinder unter Liebe leiden. Beziehungsfalle Familie, Hamburg: Hoffmann und Campe.

Luhmann, N. (1984): Liebe als Passion. Zur Codierung von Intimität, Frankfurt/Main: Suhrkamp.

Lupri, E. (1970): Gesellschaftliche Differenzierung und familiale Autorität, in: Lüschen, G. & Lupri, E. (Hrsg.), Soziologie der Familie (Sonderheft 14 der Kölner Zeitschrift für Soziologie und Sozialpsychologie), Opladen: Westdeutscher Verlag, S.323-352.

Lupri, E. (1991): Die Dialektik von Veränderung und Kontinuität im Familienleben: Das Fallbeispiel Kanada, in: Donati, P. & Helle, H.J. (Hrsg.), La Famiglia Oggi - Familie Heute (Annali di Sociologia, Soziologisches Jahrbuch 6. 1990 - I - II), Trento: Temi Editrice, S.191-225.

Lüscher, K. (1988): Familie und Familienpolitik im Übergang zur Postmoderne, in: Lüscher, K., Schultheis, F. & Wehrspaun, M. (Hrsg.), Die 'postmoderne' Familie. Familiale Strategien und Familienpolitik in einer Übergangszeit, Konstanz: Universitätsverlag Konstanz GmbH, S.15-36.

Lüscher, K. (1989): Von der ökologischen Sozialisationsforschung zur Analyse familialer Aufgaben und Leistungen, in: Nave-Herz, R. & Markefka, M. (Hrsg.), Handbuch der Familien- und Jugendforschung (Bd.I: Familienforschung), Neuwied: Luchterhand, S.95-112.

Lüscher, K., Wehrspaun, M. & Lange, A. (1989): Familienrhetorik - über die Schwierigkeiten, 'Familie' zu definieren, in: Zeitschrift für Familienforschung, 1, 2, S.61-77.

Maderthaner, R. & Reiter, L. (1990): Sozialpsychologie der Partnerschaft, in: Gisser, R., Reiter, L., Schattowitz, H. & Wilk, L. (Hrsg.), Lebenswelt Familie, Wien: Institut für Ehe und Familie, S.333-353.

Mahlmann, R. (1990): Psychologisierung des 'Alltagsbewußtseins'. Die Verwissenschaftlichung des Diskurses über Ehe, Opladen: Westdeutscher Verlag.

Mannheim, K. (1952): Ideologie und Utopie, 3. Aufl., Frankfurt/Main: G. Schulte-Bulmke.

Mansel, J. (1992): Familiale Konflikte und ihre Auswirkungen auf die psychoziale Befindlichkeit von Jugendlichen, in: Zeitschrift für Familienforschung, 4, 1, S.49-88.

Marc, E. & Picard, D. (1991): Bateson, Watzlawick und die Schule von Palo Alto, Frankfurt/Main: Athenäum.

Markefka, M. & Billen-Klingbeil, I. (1989): Machtverhältnisse in der Ehe und ihre Folgen, in: Nave-Herz, R. & Markefka, M. (Hrsg.), Handbuch der Familien- und Jugendforschung (Bd.I: Familienforschung), Neuwied: Luchterhand, S.345-360.

Marti, U. (1988): Michel Foucault, München: C.H. Beck.

Menne, K. & Alter, K. (Hrsg.) (1988): Familie in der Krise. Sozialer Wandel, Familie und Erziehungsberatung, Weinheim: Juventa.

Metz-Göckel, S. & Müller, U. (1986): Der Mann. BRIGITTE-Untersuchung '85, Weinheim: Beltz.

Metz-Göckel, S. (1988): Väter und Väterlichkeit. Zur alltäglichen Beteiligung der Väter an der Erziehungsarbeit, in: Zeitschrift für Sozialisationsforschung und Erziehungssoziologie (Schwerpunkt: Wandel der Vaterrolle), 8, 4, S.264-280.

Metzmacher, U. (1983): Die psychosoziale Kompensationsfunktion der Familie - Privatismus, Geschlechtsrollendichotomie und eheliche Gewalt, in: Metzmacher, U. & Schulz, S. (Hrsg.), Konflikt und Identitätsbildung in der Familie, Berlin: Technische Universität Berlin, S.1-191.

Mevius, Y. (1988): Von alternativen Lebensformen zurück zur Familie?, in: Deutsches Jugendinstitut (Hrsg.), Wie geht's der Familie? Ein Handbuch zur Situation der Familie heute, München: Kösel, S.439-444.

Meyer, S. & Schulze, E. (1989): Auswirkungen des Zweiten Weltkriegs auf Familien. Zum Wandel der Familie in Deutschland, Berlin: Technische Universität Berlin.

Meyer, T. (1992): Modernisierung der Privatheit. Differenzierungs- und Individualisierungsprozesse des familialen Zusammenlebens, Opladen: Westdeutscher Verlag.

Moser, T. (1982): Familienkrieg. Wie Christof, Vroni und Anette die Trennung der Eltern erleben, Frankfurt/Main: Suhrkamp.

Müller, W., Willms, A. & Handl, J. (1983): Strukturwandel der Frauenarbeit 1880-1980, Frankfurt/Main: Campus.

Nauck, B. (1987): Erwerbstätigkeit und Familienstruktur. Eine empirische Analyse des Einflusses außerfamiliärer Ressourcen auf die Familie und die Belastung von Vätern und Müttern, München: Deutsches Jugendinstitut.

Nauck, B. (1991): Familien- und Betreuungssituationen im Lebenslauf von Kindern, in: Bertram, H. (Hrsg.), Die Familie in Westdeutschland. Stabilität und Wandel familialer Lebensformen (DJI Familien-Survey 1), Opladen: Leske + Budrich, S.389-428.

Nave-Herz, R. (1988): Kontinuität und Wandel in der Bedeutung, in der Struktur und Stabilität von Ehe und Familie in der Bundesrepublik Deutschland, in: Nave-Herz, R. (Hrsg.), Wandel und Kontinuität der Familie in der Bundesrepublik Deutschland, Stuttgart: Ferdinand Enke, S.61-94.

Nave-Herz, R. (1989): Zeitgeschichtlicher Bedeutungswandel von Ehe und Familie in der Bundesrepublik Deutschland, in: Nave-Herz, R. & Markefka, M. (Hrsg.), Handbuch der Familien- und Jugendforschung (Bd.I: Familienforschung), Neuwied: Luchterhand, S.211-222.

Nave-Herz, R., Daum-Jaballah, M., Hauser, S., Matthias, H. & Scheller, G. (1990): Scheidungsursachen im Wandel. Eine zeitgeschichtliche Analyse des Anstiegs der Ehescheidungen in der Bundesrepublik Deutschland, Bielefeld: Kleine

Niedenzu, H.J. (1989): Konflikttheorie: Ralf Dahrendorf, in: Morel, J.u.a. (Hrsg.), Soziologische Theorie. Abriß der Ansätze ihrer Hauptvertreter, München: Oldenbourg, S.157-172.

Niesel, R. (1991): Was kann Mediation für Scheidungsfamilien leisten?, in: Zeitschrift für Familienforschung, 3, 2, S.84-102.

Norwood, R. (1986): Wenn Frauen zu sehr lieben. Die heimliche Sucht, gebraucht zu werden, Reinbek: Rowohlt.

Opielka, M. (1990): Der Wandel im Verhältnis der Geschlechter, in: Bundeszentrale für Politische Bildung (Hrsg.), Umbrüche in der Industriegesellschaft. Herausforderungen für die politische Bildung, Bonn, S.101-136.

Oswald, H. & Boll, W. (1992): Das Ende des Generationenkonflikts? Zum Verhältnis von Jugendlichen zu ihren Eltern, in: Zeitschrift für Sozialisationsforschung und Erziehungssoziologie, 12, S.30-51.

Oswald, H. (1989): Intergenerative Beziehungen (Konflikte) in der Familie, in: Nave-Herz, R. & Markefka, M. (Hrsg.), Handbuch der Familien- und Jugendforschung (Bd.II: Jugendforschung), Neuwied: Luchterhand, S.367-381.

Oubaid, M. (1988): Das Selbstverständnis 'neuer' Frauen und seine Konsequenzen für die Erziehung der Kinder, in: Menne, K. & Alter, K. (Hrsg.), Familie in der Krise. Sozialer Wandel, Familie und Erziehungsberatung, Weinheim: Juventa, S.77-88.

Perrez, M. (Hrsg.) (1979): Krise der Kleinfamilie?, Bern: Hans Huber.

Peuckert, R. (1991): Familienformen im sozialen Wandel, Opladen: Leske + Budrich.

Pfeil, E. (1975): 'Männliche' und 'weibliche' Rollen-Dynamik und unausgetragene Konflikte, in: Zeitschrift für Soziologie, 4, 4, S.380-402.

Picard, W. (1977): Familie und psychische Störung. Ein Beitrag zur soziologischen, psychologischen und psychiatrischen Theorie der Familie, München: Rathgeber.

Pieper, B. (1986): Familie im Urteil ihrer Therapeuten. Bausteine einer Theorie familialer Arbeit, Frankfurt/Main: Campus.

Popenoe, D. (1988): Disturbing the Nest. Family Change and Decline in Modern Societies, New York: de Gruyter.

Posner, R. (1991): Kultur als Zeichensystem. Zur semiotischen Explikation kulturwissenschaftlicher Grundbegriffe, in: Assmann, A. & Harth, D. (Hrsg.), Kultur als Lebenswelt und Monument, Frankfurt/Main: Fischer, S.37-74.

Pross, H. (1978): Die Männer, Reinbek: Rowohlt.

Reich, G. (1988): Trennungskonflikte - Familiendynamische und zeitgeschichtliche Aspekte, in: Wege zum Menschen, 40, 4, S.194-208.

Reiter, L. & Maderthaner, R. (1990): Familienberatung, Familientherapie und Familienmedizin, in: Gisser, R., Reiter, L., Schattowitz, H. & Wilk, L. (Hrsg.), Lebenswelt Familie, Wien: Institut für Ehe und Familie, S.447-461.

Rerrich, M.S. (1983): Veränderte Elternschaft. Entwicklungen in der familiären Arbeit mit Kindern seit 1950, in: Soziale Welt, 34, 4, S.420-449.

Rerrich, M.S. (1986): Familie heute - Was ist das?, in: Pasero, U. & Pfäfflin, U. (Hrsg.), Neue Mütterlichkeit. Ortsbestimmungen, Gütersloh: Gütersloher Verlagshaus Mohn, S.69-85.

Rerrich, M.S. (1988): Balanceakt Familie. Zwischen alten Leitbildern und neuen Lebensformen, Freiburg: Lambertus.

Richter, H.E. (1969): Eltern, Kind, Neurose. Die Rolle des Kindes in der Familie, Reinbek: Rowohlt.

Richter, H.E. (1979): Patient Familie. Entstehung, Struktur und Therapie von Konflikten in Ehe und Familie, Reinbek: Rowohlt.

Rottleuthner-Lutter, M. (1989): Ehescheidung, in: Nave-Herz, R. & Markefka, M. (Hrsg.), Handbuch der Familien- und Jugendforschung (Bd.I: Familienforschung), Neuwied: Luchterhand, S.607-623.

Roussel, L. (1980): Ehe und Ehescheidung. Beitrag zu einer systematischen Analyse von Ehemodellen, in: Rupp, S., Schwarz, K. & Wingen, M. (Hrsg.), Eheschließung und Familienbildung heute, Wiesbaden, S.68-87.

Rupp, K.J. (1981): Familiensoziologie und Familientherapie. Möglichkeiten einer Integration der psychoanalytisch orientierten Familientherapie in eine kritische Familiensoziologie, Frankfurt/Main: Campus.

Ruthe, R. (1991): Familie - Oase oder Chaos. Wege aus der Familienkrise, Moers: Brendow.

Sackmann, R. (1992): Das Deutungsmuster 'Generation', in: Meuser, M. & Sackmann, R. (Hrsg.), Analyse sozialer Deutungsmuster. Beiträge zur empirischen Wissenssoziologie, Pfaffenweiler: Centaurus, S.199-215.

Schäfers, B. (1990): Gesellschaftlicher Wandel in Deutschland. Ein Studienbuch zur Sozialstruktur und Sozialgeschichte der Bundesrepublik, 5. Aufl., Stuttgart: Ferdinand Enke.

Scheller, G. (1991): Zum gegenwärtigen Stand der Scheidungsursachenforschung. Forschungsschwerpunkte und Erklärungsansätze über die verursachenden Bedingungen und den Anstieg der Ehescheidungen, in: Soziale Welt, 42, 3, S.323-348.

Schelsky, H. (1960): Wandlungen der deutschen Familie in der Gegenwart. Darstellung und Deutung einer empirisch-soziologischen Tatbestandsaufnahme, 4. Aufl., Stuttgart: Ferdinand Enke.

Scheuch, E.K. & Sussman, M.B. (1970): Gesellschaftliche Modernität und Modernität der Familie, in: Lüschen, G. & Lupri, E. (Hrsg.), Soziologie der Familie (Sonderheft 14 der Kölner Zeitschrift für Soziologie und Sozialpsychologie), Opladen: Westdeutscher Verlag, S.239-253.

Schied, H.W. (1976): Familientherapie, in: Braun, H. & Leitner, U. (Hrsg.), Problem Familie - Familienprobleme, Frankfurt/Main: Campus, S.149-168.

Schmidbauer, W. (1991a): 'Du verstehst mich nicht'. Die Semantik der Geschlechter, Reinbek: Rowohlt.

Schmidbauer, W. (1991b): Partner ohne Rollen. Die Risiken der Emanzipation, München: Pfeiffer.

Schneewind, K.A. (1989): Familienberatung und Familientherapie, in: Nave-Herz, R. & Markefka, M. (Hrsg.), Handbuch der Familien- und Jugendforschung (Bd.I: Familienforschung), Neuwied: Luchterhand, S.679-709.

Schneider, N.F. (1990): Woran scheitern Partnerschaften? Subjektive Trennungsgründe und Belastungsfaktoren bei Ehepaaren und nichtehelichen Lebensgemeinschaften, in: Zeitschrift für Soziologie, 19, 6, S.458-470.

Schneider, N.F. (1991): Warum noch Ehe? Betrachtungen aus austauschtheoretischer Perspektive, in: Zeitschrift für Familienforschung, 3, 3, S.49-72.

Schneider, W. (1989): Die 'neuen' Väter - Chancen und Risiken. Zum Wandel der Vaterrolle in Familie und Gesellschaft, Augsburg: AV-Verlag.

Schubert, F.C. & Scheulen-Schubert, D. (1981): Familie, Familienfürsorge, Familienberatung und -therapie, in: Kerkhoff, E. (Hrsg.), Handbuch Praxis der Sozialarbeit und Sozialpädagogik (Bd.1), Düsseldorf: Schwann, S.256-285.

Schülein, J.A. (1987): "...Vater (oder Mutter) sein dagegen sehr". Über strukturelle Veränderungen von Primärkontakten am Beispiel der frühen Eltern-Kind-Beziehung, in: Soziale Welt, 28, 4, S.411-436.

Schülein, J.A. (1990): Die Geburt der Eltern. Über die Entstehung der modernen Elternposition und den Prozeß ihrer Aneignung und Vermittlung, Opladen: Westdeutscher Verlag.

Schulz, W. & Norden, G. (1990): Scheidung, Scheidungsfolgen und Wiederverheiratung, in: Gisser, R., Reiter, L., Schattowitz, H. & Wilk, L. (Hrsg.), Lebenswelt Familie, Wien: Institut für Ehe und Familie, S.517-532.

Schulz, W. (1983): Von der Institution 'Familie' zu den Teilbeziehungen zwischen Mann, Frau und Kind. Zum Strukturwandel von Ehe und Familie, in: Soziale Welt, 34, 4, S.401-419.

Schumacher, J. & Vollmer, R. (1982): Differenzierungs- und Entdifferenzierungsprozesse im Familiensystem, in: Hondrich, K.O. (Hrsg.), Soziale Differenzierung. Langzeitanalysen zum Wandel von Politik, Arbeit und Familie, Frankfurt/Main: Campus, S.210-352.

Schuster, I. (1991): Familie und neue Lebensformen: Veränderungstendenzen und Entwicklungsperspektiven der jüngeren Generation, in: Teichert, V. (Hrsg.), Junge Familien in der Bundesrepublik. Familienalltag - Familienumwelt - Familienpolitik, Opladen: Leske + Budrich, S.29-52.

Schütze, Y. (1988): Zur Veränderung im Eltern-Kind-Verhältnis seit der Nachkriegszeit, in: Nave-Herz, R. (Hrsg.), Wandel und Kontinuität der Familie in der Bundesrepublik Deutschland, Stuttgart: Ferdinand Enke, S.95-114.

Sgritta, G.B. (1991): Kontinutität und Innovation: Strukturen und Verhalten der italienischen Familien in von der jüngsten Nachkriegszeit bis heute, in: Donati, P. & Helle, H.J. (Hrsg.), La Famiglia Oggi - Familie Heute (Annali di Sociologia, Soziologisches Jahrbuch 6. 1990 - I - II), Trento: Temi Editrice, S.162-190.

Shibutani, T. (1975): Bezugsgruppen und soziale Kontrolle, in: Hondrich, K.O. (Hrsg.), Menschliche Bedürfnisse und soziale Steuerung, Reinbek: Rowohlt, S.154-171.

Siebel, W. (Hrsg.) (1984): Herrschaft und Liebe. Zur Soziologie der Familie, Berlin: Duncker & Humblot.

Siegert, M.T. (1977): Strukturbedingungen von Familienkonflikten, Frankfurt/Main: Suhrkamp.

Simmel, G. (1908a): Der Streit, in: Simmel, G., Soziologie. Untersuchungen über die Formen der Vergesellschaftung, Leipzig: Duncker & Humblot, S.247-336.

Simmel, G. (1908b): Die quantitative Bestimmtheit der Gruppe, in: Simmel, G., Soziologie. Untersuchungen über die Formen der Vergesellschaftung, Leipzig: Duncker & Humblot, S.47-133.

Stacey, J. (1990): Brave New Families. Stories of Domestic Upheaval in Late Twentieth Century America, New York: Basic Books.

Stacey, J. (1991): Zurück zur postmodernen Familie: Geschlechterverhältnisse, Verwandtschaft und soziale Schicht im Silicon Valley, in: Soziale Welt, 42, 3, S.300-322.

Stary, J. (1990): Jugendliche im Familiensystem, in: Gisser, R., Reiter, L., Schattowitz, H. & Wilk, L. (Hrsg.), Lebenswelt Familie, Wien: Institut für Ehe und Familie, S.429-434.

Stehr, N. (1991): Praktische Erkenntnis, Frankfurt/Main: Suhrkamp.

Steiner, E., Reiter, L., Reiter-Theil, S. & Much, M. (1986): Die Klienten der Ehe- und Familienberatung der Stadt Wien, in: Jugendamt Wien (Hrsg.), Dreißig Jahre Ehe- und Familienberatung der Stadt Wien, Wien: Jugend und Volk, S.29-45.

Stierlin, H. (1973): Group Fantasies and Family Myths - Some Theoretical and Practical Aspects, in: Family Process, 2, pp.111-125.

Stimmer, F. (1978): Jugendalkoholismus. Eine familiensoziologische Untersuchung zur Genese der Alkoholabhängigkeit männlicher Jugendlicher, Berlin: Duncker & Humblot.

Strasser, H. & Randall, S.C. (1979): Einführung in die Theorien des sozialen Wandels, Darmstadt: Luchterhand.

Thurnwald, H. (1948): Gegenwartsprobleme Berliner Familien. Eine soziologische Untersuchung an 498 Familien, Berlin: Weidmannsche Verl. Buchhandlung.

Turner, J.H. (1986): The Structure of Sociological Theory, 4th ed., Chicago: The Dorsey Press.

Tyrell, H. (1979): Familie und gesellschaftliche Differenzierung, in: PROSS, H. (Hrsg.), Familie - wohin? Leistungen, Leistungsdefizite und Leistungswandlungen der Familien in hochindustrialisierten Gesellschaften, Reinbek: Rowohlt, S.13-77.

Tyrell, H. (1987): Romantische Liebe - Überlegungen zu ihrer 'quantitativen Bestimmtheit', in: Baecker, D., Stichweh, R., Tyrell, H. & Willke, H. (Hrsg.), Theorie als Passion, Frankfurt/ Main: Suhrkamp, S.570-599.

Tyrell, H. (1988): Ehe und Familie - Institutionalisierung und Deinstitutionalisierung, in: Lüscher, K., Schultheis, F. & Wehrspaun, M. (Hrsg.), Die 'postmoderne' Familie. Familiale Strategien und Familienpolitik in einer Übergangszeit, Konstanz: Universitätsverlag Konstanz GmbH, S.145-156.

Väyrynen, R. (ed.) (1991): New Directions in Conflict Theory. Conflict Resolution and Conflict Transformation, London: Sage.

Vogel, E.F. & Bell, N.W. (1985): The Emotionally Disturbed Child as the Family Scapegoat, in: Handel, G. (ed.), The Psychosocial Interior of the Family, 3rd ed., New York: Aldine, pp.401-419.

Wahl, K., Honig, M.S. & Gravenhorst, L. (1985): Plurale Wirklichkeiten als Herausforderung an die Soziologie. Methodologische und forschungspraktische Überlegungen am Beispiel von 'Gewalt in Familien', in: Bonß, W. & Hartmann, H. (Hrsg.), Entzauberte Wissenschaft. Zur Relativität und Geltung soziologischer Forschung (Soziale Welt Sonderband 3), Göttingen: Otto Schwartz & Co, S.391-412.

Weede, E. (1986): Konfliktforschung. Einführung und Überblick, Opladen: Westdeutscher Verlag.

Wehrspaun, M. (1988): Alternative Lebensformen und postmoderne Identitätskonstitution, in: Lüscher, K., Schultheis, F. & Wehrspaun, M. (Hrsg.), Die 'postmoderne' Familie. Familiale Strategien und Familienpolitik in einer Übergangszeit, Konstanz: Universitätsverlag Konstanz GmbH, S.157-168.

Wenko, D. (1977): Konflikte in der Familie und Ehe im Lichte der Ablösungsproblematik, in: Soziologenkorrespondenz (Zur Soziologie des Privatbereichs: Beiträge zur Theorie und Pathologie der Familie), Neue Folge 4, S.19-36.

Wieck, W. (1987): Männer lassen lieben. Die Sucht nach der Frau, Stuttgart: Kreuz.

Wiley, N.F. (1985): Marriage and the Construction of Reality: Then and Now, in: Handel, G. (ed.), The Psychosocial Interior of the Family, 3rd ed., New York: Aldine, pp.21-32.

Wilk, L. & Beham, M. (1990): Familie als kindliche Lebenswelt, in: Gisser, R., Reiter, L., Schattowitz, H. & Wilk, L. (Hrsg.), Lebenswelt Familie, Wien: Institut für Ehe und Familie, S.355-409.

Wiswede, G. & Kutsch, T. (1978): Sozialer Wandel. Zur Erklärungskraft neuerer Entwicklungs- und Modernisierungstheorien, Darmstadt: Wissenschaftliche Buchgesellschaft.

Wittgenstein, L. (1971): Philosophische Untersuchungen, Frankfurt/Main: Suhrkamp.

Wurzbacher, G. (1958): Leitbilder gegenwärtigen deutschen Familienlebens. Methoden, Ergebnisse und sozialpädagogische Folgerungen einer soziologischen Analyse von 164 Familienmonographien, 3. Aufl., Stuttgart: Ferdinand Enke.

Wynne, L.C., Ryckoff, I.M., Day, J. & Hirsch, S.T. (1972): Pseudo-Gemeinschaft in Familienbeziehungen von Schizophrenen, in: Bateson, G., Jackson, D.D., Haley, J. & Weakland, J.W. (Hrsg.), Schizophrenie und Familie, Frankfurt/Main: Suhrkamp, S.44-80.

Zapf, W. (Hrsg.) (1969): Theorien des sozialen Wandels, Köln: Kiepenheuer & Witsch.

Ziehe, T. (1979): Pubertät und Narzißmus, 3. Aufl., Frankfurt/ Main: EVA.

Zijderveld, A.C. (1979): On Clichés. The Supersedure of Meaning by Function in Modernity, London: Routledge & Kegan Paul.

Zinnecker, J. (1990): Kindheit, Jugend und soziokultureller Wandel in der Bundesrepublik Deutschland - Forschungsstand und begründete Annahmen über die Zukunft von Kindheit und Jugend, in: Büchner, P., Krüger, H.-H. & Chisholm, L. (Hrsg.), Kindheit und Jugend im interkulturellen Vergleich. Zum Wandel der Lebenslagen von Kindern und Jugendlichen in der Bundesrepublik Deutschland, Opladen: Leske + Budrich, S.17-36.